岳阳楼区年鉴

（2019）

中共岳阳市岳阳楼区委员会　主办
中共岳阳市岳阳楼区党史研究室　编

方志出版社
Publishing House of Local Records

图书在版编目（CIP）数据

岳阳楼区年鉴. 2019 / 中共岳阳市岳阳楼区委党史研究室编. — 北京 : 方志出版社, 2020.5
ISBN 978-7-5144-4218-2

Ⅰ. ①岳… Ⅱ. ①中… Ⅲ. ①区（城市）—岳阳—2019—年鉴 Ⅳ. ①Z526.44

中国版本图书馆CIP数据核字（2020）第098293号

岳阳楼区年鉴（2019）

编　　者：中共岳阳市岳阳楼区委党史研究室
责任编辑：齐 笑

出 版 者：方志出版社
地址　北京市朝阳区潘家园东里9号（国家方志馆4层）
邮编　100021
网址　http://www.fzph.org
发　　行：方志出版社图书经销中心
电话（010）67110500
经　　销：各地新华书店
印　　刷：湖南省新创印务有限公司

开　　本：889 × 1194　1/16
印　　张：24
字　　数：577千字
版　　次：2020年6月第1版　2020年6月第1次印刷
印　　数：0001 ~ 1200册

ISBN 978-7-5144-4218-2　定价：280.00元

编辑说明

一、《岳阳楼区年鉴（2019）》是中共岳阳楼区委员会、岳阳楼区人民政府主办，岳阳楼区年鉴编辑委员会负责编辑，全面反映岳阳楼区情况的大型综合性年刊。

二、本卷年鉴以马克思列宁主义、毛泽东思想、邓小平理论、“三个代表”重要思想、科学发展观、习近平新时代中国特色社会主义思想为指导，坚持辩证唯物主义和历史唯物主义的立场、观点和方法，存真求实，全面、客观、系统地记述年度发展情况。

三、《岳阳楼区年鉴（2019）》主要记载了2018年度岳阳楼区政治、经济、文化及社会各项事业的基本情况，并收录了若干文献和统计资料。

四、本年鉴采用部类编辑法，按照先宏观后微观，先政治后经济、文化的原则排列。全卷共31个部类，146个分目，823个条目。

五、本年鉴所列领导人名单只收录2018年度，区和区属单位以区委组织部提供的当年12月份干部名册为准，垂直管理部门以单位提供为准。区级收录在职正、副处级实职领导，正科级机构收录单位领导成员，副科级单位、部门所属独立法人资格二级机构以及社区、行政村只收录正职。

六、本年鉴所载稿件，均由全区各部门、单位、各乡、街道办事处、区直和市垂直管理单位以及少数辖区单位提供，并经单位领导审核。统计数据，以区统计局公布的为准；统计局未公布的，以单位（部门）提供的为准。

七、本年鉴组稿人名单，按姓氏笔画排列。

八、本年鉴内容中的“区”指“岳阳楼区”，所有机构前面均省去“岳阳市”，少数条目内容中出现的城区包含岳阳经济技术开发区、南湖风景区。

九、本年鉴的编辑出版，得到全区各部门、单位及部分驻区单位的大力支持，在此深表谢意。特别鸣谢图片提供者：戚壮波、王静、吴锡标等，鉴于我们编辑水平有限，难免出现疏漏，不妥之处，恳请读者批评指正。

《岳阳楼区年鉴（2019）》编辑委员会

邓建华　岳阳楼区人民政府副区长

主　　任：李　熊　岳阳楼区人民政府党组成员、政府办党组书记、主任

副 主 任：李　星　中共岳阳市岳阳楼区委党史研究室党组书记、主任

委　　员：汪小中　中共岳阳市岳阳楼区委办副主任

吴　珂　岳阳楼区人大党组成员、办公室主任

杨晓明　岳阳楼区政协党组成员、办公室主任、秘书长

罗立兵　中共岳阳楼区委组织部常务副部长

李崇民　中共岳阳楼区委宣传部常务副部长

许越波　中共岳阳楼区委统战部常务副部长

吴作文　中共岳阳楼区政法委副书记

杨志华　中共岳阳楼区纪委常务副书记、监察局局长

李　明　中共岳阳楼区委政策研究中心主任

胡　立　岳阳楼区人民政府经济研究中心主任

杨大明　岳阳楼区财政局党组书记、局长

邱　岗　岳阳楼区教育局党委书记、局长

刘玉平　岳阳楼区民政局党组书记、局长

徐铭喜　岳阳楼区卫生健康局党委书记、局长

彭宪会　服务城陵矶新港区工作组党委书记、组长

万雁飞　岳阳楼区郭镇乡党委副书记、乡长

向恩泽　岳阳楼区枫桥湖街道办事处工委副书记、主任

林　海　岳阳楼区奇家岭街道办事处工委副书记、主任

李立邦　岳阳楼区洛王街道办事处工委副书记、主任

黄立交　岳阳楼区洞庭街道办事处工委副书记、主任

周智勇　岳阳楼区金鹗山街道办事处工委副书记、主任

李创华　岳阳楼区岳阳楼街道办事处工委副书记、主任
毛联新　岳阳楼区东茅岭街道办事处工委副书记、主任
兰寒松　岳阳楼区城陵矶街道办事处工委副书记、主任
肖　永　岳阳楼区望岳路街道办事处工委副书记、主任
刘　勇　岳阳楼区吕仙亭街道办事处工委副书记、主任
何文辉　岳阳楼区三眼桥街道办事处工委副书记、主任
袁　丹　岳阳楼区五里牌街道办事处工委副书记、主任
余小华　岳阳楼区站前路街道办事处工委副书记、主任
杨霞霞　岳阳楼区王家河街道办事处工委副书记、主任

专职委员：胡里根　中共岳阳楼区委党史研究室党组成员、副主任
邱　玲　中共岳阳楼区委党史研究室党组成员、副主任
易三军　中共岳阳楼区委党史研究室副主任

《岳阳楼区年鉴（2019）》编辑部

总　　编：李　峰

副总编：李　熊

主　　编：李　星

副主编：邱　玲　易三军

编　　辑：邓茂玲　冯　凡

《岳阳楼区年鉴（2019）》组稿人

（按姓氏笔画排序）

丁　勇	丁官文	王　芳	王志红	王佳倩	王洪田
方　贤	方　雷	邓　锋	邓以瑄	甘长樱	龙　舟
卢　沅	卢百恩	史维巍	付真游	付慧艳	冯建军
冯美凤	吕　慧	朱　军	朱　林	朱世明	任　然
刘　琪	刘　朝	刘　嘉	刘素芬	刘振林	江　俊
汤军球	许小宇	严艺康	严文浩	苏建峰	李　灯
李　荣	李　祥	李文霞	李志超	李明皓	李美奎
李艳环	杨　建	杨　春	杨秀峰	杨娟英	肖世胤
何宇翔	何岳峰	余　翔	宋晶卓	张　志	张　浩
陆景龙	陈　成	陈飞燕	陈志明	陈建军	陈雪娇
欧小庆	易浪平	周林松	郑　楷	郑聪思	屈　鹏
赵　竞	赵　超	赵　静	赵迎春	胡　科	胡　浩
段雅丽	胥正刚	袁正清	倪慧玲	徐　进	高　灏
唐诗翔	黄　伊	黄力交	黄志伟	梅　耀	曹　静
龚　璐	彭　闰	葛　蓓	蒋　帅	蒋照中	谢春霞
谢渊波	蔡　彬	廖权耀	漆　阳	黎三英	潘　锋
戴　勇	戴子豪				

目 录

1 ▼ 图片专辑 ▼
2 **产业推动、量质提升**
5 **提标扩面、民生先行**
10 **稳定大局、宜居首善**
15 **党建引领、风清气正**

1 ▼ 特 载 ▼
1 **在区委经济工作会议上的讲话**
11 **岳阳楼区人民政府工作报告**
20 **岳阳市岳阳楼区人民代表大会常务委员会工作报告**
28 **中国人民政治协商会议岳阳市岳阳楼区常务委员会工作报告**

36 ▼ 大事记 ▼

48 ▼ 综 述 ▼
48 **概况**
48 地理位置
48 历史沿革
50 行政区划
50 地质地貌
51 气候
51 土地资源
51 矿产资源
52 水资源
52 野生动物资源
52 人口状况
52 民族宗教
53 **国民经济和社会发展**
53 概况
53 经济发展平稳向好
53 棚改招商统筹推进
53 重点项目进展顺利
54 城区功能不断提升
54 脱贫攻坚精准务实
54 民生保障全面提质
56 **精神文明建设**
56 概况
56 理论武装工作扎实有效
56 文明城市复查全力以赴
57 志愿服务活动丰富多彩
57 诚信建设工作日趋完善
57 公民道德建设扎实推进
57 群众文化活动精彩纷呈
58 公益广告宣传氛围浓厚
58 未成年人思想道德建设水平不断提升
58 社区教育服务逐步优化

58 文明单位创建稳步推进
58 新风大力培育
60 **组织机构及负责人名单**

91 **▼ 中共岳阳楼区委员会 ▼**
91 **重要会议**
91 区委第五届第 32 次常委会议
91 区委常委专题民主生活会
92 区委第五届第 34 次常委会议召开
93 三级负责干部会议
93 区委第五届第 35 次常委会议
94 区委第五届第 36 次常委会议
95 区委第五届第 37 次常委会
96 区委第五届第 38 次常委会议
96 区委第五届第 39 次常委会议
97 区委第五届第 40 次常委会议
97 区委第五届第 41 次常委会议
98 区委第五届第 43 次常委会议
98 区委第五届第 44 次常委会议
99 区委第五届第 45 次常委会议
99 区委第五届第 46 次常委会议
100 区委第五届第 48 次常委会议
101 区委第五届第 50 次常委会议
101 区委第五届第 51 次常委会议
101 区委全会暨经济工作会议
103 **重要文件**
104 **重要活动**
104 刘和生参加岳阳楼区代表团讨论
104 胡忠雄调度岳阳楼区社区治理“三合一”改革工作
104 岳阳楼区召开党政负责干部会议
105 刘和生调研工人文化宫改扩建项目
105 推进“大宣传” 弘扬“楼区精神”
105 全面从严治党 助推“五个转换”
105 岳阳楼区召开东风湖新区棚改调度会
105 岳阳楼区学习贯彻“一三五”基本思路
105 春天的约会 义务植树增绿添彩
105 立足为民服务 深化平安创建
105 学习贯彻十九大精神集中轮训开班
106 坚持创建为民 引领社区治理新发展
106 岳阳楼区召开一季度工作讲评会
106 推进“三合一”工作 做群众贴心人
106 李爱武就王家河水环境治理现场办公
106 把握关键 突出重点 严防政府性债务风险
106 深化认识 推动城市管理再升级
106 李爱武调研胥家桥综合物流园项目
106 李爱武到岳阳楼区开展“七一”走访慰问
107 深化思想认识 全面落实责任
107 提振发展信心 超额完成任务
107 吴桂英到岳阳楼区调研大班额工作
107 深化文明建设 提升创建实效
107 陈阁辉调研平江汇龙村脱贫攻坚
107 陈阁辉一行走访慰问驻军部队
107 区委理论中心组（扩大）集中学习会议召开
107 突显创建特色 打造田园小镇
108 全面深化全国文明城市建设工作
108 调度信访工作 确保高效落实
108 **小康社会建设**
108 概况
108 强化领导责任
108 提升小康指标
109 营造宣传氛围
109 **全面深化改革**
109 概况

109 领导重视科学谋划
110 扎实推进改革落地
110 着力打造特色亮点
110 **纪检监察**
110 概况
110 严明政治纪律
111 深化体制改革
111 坚决纠治“四风”
111 加强纪律建设
111 审查调查成效显著
111 加强自身队伍建设
111 **组织工作**
111 概况
112 锤炼了一支实干担当的中坚队伍
112 交上了一份基层党建的满意答卷
112 营造了一个齐头并进的工作局面
112 **宣传思想工作**
112 概况
112 意识形态责任全面落实
113 创新理论深入人心
113 楼区形象不断提升
113 文明程度切实增强
113 网络生态风清气朗
114 文化事业再上台阶
114 **统一战线工作**
114 概况
114 争取党委重视
114 服务中心工作
115 引导党外人士
115 加强协调管理
116 **政策研究工作**
116 概况
116 综合文稿求“高度”
116 调查研究挖“深度”
117 信息服务谋“广度”
117 队伍建设有“力度”
117 **对台工作**
117 概况
117 加强联络联谊
117 抓好宣传教育
118 做好服务工作
118 **督查工作**
118 概况
118 决策督查
118 专项查办
118 考评考核
119 **党校工作**
119 概况
119 干部教育培训工作
119 体制改革工作
119 其他工作
119 **机构编制工作**
119 概况
119 全力推进“最多跑一次”改革
120 夯实机构编制实名制管理平台
121 打造机构编制云信息化管理平台
121 提升登记管理不见面式服务平台
121 全力服务深化机构改革工作
121 **老干部工作**
121 概况
121 突出党建领航作用
122 坚持精准服务理念
122 深化正能量活动
123 提升队伍建设水平

123 **区直机关党建工作**
123 概况
123 抓实学习培训
123 全力推进党支部“五化”建设
124 切实做好督促党建检查和迎考工作
124 开展主题活动，强化党员意识
124 落实意识形态工作
125 做好学法用法平安创建工作
125 积极推进中心工作
125 落实责任强化廉政建设

126 ▼ **岳阳楼区人民代表大会** ▼
126 **综述**
126 概况
126 依法进行人事任免
126 大力维护宪法尊严
126 做好代表履职服务保障
127 **重要会议**
127 区五届人大常委会第 9~14 次会议
128 区五届人民代表大会第三次会议
128 **建议意见办理**
128 概况

129 ▼ **岳阳楼区人民政府** ▼
129 **重要会议**
129 区政府第 9 次常务会议
129 区政府第 10 次常务会议
129 区政府党组会议和常务会议
130 区政府第 12 次政府常务会
130 区政府第 13 次政府常务会议
131 区政府召开第 14 次政府常务会
131 **重要文件**
133 **重要活动**
133 千名党员下基层 打造和谐温馨年
133 区新联会举行 2017 年迎新会
133 河长“大”巡河 守护碧水清波
134 强化干部培训　提升转型本领
134 把握时间节点　推进项目建设
134 中央政法委调研组到岳阳楼区调研
134 以务实行动巩固提升脱贫成果
135 落实综合整治　倡导绿色出行
135 加快创建步伐　共享健康红利
135 用心搭建平台　用情开展禁毒
136 **法治政府建设**
136 概况
136 抓好法治政府基础工作
136 强化规范性文件和政府合同合法性审查
137 推进社会矛盾化解
137 打造诚信法治政府形象
137 加强队伍建设
137 **经济研究工作**
137 概况
137 加强调查研究
138 加强协调服务
138 加强信息报送
138 加强自身建设
138 **督查工作**
138 概况
139 执行力度大提升
139 工作质量大提升
140 业务素质大提升
140 **人力资源和社会保障工作**
140 概况
140 就业创业

141 社保体系
141 人事人才
141 信访维权
141 公共服务
141 自身建设
142 **民政工作**
142 概况
142 社区建设
142 社会救助
143 双拥优抚
143 退伍安置
143 婚姻登记
143 社会福利
143 社会事务
143 **信访工作**
143 概况
144 确保特护期间和谐稳定
144 全力开展积案清零活动
144 严格落实信访工作责任
145 强化信访问题源头治理
145 发挥信访联席会议协调作用
145 **史志档案工作**
145 概况
145 持续开展业务培训
145 注重营造宣传氛围
146 切实服务中心工作
146 执法检查，依法行政
146 年鉴编修，成果初显
146 日常工作，按时保质
147 运用成果，发挥效益
147 **民族宗教工作**
147 概况
147 民族工作
147 宗教工作
147 **侨务工作**
147 概况
147 学习传达全国第十次侨代会精神
148 服务中心工作，维护社会和谐稳定
148 关注侨界民生
148 加强基层侨务工作建设
148 **移民工作**
148 概况
148 作风建设
149 资金管理
149 项目建设
149 特困救助
149 民生实事
149 棚改工作
150 **机关事务管理工作**
150 概况
150 整改工作
150 管理措施
150 服务保障
150 重点工作
150 平安创建
151 年度业绩
151 **控建拆违工作**
151 概况
151 调优机制
151 舆论宣传
151 新增防控
151 图斑处置
152 片区清零
152 民生疏导

152 **征收安置工作**
152 概况
152 抓根本强龙头，党的建设大提高
153 抓机遇强优势，全力推进棚改工作
153 安置房分配和资金回笼破难推进
153 限价商品房政策有序推进
154 加强廉政教育强化宣传引导
154 狠抓两项整治改进工作作风
154 明确纪律规矩强化内部管理
154 明确服务导向积极化解矛盾
155 明确工作职责便民服务快捷
155 **户籍管理工作**
155 概况
155 窗口咨询
155 服务改革
155 资质审验
155 部门协调
155 档案管理
155 **厂地协作工作**
155 概况
155 业务工作
156 自身建设
157 **扶贫工作**
157 概况
157 稳步推进旅游扶贫
157 深入实施行业扶贫
157 切实加强驻村扶贫
158 全面完善结对扶贫
158 扎实开展对口扶贫
158 努力做实其他扶贫
159 **禁毒工作**
159 概况
159 抓组织领导，工作运行更加高效
159 抓责任落实，工作运行更加规范
159 抓阵地建设，基层基础更加坚实
160 抓载体创新，主题活动更加丰富
160 抓专项行动，打击处理更加有力
160 **棚户（旧城）区改造工作**
160 概况
160 棚户（旧城）区改造
161 土地依法征收
161 **公共服务和网格化管理工作**
161 概况
161 顶层设计不断完善
161 规范办理再上台阶
161 服务水平稳步提升
161 牵头承办五个“一公里公共服务圈”建设
162 配合“最多跑一次”改革实施落地
162 **住房公积金工作**
162 概况
162 迎难而上保增长
162 忠诚履职惠民生
163 加强党建保发展
164 **新港区岳阳楼区工作**
164 概况
164 征地拆迁
164 环境治理
164 民生实事
164 党建工作
165 **东风湖新区工作**
165 概况
165 牵头组织推棚改
165 督促落实抓整治
165 统筹协调促项目

166　优质服务保环境
166　**洞庭新城工作**
166　概况
166　强化自身建设、不断夯实基础
167　主动作为，助推洞庭新城项目建设
168　抓实区委区政府部署的重点工作

170　**▼ 政协岳阳楼区委员会 ▼**
170　**综述**
170　强化政治引领，提升思想站位
170　紧贴中心大局，忠实履行职能
171　凝聚委员力量，倾心服务发展
171　加强自身建设，树立政协形象
171　**重要会议**
171　区政协五届五次常委（扩大）会
171　区政协五届六次常委（扩大）会
172　区政协五届七次常委（扩大）会
172　区政协五届八次常委（扩大）会

173　**▼ 民主党派 ▼**
173　中国国民党革命委员会岳阳楼区总支
173　中国民主同盟岳阳楼区政府机关支部
173　中国民主建国会岳阳楼区支部
174　中国民主促进会岳阳楼区总支
174　中国农工党岳阳楼区总支
175　中国致公党岳阳楼区工委
175　九三学社岳阳楼区支社

177　**▼ 群众团体 ▼**
177　**岳阳楼区总工会**
177　概况
177　深化工会改革
177　工会组织建设
177　大力弘扬劳模精神
177　深入开展劳动竞赛
178　实施素质提升工程
178　加强经审财务建设
178　开展困难帮扶工作
178　**共青团岳阳楼区委员会**
178　概况
178　弘扬“主旋律”，引领青少年永远跟党走
179　建功“主战场”，紧扣中心工作求作为
179　夯实“主阵地”，切实加强基层团组织建设
180　找准“主攻点”，大力推进共青团改革
180　**岳阳楼区妇女联合会**
180　概述
180　全面推进妇联组织改革工作
180　坚持开展各类创评活动
181　坚持开展各类法律宣传活动
181　有序开展妇女创新创业活动
181　迎接省妇联婚姻家庭纠纷调解机制调研
181　开展系列关爱活动
181　开展金秋助学活动
182　开展扶贫走访慰问活动
182　**岳阳楼区科学技术协会**
182　概况
182　换届选举工作
182　科协系统深化改革
182　提升基层科协组织力“3+1”试点工作
182　基层科普行动计划
182　科普工作
183　服务科技工作者
183　**岳阳楼区工商联**
183　概况

183 围绕规范提升抓实非公党建
183 发挥商会优势积极建言献策
183 借力企业帮扶服务经济发展
183 依托基层组织开展光彩事业
184 拓展商会活动激活会员活力
184 **岳阳楼区残疾人联合会**
184 概况
184 持续开展残疾人行业扶贫工作
184 精准实施残疾人康复救助和托养服务
184 大力扶持残疾人就业创业
184 坚持抓好残疾人信访维权和残疾人家庭无障碍设施改造工作
185 全力推进综合服务平台建设
185 做好残疾预防综合试验区试点工作及残疾人信息数据动态更新工作
185 加强学习提升队伍能力
185 严格党组织生活制度
185 **岳阳楼区红十字会**
185 概况
185 第二届二次会员代表大会顺利召开
186 岳阳楼区 2018 年无偿献血献髓活动
186 开展“5·8”世界红十字日纪念活动
187 关爱弱势群体深入开展人道救助工作
187 全面普及应急救护培训
187 广泛开展红十字志愿服务
188 **岳阳楼区文学艺术界联合会**
188 概况
188 加强干部队伍建设
188 推进文联深化改革
188 开展系列文艺活动
189 文艺创作水平不断提高
189 文学创作硕果累累
189 戏剧音乐淬炼精品
190 巴陵戏斩获全省金奖
190 影视微电影再创佳绩
190 书画作品展喜获丰收
190 工艺美术再登高峰
190 省级以上会员人选增多
191 **▼法　治▼**
191 **综述**
191 概况
191 平安创建取得新成效
192 社会治理水平取得新提升
192 扫黑除恶专项斗争取得新战果
192 队伍建设迈上新台阶
193 **公安工作**
193 概况
193 维稳保安
193 扫黑除恶
193 集打斗争
194 治安管控
194 执法水平
194 服务发展
194 基础工作
195 队伍建设
195 **检察工作**
195 概况
195 服务经济社会发展
196 依法打击刑事犯罪
196 全面加强诉讼监督
196 突出公益诉讼
196 加强检察队伍建设
197 自觉接受监督

197 **法院工作**
197 概况
197 精准打击刑事犯罪
197 高效办理民商案件
198 依法处理行政争议
198 铸造联动格局
198 强化惩戒措施
198 发起决胜攻势
198 建立长效机制
199 不断推进建立健全多元解纷机制
199 深入推进司法责任制改革
199 全面规范内部管理
199 自觉接受各方监督
199 全面规范司法行为
200 加强队伍建设
200 加强文化建设
201 加强基础建设
201 **司法行政工作**
201 概况
201 提高公共法律服务质量
202 提升全面依法治区水平
202 推进社会综合治理工作
203 强化特殊人群管理手段
203 **消防工作**
203 概况
203 军事工作
204 政治工作
204 后勤工作
204 防火工作
205 宣传工作
205 年度表彰
206 **▼ 军事 ▼**
206 **人民武装**
206 概况
206 思想政治建设
206 战备训练
206 国防动员
207 党管武装
207 国防教育
207 双拥共建
207 安全管理
207 **人民防空**
207 概况
207 提升了人防工程维护管理
208 全面提升人防应急能力
208 全面提升人防知识宣传
209 切实抓好各项工作任务
210 **▼ 经济管理与监督 ▼**
210 **宏观经济管理**
210 概况
210 经济发展
210 项目推进
210 民生价格
211 队伍建设
211 **审计管理**
211 概况
211 财政审计
211 经济责任审计
212 政府投资审计
212 政策执行跟踪审计
212 民生资金审计
212 重点领域重大项目审计

212 全面落实意识形态工作
212 全心推进基层党建工作
212 全员抓好党风廉政建设
213 全力推动机关作风建设
213 全程抓好审计队伍建设
213 全身投入中心工作
214 **工商行政管理**
214 概况
214 服务发展
214 监管执法
214 消费维权
215 宣传教育
215 队伍管理
215 **统计管理**
215 概况
215 夯实统计各项数据
216 组织管理不放松
217 依法治统严标准
217 机关作风建设常抓不懈
217 “大统计”格局换新颜
217 **国土资源管理**
217 概况
217 荣誉档案
218 土地地籍管理
218 测绘管理
218 国土资源利用管理
218 国土资源经济管理
218 国土资源法制管理
219 用地规划
219 强化执法监管力度
219 耕地保护
219 法规宣传
219 队伍建设
219 **食品药品监督管理**
219 概况
219 真抓实干，全面加强食药监管
220 严控风险，全力抓好专项整治
220 重拳惩处，严厉打击违法行为
221 打造亮点，不断提升监管水平
221 **安全生产监管工作**
221 概况
221 落实“一单四制”，推进隐患治理
222 强化执法检查，提升监管质量
223 强化宣教结合，营造社会氛围
223 创新方式方法，打造特色亮点
223 **质量技术监管**
223 概况
224 抓标准引领，强质量基础
224 抓特种设备，保运转安全
224 抓计量惠民，促贸易诚信
224 抓质量提升，促品牌创建
225 抓党建工作，强化队伍建设

226 ▼ **财政·税务·金融** ▼
226 **财政**
226 概况
226 财政收入
226 财政支出
226 债务管理
227 财政管理工作
227 队伍建设
228 **税务**
228 概况
228 机构改革顺利推进

228 收入任务圆满完成
228 税收征管亮点纷呈
228 税收政策落地有声
228 税务形象不断提升
229 干部队伍严管善待
229 党组织建设全面加强
229 **金融**
229 概况
229 完善金融市场体制，大力引进金融机构
230 促进银企合作，服务实体经济
230 组织企业参与资本市场运作学习，引导培育特色企业上市
230 全面协调金融扶贫小额信贷发放及清收工作
230 打击和处置非法集资工作

231 ▼工 业▼
231 **工业和科技信息化**
231 概况
231 积极向上争资争项
231 深入推进重点项目建设
231 强力推进环保整治工作
231 稳步推进“四上”工作
231 扎实开展科技扶贫
232 全面完成企业改制任务
232 积极化解企业矛盾
232 认真办好民生实事
232 深入加强党建工作
232 强化机关作风建设
232 **工业园工作**
232 概况
232 谋划产业与项目发展
233 项目建设与服务
234 把好关口 强化稳中求进的经济发展意识
234 调整产业结构 实现创新发展

235 ▼商 贸▼
235 **商务粮食**
235 概况
235 招商引资
236 社零统计
236 开放型经济
236 市场监管
237 保繁荣，市场体系逐步完善
237 党建工作
238 党风廉政
238 **贸易促进工作**
238 概况
239 招商引资，努力推动项目入区
239 贸促带动，努力助推经济发展
240 作风建设，努力提升服务水平

241 ▼农 业▼
241 **综述**
241 概况
241 **农业**
241 基层农技推广
242 农业面源污染防治
242 第二次全国农业污染源普查
242 耕地土壤与农产品重金属污染加密调查
242 专业蔬菜基地认定
242 农机工作
242 农产品质量安全监管
242 农资市场净化
243 **畜牧水产业**

243 概况
243 重大动物疫病防控
243 病死畜禽无害化收集贮存转运中心
243 私屠滥宰打击
244 禁渔工作
244 渔业船舶年度检验
244 渔业资源增殖放流
244 渔业生产发展生态健康养殖
244 生猪禁养
244 **林业**
244 城乡绿化建设工作
244 森林生态效益补偿基金
245 野生动植物保护
245 林地林政管理
245 国家森林督查
245 麻布山省级森林公园
245 森林防火
245 **水务工作**
245 水利建设
245 防汛抗旱
246 水资源保护
246 河长制
246 **农村经营管理**
246 概况
246 产权改革
246 “三资”管理
247 土地管理
247 惠农减负
247 合作社帮扶
247 资产处置
248 **▼ 城区建设与管理 ▼**
248 **综述**
248 概况
248 重大项目
248 环境整治
249 中心工作
249 **城区规划**
249 概况
249 规划编制
249 服务楼区棚改工作
250 规划审批
250 民生建房
250 规划执法
250 **城区管理**
250 概况
250 常态管理长抓不懈
251 综合执法持续出击
251 重点服务中心工作
252 **环境卫生**
252 概况
252 日常作业
252 设施管理
252 机械作业
253 队伍建设
253 为民服务
253 **环境保护**
253 概况
253 环境整治
254 污染源普查
255 节能减排
255 **房地产业**
255 概况

255 党建工作
255 本职服务
255 保障民生
257 廉洁从政
257 舆论宣传
257 年度业绩
257 **城市建设投资**
257 概况
257 城建工作开展情况
259 加强理论学习

260 **▼ 交通 · 邮政 · 通信 ▼**
260 **交通运输**
260 概况
260 重大项目
261 **邮政**
261 概况
261 全面从严治党持续发力
261 金融业务转型效果明显
261 寄递业务改革成效显著
261 专业融合联动格局形成
262 战略合作协同持续深入
262 强化人力资源管理
262 提升行业竞争优势
262 强化“平安邮政”建设
262 切实履行国企职能
263 积极响应脱贫攻坚大会战
263 落实员工关爱
263 **电信通信**
263 概况
263 党建引领
263 业务提升
264 推陈革新
264 **移动通信**
264 概况
264 推进网络精品建设
264 聚焦服务水平提升
264 加快“宽带中国”战略落地
264 致力“智慧岳阳”战略执行
265 着力服务地方发展
265 **联通通信**
265 概况
265 湘北地区最大云数据中心建设
265 企业信息化建设
265 创新服务建设
265 “互联网＋雪亮乡村”建设
266 “互联网＋教育”建设
266 “智慧＋医疗”建设

267 **▼ 教育 · 文化 · 体育 ▼**
267 **教育**
267 概况
267 教育项目建设
267 争资化债
267 教师队伍建设
267 深入学习党的十九大和全国教育大会精神
267 党建工作
268 消除“大班额”
268 教育质量
268 校园文化建设
268 艺体教育
268 教育扶贫
268 教育阳光服务平台建设
269 教育宣传工作

269 “一公里就近入学”
269 学前教育
269 校园安全
269 **文化**
269 基础建设
269 群众文化
271 文化遗产保护
271 小康社会建设
271 市场管理
272 脱贫攻坚
272 **体育**
272 全民健身

273 **▼ 卫生和计划生育 ▼**
273 **综述**
273 概况
273 工作成效
273 **机构建设**
273 项目建设
273 **健康服务**
273 “一公里就近诊疗”
273 家庭医生
274 妇幼健康服务
274 计生惠民服务
274 中医药服务
274 协会工作
274 **公共卫生**
274 疾病防控
275 **健康促进**
275 健康楼区
275 **脱贫攻坚**
275 行业扶贫
275 **行业监管**
275 监督执法
275 医政医管
275 **党建工作**
275 党风廉政
276 **爱卫工作**
276 概况
276 扎实推进新一轮城乡环境整治工作
276 积极做好健康教育和促进工作
277 大力开展病媒生物防制工作
277 继续开展好农村改厕工作
277 认真组织第30个爱国卫生月活动

278 **▼ 乡、街道、工作组概况 ▼**
278 **郭镇乡**
278 概况
278 党的建设
278 重点项目
278 社会稳定
279 民生实事
279 精准扶贫
279 社会保障
279 **枫桥湖街道**
279 概况
279 党的建设
280 项目建设
280 民生建设
280 社区治理
280 城市管理
281 环保整治
281 安全生产

281 **奇家岭街道**
281 概况
281 党的建设不断加强
281 项目建设有效推进
282 基础设施日臻完善
282 投资环境持续优化
282 社会大局平安稳定
282 安全生产成效明显
282 发展底板更加牢固
282 公共服务创新有为
283 惠民实事扎实有效
283 人居环境不断改善
283 **洛王街道**
283 概况
283 党建引领，固本强基激活力
283 攻坚克难，凝神聚力促发展
284 筑牢基础，多措并举保稳定
284 不忘初心，真抓实干惠民生
284 **洞庭街道**
284 概况
284 突出主业主责，党建引领更全面
285 突出重点重抓，项目推动更强力
285 突出精细精致，城市管理更优化
285 突出实事实办，服务群众更满意
285 突出严抓严管，底线工作更稳定
286 **金鹗山街道**
286 概况
286 党建工作
286 党风廉政
287 项目建设
287 综治维稳
287 城管环卫
287 民生保障
288 **岳阳楼街道**
288 概况
288 抓党建总揽，提升班子凝聚力
289 抓项目推进，提升发展能动力
289 抓综合治理，提升管理执行力
290 抓优化服务，提高群众满意率
291 抓廉洁自律，提升干部公信力
291 **东茅岭街道**
291 概况
291 全力服务重点项目建设
291 大力推进社区网格管理
291 倾力解决社区阵地建设
292 助力辖区社会事业发展
292 致力提升党建服务水平
292 **城陵矶街道**
292 概况
292 党建工作
293 经济发展
293 城市管理
293 卫生计生
294 综合治理
294 社会事业
295 社区建设
295 安全生产
295 党风廉政
296 **望岳路街道**
296 概况
296 党建引领
296 棚户改造
296 平安创建
297 安全生产

297 民生服务
297 环保整治
297 禁违拆违
298 **吕仙亭街道**
298 概况
298 党的建设
298 项目推进
298 民生实事
299 生态环保
299 平安创建
299 城市管理
300 **三眼桥街道**
300 概况
300 项目建设
300 民生实事
300 市容秩序
301 安全生产
301 社会稳定
301 队伍建设
301 **五里牌街道**
301 概括
302 经济建设
302 党建、宣传工作
302 纪检监察
303 安全生产
303 平安创建
303 控建拆违
304 民政工作
304 社会保障
304 防汛工作
304 计生工作
304 工会工作
305 社会治理与创新“三合一”工作
305 环卫工作
305 **站前路街道**
305 概况
305 经济建设
305 城市管理服务
306 平安建设
306 民生改善
306 党建工作
307 **王家河街道**
307 概况
307 项目建设
308 民生实事
308 社会治理
308 环境改善
309 大事记
309 **岳阳楼区服务城陵矶新港区工作组**
309 概况
309 党的建设
310 项目推进
310 民生实事
310 平安创建
311 乡村建设
311 重大会议

312 **▼ 人物 ▼**
312 **中国好人**
312 高　城
313 **湖南好人**
313 刘霞辉
313 田念胜
314 刘建岳

314　邹伟芳
314　刘征义
316　**2018年度忠诚干净担当的优秀领导干部、急难险重岗位敢于担当的优秀干部和年度考核优秀干部考评结果的通报**

319　**▼统计资料▼**
319　**2018年岳阳楼区住户收支与生活状况调查年报表**

320　**▼附　录1▼**
320　**2018年度综合绩效考评情况**

322　**▼附　录2▼**
322　**岳阳楼区2018年度项目财源建设工作先进单位和先进个人名单**

324　**▼附　录3▼**
324　**岳阳楼区2018年度棚户（旧城）区改造和土地依法征收工作先进单位和先进个人名单**

325　**▼附　录4▼**
325　**岳阳楼区2018年度脱贫攻坚工作先进单位和先进个人名单**

328　**▼附　录5▼**
328　**岳阳楼区2018年度生态环境保护工作先进单位和先进个人名单**

327　**▼附　录6▼**
327　**岳阳楼区2018年度五个“一公里公共服务圈”建设工作先进单位和先进个人名单**

328　**▼索　引▼**

产业推动·量质提升

九华山棚改片区

土地出让工作部署会

建设中的金鹨御府

湖山一号

名门世家

东风湖新区

蒙华铁路

就业率增加——民营企业进校园招聘会

就业率增加——招聘会

奇康路建成通车

湘北大道建成通车

发挥党员先锋模范作用，为居民群众排忧解难

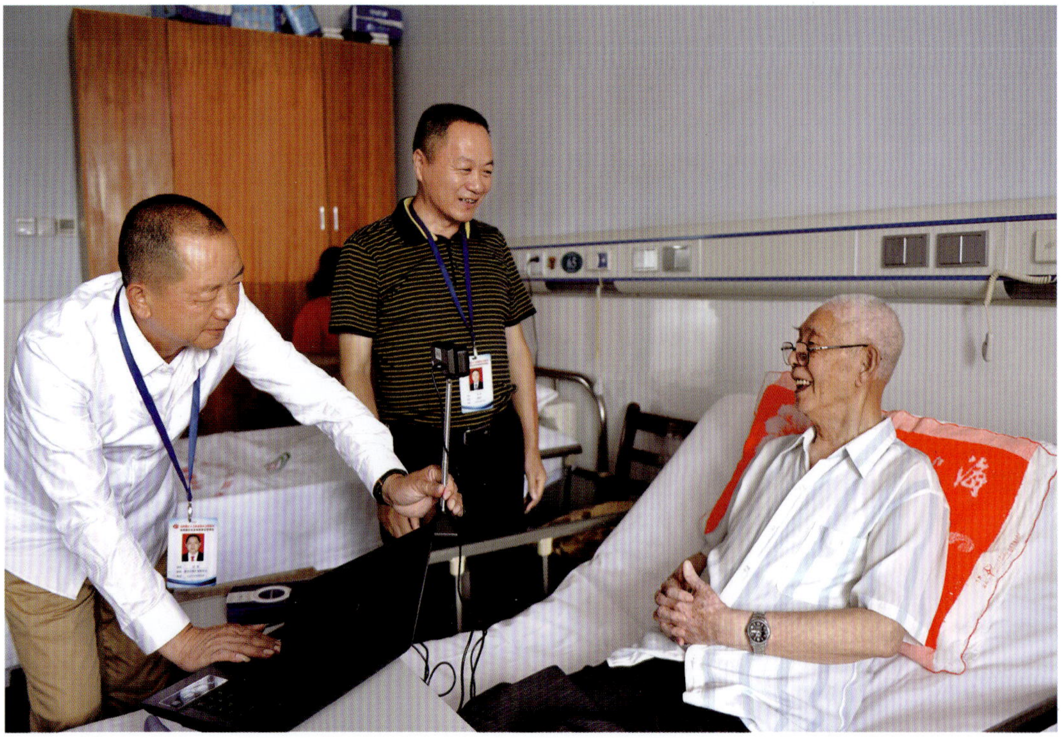

区人社局工作人员为退休职工上门服务

综合服务平台建设推进会

“厂、社、家”——洪家洲社区

同心共建——东升社区

志愿服务——望城岭社区

老城记忆——芋头田社区

“群英断是非”——学院路社区

区委书记陈阁辉（右三）平江扶贫一行

区委副书记、区长黄建文（左二）入户扶贫

汇龙小学

中共岳阳楼区委、区政府投入1200多万元帮助兴建的汇龙小学，占地2公顷，按300个学位设计，建有教学楼、综合楼、食宿楼、传达室、田径场，功能及设备齐全，教室配有班班通。

中共岳阳楼区委、区政府扶贫攻坚帮扶饮水工程

荷花基地

油菜种植基地

岳阳楼区郭镇乡“精准扶贫、新农村建设、健身乡村旅游”项目建设“三合一”工程，大力发展种植产业。上图为荷花基地20公顷。下图为油菜种植基地50公顷。

平安创建大清查行动

平安创建平安楼区创建誓师大会

社区警务室

社区禁毒工作站

岳阳楼区监察委员会成立

岳阳楼区人大常委会第八次会议任命
岳阳楼区监察委员会主任、副主任、委员

区管干部厦门大学培训

岳阳楼区学习十九大精神集中培训班

岳阳楼街道“和谐宣讲团”

望城岭社区“爱心义剪”志愿服务队

岳阳楼下邻里情——“粽叶飘香，党群同乐”和谐邻里节

特 载

在区委经济工作会议上的讲话

中共岳阳楼区委书记 陈阁辉
（2018 年 12 月 25 日）

这次会议的主要任务是，高举习近平新时代中国特色社会主义思想伟大旗帜，深入贯彻落实党的十九大和中央、省、市系列会议精神，总结 2018 年工作成绩，部署明年工作任务，不断深化核心引领区建设。下面，我讲三点意见：

一、回顾一年工作，我们要巩固好势头、趁势而上

即将过去的 2018 年，是我区经济增长最快、发展质量最优、城乡变化最大、社会大局最稳的一年。一年来，在市委、市政府的坚强领导下，区委团结带领全区广大干部群众，认真贯彻落实岳阳发展“一三五”基本思路，致力于打基础、利长远、防风险，全方位稳增长、促发展、惠民生，充分彰显了核心引领区的新作为。

1. 发展质效越来越优。积极抢抓棚改机遇，统筹推进征地拆迁、产业规划、土地出让、招商引资和项目服务“一条龙”工作，棚改成为经济发展的最大推动力。

经济增长实现新突破。随着棚改地块密集出让，品牌企业纷纷进驻，重大项目落地投产，棚改带来的产业聚集效应持续显现，经济发展实现了量质齐升。全区预计实现地区生产总值 663 亿元，增长 8.2%，占全市比重达 19%；社会固定资产投资增幅达 12%；实现社会消费品零售总额 455 亿元，增长 10.1%，占全市比重达 35%；财政总收入突破 30 亿元，增长 15%，其中税收收入 26.5 亿元，税收占比达 88%，经济总量、收入质量稳居全市前列。

棚改工作开创新局面。全面实施棚改项目清零攻坚行动，区级领导作为项目指挥长，既当指挥员，又当战斗员，积极协调解决问题，主动直面化解矛盾。党员干部作为征拆主力军，一心扑在项目上，夜以继日做工作，加班加点连轴转。市级层面作为坚强后盾，从政策、资金、公产签约、司法保障等方面给予全力支持，形成了上下一心、合力成事的良好局面。近三年，全区先后实施棚改项目 43 个，动迁居民 2.6 万户、腾地 1.1 万亩，2018 年共完成棚改签约 4930 户，拆除房屋 80 万平方米，九大棚户区、金凤桥北路周边等 25 个项目实现清零腾地；上会通过土地

20宗、2035亩，其中四化建棚改A地块、木鱼山棚改片区等12宗、651亩土地已摘牌，成交价款31.3亿元，土地出让规模效果再创历史新高。

产业发展呈现新气象。面对政策调整、市场变化，坚持与时俱进，按照“拆建并重、以建为主”的工作思路，及时召开重大项目协调服务工作推进会，在保证一线征拆力量的同时，果断调整工作重心、调优人员力量，成立区土地出让办、重大项目建设协调服务办等机构，组建专业精干招商队伍，做好了棚改“后半篇文章”。全年共续建和新引进项目42个，协议引资398亿元，其中新引进中建嘉和城等10亿元以上的项目4个。出台《重大项目建设协调服务推进方案》，实行项目建设“一对一”跟踪服务，营商环境持续优化，友阿商业综合体、步步高新天地等一批地标性建筑拔地而起，平安银行、中建湖山一号等优质产业项目竞相落地，蒙华铁路、中梁首府等95个重大项目快速推进。

2. 群众生活越来越好。立足城市工作最大区情，坚持以“人”为核心，不断推动城市服务管理保障提标扩面、融合融通，最大限度凝聚民心民力、吸引人流客流，明显优于周边的城市环境成为经济发展的最强软实力。

实事办理扎实有效。围绕全面建成小康社会目标要求，着力保障改善民生，全年民生支出达18.42亿元，占财政总支出的81%。持续推进“大众创业、万众创新”，全区新增城镇就业8950人，城镇调查失业率控制在4%以内，居民“零就业”保持动态清零。城镇居民、农村居民人均可支配收入分别达到35716元、19395元，同比增长8.5%、8.6%，居民收入增幅跑赢经济增速。城乡低保和救助提标等11大项13小项重点民生实事优质完成，全部兑现了年初对居民的庄严承诺，让群众拥有更多获得感和幸福感。

城市建管规范有序。开展中心城区交通综合整治行动，湘北大道、奇康路等城市道路建成通车，新胜巷、鲤鱼嘴路等6条治堵保畅道路即将完成，区间路网高效连通，城市脉络更加畅通。深化“大城管”模式，持续开展城市清洁提质行动，占道经营、城市“脏乱差”等问题得到有效整治，城乡面貌焕然一新，为岳阳顺利通过全国文明城市复查测评迎检、成功实现“三连冠”立下汗马功劳。坚持“零容忍”治理违法建设，全年共依法拆除违建2136处、25.4万平方米，切实维护了城市规划建设秩序。

公共服务创新有为。完善社区治理和服务创新“三合一”工程，梳理“最多跑一次”改革事项274项，民生类公共服务事项实现“最多跑一次”，全年共办理便民业务100万笔，主动为居民提供网格服务30万次，高分通过“全国社区治理和服务创新实验区”结项验收。坚持向上争取支持、内部整体联动，统筹推进五个“一公里公共服务圈”建设，有效化解“大班额”问题，大力推广家庭医生签约服务，创新实施社区警务与网格管理深度融合，居民群众幸福指数不断攀升。2017年以来，“一公里公共服务圈”建设作为全市为民服务工作样板，共接待外来调研考察党政代表团180余批、6000多人，达哲省长、市委和生书记作出专门批示，并在全省推广，工作经验上报国务院办公厅。

3. 社会大局越来越稳。强化底线思维，主动防控化解风险，为辖区居民群众撑起“平安伞”，和谐稳定的社会大局成为经济发展的最硬支撑力。

发展底板更加牢固。坚持把打好“三大攻坚战”摆在突出位置，出台《防范政府性债务管理办法》，压减投资项目27个，持续加大政府性投资项目资产处置、资金回笼工作力度，胥家桥安置房、洛王新天地等项目累计回收资金3.5亿

元，春节前后，洛王 02–08 宗地等项目还可回笼资金 1.5 亿元；2018 年共向上争取资金 9.1 亿元，连续三年保持 10% 的增速，累计化债 9.25 亿元，确保了政府性债务只减不增，风险保持在绿色安全区域。坚持不用折中办法、不搞过渡性处置，黏土砖厂、废塑加工小作坊等环保整治问题全部通过验收，望岳水库等 4 处黑臭水体完成整治，全域退养生猪 5.6 万头，“月山号”水上餐饮整治等上级交办任务高效完成，顺利通过中央环保督察“回头看”；扎实推进全面禁炮、植树造林、农业面源污染治理、内湖内河治理，天蓝山青水绿成为岳阳楼区发展最厚重的底色。高标准推进精准脱贫工作，整合投入扶贫资金 2000 多万元，启动实施郭镇田园特色小镇创建，完善麻布山森林公园上山游步道、林荫大道绿化等配套设施，麻布山片区年接待游客突破 10 万人，对口帮扶的平江汇龙村学校、村部等项目建设基本完成，实现了脱贫质量持续巩固提升。

*治安环境持续改善。*深入开展“平安岳阳楼区”创建，建设标准化社区警务室 90 个，持续推进专兼职巡逻防控，人防、物防、技防相结合的综治防控体系基本建成。区委先后 3 次研究禁毒工作，制定《特殊人群涉毒人员收治管理实施办法》，建成 6 个社区戒毒（康复）工作站，工作力度前所未有。大力开展扫黑除恶专项斗争，打掉涉黑涉恶团伙 11 个，相比 2016 年同期刑事立案数、接处警量分别下降 68.3%、29.7%，破案数、破案率分别上升 37.4%、20.9%，居民群众安全感显著提升。

*平安稳定有效保障。*严格落实矛盾大排查、信访积案清零、领导包案等有效措施，全年信访总量较去年下降 15%，信访秩序步入规范化、法治化轨道。高效办理中央、省委巡视组交办信访件，逐一明确牵头区级领导、主办责任单位、具体办结时限，非法集资等信访问题全部办结回复。牢固树立安全发展理念，严格落实季度讲评、定期督查、重点约谈工作机制，压紧压实安全生产责任链条，全区安全生产事故发生率较去年下降 91.6%。全面推进食品药品安全分级分类监管，查处各类违法案件 187 件，有效保障了千家万户的食品用药安全。全年未发生一起重大群体性事件，未发生一起较大及以上安全生产事故，未发生一起重大食品药品安全事故，历史上首次获评“全省安全生产工作先进单位”，确保了社会大局平安有序、和谐稳定。

4. 干部队伍越来越强。认真贯彻新时代党的建设总要求，推动全面从严治党向纵深发展，干部队伍成为了经济发展的最优竞争力。

*强化教育管理，干部执行力不断提高。*严格落实党的意识形态工作责任制，以习近平新时代中国特色社会主义思想为核心内容，扎实开展理论中心组学习、“五讲一演一图”等活动，深化大宣传，强化主流舆论引导，党员干部“四个意识”不断增强。大力实施“人才强区”战略，持续开展干部能力素质提升工程，先后选派 2 批 122 名党政负责干部到厦门大学、西安交大培训学习，扎实开展社区网格管理等专业培训 10 多期，分层次培育干部 1000 多人，党员干部能力素质全面提升。坚持正确选人用人标准，先后调整干部 60 人，其中提拔重用的 34 名干部中，乡街和棚改等急难险重岗位干部占 88%，树立了扎根基层、一线建功的鲜明导向，激活了选人用人“一池春水”。

*夯实基层基础，基层组织力充分彰显。*扎实推进党支部“五化”建设，打造基层党组织示范点 39 个、“两新”示范党组织 10 个，基层党支部战斗堡垒作用发挥更加明显，党员管理更加规范。大力完善办公服务平台建设，投入资金近 10 亿元，通过置换、购买、新建、提质，完成乡街、部门办公服务用房建设 35 个，社区（村）综合

服务平台103个，高起点、高质量打造特色社区14个，社区建设水平再上新台阶，得到中组部充分肯定。认真落实《加强和完善社区治理的实施意见》“1+4”系列办法，社区、村年均运转经费分别提高到60万元和15万元，社区（村）工作人员月平均工资达到3000元以上，面向社区（村）定向招录公务员2名，基层党组织朝气蓬勃、充满活力。

*严抓作风纪律，队伍凝聚力切实增强。*以高度的政治责任感，全力推进上级巡视反馈意见整改工作，中央第八巡视组反馈意见问题整改完成率达88.2%。严格落实全面从严治党主体责任，组织党政干部到岳阳监狱接受警示教育，有效开展常规性区委巡察、常态化作风督查，全面畅通信访举报、网络舆情等群众监督渠道，强化督查问责，严厉惩治腐败，保持了正风肃纪高压态势。通过严管和厚爱结合、激励和约束并重，大力推行“一线工作法”，广大党员干部心往一处想、劲往一处使，推动了全面工作创先争优、再上台阶。人大和政协的作用充分发挥，统战工作进一步加强，人民武装、民族宗教、工商联、工青妇、老干部等各项工作也取得了新的成绩。

这些来之不易的成绩，是习近平新时代中国特色社会主义思想正确指引的结果，是省委省政府、市委市政府坚强领导的结果，是全区上下团结拼搏的结果。在此，我代表区委、区政府向广大干部群众，向所有关心支持岳阳楼区经济社会发展的各界人士，表示衷心的感谢！回顾一年来的工作，我们深刻体会到：一是定位决定地位。一年来，我们牢牢把握市委、市政府的发展要求，紧紧围绕“核心引领区”的发展定位，对内凝聚人心，对外展示形象，推动各项工作往高处走、往实里做，用一份份亮眼的成绩单，赢得了组织信任、领导青睐、社会认可。二是思路决定出路。2018年以来，面对“三大攻坚战”常态化督察，面对棚改清零攻坚、重宾接待、文明城市复检迎评等中心工作，面对信访维稳、安全生产、禁毒等工作压力，区委通过落实“三抓三防”（即抓干部教育管理，防止违纪违法；抓工作任务落实，防止干部失职；抓提前研判谋划，防止工作被动），有效激发了干部担当、促进了工作落实、避免了失职问责。实施“三大攻坚战”以来，我区没有干部受到上级的责任追究。三是作风决定作为。注重防范“重痕迹、轻实绩”等不良倾向，坚持“重点工作统筹抓、中心工作重点抓、日常工作反复抓”，健全季度工作讲评、重点工作定期调度、乡街和部门定期向区委报告工作等机制，全区上下形成说了算、定了干、干必成的良好氛围，确保了上级各项重大决策部署抓实见效、落地生根。

二、分析形势任务，我们要把握好机遇、借机发力

谋时者智，取势者成。2019年是新中国成立70周年，是我区打造核心增长极、建设核心引领区见成效的关键之年。做好2019年的工作，既要把握大局形势，也要认清区情局势，明晰目标任务、明确总体要求，见微知著，定向定位。

1. 发展有坚实基础。近年来，区委本着对过去、现在、将来负责的态度，致力于打基础、利长远，为加快发展积聚了动能、积累了优势。一是锻造了一支能征善战的干部队伍。各级干部通过参加教育培训，参与棚改、城市服务管理保障创新等工作实践，心贴心做群众工作、实打实解决复杂问题，干部队伍综合素质和实践能力得到显著提高。二是留下了一笔来之不易的宝贵财富。土地是稀缺资源，也是重要的生产资料。作为中心城区，土地资源缺乏一直是制约我们发展的扼颈之困。近三年，我们通过棚改腾出了1万多亩土地，可满足今后10年的发展需要。以中心城区棚改、交通建设大会战为契机，新建提质

主次干道24条，极大增加了城市边缘地带的开发机会，提高了土地价值。随着土地、交通等生产资料的备齐，我们产业发展有了广阔的腾挪空间。三是解决了一批久拖未决的遗留问题。全力化解政府性债务，持续抓好资产处置、资金回笼，大力改善乡街、部门、社区（村）办公服务环境，坚持实施“信访积案清零”行动，一大批历史遗留问题得到彻底解决，实现了发展轻装上阵。四是营造了一个高效舒心的人文环境。先后出台《关于进一步加强街道（乡）工作的实施意见》等转型发展文件30多个，促进了基层工作标准化、规范化、程序化。旗帜鲜明反对“四风”，严明导向选人用人，推动形成了清清爽爽的同志关系、规规矩矩的上下级关系。坚持对内整合、对外协调，全面提升辖区各项工作水平，形成了“全区一盘棋、市区大联动”的工作格局。广大基层干部从一些无谓的事务中解脱出来，把更多时间和精力用在抓工作落实上，辖区意识、楼区情怀更浓，转型发展、核心引领的精气神更足。

2. 发展有不少风险。发展之路从来就不会一帆风顺，发展的过程中风险与机遇总是相伴相生。一是金融货币政策调整风险。我区没有土地等基金收入，稳定的非税收入很少，财政抗突发性风险能力弱。一旦出现金融货币政策收紧等紧急状况，我们既不具备其他县市通过卖出土地变现的能力，也不能够用非税收入来弥补财政增长的不足。二是市场变化风险。当前正处于房地产业的下行阶段，在融资渠道收紧的严峻形势下，企业拿地日趋理性谨慎，房地产投资增速逐步下滑。我们必须准确感知市场变化，加大棚改土地出让招商力度，提高土地变现能力和收益，加快引进落地产业。三是财政短收风险。我们的区情特殊，产业结构单一，基本没有一、二产业，并且第三产业不完善，以房地产、建筑安装、商贸、金融为主，缺少航运物流、大型专业市场等其他三产。现有支柱产业受政策、市场影响较大，抵抗市场波动的能力差，自我创收的能力不强，未来财政增收的压力巨大。我们必须提前筹谋、以丰补歉，防止财政收入增速出现断崖式下跌。四是工作短板风险。打好“三大攻坚战”是必须完成的政治任务，还需要投入大量的财力和精力，建立长效内生机制。安全生产、信访维稳、禁毒工作是必须常抓不懈的底线工作，还需要进一步强化安全发展理念，抓源头、控环节，补短板、防风险，确保社会大局持续稳定。我们既要增强忧患意识，居安思危、防患未然，又要坚定必胜信心，蹄疾步稳、砥砺前行。

3. 发展有更高目标。目标引领行动、体现态度，建设核心引领区必须拉高标杆、自我加压。这是发展的要求。经济发展进入新常态，经济不再具备高速增长的条件。从我区情况看，迈向高质量发展同样是大势所趋、必由之路。这是上级的信任。投资要有回报，投入要有产出。市委、市政府充分信任楼区干部，不仅投入240多亿元在我区实施棚改，投入120多亿元实施“交通建设大会战”等基础设施建设，而且在五个“一公里公共服务圈”建设等多方面给予支持。同时，我区的经济总量占全市比重达20%，第三产业生产总值占全市比重达35%，市委、市政府明确要求我区为岳阳在全省争位次作贡献。我们绝不能辜负市委、市政府的信任和重托，必须忠于使命、主动作为。这是自身的需要。我们提出来的核心引领区不是喊在口头上的。2019年，到了我们核心引领区建设出成果、见成效的时候了，必须靠行动体现，用数据证明，凭实力说话，真正让核心引领区实至名归、核心增长极名副其实。

做好明年经济工作，总体要求是：以习近平新时代中国特色社会主义思想为指导，全面贯彻党的十九大和中央、省、市系列会议精神，落实省委创新引领开放崛起战略、市委“一三五”

基本思路，坚持稳中求进工作总基调，坚持新发展理念，按照高质量发展要求，协调推进“四个全面”战略布局，围绕“一年转型打基础、三年转换见成效、五年转化上台阶”发展主线，统筹抓好稳增长、促改革、调结构、惠民生、防风险各项工作，突出打基础、利长远、解难题、补短板，打牢五个基础（即土地要素、基础设施、干部队伍、工作机制、人文环境），实施四个清零（即信访积案清零、安置问题清零、资产处置和资金回笼清零、环保督察问题整改清零），促进经济社会持续健康发展，奋力续写核心引领区建设新篇章。

区委考虑，2019 年全区经济社会发展主要预期目标是：地区生产总值增长 8.3%，突破 700 亿元；固定资产投资增长 11%，总量达到 253 亿元；社会消费品零售总额增长 10.2%，总量达到 500 亿元；财政收入增长 10%，完成 33 亿元；城镇调查失业率控制在 4% 以内；城镇居民人均可支配收入增长 8.5%，达到 38752 元；农村居民人均可支配收入增长 9%，达到 21140 元。确定以上目标，综合考虑了速度、效益、结构、动能四个维度的同步协调、相互支撑，符合中央提出的“六稳”要求，有利于传递发展导向、引导社会预期。

三、厘清发展举措，我们要运用好抓手、一抓到底

城市工作是最大的区情，围绕人们就近就地消费做文章是产业的现状，我们必须抢抓岳阳建设国家区域性中心城市的战略机遇，强化系统思维、遵循发展规律，准确把握经济建设、城市治理、干部队伍之间相互转换、相互促进的内在逻辑关系，辩证看待内外部条件的变化，坚持一张蓝图干到底，坚持转型转换总要求，保持定力、久久为功，推动经济建设、城市治理、干部队伍全面提高、共同发展。

1. 打好产业保卫战，培育发展新动力。近年来，随着实施“退二进三”“退城入园”，我区工业企业基本迁出，岳阳建工集团、市政公司等一批优质企业，受周边县区优惠政策的吸引也随之外迁。我们必须坚持“三产强区”战略，突出棚改“以建为主、以拆为辅”，以产业项目建设年活动为载体，打好产业保卫战，加快建设金融中心、商贸中心、旅游休闲中心、城市居住中心，逐步建立多元发展、多极支撑的现代产业体系。

*坚持双轮驱动，建设四大板块。*区域发展具有竞争性、排他性、时效性。我们必须坚决走城市内涵式提升、外延式拓展之路，全力推进桥西老城区、中心城区棚改区、胥家桥片区、奇家岭片区“四大板块”建设，让区域协同发展愿景成为现实。一是桥西老城区板块。东风湖新区建设是我区发展的潜力所在，要按照“生态、高端、现代、时尚”的定位和“生态优先、产城融合”的要求，年前全面完成九华山洞庭渔都周边、德胜北路延伸线两侧、枫桥湖道路两侧、建设北路中段周边等结转项目清零腾地；明年 6 月底前，完成洞庭大桥东引桥北侧、七里山周边三期等新启动棚改项目签约清零；切实巩固东风湖水域退养成效，高效服务九华山路、马壕污水处理厂二期等基础设施项目建设，积极推动九华山片区等棚改地块出让招商，力争早日将东风湖新区打造成城市生态新名片、产业发展新增长极。市里在突出抓好洞庭新城开发建设的同时，还计划投资 30 亿元以上，启动实施洞庭南路周边棚改项目，要加强对接、迅速征拆，加快洞庭南路历史文化街区建设。3517 文旅新城项目以“3517”、市制药一厂等为中心，总征地面积 1819 亩，将打造岳州古城、军事文化体验园等现代文化创意产业园区，要密切对接、积极跟进，通过重大项目落地建设，实现桥西片区串珠成链、相互呼应、联动发展，打造我区休闲旅游产业聚集区、临湖

滨江产业经济带。二是中心城区棚改板块。目前，中心城区棚改提供开发土地达3000多亩，明年重点是按照产业发展规划，加快项目清零腾地、出让招商。要坚持以净地出让为目标，加快知青场路周边等结转棚改项目清零腾地，精准对接、务实推动杨树塘、青年东路北侧等棚改地块出让招商，尽快把棚改腾出的宝贵土地空间转换成经济发展红利，跑出土地出让招商“加速度”，有力提升产业竞争力、辐射力。三是胥家桥片区板块。要以规划建设胥家桥5183亩百亿物流园为抓手，加快推进一期157亩征拆腾地，全力打造现代物流、专业市场聚集区，拉长产业链，培养增长源，为岳阳打造国家级物流枢纽城市作贡献。四是奇家岭片区板块。要抢抓市里在湘北大道两侧收储土地7000多亩的重大机遇，扎实推进湘北大道两侧一期棚改、赶山东路土地收储等项目征拆，着力推动健康养老、教育培训等产业加快发展。

坚持优势优先，壮大第三产业。我区经济发展的优势在三产业，潜力在三产业。要始终聚焦现代商贸、金融及其服务业、房地产等传统优势产业，通过实施“创新引领、开放崛起”战略，培育引进一批投资规模大、带动能力强的优质龙头企业，淘汰整合零散低端业态，提高单位面积投资强度，加快优势产业转型升级、提质增效，使优势更优、长板更长。推进友谊阿波罗、四化建地块北控岳州府等在建项目建设，做大东茅岭、花板桥等城市核心商圈，着力打造商业副中心，进一步巩固我区商贸中心地位。围绕建设杨树塘金融中心，着力引导银行、保险、证券等金融机构集聚发展。加快碧桂园时代城、荣盛金鹗御府等在建房地产项目建设，加快螺丝港旧改B地块等出让招商，促进房地产业持续健康发展，打造城市居住中心。积极培育壮大仓储物流、健康养老、电子商务、文化旅游等新兴产业，进一步优化产业结构，逐步补齐我区产业“一业独大、跛足发展”的短板，实现产业从“一枝独秀”到“百花齐放”，提高产业抗风险能力，打造走势强劲的三产核心区。

坚持服务至上，发展民营经济。民营经济是推动我区经济发展的主动力、主力军，地位作用不容置疑、无可替代，我们必须旗帜鲜明为民营经济发展营造更好的营商环境。要严格落实支持民营经济发展各项政策，发挥政策叠加效应，切实减轻企业负担，着力提高资金、土地、人才等要素保障水平。围绕引进、培育重点税源企业，大力落实区级领导联企业、联项目制度，切实帮助企业协调矛盾、解决难题，既防止“勾肩搭背”，又防止“背靠背”，构建亲清新型政商关系，让企业有更多归属感和获得感。按照“对标台州、全省一流、群众满意”的总体要求，深化放管服改革，推行服务事项“一窗办、联合办、网上办、就近办、马上办”，如期完成机构改革任务，进一步转变政府职能，着力打造科学规范、优质高效、群众满意的政务环境。充分发挥重大项目建设协调办公室的专职作用，严格落实市委服务企业优化环境九条措施，着力抓好征拆遗留问题处理，协调解决开发商与业主矛盾，切实维护项目建设施工、企业正常经营秩序，坚决查处影响发展环境的人和事，打造营商成本的“洼地”、投资创业的“高地”。

2. 打好环境优化战，增强发展软实力。围绕“创造明显优于周边的生产生活环境”，全面推动城市服务管理保障提标扩面、融合融通，用好大宣传工作平台，不断提升城市知名度、美誉度、向往度，将各种环境要素源源不断地转化为推动经济发展的软实力、硬支撑。

营造秀美宜居的市容环境。坚持用绣花功夫建设管理城市，加快推进北港北路、求索西路延伸段、北环线、望岳路延伸段、城北路等主干道路建设，启动实施农工商路、土桥街、许家坡路、长乐街等交通综合整治项目，逐步打通断头路、改造老旧路，促进人畅其行、物畅其流。以深化城市管理综合执法体制改革为契机，进一步健全完善“大城管”模式，狠抓市容管理、环卫保洁、禁拆治违等日常工作，高效完成学院路两侧建筑立面改造，快速推进工人文化宫及东风广场改扩建等城建项目，不断提升城市风貌。深化文明城市建设，刷新社会主义核心价值观宣教、“治陋习、树新风”专项行动、身边好人评选等活动品牌，让城市有颜值更有内涵。

营造便捷高效的服务环境。以推进“最多跑一次”改革为契机，以《关于建立健全基本公共服务标准体系的指导意见》为参照，以“务实、实用”为原则，扎实推进社区治理和服务创新“三合一”工程、五个“一公里公共服务圈”和特色社区建设，不断提高公共服务的可及性、便捷性，努力实现让群众“最多跑一次”，甚至“一次也不用跑”的目标，打造让外地人津津乐道、让楼区人引以为豪的公共服务品牌。明年6月底前完成部分街道社区区划调整，加快推进棚改拆除的4个社区平台还建，新打造5个特色社区，继续推进标准化社区综治中心、警务室和派出所建设，不断夯实基层工作阵地平台。树立“党的一切工作到支部”的鲜明导向，认真贯彻《中国共产党支部工作条例（试行）》，继续深化“基层党建质量提升年”活动，推进市委3个“1000”行动，开展社区（村）党支部书记集中轮训，畅通社区（村）负责人晋升渠道，促进基层党组织带头人队伍整体优化，推动基层党组织全面进步、全面过硬。加大网格员等社区工作人员公开招录、专业培训力度，健全完善“以群众满意度为标尺”的工作考评体系，扎实开展服务质量专项督查，全面提高社区（村）服务群众的能力和水平。

营造保障有力的民生环境。坚持以人民为中心的发展思想，把保障和改善民生工作放到更加突出的位置，聚焦全面建成小康社会考核指标要求，在经济发展可持续、财力可支撑的基础上，以办好省、市十件民生实事为重点，着力解决好人民最关心、最直接、最现实的利益问题。实施安置问题清零行动，推行台账式管理，逐项明确时间表、责任人，通过分类施策、合力攻坚，推动安置房建设问题逐个销号，切实维护群众切身利益。促进充分就业，全面落实积极就业政策，扎实做好职业技能培训、就业困难人员等重点群体就业工作，让人人都有通过辛勤劳动实现自身发展的机会。完善社会保障体系，深入实施“全民参保计划”，扩大社会保险覆盖面，抓好城乡最低生活保障、医疗救助等社会救助工作，做到应保尽保、应助尽助。优先发展教育事业，落实免试就近入学、划片招生、阳光招生，着力解决中小学生课外负担重、“择校热”、“大班额”等突出问题。全力打造健康楼区，深化“三医联动”改革，推进医联体建设和分级诊疗，扩大家庭医生签约服务范围，让基层群众享受优质的医疗资源。繁荣发展文体事业，加强文体设施、阵地建设，推进文体休闲小广场等“五个全覆盖”，打造群众文体活动品牌，让更多普通群众成为文化休闲的享受者和参与者。

营造平安稳定的社会环境。着眼城市安全发展，深入推进“平安岳阳楼区”创建，常态开展集中清查和设岗盘查行动，扎实做好平安社区、平安小区等系列创建工作，加快“雪亮工程”建设，不断提升人防物防技防水平，有效降低犯罪率。坚持问题导向，建好用好社戒社康工作站，切实提升我区禁毒工作能力和水平，确保禁毒工作成功摘帽。深入开展扫黑除恶专项斗争，坚持依法严惩、打早打小、除恶务尽，始终保持对各类黑恶势力违法犯罪的严打高压态势，不断增强居民群众的安全感，提升综治民调工作水平和平安指数。深入开展“信访积案清零”行动，按照“领导包案、单位领办、协同推进、限时完成”的总要求，着力解决一批信访重点问题，持续推动信访秩序根本性好转。及时回应群众诉求，针对征地拆迁、商品房买卖、非法集资等矛盾多发领域，强化预判预防、抓早抓小，坚决防止点上的矛盾影响面上的稳定。时刻绷紧安全生产这根弦，压紧责任链条，排查整治隐患，突出抓好重点企业、危化危爆物品、食品药品安全、人员密集场所等重点领域安全监管，确保重特大安全事故“零发生”。

3. 打好三大攻坚战，强化发展支撑力。牢固树立问题导向，用好用活已有的好思路、好措施、好抓手，坚决打好防范化解重大风险、精准脱贫、污染防治“三大攻坚战”，实现新年新作为、新效果，确保发展行稳致远。

*精细防控风险隐患。*要实施资产处置、资金回笼清零行动，重点抓好洛王 02~08 宗地、蔡家安置房二期地块成本返还等项目，盘活社区闲置办公用房等区属固定资产，力争全年回笼资金 3 亿元以上。切实增强争项争资工作的责任感和紧迫感，积极抢抓明年上级着重加大教育、医疗等民生重点领域投资机遇，主动向上跟踪对接，强化项目策划包装，完成向上争资 10 亿元以上。硬化预算刚性约束，实行全口径预算管理，进一步压缩“三公”经费等一般性支出，务求把有限的财力用在刀刃上，以最低的行政成本争取最大化的行政效能。把财政“三保”支出（即保工资、保运转、保基本民生）摆在更加优先和突出的位置，确保全区干部职工工资、福利待遇与市直部门的标准水平一致，确保部门单位正常运转和办实事的经费不留缺口，确保区委、区政府重大决策部署有充分资金保障。理顺财权事权，严格执行重大决策、重大事项向区委报告制度，控制超出财政承受能力范围的支出。近两年，市里在我区投入的道路等基础设施建设达 120 多亿元，棚改土地出让后的产业也都留在楼区，因此在落实上级决策部署上，我们要增强大局意识，算好政治账、长远账。强化金融领域的风险管控，严控政府投资项目关口，全力争取上级债券资金，建立健全偿债准备金制度，确保政府性债务只减不增，风险保持在绿色安全区域。严格执行干部人事纪律，加强机构编制和人事管理，确保财政供养人员只减不增。

*精准推进脱贫攻坚。*要立足麻布山省级森林公园丰富资源，以实施乡村振兴战略为契机，以郭镇田园小镇创建为抓手，进一步明确定位、整合资金，提高标准、综合施策，集中资源力量完善麻布山森林公园周边基础设施，鼓励发展特色花卉、农家客栈等配套项目，有序引进生态旅游、健身休闲等特色产业，大力倡导文明乡风，进一步突显田园小镇特色，打造“村美民富业强”的岳阳“城市后花园”。积极探索城市扶贫新模式，突出解决城市特困家庭、特困群体最低生活保障问题，不断巩固提升脱贫成果。

*精心呵护生态环境。*要扎实推进环保督察问题整改清零，认真完成黑臭水体整治、蛋禽市场搬迁和环湖周边生猪退养等存量问题处理，主动配合做好城市污水处理、截污管网项目规划建设，综合整治油烟、噪声扰民等突出环保信访问题，全面巩固提升中央、省环保督察成果。严格落实河湖长制，像保护眼睛一样呵护生态环境，加强东风湖、芭蕉湖、吉家湖和王家河等城市内湖内河治理，统筹推进大气污染、土壤污染防治行动，让居民群众生活在天更蓝、山更绿、水更清的优美环境中。

4. 打好从严治党持久战，提高发展推动力。干事创业，关键在人。要把坚持和加强党的全面领导，贯穿经济社会发展各领域、全过程，充分发挥党的政治优势、组织优势，把党员组织起来，把人才凝聚起来，把群众动员起来，形成推动高质量发展的强大合力，以高质量发展的成果检验全面从严治党成效。

建立正确评价体系，让干部想干事。坚持把党的政治建设摆在首位，严格落实意识形态工作责任制，认真学习贯彻习近平新时代中国特色社会主义思想和党的十九大精神，推进“两学一做”学习教育常态化制度化，开展“不忘初心、牢记使命”主题教育活动，引导广大党员干部树立“功成不必在我、建功必须有我”的正确价值观，真正做到对历史负责、对楼区负责，进一步筑牢团结奋斗的共同思想基础。认真贯彻落实新时期好干部标准，按照建立素质培养、知事识人、选拔任用、从严管理、正向激励的干部工作“五大体系”的要求，科学评价工作、考核干部，坚决打破平衡照顾、论资排辈的壁垒，让为发展出力、对楼区有功的人得到尊重和重用。全面落实急难险重岗位定期交流、干部休假、定期体检、困难关怀等制度，真正重视、真情关怀、真心爱护基层干部。深入开展创先争优行动，努力到全市、全省去找标杆、争位次，推动全面工作上水平、争一流、做贡献。

提高队伍能力素质，让干部能干事。坚持引育并重，既注重引进高端人才，又着重盘活现有人才，不断优化干部队伍结构，努力建设高素质专业化的干部队伍。大力实施“巴陵人才工程”、《人才战略发展五年规划纲要》，着力引进一批文秘、财务、基建等专业人才，努力补齐人才短板。加大干部适度交流力度，大力培养选拔优秀年轻干部，保持干部队伍旺盛活力。继续实施干部能力素质提升工程，按照党的十九大提出的增强“八项执政本领”的要求，常态开展干部针对性学习、专业化培训，举办急难险重岗位表现突出干部专题培训班，不断提高各级干部，特别是党政主职领导干部的综合能力。

浓厚干事创业氛围，让干部干成事。坚持“三个区分开来”，落实容错纠错机制，旗帜鲜明地为担当者担当，为负责者负责，激发和保护基层干部干事创业的积极性、主动性、创造性。大力推行“一线工作法”，推动党员干部下到基层一线推进工作，沉到项目现场解决问题，真正做到在其位、谋其政、成其事。坚持全区工作“一盘棋”，着力简化办事流程、减少审批内部流转环节，坚决破除不作为、“中梗阻”。全力支持人大、政府、政协全面履行职责、积极开展工作，充分发挥统一战线的政治优势，扎实做好工青妇等党的群团工作，不断提高党管武装工作水平，形成同心同德、同频共振的强大合力。充分发挥市区一体优势，加强与市级层面的汇报协调、与同城三区的对接合作，进一步争取领导重视、政策支持、资源倾斜，努力推动同城一体化发展。持之以恒推进作风建设，锲而不舍落实中央八项规定精神，加大明察暗访力度，决不让公款吃喝、公款送礼、滥发奖金福利等“四风”问题反弹回潮。标本兼治抓实反腐倡廉，认真落实党委主体责任和纪委监督责任，用好监督执纪“四种形态”，发挥巡察利剑作用，切实做到真管真严、敢管敢严、长管长严；坚持反腐败无禁区、全覆盖、零容忍，以惩治腐败的坚决行动，维护岳阳楼区风清气正的政治生态。

同志们，一年的任务繁重艰巨，一年的发展令人期待，一年的时间只争朝夕。让我们紧密团结在以习近平同志为核心的党中央周围，锐意进取，苦干实干，久久为功，扎扎实实做好各项工作，为全面建成“转型发展、创新创业”的核心引领区不懈奋斗，以优异成绩向国庆70周年献礼！

岳阳楼区人民政府工作报告

——在岳阳楼区第五届人民代表大会第三次会议上

中共岳阳楼区委副书记、人民政府区长　黄建文

（2019 年 1 月 3 日）

各位代表：

现在，我代表区人民政府，向大会报告政府工作，请予审议，并请区政协委员和其他列席人员提出意见。

回眸 2018，我们默默耕耘、稳打稳扎

2018 年是改革开放 40 周年，是贯彻党的十九大精神开局之年，在区委的坚强领导下，在区人大、区政协的监督支持下，我们坚持以习近平新时代中国特色社会主义思想为指导，全面贯彻党中央、国务院和省委省政府、市委市政府各项决策部署，践行市委“一三五”基本思路，落实“一线工作法”，紧紧围绕“全面建成转型发展、创新创业的核心引领区”奋斗目标，主动作为、真抓实干，全区经济发展质效更好、城市建设提质加速、民生福祉持续改善、社会大局和谐稳定。

一、区域经济稳中有进。始终坚持高质量发展要求，准确把握经济转型新特点、新形势，实现地区生产总值 663 亿元、增长 8.2%，占全市比重达 20.4%；完成社会固定资产投资 228 亿元、增长 12%；实现社会消费品零售总额 455 亿元、增长 10.1%，占全市比重达 35%；财政总收入突破 30 亿元、增长 15%，其中税收收入 26.5 亿元、占财政总收入的 88%，经济总量、收入质量稳居全市前列。棚改工作稳步实施。全面实施棚改项目清零攻坚行动，定期组织召开棚改攻坚部署会、推进会、讲评会，实行“日通报、周调度、月讲评”、末位表态约谈等工作机制，采取公产公职带头、以拆促签、司法助拆等有效措施，2018 年共完成棚改签约 4930 户，拆除房屋 80 万平方米，截至目前，杨树塘片区、金凤桥北路周边等 25 个项目实现清零腾地。准确把握棚改工作的新阶段新特征，调整工作重心，全面转入建设阶段，全力推进土地出让，上会通过土地 20 宗、2035 亩，其中四化建棚改 A 地块等 12 宗、651 亩土地已成功摘牌，成交总价款 31.3 亿元。产业转型逐步深化。不断壮大传统行业，荣盛金鹗御府、中建嘉和城等一批房地产项目加

速推进，步步高新天地成为城市商业综合体标杆。大力发展新兴产业，新引进金融、保险公司3家，全年金融行业创造税收突破4亿元；全区物流企业达到91家，注册资金在500万元以上的达24家；新增高新技术企业10家，全年总产值突破200亿元。实施精准招商，新引进和续建项目42个，协议引资398亿元，其中10亿元以上项目4个；持续扩大外资利用，完成外资到位7550万美元。全区第三产业增加值实现534亿元，占GDP比重达80%以上。服务质量同步提升。认真落实市委市政府服务企业优化环境的九条措施，持续开展“联手帮扶企业、产业发展升级”行动，为中小企业解决困难问题30多个。制定出台《重大项目建设协调服务推进方案》，从严从快打击“三违三强”行为，蒙华铁路、友阿国际广场等95个重大项目快速推进。全面深化商事制度改革，稳步推进社区代办，新登记注册市场主体近万户。积极搭建银企合作桥梁，贷款金额达40多亿元。成功对石英滤料厂、砂石公司实施企业改制，全面完成区直企业改制任务。强化统计服务，全力推进“四上”单位新增申报，按时完成全国第四次经济普查清查录入工作。

二、城市治理推进有力。始终坚持把提高城市管理精细化水平作为推动高质量发展的重要举措。完善基础设施。强力推进交通建设大会战和港口建设大会战，保障湘北大道、奇康路、湖东路、汴河园路等城市主干道顺利通车，德胜北路延伸段即将通车，完成马壕东路、易家路、北环线等征拆任务。大力实施交通综合整治行动，全面推行“路长制”，推动中心城区背街小巷管理向精细化、规范化发展，提质建设鲤鱼嘴路、富民路、枫树坡路等6条小街巷，节能改造路灯910盏。加强农村道路建管力度，完成曾庄路等40千米农村道路建设、养护任务。规范市容秩序。加强“大城管”联合执法，有效整治城市“脏乱差”问题，城市背街小巷面貌不断改善。推行道路设施“本色行动”，加大机械化作业力度，实行不间断巡回保洁，我区连续65个月在同城五区环卫评比中排名第一。实行铁腕治违，开展常态巡查、航拍核查，共拆除违法建设2136处、25万平方米。提升农集贸市场规范化水平，完成大桥湖市场标准化建设，提质改造社区菜市场3家。提升文明素养。深化全国文明城市建设，顺利通过复查测评。开展文明礼仪、文明交通、文明餐桌、文明家风、文明服务“五大文明行动”，着力打造一批省市文明示范单位，3人被评为湖南好人，1人被评为中国好人。开展市民学校、道德讲堂等文化活动，弘扬社会主义核心价值观。成立岳阳楼区志愿服务联合会，开展各类志愿服务活动3000多场次。加强未成年人思想道德建设，全省未成年人“向国旗敬礼”主题教育实践活动在东方红小学举行。

三、三大攻坚扎实有效。始终坚持抓重点、补短板、强弱项，统筹谋划、精准施策，实打实、硬碰硬推进三大攻坚战。打好防范化解重大风险攻坚战。出台《防范政府性债务管理办法》等系列文件，停、缓、调、撤项目27个，回笼政府性投资项目资金3.6亿元，向上争资9.1亿元，累计化债9.25亿元，政府性债务只减不增、保持绿色安全区域。加强投融资类公司日常监管，常态开展P2P网贷、非法集资等涉众型经济领域风险排查，有效维护金融市场秩序。打好精准脱贫攻坚战。制定出台《岳阳楼区实施乡村振兴战略三年（2018—2020）行动方案》，全力推进农村集体产权制度改革，统筹实施精准扶贫、麻布山森林公园开发、特色田园小镇建设等工作。整合各类资金6600万元，围绕“一超过、两不愁、三保障”硬指标，全面开展行业扶贫、产业扶贫等工作，快速推进贫困村基础设施、公共服务、特色产业等，动态调整建档立卡贫困人口，巩固提升脱贫攻坚成效。扎实做好对口扶贫工作，平江县汇龙村达到脱贫出列条件。打好污染防治攻坚战。对中央环保督察反馈问题及时开展“回头看”，集中整治黏土砖厂、废塑加工、小作坊等问题，高效完成岳泰饲料废气污染治理、“月山号”水上餐饮取缔、月山铁路桥东侧矮围拆除等上级交办任务。科学设置三级河长65名，对东风湖、芭蕉湖、王家河等水域常态化开展巡河行动，整改各类问题100多个。集中整治望岳水库等4处城市黑臭水体，在全区范围全面实施生猪退养。大力推行低碳生产，严禁“两高一资”项目落地，全面完成减排任务。落实“三年绿化行动”，开展公园、校园、庭院和环城山系水体绿化增量工程，面上造林700亩。

四、惠民举措落地有声。始终坚持以人民为中心的发展思想，把实现好、维护好、发展好人民群众的根本利益作为政府工作的出发点和落脚点，全年民生支出达18.42亿元，占财政总支出的81%，11大项13小项省市民生实事任务全面完成，城乡居民人均可支配收入分别达到35716元、19395元，同比增长8.5%、8.6%。基本保障普惠利民。持续推进“大众创业、万众创新”，新增城镇就业8950人，“零就业”家庭持续动态清零，城镇登记失业率控制在4%以内，骆家坡、学院路等7个社区被评为“省级充分就业星级社区”。积极推进全民参保登记，超额完成养老、医疗、生育、失业、工伤等各项社会保险基金征缴任务。认真落实低保救助、特困供养等政策，发放各类补助金近1亿元。建成养老信息服务平台16个，新增养老床位165张，每千名老人拥有床位数高于全国平均水平。关爱孤残、留守和困境儿童，孤儿分散供养标准提高至1000元/月。公共服务高效便民。制定五个“一公里公共服务圈”建设三年规划，新建白杨坡小学，改扩建学校8所，消除“大班额”216个；完成区疾控中心和3个社区卫生服务中心提质改造，新妇幼保健院主体工程完工；新建健身休闲文化广场10个，开展各类群众文体活动500余场次，社区公共文体服务设施覆盖率达100%；建成11个街道综治中心、90个标准化社区警务室，实现社区、街道、区级综治信息互通；大力推进“互联网+政务服务”，不断提高社区治理和服务创新“三合一”工作水平，规范化建设社区（村）公共服务平台103个，全年共办理便民业务100多万笔，主动为居民提供网格服务30万次，高分通过全国社区治理和服务创新实验区结项验收。目前我区五个“一公里公共服务圈”建设已成为全市为民服务工作样板，并在全省推介。开展特色社区建设，打造了洪家洲、芋头田、王家河等14个特色社区。平安底线坚实安民。强力开展扫黑除恶专项斗争，打掉涉黑涉恶团伙11个，中心城区刑事发案率、接处警率持续下降，破案率持续上升。强化基层禁毒阵地建设，新建6个社区戒毒（康复）工作站，涉毒重症病人收治中心改扩建全面完成。有序开展安置帮教、社区矫正工作，解除矫正人员154人，无一人重新犯罪。建立区级、街道、社区、网格四级矛盾纠纷调解机制，开展“三到位一处理”集中行动，落实领导包案制度，信访秩序步入规范化、法治化轨道，信访总量较去年下降15%。落实安全生产“一岗双责、党政同责”和重大事故隐患治理“一单四制”，排查整治重大安全隐患58处，责令停产停业整改36家，立案调查9起、行政拘留5人，基层安全生产网格化监管经验在全市推介，我区被评为全省安全生产工作先进县市区。加强公共卫生安全，深入开展食品安全“护苗”“护老”行动，认真做好重大疾病防控，血吸虫病达到国家传播阻断标准，顺利通过国家慢性病综合防控示范区复评和创建国家健康促进区评估验收。

五、自身建设抓铁有痕。始终坚持在思想上、行动上与党中央保持高度一致，努力建设群众满意的人民政府。注重政治建设。深入学习贯彻党的十九大精神，坚持用习近平新时代中国特色社会主义思想武装头脑、指导实践、推动工作，牢固树立政治意识、大局意识、核心意识、看齐意识。定期召开区政府常务会、区长办公会，学习上级文件精神和工作要求，研究部署政府各项工作。举办科级干部学习党的十九大精神和党纪党章培训班，参训干部达2000多人次。着力提高公务员队伍能力素质，组织122名领导干部前往厦门大学、西安交通大学进行专题培训。注重效能建设。大力推行“一线工作法”，区政府班子成员到重大项目、重点工作、重要问题现场办公、调度400多次，确保一系列打基础、利长远决策部署的落实落细。建立经济运行调度机制，每季度召开联席会议，对经济形势进行分析研判，确保经济运行平稳有序。全面实施机构改革和职能转变，完成国地税机构合并，新组建退役军人事务局，顺利推进中央（省属）企业社会职能移交，深化“最多跑一次”改革，合并、调整和取消权力清单53项。加大督查考核力度，开展棚改征拆、环保突出问题整改等专项督查近50次，编发督查通报21期、督办函38件，切实提高政府执行力。注重法治建设。严格按照法定权限和程序行使权力，自觉接受人大法律监督和工作监督，充分发挥政协民主监督和参政议政作用，全年办理人大代表建议68件，政协委员提案139件，办复率100%。受理12345热线工单近2万件，办结率99.9%。合法性审查各类文件350件，受理行政复议和行政应诉案件120件。全面推行领导干部网上学法，学时完成率达100%。进一步提高政府工作透明度，推进财政资金、重大项目、征地拆迁等领域信息公开，接受社会公众监督。注重廉政建设。将政府工作与党风廉政建设同部署、同安排、同考核，制定出台《加强政府系统党风廉政建设着力建设廉洁政府的实施意见》，严格落实中央“八项规定”精神，始终把纪律和规矩挺在前面。强化审计监督，审计项目152个，核减项目资金624.25万元。全面落实凡进必考，阳光招录公务员、教师、网格员共156人。开展“吃空饷”“三超两乱”治理工作，辞退、解聘28人，财政供养人员连续四年实现负增长。

与此同时，国防动员、人民防空、机关事务、老龄老干、史志档案、民族宗教等事业取得了新成绩，工会、共青团、妇联、工商联、文联、残联、侨联、科协、红十字会、计生协会、老年保健协会、老科协、关工委等工作取得了新成效！

各位代表，过去一年的成绩取得，是市委、市政府和区委坚强领导的结果，是区人大、区政协和全体人大代表、政协委员认真履职、监督支持的结果，是广大离退休老同志、老干部默默关心、鼎力支持的结果，也凝聚了全区干部职工和人民群众的心血和力量。在此，我代表区人民政府，向全区人民，向岳阳经济技术开发区、城陵矶新港区、南湖新区以及所有关心、支持和参与岳阳楼区建设发展的同志们、朋友们，表示衷心的感谢和崇高的敬意！

在肯定成绩的同时，我们也清醒地看到，发展仍面临诸多困难和挑战：一是高质量发展的压力，主要是经济发展内生动力不够强，产业集聚集群集约程度不高，第三产业内部结构还需进一步优化。二是城市管理服务保障的压力，主要是交通治堵等城市治理方面任务艰巨，教育、医疗、养老等优质资源供给还需加强，社会治理能力需进一步提高。三是防范风险的压力，主要是政府性债务化解、生态环境治理还需要持续巩固提升，安全生产、社会治安等方面还存在薄弱环节，必须高度重视，严管严治。四是自身建设的压力，主要是少数公职人员谋事干事的积极性还不够，还在使用“老套路”“老办法”来应对新情况、新问题，工作效率还需提升、工作作风还需优化。对此，我们将坚持问题导向、目标导向，以“等不起”的紧迫感、“慢不得”的危机感、“坐不住”的责任感，认真采取有效措施，尽心尽力加以解决。

展望2019，我们久久为功、再接再厉

2019年，是新中国成立70周年，也是我区打造核心增长极、建设核心引领区见成效的关键之年。新的一年，我们既面临严峻挑战，也面临发展机遇，我们一定要把思想和行动统一到市委、市政府和区委的决策部署上来，继续发扬艰苦奋斗、苦干实干的优良作风，继续保持攻坚克难、勇争一流的高昂斗志，坚持担当作为、狠抓落实，全面履行政府各项职责。新的一年，我们将坚持“高质量发展”不动摇，全面提升经济质量效益，推动政府工作重心向“好不好”“强不强”转变，努力实现区域经济发展行稳致远；我们将坚持“以人民为中心”不动摇，政府是人民的政府，一切工作都要以最广大人民的根本利益为出发点，着力解决好人民群众最关心、最直接、最现实的利益问题，不断增强人民群众的获得感和幸福感；我们将坚持“一线工作法”不动摇，进一步转变政府职能，推进机构改革，提高行政效能，腾出更多时间抓落实，把工作重心放在一线、放在解决具体问题上，凭实干推动发展，用实绩检验工作。

2019年政府工作的总体思路是：坚持以习近平新时代中国特色社会主义思想为指导，全面贯彻党的十九大精神和中央、省委、市委、区委经济工作会议精神，落实“六稳”要求，坚持新发展理念和高质量发展要求，保持稳中求进工作总基调，统筹推进稳增长、促改革、调结构、惠民生、防风险等各项工作，深入践行岳阳发展“一三五”基本思路，围绕“一年转型打基础、三年转换见成效、五年转化上台阶”发展主线，全力打造全市核心增长极，加快全面建成小康社会，续写核心引领区建设新篇章！

2019年全区经济社会发展主要预期目标是：地区生产总值增长8.3%，突破700亿元；公共财政预算收入增长10 %，完成33亿元；固定资产投资增长11%，达到253亿元；社会消费品零售总额增长10.2%，达到500亿元；城镇调查失业率控制在4%以内；城镇居民人均可支配收入增长8.5%，达到38752元；农村居民人均可支配收入增长9%，达到21140元。

一、量质齐升，构建发展“新格局”。始终坚持以发展为第一要务，提高城市经济质量效益，推动产业转型升级，培育新增长点、形成新动能，让区域经济发展更加强劲、更可持续。

*发展城市产业。*坚持“三产强区”战略，突出棚改“以建为主、以拆为辅”，围绕桥西老城区、中心城区棚改区、胥家桥、奇家岭等片区建设，大力开展“产业项目建设年”活动，加快建立多元发展、多极支撑的现代产业体系。一是发展临湖生态产业。按照“生态、高端、现代、时尚”的定位和“洞庭明珠、生态水城”的主题，围绕“一湖清水、一座地标、一个小镇、一处乐园、一场演艺、一片街区”的“六个一”要求，全力推进东风湖新区建设，完成九华山洞庭渔都周边、德胜北路延伸线两侧、七里山周边三期等棚改项目清零腾地，配合推进外滩三路、建设北路、九华山路等主要道路和环湖绿化带建设，积极服务洞庭明珠塔、湖鲜小镇等重大项目，将东风湖新区打造成为城区新亮点、城建新品牌、城市新名片。二是发展文化旅游产业。主动服务、加快推动洞庭南路历史文化街区建设，积极推进

环球中心、鱼巷子三期和3517文旅新城项目，建设岳州古城、军事文化体验园等现代文化创意产业园区，促进军民融合发展，实现桥西片区连点成线、连片开发，推进文化与旅游深度融合，留住老城记忆，延续城市文脉。三是发展商贸金融产业。突出抓好中心城区棚改项目征拆扫尾清零、遗留问题处理、规划指标落地等配套工作落实，积极推进杨树塘片区、青年东路北侧、洛王片区等12宗土地挂牌出让，加快建设友阿国际广场、北控岳州府、中梁首府等重点项目，把棚改腾出的宝贵资源转换为产业发展成果，做大东茅岭核心商圈，做强四化建、花板桥商业副中心，做优杨树塘金融聚集区，进一步巩固我区商贸、金融产业中心地位。四是发展现代物流产业。按照整体规划、分期建设、滚动开发的模式，启动胥家桥综合物流园建设，推进一期157亩征拆腾地，支持花果畈物流、岳阳建筑材料市场等重点物流园区发展壮大，加快重要通道、重点园区、重点企业之间的联通联运，建成集多式联运中心、城市配送中心、信息数据中心和配套服务中心为一体的综合物流园区。五是发展绿色健康产业。加快推进湘北大道两侧一期棚改、赶山东路土地收储等奇家岭片区项目征拆，扩展城市发展空间。依托生态环境资源、高校创新资源优势，重点培育养老服务、健康管理、康复保健、文化教育、乡村旅游等业态，将奇家岭片区建设成为城市产业的新亮点。

优化营商环境。认真贯彻习近平总书记在民营企业座谈会上的重要讲话精神，落实省委省政府《关于促进民营经济高质量发展的意见》，为民营经济营造更好更快发展的广阔舞台和良好环境，让民营经济创新源泉充分涌流、创造活力充分迸发。继续实行区级领导联点帮扶企业制度，定期召开企业家座谈会，加大靠前服务力度，构建亲清新型政商关系，做到"有事必应、无事不扰"，让广大企业专注发展、安心发展。继续减轻企业税费负担，落实好国家结构性减税等优惠政策，降低企业各类交易成本和经营成本。拓宽民营企业融资渠道，加大银企对接力度，提高银企合作履约率，支持企业直接融资，最大限度地降低民营企业融资压力。学习台州经验，深化商事登记制度改革，落实"证照分离""多证合一"，优化审批流程，努力实现市场经营主体办理各类审批"最多跑一次"。创新人才培养、引进等机制，开展"巴陵人才工程""四海揽才"等各类活动，鼓励支持校企合作培养专门人才，为民营经济发展提供人才支撑。扎实推进市场诚信体系建设，进一步完善守信联合激励和失信联合惩戒制度，严厉打击扰乱市场公平竞争秩序的违法行为，让守信者处处受益、畅通无阻，让失信者处处受限、寸步难行。

大力招商引资。落实"创新引领、开放崛起"战略，坚持引进来和走出去并重，主动对接国家、省市投资重点，围绕优势资源、优势产业，加强项目库建设，精心策划包装、引进布局一批打基础、利长远的大项目、好项目。实行政商联动，坚持"领带作战"与"专业作战"相结合，提升招商工作实效。积极盘活棚改土地资源，吸引更多区域型、功能型总部企业、楼宇企业入驻，提高单位面积投资强度。依托区内优势企业和知名企业家、商会协会，深挖乡贤、侨胞资源，引进一批国内外投资和项目。发挥招商队伍作用，瞄准知名企业、行业龙头，主动沟通，上门对接，力争签约一批亿元以上项目。同时，积极融入"一带一部"战略，鼓励支持我区企业发挥特点、利用优势，在区域合作、对外交流中不断发展壮大，推动开放型经济向更高水平、更深层次发展。

二、内外兼修，扮靓城市"高颜值"。提高城市管理的标准化、精细化、品质化水平，确保每一项工作、每一个细节都有人抓、有人管、管得好，全面提升大城市宜居指数。

提升城市功能。不断加大城市道路提质建设力度，完成许家坡路、农工商路、土桥街等5条微循环道路提质建设，加快推进北港北路、北环线、城北路、望岳路延伸段等城市主干道路建设。持续改善城市面貌，高效完成学院路两侧建筑立面改造，加快推进工人文化宫及东风广场改扩建等城建项目；高标准实施小街巷改造工程，着力解决一批“路不平”“灯不亮”“水不畅”问题。积极配合推动中心城区停车场建设，鼓励党政机关、事业单位停车场向社会车辆开放，有效缓解停车难问题。推动城乡统筹发展，完成乡村公路提质改造，积极推进“厕所革命”、实施一批农村改厕。提升农集贸市场规范化、标准化水平，完成花果畈市场建设，提质改造一批菜市场、社区菜店。

加强城市管理。继续实行“大城管”专项考核，定期进行讲评，强化责任落实。在全区范围内持续开展市容秩序、环境卫生、烟花鞭炮、工地扬尘、油烟扰民等集中整治行动。继续推进城市道路“本色行动”，提升环卫管理精细化水平。开展农村垃圾分类试点，实施农村安置点、聚居点综合治理，改善提升村容村貌。严格落实城乡规划，完成奇西、奇家、马鞍、枣树、胥家桥、滨湖等乡村规划编制工作，对重点区域实行四级巡查防控管理，确保实现违建零增长。

优化城市生态。持续整改中央环保督察反馈问题，强化“小、散、乱、污”等污染企业监管，严防污染问题反弹。推进洞庭湖生态环境专项整治三年行动计划和“环湖利剑”“先锋护碧水”“清四乱”等专项行动，坚持共抓大保护、不搞大开发，守护好一江碧水。严格落实河长制，常态治理东风湖、芭蕉湖、王家河及南湖水环境，推进郭镇乡黄梅港综合整治。加快胥家桥片区、奇西片区污水处理设施建设，完成麻布山风景区水系统改造。强化农村环境综合治理，积极创建农业面源污染综合治理示范区。加强环境保护宣传教育，坚持多形式、多角度、多主题宣传，切实提高全社会环境保护意识，引导公众积极参与环境保护工作。

涵养城市气质。深化更高水准的全国文明城市建设，推动社会主义核心价值观进机关、进校园、进企业、进社区、进家庭，进一步提升城市文明指数。继续加强洞庭渔歌、巴陵剪纸等传统文化传承保护，全面提升文化遗产知名度、影响力。打造“书香岳阳”等一批群众性文化活动品牌，大力发展民间文艺团队，全面展示湖湘地域特色文化魅力。坚持以文促旅、以旅彰文，依托“楼岛湖”等旅游资源，整合慈氏塔、乾明寺等人文景观，巩固提升“吃、住、行、游、购、娱”传统要素，加快培育“商、养、学、闲、情、奇”新兴要素，让岳阳楼区在文旅融合发展中更有魅力、更显气质。

三、执政为民，增强群众“获得感”。始终把保障和改善民生摆在突出位置，切实让发展成果惠及全区人民。

提标提档社会保障。统筹推进社会保障体系建设，强化基金统筹管理，完善城镇职工、城乡居民养老保险制度，建立统一的社会保险公共服务平台。全力做好就业再就业工作，新增城镇就业9000人，零就业家庭保持动态清零。健全社会救助体系和城乡低保动态调整机制，落实低保家庭慈善救助政策，加强低保与扶贫政策衔接力度，织牢脱贫攻坚低保兜底网络，保障困难群众基本生活权益。协调发展社会福利、公益慈善、残疾人事业，推进社会保障向多层次、普惠性覆盖。

融合融通公共服务。瞄准“全市领先、全省一流、全国创优”目标，推动社区治理和服务创新“三合一”工程、“平安岳阳楼区创建”、五个“一公里公共服务圈”建设融合融通，让群众享受到更有品质、更加贴心的公共服务。促进教育优质均衡发展，完成“大班额”化解任务，改扩建东升小学、岳阳楼小学、奇家小学，推动配建南津港小学，让中心城区适龄儿童享有公平而高质量的教育。大力开展“健康楼区”建设，加大公共卫生投入，合理配置医疗资源，推动枫桥湖、洛王、金鹗山、王家河4家社区卫生服务中心建设，完成妇幼保健院改扩建，让公共医疗卫生资源分布更加均衡。加强公共文化设施和文化阵地建设，全面推进社区文体小广场、健身路径等升级改造，积极引导社会力量参与公共文体服务设施建设，确保人均拥有公共文化体育设施面积达到3.85平方米，让居民群众就近都能找到健身休闲场地。继续推进社区（村）警务室标准化建设，推动警力下沉，配齐配优社区民警；推进“城市快警”建设，实施城市背街小巷“雪亮工程”，持续开展专项巡查、集中清查、设岗盘查行动，让居民群众更有安全感。深入推进“互联网+政务服务”，减少纸质台账，建立电子台账，实行“一窗口受理、一站式服务、一平台共享、全区通办、全流程效能监督”，让群众办事“只进一扇门”“最多跑一次”。

建强建优基层基础。完成部分街道区划、社区规模调整，加快推进杨树塘等4个社区平台建设。充分发挥试点社区示范引领作用，以群众需求为重点，因地制宜推进特色社区创建。加大网格员等社区工作人员公开招录、专业培训力度，健全完善考评体系，全面提升服务能力。大力实施乡村振兴战略，发展特色民宿、农村电商、休闲农业等新产业新业态，培育一批新型农业经营主体。完善麻布山周边绿化景观、健康步道等配套设施建设，积极推进郭镇田园小镇创建，丰富特色花卉、农家客栈等旅游资源，着力打造“村美、民富、业强”的岳阳“城市后花园”。继续坚持“造血”“输血”并举，加大产业扶贫、就业促进、医疗救助等帮扶力度，抓好对已退出贫困村、已脱贫群众的“回头看”“回头帮”，确保稳定脱贫不返贫。

四、防患未然，筑牢社会“安全网”。牢固树立问题导向、底线思维，始终保持清醒、居安思危，未雨绸缪、积极应对，努力推动我区经济社会发展行稳致远。

有效化解债务。牢牢兜住“保工资、保运转、保民生”底线，严格执行《防范政府性债务管理办法》，严把政府投资项目关口，有效防范各类风险。加快推进政府性投资项目资产处置、资金回笼、配置土地出让工作，全年完成资金回收3亿元。加大争项争资力度，力争向上争资10亿元，进一步巩固扩大“第二财源”。探索建立预算资金动态调整机制，着力提高财政资源配置效率和使用效益，把有限的资金用到“刀刃”上，确保我区政府性债务总量只减不增。

严格安全监管。深入开展“落实企业安全生产主体责任年”活动，扎实开展执法检查、打非治违等系列行动，排查整治重点行业、重点领域、重点场所安全隐患，实现安全生产监管执法常态化。深入实施居民安全素质提升工程，开展全覆盖安全知识宣传教育，建设一批安全示范街道（乡）、示范社区（村）、示范企业，进一步夯实安全生产基层基础，推进安全生产形势持续稳定向好。加强食品药品安全监管，坚持“有假必打，有案必查，违法必惩”，对食品药品违法违规行为零容忍，维护人民群众饮食用药安全。

全力维护稳定。按照“控增量、减存量”的总体思路，扎实开展矛盾纠纷“大排查、大检查、大化解、大管控”活动，坚持抓早、抓小、抓苗头，加强源头治理，有效化解一批信访积案，及时处置突发事件，着力减少信访矛盾总量，坚决防止重大群体性事件发生。坚持问题导向，深化

“平安岳阳楼区”创建，扎实抓好综治民调和平安指数整体提升，坚决打好扫黑除恶专项斗争，坚决实现禁毒工作摘帽进位，着力营造良好的社会环境。

五、担当作为，提高政府“公信力”。站在新时代，推动新发展，必须倾注汗水和心血，不驰于空想，不骛于虚声，一步一个脚印，不断加强政府自身建设，不断提高执行能力和服务水平。

*务实勤政是必由之路。*在政治立场、政治方向、政治道路上始终同以习近平同志为核心的党中央保持高度一致，始终与省市区委保持步调一致。如期完成政府机构改革任务，持续提升政府治理水平。进一步规范公务员队伍管理，继续组织开展公职人员学习培训，打造高素质公务员队伍。坚持群众路线，加强调查研究，沉到一线摸实情、扑下身子做实事，以担当负责的态度和钉钉子精神抓好征收安置等领域遗留问题处理。健全完善目标体系、责任体系和督查体系，严肃处理行政不作为、慢作为、乱作为问题，对确定的工作做到勇于负责、雷厉风行、一抓到底。

*依法行政是应有之义。*认真落实《法治政府建设实施纲要》，运用法治思维推动工作、促进改革、引领发展，将政府工作全面纳入法治轨道，营造公开、透明、可预期的法治环境。坚持完善政府常务会议会前学法制度，推动领导干部学法常态化、制度化。坚持重大事项向区委、区人大报告和向区政协通报制度，自觉接受区人大及其常委会的法律监督、工作监督和区政协的民主监督，认真做好人大代表建议和政协委员提案办理。依法公开政府信息，及时回应社会关切，切实保障群众的知情权、参与权和监督权。严格按照行政程序规定，加强事前科学论证，事中规范审批，事后跟踪落实，确保行政行为决策科学、程序合法、落地见效。严格规范执法行为，落实权力清单、责任清单等制度，深化“双随机一公开”执法检查，做到按制度、按规定、按程序办事。

*廉洁从政是成事之基。*持之以恒落实中央八项规定精神，严格落实党风廉政建设“一岗双责”，注重防微杜渐、抓早抓小，坚定不移反“四风”、转作风、正行风。认真落实《关于进一步激励广大干部新时代新担当新作为的意见》，严格执行机关事业单位基本工资标准调整机制，全面落实干部休假、定期体检、困难关怀等制度，按照规定保障公务员的合法权益。依法加强审计监督，推进公共资金、国有资产资源和领导干部履行经济责任情况的审计全覆盖。严格财经纪律，从严控制一般性支出和“三公”经费，把有限的资源和财力，用到发展最急需、民生最急迫的地方。坚决反对腐败，支持区纪委监委依规依纪依法严肃查处各类违法乱纪行为，努力实现干部清正、政府清廉、政治清明。

各位代表！适应新时代，聚焦新目标，落实新部署，让我们紧密团结在以习近平同志为核心的党中央周围，在市委、市政府和区委的坚强领导下，在区人大、区政协的监督支持下，凝心聚力，奋勇前进，努力谱写转型发展、创新创业的核心引领区建设新篇章，以无愧于时代的发展业绩、无愧于人民的工作实绩，向新中国成立70周年献礼！

岳阳市岳阳楼区人民代表大会常务委员会工作报告

——在岳阳楼区第五届人民代表大会第三次会议上

中共岳阳楼区人大常委会主任　漆　胜

（2019年1月4日）

各位代表：

我受岳阳楼区第五届人大常委会的委托，向大会报告工作，请予审议。

2018年主要工作回顾

2018年，在省、市人大常委会的精心指导下，在区委的坚强领导下，区人大常委会深入学习贯彻党的十九大精神，聚焦发展出智出力，聚焦民生重实重行，聚焦法治担当担责，与全体代表一道共同努力，依法履职，主动作为，为全面建成“转型发展、创新创业”的核心引领区做出了积极贡献。

一、旗帜鲜明讲政治，把牢人大工作方向

人大常委会始终把坚持党的领导作为做好人大工作的根本保证，始终保持与区委同心、同向、同行、同力，凝心聚力推动区委重大决策部署的贯彻落实。

1. 切实加强政治建设。认真学习贯彻党的十九大精神，坚持用习近平新时代中国特色社会主义思想武装头脑、指导实践、推动工作，严守政治纪律和政治规矩，始终在思想上、政治上、行动上同以习近平同志为核心的党中央保持高度一致。严格履行政治责任，加强常委会党组班子建设，坚持民主集中制，提高议事决策水平。坚决自觉接受区委领导，落实区委决定的重大事项，及时向区委汇报，主动争取区委的支持，保证人大各项工作与区委决策部署同频共振、同向发力。

2. 主动作为凝聚共识。一年来，人大常委会紧紧围绕事关全区经济社会发展的重大事项，深入调研、广聚共识。为推进中心城区构建现代产业体系，常委会组建了文化旅游、商贸物流两个专题调研组，分赴苏州、厦门、三亚、广州、韶关、郴州等地，充分吸取先进地区的发展经验，形成了高质量的调研报告，为区委、区政府决策提供了有益参考。同时，共召开人大常委会议6次、主任会议14次，审议重点议题18项，作出决议决定6项，依法行使宪法和法律赋予的职权，按照民主、法定的程序讨论和决定重大事项、重点工作，有力推动全区经济社会各项事业高质量

发展。

3. 依法进行人事任免。坚持党管干部与人大依法选举任免有机统一，认真领会和把握区委人事意图，严格拟任命人员任前了解、供职发言、常委会组成人员审议票决、颁发任命书等程序，落实宪法宣誓制度，加强任后监督，进一步增强被任命人员的责任意识和公仆意识，为推动区域经济社会发展提供了坚强的组织保障。2018 年，选举任免国家工作人员 21 人次，严格依照代表法的规定，依法依程序补选市人大代表 1 名、区人大代表 10 名。

二、深入一线强监督，增强人大工作效能

一年来，人大常委会大力践行“一线工作法”，找坐标定位置，建净言献良策，既不失职、又不越位，努力把人大的职能优势转化为促进转型发展的职责优势。

1. 加强经济工作监督。一是强化计划财政监管。依法定期审查和批准区级财政预决算，听取和审议计划、预算的执行情况以及审计工作报告，针对存在的问题提出审议意见，支持政府及有关部门树立和贯彻落实新发展理念，提高经济发展质量和效益，促进经济持续健康发展。对区政府提出的湖南理工学院二期九户安置房建设项目资金使用、岳阳市工人文化宫及东风广场改扩建项目补充列入 2018 年度岳阳楼区国民经济和社会发展年度计划、望岳路陶家畈安置房合同纠纷涉及追加财政预算专项资金等相关议案，常委会组织了深入调研，进行了充分讨论并及时进行批复。对湘北大道两侧建筑立面提质改造项目的议案，常委会对项目的由来、合法性、可行性、资金来源等方面进行了充分审议，最终表决通过该议案。二是关注棚改工作。多次到棚改项目现场、征拆一线连续监督、跟踪督查，开展专题询问，了解最新动态，对照问题逐条研究分析，督促区政府及相关部门严格落实棚户区改造工作审议意见，确保中心城区棚改工作有序推进。截至目前，共有 25 个棚改项目实现清零腾地，没有引发一起重大群体性事件。三是化解政府性债务。严格落实人大常委会《关于政府重大投资项目监督办法》，规范政府投资项目报批程序，规定人大审查决定的必经程序，从源头上控制政府举债规模；督促区政府出台了《岳阳楼区防范和化解隐性债务风险工作方案》，明确隐性债务化债期限、化债目标、任务分工、化债措施及保障措施。要求区政府压减投资规模，严控债务增长，对项目建设按“停、缓、调、撤”的原则分类处置，目前已“停、缓、调、撤”项目 27 个，回笼资金 3.5 亿元，我区政府性债务已步入绿色安全区域。四是抓好审计监督。制定出台《岳阳楼区人民代表大会常务委员会关于审计查出问题整改的监督办法》，按照“挂号销号”方式，对 2017 年财政决算审计整改情况进行跟踪检查，要求被审计单位建章建制，规范管理，促进整改。2018 年，共有 2 家被审计单位负责人向常委会报告审计查出问题整改落实情况。

2. 加强民生工作监督。人大常委会牢固树立“以人民为中心”的发展思想，充分发挥人大及其常委会民意机关作用，以保障和改善民生为监督重点，切实维护最广大人民的根本利益。围绕学有所教，组织市、区两级人大代表组成两个评议调研组，分赴东方红、朝阳等 26 所中小学及部分幼儿园，开展走访调研。组织教育局班子、中层骨干、校长及教师进行座谈，全面、客观、公正的对我区教育工作进行评议，要求区政府尽快理顺城区教育管理体制，改变事权、财权严重不对等的现状，依法增强办好义务教育的法律意识，促进教育均衡发展。围绕食有所安，持续跟踪《中华人民共和国食品安全法》《中华人民共和国农产品质量安全法》贯彻落实情况，认真督查食药监管、农林水务等部门的履职情况，多次视察农贸市场、养殖基地、餐饮门店和学校食堂的食品安全工作，督促区政府“严”字当头，健全并落实好“全过程、全覆盖”的食品安全监督制度，确保人民群众食之安心、食之放心。围绕弱有所扶，人大常委会主任会议成员视察调研了我区的精准脱贫工作，听取麻布山旅游扶贫开发项目建设情况汇报，现场察看郭镇建中村光伏发电扶贫项目，深入该村部分贫困户家中，掌握他们的生产生活和脱贫致富情况。组织部分工作人员及人大代表走访了10多家部门单位，现场视察岳阳市慧声关爱特殊儿童中心，要求区政府及相关部门加大财政保障力度，切实维护弱势群体利益。围绕呼有所应，进一步完善人大信访工作机制，建立健全“首接责任制”，带着对群众的情感和责任依法做好人大信访工作。一年来，转办市人大批转信访件36件，接待群众来信来访116人次，并监督“一府一委两院”及相关部门办理人大转办信访事项15件，做到有访必接，有信必复，努力化解社会矛盾。

3. 加强环保工作监督。人大常委会始终坚持“生态优先、绿色发展”的理念，一方面，以“守护青山绿水，建设美丽楼区”为主题，扎实开展“环保世纪行”活动，督促环保重点单位按要求开展环保知识集中培训，不断提升环保工作者的专业素质；要求乡街在辖区范围发放生态保护宣传手册、摆放展板、悬挂横幅，形成全民参与生态环境保护的良好氛围。另一方面，听取区政府关于《中华人民共和国环境保护法》贯彻实施情况报告，针对环保监管体系不够完善这一问题，督促区政府加大监管执法力度，严格落实网格化监管，加大企业风险隐患排查力度，搞好防治结合，守住环境安全底线。2018年，区政府在环保方面开展了有史以来最大规模的整治行动。在黑臭水体整治、生猪禁养、王家河面源污染治理等工作中投入了大量人力物力，取得丰硕成果。

三、依法履职扬法治，树立人大工作权威

保证宪法、法律、行政法规在本行政区域遵守和执行是各级人大常委会的重要职责。对此，人大常委会坚守法治信仰，依法行使职权，使法治思维真正成为人大工作的一种自觉、一种常态。

1. 维护宪法尊严。宪法的生命在于实施，宪法的权威也在于实施。为了增强宪法意识、弘扬宪法精神、推动宪法实施，人大常委会通过了《岳阳楼区关于开展第七个五年法治宣传教育的决议》，重新修订了《岳阳楼区规范性文件备案审查办法》。同时，常委会始终坚持把加强规范性文件备案审查制度作为重要工作来抓，对规范性文件报送、备案、审查、处理、归档等工作流程和时限做出了严格要求。对重点审查的规范性文件，人大常委会还邀请专家学者参加座谈会、论证会和听证会听取意见，并面向社会公开征求意见。2018年，区政府报送审查的规范性文件109件，人大常委会已审查109件，提出修改建议15条，有力维护了宪法尊严和法制统一。

2. 支持监察工作。为了推进监察体制试点工作的进行，经过法定程序，在区五届人大二次会议上选举产生监察委员会主任。大会闭幕当天，人大常委会就迅速召开会议，依法表决任命了监察委员会副主任和委员，确保监察委员会领导班子全部及时到位，迅速开展工作。同时，根据《中华人民共和国宪法修正案》，修订了《岳阳楼区人民代表大会常务委员会工作规则》和《岳阳楼区人民代表大会专门委员会议事规则》，制订了《岳阳楼区人民代表大会常务委员会专项工作评议办法》，把监察体制改革各项决策部署落到实处。主动邀请监察委员会负责人列席人大常委会议、主任会议，持续关注监察委员会工

作进展情况，通过不断的沟通联系，保持监督与支持的良性互动。

3. 保障公平正义。司法工作关系社会公平正义。人大常委会主任会议成员对法院行政审判工作进行了调研，通过听取情况汇报、视察诉讼服务中心，对审判执行工作提出建议意见。要求区法院认真践行公正司法，以法律为准绳，维护老百姓合法权益；以化解矛盾为主线，深化行政审判工作改革，创新方法，拓宽渠道。为充分发挥检察机关法律监督职能作用，促进依法行政、严格执法，人大常委会议听取了区检察院关于公益诉讼工作情况的报告，支持区检察机关建立公益诉讼制度，督促检察院与公安机关信息对接，通过联席会议和定期交流制度，畅通信息共享渠道，切实增强监督实效。

四、突出主体添活力，夯实人大工作基础

人大代表是人民代表大会的主体，充分发挥代表作用是做好人大工作的重要基础。人大常委会以服务代表为中心，在提高代表素质、搭建代表履职平台、增强代表活动实效等方面进行有益探索，使代表工作不断创新发展，迸发出无限活力。

1. 高标准建设代表工作平台。“人大代表之家”已成为我区各级代表履职的重要平台，也是我区人大亮点工作之一。根据省、市关于“人大代表活动阵地向社区延伸”的要求，2018 年人大常委会加大力度建设社区、村人大代表工作站，制定建站规划，一个不漏的进行督导、验收。积极向省、市人大进行专题汇报，邀请市人大领导到现场指导，争取资金支持。工作站建设还得到了乡镇、街道的大力支持，在财政资金偏紧的情况下，采取实报实销、全额保障的形式，投入资金开展人大阵地建设。目前，中心城区共建设社区代表工作站 57 个，村代表工作站 34 个，选区小、代表人数不足 3 人的社区联合建站 18 个，社区、村代表工作站覆盖率达到了 90%。代表活动阵地向社区、村不断延伸，让代表履职有了更开阔的空间，使群众与政府之间的联系更加紧密。

2. 高质量开展代表活动。认真开展学习培训。为代表征订《人民之友》《人大导刊》等杂志，供代表自行学习提高。督促乡镇、街道以代表依法履职、议案建议撰写、人大制度建设等为主题，举办代表学习培训班 18 场次，参加学习的市、区代表近 300 人次。精心组织调研视察。代表视察是人大代表行使职权和履行义务的重要方式，对此，人大常委会按照年初工作规划，组织省、市、区代表 200 多人次，对全区重点工作、重点项目进行调研视察 20 多场次，召开座谈会 30 多场次，形成了多篇高质量的调研报告。11 月底，组织辖区 120 多名人大代表，对五个“一公里公共服务圈”建设、棚改项目等进行了调研视察，对城市建设发展中的重点难点建言献策、问诊把脉，取得了良好效果。正确树立标杆标榜。为发挥先进引领作用，激励人大代表和人大工作者认真干事，年终开展评先评优活动，对 12 个人大工作先进单位、5 个议案建议批评意见办理先进单位、12 名优秀市代表、50 名优秀区代表、25 名人大工作先进个人进行了表彰。

3. 高要求抓好议案建议办理。区五届人大二次会议上，代表共提出议案建议 104 件，目前，所有建议已全部按期答复，代表的反馈意见满意率 100%。人大常委会秉持高标准、严要求的态度，督促承办单位认真办理议案建议意见，并批选 13 件建议意见为本年度重点跟踪督办件。在办理过程中，常委会安排工作人员随时到办理单位抽查、跟踪、问效，不断提高“一府一委两院”对人大代表的议案建议意见的办理水平和质量。比如何剑利代表提出的《关于加快解决失地农民养老保险的建议》，通过督办，区政府将该项工作列为 2018 年度政府实事工程，全力推进被征地农民养老保险工作，切实保障被征地农民的切身利益。

五、锤炼自身转作风，展现人大工作形象

一年来，人大常委会把加强自身建设摆上重要位置，主动适应新形势、新任务、新要求，努力提升依法履职、服务大局的能力和水平，促进我区人大工作创新发展。

1.坚持学以致用，全面提升能力素质。 2018年来，组织人大机关干部参加了一系列学习活动，拓宽了眼界，提升了能力。集中学习了习近平总书记关于坚持和完善人民代表大会制度重要思想、在湖南考察讲话指示精神；系统学习了《中华人民共和国宪法》《中华人民共和国各级人民代表大会常务委员会监督法》《中华人民共和国人民代表大会和地方各级人民代表大会代表法》等法律法规。坚持学用结合，融会贯通，将学到的知识融入人大工作中，宣传人大工作，展示人大形象。一年来，先后在全国、省、市人大报刊发表文稿、信息13篇。其中《创新让人大监督更有力》、《部门出具“评议意见” 代表述职步入常态》等多篇作品先后在《人大导刊》《人民之友》等刊物登载。

2.凝聚上下合力，形成完整工作体系。 2018年，各委室围绕人大常委会中心工作，认真组织执法检查、专题调研和跟踪监督等工作，为常委会依法履职提供了良好的服务和保障。加大对基层人大工作的指导力度，各乡镇、街道人大工作水平全面提升。各乡镇人大主席团、街道人大工委负责人按时参加人大常委会相关会议，认真落实各项人大工作任务，做到了上下联动、运转高效，全区人大工作形成了自上而下纵向到底的完整体系。

3.坚持党建引领，强化党风廉政建设。 深入推进“两学一做”学习教育常态化、制度化，常委会将两个月开展一次的党组成员带头讲党课活动纳入机关学习制度，全年已开展6次。支持派驻纪检监察组发挥执纪监督问责作用，以钉钉子精神抓好中央、省委巡视反馈意见整改，巡视反馈问题（人大常委会部分）全部整改到位。严格落实中央八项规定，组织机关党员干部到区廉政教育警示中心开展警示教育活动，不断提升大局意识、责任意识和党性意识。

各位代表，一年来，区人大常委会取得的工作成绩，得益于省、市人大常委会的悉心指导，得益于区委的正确领导，得益于“一府一委两院”及政府工作部门的积极配合，得益于经开区、南湖新区和社会各界的大力支持，得益于老同志的理解帮助，得益于全体人大代表和人大工作者的共同努力。在此，我谨代表区人大常委会，向所有关心、支持、帮助人大工作的同志们，表示衷心的感谢并致以崇高的敬意！

在肯定成绩的同时，我们也清醒地看到工作中存在的问题和不足，主要是：监督力度不够，监督实效仍需进一步增强；代表培训、代表建议督办工作仍需进一步加强；常委会自身建设和基层人大工作有待进一步提升等。这些问题，我们将在今后的工作中认真研究并加以改进。

2019年工作要点

2019年，是国庆70周年，是决胜全面建成小康社会第一个百年奋斗目标的关键之年，也是落实“十三五”规划的攻坚之年。按照区委的工作要求，结合人大工作实际，2018年人大常委会工作总体思路是：以习近平新时代中国特色社会主义思想为指导，全面贯彻党的十九大精神，深入践行市委“一三五”基本思路，依法履行各项职权，努力在推进法治建设上有新建树，在服务高质量发展上有新成效，在汇聚民心民力上有新作为，为核心引领区建设贡献新力量。

具体举措是：

——牢牢把握三个原则。 一是坚持党的领

导。这是人大工作必须始终坚持的最重大的政治原则，也是做好人大工作最根本的政治保证。二是坚持服务大局。必须把服务好区委工作大局放在人大工作的首要位置，聚民智、凝民心、抓监督、促落实，保证区委决策的贯彻实施和政府工作的顺利推进。三是坚持群众路线。必须牢固树立群众观点，走群众路线，维护代表和群众的根本利益，使人大工作真正顺应民心、反映民意、贴近民生。

——依法行使三项权力。一是依法行使决定权。抓住事关全局、事关人民群众切身利益的重大问题，深入调查研究，及时提出有价值的意见和建议，适时作出决议决定，推进全区经济社会持续健康发展。二是依法行使监督权。把涉及改革发展稳定的重大问题，涉及到民生的重点问题，涉及到人民群众反映的热点问题作为监督重点，依法开展监督工作，使监督工作取得新的突破。三是依法行使任免权。坚持党管干部原则，认真负责地任免好国家机关工作人员，做到党管干部与人大依法任免干部相统一，为各项工作的开展提供有力的组织保障。

——充分发挥三大作用。一是充分发挥好代表的桥梁纽带作用。鼓励支持代表围绕经济社会发展建设大局开展调查研究，认真听取、收集和反映群众的意见和呼声，努力搭好党和政府联系人民群众的平台。二是充分发挥好代表的示范带头作用。鼓励人大代表争当认真学习、宣传政策、依法履职、干事创业、维护民利的模范，有效发挥人大代表在建成核心引领区、打造核心增长极的主力军作用。三是充分发挥好代表的建议意见作用。积极探索代表建议和意见办理的新思路、新措施，不断完善对代表议案、建议和意见的办理工作，努力提高代表建

议和意见的办结率和满意率。

2019 年，我们将认真做好以下四个方面的工作：

一、坚持党的领导，坚定政治站位

充分认识党的领导是中国特色社会主义最本质的特征和中国特色社会主义的最大优势，自觉在政治立场、政治方向、政治原则、政治道路上同以习近平同志为核心的党中央保持高度一致，始终把党的领导贯穿人大工作的全过程和各方面。及时将区委的主张通过法定程序转化为全区人民的共同意志和自觉行动。始终做到区委有号召、人大有行动，区委工作主题明确到哪里、人大力量就汇集到哪里，区委决策部署到哪里、人大工作就跟进到哪里，区委工作重点指向到哪里、人大监督就推进到哪里。坚持重大事项、重要工作及时向区委请示报告，时时处处维护区委总揽全局、协调各方的地位和作用，保证人大工作与党委思想同心、目标同向、行动同步。同时，强化人大常委会党组的组织力，发挥人大常委会党组的领导作用和政治功能，认真落实中央和省、市、区委关于加强新时期人大工作的新要求，主动在大局中谋划和推进人大各项工作，依法行使好监督权、重大事项决定权和人事任免权，支持和监督“一府一委两院”依法开展工作，充分发挥人大及其常委会在服务改革发展中的职能作用。

二、提升宪法意识，提高监督实效

紧紧围绕发展第一要务，依法开展监督工作，努力促进全区经济社会实现更高质量、更有效率、更可持续的发展。

聚焦专项工作监督。重点围绕全区经济社会发展大局，充分发挥人大职能作用，综合运用多种监督手段，听取和审议区人民政府关于环境保护、安全生产、国有资产管理、部门决算、乡村振兴、农机水利、厂地协作等工作情况的报告，推动脱贫攻坚、生态环保、食品安全、文化教育、医疗卫生及社会保障等事业发展。对区政府商务

等工作开展评议。

聚焦经济工作监督。听取审议区政府关于2018年财政决算草案、2018年财政预算执行和其他财政收支的审计工作报告，审查批准2018年区级财政决算。听取审议区人民政府关于2019年上半年国民经济和社会发展计划执行、2019年上半年财政预算执行情况的报告，针对计划和财政预算执行中的突出问题提出审议意见，督促政府及其有关部门改进工作。规范预算审查行为，建立完善预算审查监督联系代表制度。

聚焦法律法规执行情况监督。加强法律监督，促进依法行政，公正司法，维护社会和谐稳定。继续强化对监察工作的监督，支持区监察委依法行使监察权。对上年度区政府教育工作、区政府工信工作评议意见落实情况“回头看”，推动相关工作落实。继续做好政府规范性文件备案审查，完善备案审查工作中的沟通、建议收集工作，切实推进服务型政府建设。

三、做好代表服务，做实履职基础

坚持代表主体地位，不断丰富活动形式，积极拓宽民主渠道，切实保障人大代表的知情权、参与权、表达权和监督权。

筑牢履职平台。在2017年全面推进人大代表工作站建设的基础上，2018年重抓规范运行，确保实现“三有”，即有活动，定期开展代表接待选民日、履职情况交流和代表向选民述职等活动；有特色，鼓励开展人大代表问政、议政创新，打造各具特色的代表工作品牌；有效果，切实把代表工作站管好用好。

重视学习培训。结合人大工作监督重点，采取履职培训、学习考察、组织活动等多种形式，对基层人大代表进行学习培训，不断提高基层代表依法履职能力和水平。同时，坚持代表列席人大常委会议，参与视察调查、执法检查、专题询问等工作，拓宽代表知情知政渠道。

完善工作机制。认真落实代表建议督办机制、激励机制和通报机制，进一步提高代表建议落实率、问题解决率和代表满意率，真正使代表建议起到推进工作的作用。对上年度未办结的意见建议，列入下年度继续督办；建立代表履职激励、考勤、约束和退出机制。同时，发挥人大网站、微信群作用，为代表履职提供平台，增强人大工作的开放性、代表工作的互动性以及上下联动的紧密性。

加强联系指导。坚持常委会班子联系乡镇、街道人大工作制度，切实加强对乡镇、街道人大工作的联系与指导，认真落实乡镇、街道每年至少召开两次人大会议制度，促进乡镇、街道人大工作规范化。

四、建强能力素质，建设过硬机关

打铁还需自身硬。我们将立足于充分发挥地方国家权力机关的职能作用，把加强常委会及机关自身建设摆在更加重要的位置，不断提高依法履职能力和工作水平，着力建设“三个机关”。

加强思想武装，建设党性过硬的政治机关。坚持党建总揽，聚焦政治建设，用习近平新时代中国特色社会主义思想武装头脑、指导实践。找准党建工作与人大工作的结合点，创新活动载体，推进依法办事，提升能力素质。坚持机关党建工作围绕中心大局，贴近代表和群众需求，充分发挥机关党总支的战斗堡垒作用和党员的先锋模范作用。

夯实组织基础，建设业务过硬的工作机关。抓住机构改革契机，优化人大常委会机关职能职责、机构设置、编制配备，加强人大机关干部队伍建设，提高综合素质和服务能力。加强对乡镇、街道人大工作的指导，加强上下联动，提升工作实效。

改进工作作风，建设人民满意的代表机关。深入践行“一线工作法”，大兴调查研究之风，深入基层、深入群众、深入矛盾的焦点处“解剖麻雀”、研究问题、寻求对策。继续抓好省委巡视组反馈意见整改落实，扎实加强作风建设、纪律建设。

各位代表，新时代催人奋进，新目标鼓舞人心，新任务光荣艰巨。让我们更加紧密地团结在以习近平同志为核心的党中央周围，在区委的正确领导下，不忘初心、牢记使命，开拓创新、奋发进取，全面履行宪法和法律赋予的神圣职责，书写更多更加精彩的人大故事，为全面建成“转型发展、创新创业”的核心引领区而不懈努力！

中国人民政治协商会议岳阳市岳阳楼区常务委员会工作报告

——在政协岳阳市岳阳楼区第五届委员会第三次会议上

中共岳阳楼区政协主席　彭端生

（2019年1月2日）

各位委员：

我代表政协岳阳市岳阳楼区第五届委员会常务委员会，向大会报告工作，请予审议，并请列席人员提出意见。

2018年工作回顾

2018年，在中共岳阳市岳阳楼区委的坚强领导下，区政协常委会以习近平新时代中国特色社会主义思想为指针，牢牢把握团结和民主两大主题，充分发挥优势，广泛凝聚力量，紧贴中心大局，忠实履行职责，努力把政协工作往深想、朝实做，为岳阳楼区经济社会发展做出了积极贡献。

一、强化政治引领，提升思想站位

人民政协是政治组织，旗帜鲜明讲政治是人民政协的根本要求。我们坚持把政治建设摆在首位、抓在手上，树牢“四个意识”，增强“四个自信”，在推进社会主义协商民主和政协事业新发展的实践中找准时代坐标，明确努力方向。

（一）自觉维护党的领导。坚决维护习近平总书记核心地位，维护党中央权威和集中统一领导。认真贯彻落实中共中央《关于加强新时代人民政协党的建设若干意见》精神，把区委坚强领导作为我区政协事业发展进步的根本保证。主动融入区委工作大局，及时向区委领导汇报主要工作、请示主要事项、报告主要活动，请区委领导出席政协会议、审阅政协工作计划、参与政协协商活动等，为政协工作指明方向、提供遵循、注入活力。及时传达贯彻区委全体会议、常委会议及其它重要会议精神，保持与区委同心同向、合力合拍。自觉通过政协全会、政协常委会等民主协商程序，把区委的决策部署、中心工作转化为政协组织和广大政协委员的履职行动，有效实现了党对政协的政治领导、思想领导和组织领导，推动政协工作服从和服务于全区中心大局。

（二）履行管党治党责任。认真落实全市政协系统和区委党风廉政建设会议精神、党建工作会议精神，切实增强抓班子、带队伍、管党建的责任。严格落实党组班子专题民主生活会制度及机关党支部“三会一课”制度、组织生活会制度，健全党内组织生活，以党建工作成效带动和促进政协履职实践。落实党风廉政建设责任制要求，按区委统一部署抓好中央和省委巡视反馈问题的延伸整改和“四风”突出问题的集中整治行动。坚持抓在日常、严在经常，加强机关党员干部廉政教育，建立与党员干部谈心谈话制度，开展警示教育活动，全力支持派驻纪检监察组开展工作，构筑政协系统风清气正的政治生态。

（三）增进委员思想认同。坚持以习近平新时代中国特色社会主义思想统揽政协工作，通过统一发放读本、培训学习骨干、组织专题讲座、引导自学原著、开展研讨交流等形式，认真学习党的十九大精神和《习近平总书记关于加强和改进人民政协工作的重要思想专题摘编》读本，引领全区政协委员深刻认识习近平总书记治国理政的新理论、新目标、新要求。开展新修订的政协章程培训，让政协委员更准确地把握人民政协的指导思想、性质定位、工作原则和履职方向；举办“发挥新型政党制度优势”讲座，了解我国政党制度的优势特色和价值贡献，进一步增进广大政协委员的政治认同、思想认同、理论认同、情感认同，夯实团结奋斗的共同政治基础。

二、紧贴中心大局，忠实履行职能

围绕全区经济社会发展重大事项、民生问题，认真履行政治协商、民主监督、参政议政职能，助推核心引领区建设。

（一）抓好提案征集办理。举办委员提案知识培训班，引导委员精准选题、深入调研，建睿智之言，献务实之策。办理区政协五届二次全会提案142件，其中对10件重点提案提交区委、区政府及区政协相关领导领衔督办，确保提案办理实效。在提案的办理方式上，采取区政府督查室、区政协提案委、提案人和提案承办单位共同参与的协商模式，通过面对面协商对话、“零距离”研究探讨，找出促进提案办理落实的可行性方案，得到了政协委员的认可。142件提案办结率和回复率均达到了100%，满意率达95%。注重对委员提出的超出岳阳楼区职能范围的提案实行升级提出和办理。政协委员邓了了提交的提案《挖掘岳阳楼区文化遗产，培育壮大文化产业》立意站位高，分析问题透彻，提出建议可行，但超出本区办理职能，我们通过市政协委员向市政协全会转交，得到了市直单位的认真办理，并助推启动了洞庭南路历史文化街区规划建设。

（二）紧扣重点难点协商。高效组织全会协商。五届二次全会期间，委员通过大会发言、小组讨论等形式，认真为全区经济社会发展议政建言。郭义等三位委员围绕健康楼区建设、城市贫困人口帮扶、委员提案办理等工作在大会上发言，区领导认真听取委员意见，并将委员所提建议吸纳到党委政府工作中作出具体安排。委员们围绕区政府工作报告、区政协常委会工作报告、提案工作报告等，与区委、区政府及区政协领导面对面开展协商讨论，促进了区政府工作和区政协工作的落地落实。扎实开展专题协商。一年来，通过常委会议、主席会议及界别会议先后组织了“低洼渍水地段旧城改造”“东风湖水环境污染治理”“发展电子商务”“利用网格化管理做好扶贫工作”“发展现代物流业”“营造良好营商环境”等专题与区政府及有关部门开展协商。每次协商，都充分进行调查研究，听取意见建议，以开阔的视界、详实的数据确保协商议政议到点子上、说到关键处，确保商以求同、协以成事。此外，各街道（乡）政协工委和广大政协委员指导并参与基层民主协商卓有成效。奇家岭街道政协工委和政协委员指导学院路等社区运用“群英断是非”形式解决了一批群众最关心最直接最现实的问题。望岳路街道政协工委组织委员就“城中村”居民安装天然气问题与有关方面开展协商，促成105户居民解决用气问题。

（三）精心组织课题调研。把调查研究作为政协履职的基础性工作，选题求精、调研求深、建言求实，为区委、区政府科学民主决策提供参考。一年来，区政协常委会围绕“区商贸中心建设”“区金融中心建设”“岳阳黄茶产业现状及其发展前景”“岳阳楼区残疾人就业现状及对策”和“对区政协信息化建设工作的认识及思考”深入开展调研，形成专题调研报告报送区政府及相关部门促进调研成果转化。各基层政协工委（联络处）分别组织政协委员积极开展了广泛的专题调研活动，共完成调研报告18篇。杨虎等委员围绕“小微企业发展”开展调研，分析了我区小微企业发展中存在短期行为严重、品牌意识淡薄、融资成本过高、支撑措施缺少等问题，就发展小微企业提出了四条切实可行的具体措施。魏国根、彭成良委员围绕“中心城区教育供给侧改革”开展调研，深入分析了多年来中心城区教育发展中偏重需求侧带来的结构性问题，就如何补短板、优结构、化解矛盾累积与隐性叠加提出了可行性建议。

（四）积极开展民主监督。寓监督于各类政协履职活动之中，做到在参与中支持、在支持中服务、在服务中监督。一年来，区政协先后组织委员分别就商贸发展、棚改征拆、东风湖新区开发与环境治理、社会治理网格化管理、精准扶贫等工作开展专题视察监督活动，就促进我区经济社会发展、解决群众普遍关心的问题提出了许多意见建议，都得到了有关方面的重视。组织省市区三级政协委员走进区检察院，听取公益诉讼情况介绍，探索了刚性执法监督与柔性民主监督的互融、互鉴、互促机制。先后多批次带领区政协委员走进区法院，听庭评审和参加“决胜执行难”新闻发布会，加强了对区法院的联系和监督，同时提升了区法院司法审判与执行的公开透明度。枫桥湖街道政协工委组织委员开展“进社区、访民情”活动，收集各类意见32条，并与有关单位协商，监督推动民生问题及时解决。金鹗山街道政协工委组织政协委员对街道办事处司法所、禁毒站开展专题视察，促进了街道相关工作的进一步落实。王家河街道政协工委组织委员对禁违治违不定期巡查监督，及时发现问题，并督促控违中队认真履职。

三、凝聚委员力量，倾心服务发展

紧扣区委、区政府中心工作，利用政协人力资源优势，把协助项目建设、产业发展、扶贫攻坚作为政协组织和广大政协委员的责任担当，努力促进我区经济社会发展。

（一）助战项目建设。2018年，区政协4名领导班子成员和3名政协干部参与项目建设，坚持到“一线”指挥，到“前沿”助战，“钉钉子”解难，实行清单管理、倒排工期，较好地解决了项目建设中的难点问题。区政协主席担任北港北路及周边拆迁项目指挥长，于5月底完成征拆清零任务；联系服务“天正金海岸经济适用房”和“碧桂园·时代城”项目，协商化解了多起周边群众阻工问题；9月份担任湘北大道奇家岭片区土地收储指挥部指挥长以来，已完成第一期428栋房屋的征拆摸底工作。同时，两名副主席及秘书长分别参与旧城改造、白水磨子山二期棚户区改造、东风湖片区公产征拆等项目建设并负责重要工作，现各个项目都在稳步推进中。同时，11名街道政协工委主任参与项目建设，积极主动，敢于担当，较好地完成任务。

（二）助推产业发展。召开经济界委员座谈会，通报全区经济发展和运行情况，引导经济界人士献计献策，搭建经济界委员合作交流平台，促进企业转型升级。鼓励与支持政协委员围绕经济发展提交提案41件，许多有价值的意见建议被区政府及有关部门采纳。紧扣区委提出的“转型发展、创新创业”战略部署，围绕棚户区改造及发展商贸业、金融业开展调研，分析经济发展中不平衡、不充分问题成因，向有关部门单位建言献策。组织本区33家实体店开展协作交流活动，促进经营提质增效。一名副主席协助区政府做好长城市场整体搬迁，快速顺利完成了工作任务。坚持常态化联系走访经济界人士，倾听意见建议，帮助解决力所能及的问题。积极参加新经济组织、基层商会商务活动，广泛联谊交友，构建“亲清”政商关系，营造宽松、和谐的经济发展环境。

（三）助力扶贫攻坚。在2017年区政协主席会议成员结对帮扶城陵矶村建档立卡贫困户顺利脱贫的基础上，2018年来仍然对他们予以身心上的关爱、生活上的关怀，巩固扩大帮扶成果。一名副主席联系平江县三墩乡汇龙村对口扶贫工作，全年6次去该村调研指导脱贫，走访慰问贫困户。再动员、再部署，深入推进政协委员参与扶贫攻坚“三个一”行动，结合委员优势调整了结对帮扶对象，243名政协委员全部与贫困家庭结成了帮扶对子，一年来先后为贫困家庭新增就业岗位106个，为98名贫困学生提供就学援助，累计提供帮扶资金200余万元。一批政协委员参加扶贫攻坚行动思想重视、行动积极、效果良好。周六雄委员实行产业帮扶，为贫困家庭创收35万余元，有关事迹多次被省市主流媒体所报道。此外，各基层政协组织和一大批政协委员积极组织和参与其他社会公益行动，使自身价值在奉献中升华。郭镇乡、奇家岭、枫桥湖街道政协工委分别组织委员开展“关爱留守儿童”行动；吕仙亭街道政协工委组织贫困家庭少年儿童常态化开展“诵读经典．情暖童心”活动；政协委员陈华担任岳阳蓝天救援队队长，全年带领团队参与救援行动100余次；陈丽湘委员的助残行动得到了中残联的肯定，并于2018年9月出席了中残联第七次代表大会；蔡建国委员全年为市区大型公益活动组织义务安保100多次。

四、加强自身建设，树立政协形象

始终把自身建设摆在重要位置，严字当头，实字托底，从提升能力、建好平台、健全机制入手，不断推进“五个政协”建设，政协形象得到进一步提升。

（一）提升委员履职能力。始终把加强学习作为提升履职能力和水平的一项基础工程，着力提升广大政协委员和政协工作者的政治把握能力、调查研究能力、联系群众能力、合作共事能力。举办全体政协委员履职培训班，邀请省市政协理论专家和政协工作行家里手讲授履职业务知识。注重将理论学习作为强化常委会班子建设的基础在每次常委会议中都做出安排。组织部分委员参加湘鄂赣边境毗邻县市区政协工作研讨会第46次会议，赴永州市零陵区政协、常德市桃源县政协学习委员履职管理经验。抓好基层政协组织和政协委员每半年一次的履职交流，认真总结履职成绩和经验，引导全体基层政协组织和政协委员“比、学、赶、超”，不断激发履职热情，委员履职能力水平得到提升。

（二）用好委员履职平台。推进政协云的应用创新，与区公网中心实现数据对接，在政协云上成功开通“微建议”履职平台，2017年以来，先后受理委员微建议35条并得到办理。不断完善提案办理系统功能，加强政协委员相关业务知识培训，实现了委员提案的网上提交、网上转办、网上答复。加强政协委员工作室建设，落实有固定场地、有定点联系委员、有统一标识标牌、有工作制度、有经费保障等“五有”要求，实行政协委员定期轮流值班。2018年以来，17个委员工作室接待人民群众1400余人次，帮助居民群众解决了一批实际问题。

（三）完善委员履职管理。修订《政协工委（联络处）工作考核办法》，进一步明确基层政协组织履职目标、任务、要求，引导基层政协组织负责人强化委员履职管理，做好委员履职服务，立足本职创先争优。修订《政协委员履职服务管理办法》和《政协委员履职考核办法》，为进一步规范委员履职行为、强化委员履职管理、做好委员履职服务、激发委员履职热情提供了制度保障。坚持把纪律和规矩挺在前面，进一步修订完善涵盖区政协机关日常工作的一系列规章制度，形成了《岳阳楼区政协机关管理制度汇编》下发到机关每一名工作人员，切实做到以制度管人管物管事。

回顾2018年政协的履职实践，我们有很多难忘的画面和回忆，也有很多值得总结的经验和启示。

我们深切体会到，做好政协工作离不开区委的坚强领导和区人大、区政府、岳阳经济技术开发区、城陵矶新港区、南湖新区的重视支持以及老领导、老同志的亲切关怀。区委始终把政协工作纳入全局工作通盘考虑，统筹安排。区委、区政府领导多次出席区政协全体会议、常委会议，交办并指导课题调研，督促重点提案办理，参与委员视察活动，座谈听取委员意见，形成了“区委重视、政府支持、政协主动、部门配合”的良好局面。区直有关部门单位加强与政协各专委会的对口联系，并对政协组织的调研、视察等活动予以全力配合，对政协提案、意见和建议及时研究处理，保证了政协工作的顺利开展。

我们深切体会到，做好政协工作离不开省政协、市政协的指导带动。一年来，省政协领导先后4批次、市政协领导先后6批次到我区履职调研和指导政协工作，这体现了上级政协组织对我区经济社会发展的关注和重视、对区政协工作的重视支持，同时，他们求真务实的工作作风和奋发求为的精神状态深刻地影响着区政协干部和广大政协委员。

我们深切体会到，做好政协工作离不开乡（街道）党（工）委的重视和支持，各民主党派、工商联、无党派人士、各人民团体的踊跃参与。一年来，各街道乡在积极采纳基层政协工委（联络处）负责人意见建议的同时，为基层政协组织在委员工作室建设上创造了条件，为委员参与基层民主协商监督等履职活动提供了方便。各基层政协组织联动协作为做好区政协工作提供了有力支撑。

我们深切体会到，做好政协工作离不开广大政协委员的积极作为。一年来，一大批政协委员充分发挥本职工作中的带头作用、政协工作中的主体作用和界别群众中的代表作用，不断强化委员角色意识，积极参与委员履职活动，主动参与社会公益行动，为区政协工作起到了增色添彩作用。

上述来自各个方面的关心、支持，区政协铭记不忘。在这里，我代表区政协常委会一并表示衷心地感谢！

回顾一年来区政协的履职实践，在肯定成绩的同时，我们也要清醒地看到，与新形势新任务的要求相比，与广大政协委员和人民群众的期望相比，当前我区政协工作中还存在很多不足，主要是：协商建言成果转化不够；政协界别作用发挥不佳；少数政协委员履职能力不强、热情不高；基层政协组织之间、政协委员之间履职践责存在不平衡等等。这些问题必须引起高度重视，在今后的工作中切实加以解决。

2019年工作安排

2019年是中华人民共和国成立七十周年，也是中国人民政治协商会议成立七十周年。人民政协七十年的丰富实践积累了宝贵经验，为我们做好政协工作确定了重要原则，我们要继承和发扬人民政协的光荣传统，巩固扩大政协工作的丰硕成果，推动政协事业不断向前发展。做好我区新一年政协工作，总体要求是：以习近平新时代中国特色社会主义思想为指导，不忘初心，牢记使命，在区委的坚强领导下，更加突出团结民主主题，更加聚焦服务中心主轴，更加凸显“五个政协”主线，把协商民主贯穿政治协商、民主监督、参政议政全过程，为把岳阳楼区全面建成“转型发展、创新创业”的核心引领区贡献智慧和力量。

一、坚持党建总揽，强化履职保障

进一步贯彻落实中共中央《关于加强新时代人民政协党的建设若干意见》，坚持区政协党组把方向、管大局、保落实，切实发挥在政协组织中的领导核心作用，确保政协工作沿着正确的方向不断发展。

*抓好思想理论武装。*把学习习近平总书记关于加强和改进人民政协工作的重要思想作为全区政协系统的首要政治任务。组织集中培训，开展理论研讨，在学深悟透、融会贯通上下功夫。采取开办微信公众号、政协云、宣传展板、委员宣讲等形式，在广泛宣传、凝聚共识上添力量。要通过学习使全体政协委员真正做到“懂政协、会协商、善议政”，在努力践行、推动工作上见成效。要在紧密结合实际中找到理论学习着力点，做到“政治协商聚焦大事，参政议政关注时事，民主监督紧盯难事”。

*践行区委决策部署。*坚持区委有号召，政协有行动；区委有部署，政协有落实。始终如一坚持在区委领导下开展工作，坚持重大事项向区委报告，不折不扣贯彻落实区委决策部署，真正做到区委工作推进到哪里，政协工作就跟进到哪里，力量就汇聚到哪里。政协系统从上到下都要认真贯彻落实区委经济工作会议精神，积极参加与全区经济社会建设，积极落实抓项目建设、精准扶贫、环境保护、企业帮扶、社会治理、文明创建等中心工作任务，真正做到与区委政治同向、思想同心、步调同频、工作同力。

*不断加强党的建设。*加强思想政治建设，不断强化“四个意识”，坚定“四个自信”，做到守牢方向不动摇、把握大局不偏离、坚定落实不含糊。加强组织建设，从严落实“三会一课”、组织生活会等制度，建强支部、管好党员。加强作风建设，持之以恒落实中央“八项规定”精神和区委加强作风建设的有关要求，驰而不息整治“四风”问题，克服新的官僚主义、形式主义。切实履行党风廉政建设主体责任，始终把纪律和规矩挺在前面，构筑政协系统良好政治生态。

二、积极履职建言，助推科学发展

利用人民政协人才荟萃、智力密集、联系广泛的优势，发挥协调关系、汇聚力量、建言献策、服务大局的功能，在融入全局、服务中心、助推科学发展上再求新作为。

*推进咨政建言。*深入开展专题调研。紧扣核心引领建设目标，紧盯产业合理布局、企业转型升级等短板弱项，教育卫生、社会保障、健康养老等民生热点，以及省市政协确定的联动调研课题，开展系列调研，做到调查研究有真实性、分析问题有前瞻性、借鉴经验有实用性、提出建议有可操作性。充分发挥提案作用。落实“提准、交细、办实、求效”要求，切实提高办理的统筹性、多样性、互动性和责任性，着力解决重答复、轻落实、交办严、督办宽的现实难题。积极反映社情民意。拓展信息来源，完善信息分类收集、综合分析和整理报送，当好界别群众的知心人、贴心人、代言人。

*推进协商议政。*制定协商会议工作规则，按照广泛、多层、制度化的要求，把协商民主贯穿政治协商、民主监督、参政议政全过程，达到商以资政、商以惠民、商以襄和的目的。突出协商重点，围绕重点提案办理，选择推动经济发展、

促进公共服务、加强社会治理等协商主题建有用之言，献睿智之策。完善协商格局，丰富协商形式，构建以全体会议为龙头、以议政性常委会议和常委专题协商会为重点、以界别协商座谈会为常态的协商新格局。提倡基层政协组织和政协委员指导和参与街道社区基层民主协商，促进基层民主自治。

推进民主监督。不存旁观之心，强化监督导向，围绕区委决策、政府执行、群众关切，开展有重点、有针对性的民主监督活动，特别要盯住专题调研和提案办理落实、环境污染防治、治陋习树新风、优化营商环境以及民生难题破解，督促突出问题整改、部门单位履责到位。健全民主监督的组织领导、权益保障、知情反馈、沟通协调机制，综合运用例会监督、视察监督、提案监督、社情民意监督等途径，推进民主监督制度化、规范化、程序化、多样化。

三、凝聚智慧力量，共促社会和谐

高扬大团结、大联合旗帜，团结各界人士，不断巩固和扩大爱国统一战线，助推岳阳楼区经济发展、社会和谐，提高群众幸福指数。

搭建合作平台。坚持以“主席联常委、常委联委员、委员联群众、委室联界别”为主要内容的“四联”制度，有效地加强主席、常委、专委会、委员与各个界别及广大群众之间的联系，促进相互了解沟通，切实发挥人民政协协调关系、汇聚力量的作用。完善区政协与民主党派、工商联、无党派人士走访共商、课题共研、履职共评、委员共管机制，以实际行动助力构建大统战格局。密切与少数民族、宗教界委员和“三胞”人士联系，增进与党外知识分子、新阶层代表人士、非公有制经济人士等各界人士的沟通，多交各界朋友，汇聚岳阳楼区改革发展的各方力量。

关切民生福祉。充分利用区网管中心平台及时办理“政协云”委员“微建议”，帮助解决人民群众最关心的具体问题。继续开展政协委员“十个一”履职践责活动，持续深化“三个一”扶贫行动，广泛发动委员参与扶贫济困、捐资助学、公益慈善，多做致民富、增民利、纾民忧、解民困的实事好事，不断提升群众幸福感和城乡温暖度。

共促社会和谐。建好管好用好“委员工作室”，使委员工作室成为反映社情民意的“直通车”、化解社会矛盾的“缓冲带”、融洽干群关系的“润滑剂”。发挥政协代表性强、联系面广、包容性大的优势，多做协调关系、理顺情绪、消除阻力、增进共识、凝聚合力的工作；带头维护团结、遵纪守法，促进社会公平正义。

四、坚持从严从实，展现新的风貌

始终把委员队伍建设的责任扛在肩上、任务刻在心上、工作抓在手上，以自身建设大提升带动履职实效大提升，不断提高政协工作规范化水平，树立政协组织良好形象。

切实建好“四支”队伍。加强政协常委会建设。要带头讲政治、争做维护核心的表率，带头强学习、争做勤学善思的表率，带头重担当、争做忠诚履职的表率，带头促团结、争做凝心聚力的表率，带头树形象、争做务实廉洁的表率。加强政协机关干部队伍建设。要落实管理制度，管严管好队伍，打造政治坚定、作风优良、学识丰富、业务熟练的高素质干部队伍。加强基层政协组织负责人队伍建设。通过领导联点、业务指导、联手调研、工作考评、表彰激励等形式，提升履职能力，做好委员服务保障。加强政协委员队伍建设。做到勤学提能、内悟于心，知行合一、外践于行，在履职践责中争先创优，在本职岗位上建功立业，在界别群众中示范引领。

持续打造“五个政协”。坚持一张蓝图干到底，一锤接着一锤敲，善始善终、善作善成抓好“五个政协”建设。推进书香政协建设，健全促学、述学、评学机制，打造学风浓厚、书香浓郁、求知上进的学习型组织。推进有为政协建设，充分发挥专委会的组织作用、街道政协工委的基础作用以及委员的主体作用，着力营造愿干事、敢干事、能干成事的良好局面。推进活力政协建设，通过搭建平台、创新载体、拓展活动，使政协组织的主体、要素连起来、动起来、实起来、活起来。推进智慧政协建设，坚持建管并重、以用促建，推动政协云微建议办理、委员工作室使用与社区网格化平台“三合一”，实行提案网上提交、办理。推进品质政协建设，通过健全制度机制、创优履职环境、加强正面宣传，不断提升政协干部和委员的思想状态、精神状态、工作状态和心理状态，不断提高工作标准、升华政协品位。

各位委员，同志们！新时代赋予新使命，新要求需要新作为。让我们更加紧密地团结在以习近平同志为核心的中共中央周围，高举中国特色社会主义伟大旗帜，在中共岳阳市岳阳楼区委的坚强领导下，凝心聚力、奋发有为，为把岳阳楼区建设成为转型发展、创新创业的核心引领区做出新的更大的贡献！

大事记

1月

★8日，市委书记、市人大常委会主任、市委全面深化改革领导小组组长胡忠雄主持召开全市改革调度会议，集中调度我区社区治理服务“三合一”改革等全市6个特色改革项目。他强调，要认真贯彻落实好市“两会”精神，坚持以人民为中心，搞好顶层设计，坚持问题导向，大胆改革创新，撸起袖子加油干、迈开步子向前冲，确保开好局起好步。市领导谈正红、邱虹出席，区领导陈阁辉、李峰、徐平、方正春等及相关单位负责人参加。

★12日上午，市委组织部副部长贺名良一行到岳阳楼区开展2017年度市管领导班子和领导干部年度考核工作。区委书记陈阁辉出席，区委副书记、区长黄建文主持会议。全体在职市管干部，乡街党政正职，区直单位一把手等179人参加，对考核对象进行了民主测评。

★15日上午，岳阳市2017年县市区及市直行业系统党（工）委书记抓基层党建述职评议大会召开，区委书记陈阁辉就2017年履行基层党建工作责任情况进行现场述职，并接受点评和评议。市委书记、市人大常委会主任胡忠雄出席会议并讲话，市委副书记李爱武主持会议。省委组织部党员管理处副处长江业成到会指导。市领导王瑰曙、李挚、王小中、马娜、谈正红及相关县市区、部门负责人参加会议。

★17日上午，区委书记陈阁辉调研指导全区大宣传工作。陈阁辉指出，宣传部门要围绕中心、服务大局，紧扣“五个转化”的工作思路，充分发挥好舆论宣传主阵地作用，把握兴奋点、找准切入点、聚焦关键点，不断提升岳阳楼区知名度、美誉度。区领导李峰、徐平、王智勇参加。

★23日，岳阳楼区召开街道（乡）及区直行业系统党（工）委书记抓基层党建述职评议会议。区委书记陈阁辉现场点评并讲话，市委问责办主任谭立华到会指导，区委副书记廖星辉主持会议，区领导朱彦翼、李峰、周岳雄、徐平、白铭科参加会议。

★ 29 日上午，岳阳楼区召开低温雨雪冰冻天气专题调度会，传达贯彻落实省市有关文件精神。区委书记陈阁辉强调要把人民群众生命财产安全放在第一位，坚持以问题导向切实做好各项应急应对工作，确保人民群众的生命财产安全。区领导廖星辉、李峰、徐平、黎建欣、邓建华出席会议。

★ 31 日上午，区委书记陈阁辉到区委组织部调研指导工作。陈阁辉强调，区委组织部要坚持以党的政治建设为统领，始终围绕发展选干部、配班子、建组织、聚人才、激活力，为核心引领区建设提供坚强组织保障。区委副书记廖星辉主持会议，区领导朱彦翼、李峰、王智勇参加。

2月

★ 4 日上午，区委书记陈阁辉主持召开东风湖新区棚改和禁违拆违工作调度会，听取各项目部情况汇报，安排部署下一阶段任务。会议要求，全力以赴加快东风湖棚户区改造进程，确保春节前如期完成目标任务。区领导廖星辉、徐平、白铭科、严石龙出席，各项目负责人、区直相关职能部门参加。

★ 7 日上午，区委书记陈阁辉调研部分棚改项目，他强调，要加快扫尾工作进度，力争年前签约清零，确保年后搬迁腾地。区领导廖星辉、李峰、王智勇参加。

★ 22 日 8 时，春节过后首个工作日上班前，岳阳楼区举行庄严的 2018 年新春升国旗仪式。区委书记陈阁辉出席并讲话，区委副书记、区长黄建文主持仪式。伴随着雄壮的国歌声，鲜艳的五星红旗徐徐升起，全体区级领导，区直单位、街道（乡）负责人，以及区机关全体干部职工行注目礼。

★ 24 日下午，区委书记陈阁辉主持召开资产处置、资金回笼、配置土地处置工作调度会议。他强调，落实资产处置等系列工作是防范化解重大风险、确保财政安全的现实需要，要高度重视，强力推进，确保年内完成目标任务。区领导漆胜、李峰、徐平、张雪梅、严石龙出席。

★ 26 日，岳阳楼区召开学习传达市县乡负责干部大会精神会议，传达学习市委书记刘和生在市县乡负责干部大会上的讲话精神。区委书记陈阁辉作传达学习贯彻讲话，区委副书记、区长黄建文主持会议，相关区领导出席。

★ 27 日，岳阳楼区召开棚户（旧城）区改造项目部署会，区委书记陈阁辉出席并讲话。陈阁辉强调，要坚持棚改中心不动摇，奋力把棚改机遇转换为经济发展的新动力。区委副书记、区长黄建文主持会议，相关区领导出席。

★ 28 日下午，区委书记陈阁辉主持召开全区街道（乡）2018 年工作思路座谈会，他强调，要遵循《关于进一步加强街道（乡）工作的实施意见（试行）》文件精神，结合乡街实际，做好城市管理服务保障、助推经济发展，夯实“五个转换”发展目标的基层基础。区相关领导出席，各街道（乡）书记、主任和有关部门负责人参加会议。

3月

★ 2 日上午，区委书记陈阁辉主持召开东风湖新区工作专题部署会，对东风湖新区建设进行再明确、再强调、再推进。他强调，要确保高效完成全年各项目标任务，为实现东风湖新区建设“一年拉框架、两年出形象、三年见成效、五年大发展”目标打下坚实基础。相关区领导参加会议。

★ 5 日，春风徐徐，在郭镇乡麻布山省级森林公园的山路旁，到处都是干部职工忙碌植树的身影。区委书记陈阁辉带头为麻布山添绿增彩，在家区领导、区直各部门工作人员以及当地群众参加义务植树活动。这是岳阳楼区用实际行动深入贯彻落实党的十九大精神，大力推进乡村振兴战略，落实麻布山脱贫攻坚战，着力打造核心引领区的一个缩影。

★ 5 日下午，区委书记陈阁辉主持召开五个“一公里公共服务圈”建设工作专题会议，他强调，要坚持以人民为中心，以“网格化 +”为基座，全面推进五个“一公里公共服务圈”建设，打通服务群众“最后一公里”，刷新岳阳楼区城市公共服务品牌，切实提升群众的获得感、幸福感、安全感。有关区领导及相关区直单位负责人参加。

★ 8 日上午，区委书记陈阁辉率区财政、教育、发改、卫计和商务粮食局等部门负责人一行，驱车 150 余千米前往平江县三墩乡汇龙村，深入实地查看汇龙村精准脱贫工作情况，与干部群众一起谋划汇龙村脱贫工作。区委副书记、区长黄建文和相关区领导参加走访与座谈。

★ 12 日上午，市委副书记、代市长李爱武专题调研岳阳楼区棚户区改造项目，要求迅速开展土地清零攻坚行动，推出更多惠民政策，坚决打好棚改这场硬仗。市领导黎作凤、李可波，市政府秘书长刘传汉，区委书记陈阁辉，区委副书记、区长黄建文和相关区领导参加调研。

★ 13 日上午，区委书记陈阁辉对岳阳楼区 2017 年棚户（旧城）区改造项目扫尾清零工作进行专题调研督办。他强调，要明确时间节点，迅速行动，奋勇攻坚，确保按时完成项目清零工作。相关区领导参与调研。

★ 17 日，岳阳楼区利用周六休息时间组织千余名干部职工来到峰峦叠翠、山花烂漫的麻布山开展“走进新时代、建设引领区”春季登山活动。区委书记陈阁辉，区委副书记、区长黄建文以身示范参与活动，相关区领导和区直部门、街道（乡）负责人参加。

★ 20 日上午，区委书记陈阁辉主持召开东风湖新区建设工作调度会。他强调，要阶段性推进工作，加快 2017 年项目拆除清零，快速推进 2018 年新启动项目前期准备工作，确保如期如质完成任务。区委副书记、区长黄建文及相关区领导参加。

★ 23 日上午，区委书记陈阁辉主持召开“平安楼区”创建专题工作会议。他强调，“平安楼区”创建工作的出发点和落脚点是为民服务，要坚持“以人民为中心”，深化“一公里社区警务”建设，切实提升居民群众的安全感和获得感。相关区领导及有关单位负责人参加。

4月

★ 8 日下午，区委书记陈阁辉主持召开岳阳楼区信访工作调研会，他强调，岳阳楼区是岳阳市政治、经济、文化中心，要准确把握特殊区位区情，充分运用底线思维，做好信访底线工作，夯实经济社会发展基础。有关区领导及相关部门负责人参加。

★ 10 日下午，岳阳楼区就加强党的领导、落实意识形态工作责任制召开区委理论学习中心组（扩大）集中学习会议，区委书记陈阁辉主持并讲话，市委宣传部常务副部长许卫国专题授课，全体在家的区领导、区直部门及乡街主要负责人参加学习。

★ 16 日上午，区委书记陈阁辉主持召开社区治理和服务创新“三合一”工作调度会议。他强调，要坚持“以人民为中心”，紧扣“转型发展”，完善顶层设计，聚焦基层基础，将工作向纵深推进。相关区领导及有关部门负责人参加。

★ 17 日上午，区委书记陈阁辉就 2018 年交通大会战及城建计划治堵保畅项目建设情况进行专题调度。他指出，城市道路建设事关经济社会发展和民生保障，要主动作为，主动对接，抓进度，保质量，加快完成拟建道路沿线征拆工作，为道路建设创造良好的施工环境。相关区领导及乡街负责人参加。

★ 18 日上午，市委书记、市人大常委会主任刘和生深入岳阳楼区调研督查城市建设与管理，现场办公解决问题。他强调，牢固树立以人民为中心的发展思想，抓紧棚改项目建设，高标准深化城区环境卫生整治，精细化管理城市，不断提升城市形象和品质，增强人民群众的幸福感获得感。市领导谈正红、黎作凤、李可波、刘晓英等一同调研，区委书记陈阁辉，区委副书记、区长黄建文等参加。

★ 23 日上午，市委书记、市人大常委会主任刘和生深入东风湖新区建设现场调研，他强调，东风湖新区建设全市上下高度关注，要认真践行新发展理念，按照“生态、高端、现代、时尚”的定位，坚持既定原则和目标不动摇，强化生态环境治理与修复，统筹抓好规划、招商与建设，着力打造城市新名片。市领导黎作凤、杨昆、李可波等一同前往。区委书记陈阁辉，区委副书记、区长黄建文参加。

★ 22 日下午，区委书记、区级第一河长陈阁辉主持召开河长制工作专题调度会。他强调，要以责无旁贷的使命感、责任感，坚持将河长制作为生态环境保护的重要抓手，明确目标，精准发力，不断巩固和提升治理成果。相关区领导和有关负责人参加。

★ 23 日下午，市委副书记、市长李爱武深入中心城区，专题督查棚改攻坚清零工作，她强调，要强力推进、超常调度、倒排督查，确保棚改清零攻坚目标任务圆满完成。市级领导黎作凤、李可波、谢春生，市政府秘书长刘传汉一同前往，区委书记陈阁辉，区委副书记、区长黄建文参加。

5月

★ 3 日上午，区委书记陈阁辉就棚改项目清零工作进行现场调度。他强调，棚改项目关乎我区长远发展，要抢抓机遇，确保清零工作如期完成，统筹推进土地出让、道路建设等后续项目，将珍贵的土地资源转化为现实发展的红利。相关区领导及有关项目负责人参加。

★ 4 日上午，区委书记陈阁辉调研服务城陵矶新港区工作组工作。他强调，岳阳楼区正处于转型发展的关键时期，要坚持党建统领，充分发挥乡街职能作用，助推岳阳楼区经济社会全面发展。相关区领导和有关负责人参加。

★ 7 日下午，区委书记陈阁辉深入调研环保突出问题。他强调，要牢固树立污染防治的底线意识，明确时间节点，以务实举措、高压态势推动污染防治工作有力有序的开展。区委副书记、区长黄建文一同前往，相关区领导及有关部门负责人参加。

★ 7 日上午，岳阳市“扫黄打非 护苗 2018”绿书签行动在东方红小学启动，市委常委、宣传部部长、市“扫黄打非”工作小组组长马娜宣布活动启动，副市长、市“扫黄打非”工作小组副组长李为，区委书记陈阁辉出席启动仪式。

★ 8 日下午，区委书记陈阁辉主持召开岳阳楼区 2018 年度第二批次拟出让宗地项目推进会。他强调，土地出让工作事关岳阳楼区长远发展，也是回应民生诉求、解决社会矛盾的重要抓手，要切实担当起岳阳楼区发展的历史使命，抢抓机遇，确保土地出让工作任务如期完成。相关区领导及有关项目负责人参加。

★ 16 日上午，区委书记

陈阁辉就特色社区创建工作进行实地调研并召开专题调度会。他强调，要牢牢把握“城市工作”这个最大区情，在不断完善社区治理和服务创新“三合一”及五个“一公里公共服务圈”建设、提供更优质的公共服务的基础上，结合实际，因地制宜，开展特色社区创建工作，更好地为民服务。相关区领导及有关负责人参加。

★ 17 日上午，区委书记陈阁辉就“一公里社区警务”及公安工作进行实地调研。他强调，要坚持政治建警，加强党的绝对领导，打造一只正规化、专业化、职业化的公安队伍，为经济发展保驾护航，保障人民群众安居乐业。相关区领导及有关负责人参加。

★ 24 日上午，岳阳楼区召开重大项目建设协调服务推进会，区委书记陈阁辉出席并强调，岳阳楼区正处在棚改成果逐步显现、棚改效应不断彰显的关键时期，要全面提升项目协调服务工作水平，为核心引领区建设提供一流的环境保障。区委副书记廖星辉主持会议，相关区领导及有关部门负责人参加。

6月

★ 1 日下午，市委副书记、市长李爱武深入岳阳楼区道路建设现场，实地调研交通建设大会战重点项目建设情况，一线办公研究解决存在的困难和问题。市领导向伟雄、杨昆、谢春生，市政府秘书长刘传汉一同前往，区委书记陈阁辉，区委副书记、区长黄建文参加。

★ 1 日下午，广大少年儿童欢度“六一”国际儿童节之际，区委书记陈阁辉前往看望慰问困难儿童家庭，送去党委政府的温暖关怀，并向全区少年儿童致以节日的问候。有关区领导及区直部门负责人参加。

★ 2 日上午，区委书记陈阁辉率队现场督查 2017 年棚户区（旧城）改造项目净地清零工作。他强调，要坚持以净地挂牌为目标，明确时间节点，以问题为导向，进一步压实责任、强化举措，确保 7 月 31 日完成相关棚改项目清零腾地任务。有关区领导及负责人参加。

★ 5 日上午，区委书记陈阁辉率队就安置房分配及配套商业处置工作深入实地调研。他强调，安置房分配及配套商业处置工作是惠及征拆户民生福祉的要事，是防范政府性债务风险、解决历史遗留问题的重要举措，要高度重视，坚持问题导向，明确时间节点，确保工作推进有力有序。相关区领导和有关单位负责人参加。

★ 6 日上午，区委书记陈阁辉就 2018 年东风湖新区棚改项目深入现场实地调研。他强调，东风湖新区建设是市委、市政府基于城市长远发展作出的重大决策，是岳阳楼区发展的潜力所在；2018 年新区棚改项目则是决定片区整体效应的关键点和重要部分，要提高认识，全力以赴推动项目有力有序开展，确保如期如质完成相关任务。有关区领导及负责人参加。

★ 20 日上午，区委书记陈阁辉实地督查环境保护工作。他强调，要以更高标准、更强举措强力推进环境保护工作，坚持科学施策、标本兼治、铁腕治理，筑牢生态底线，严防死灰复燃。区领导李峰、徐平、严石龙，以及相关单位、街道（乡）负责人参加。

★ 22 日下午，区委书记陈阁辉主持召开湖南省第三环境保护督察组督察岳阳楼区工作动员会。他强调，环境保护工作事关重大，要牢固树立“绿水青山就是金山银山”理念，提高站位，强化举措，健全常态化工作机制，坚决打赢污染防治攻坚战。区领导黄建文、彭端生、朱彦翼、李峰、周岳雄、徐平、王智勇、黎建欣、白铭科、彭飞、严石龙、邓建华出席。

★ 22 日上午，岳阳楼区正

式入驻湖南日报社新湖南云，区委书记陈阁辉宣布新湖南岳阳楼区频道正式开通上线。湖南日报社党组成员、副总编辑、新湖南客户端、华声在线总编辑颜斌，《湖南日报》社岳阳分社社长徐亚平，湖南日报新媒体发展有限公司总经理助理喻志科，区委副书记、区长黄建文，区委常委、区委办主任李峰出席，区委常委、宣传部部长王智勇主持上线仪式。

★ 26 日是第 31 个国际禁毒日。当天上午，岳阳楼区以“健康人生、绿色无毒”为主题，举行国际禁毒日主题宣传活动，旨在进一步筑牢全民禁毒防线，增强识毒、防毒、拒毒能力，确保禁毒工作深入人心，家喻户晓，共同营造安宁、文明、健康的生活环境。市委常委、政法委书记、市禁毒委副主任王小中，市委常委、宣传部部长马娜，副市长、市公安局局长、市禁毒委副主任唐文发，区委书记陈阁辉，区委副书记、区长、区禁毒委主任黄建文，区领导漆胜、彭端生、王智勇、黎建欣、余昕出席。

★ 28 日下午、29 日上午，区委书记陈阁辉主持召开半年度工作汇报暨风险底线工作讲评会，总结讲评上半年全区乡街、部门工作，重点工作和风险底线工作，对做好下半年工作提出要求。区领导黄建文、廖星辉、漆胜、彭端生、朱彦翼、李峰、周岳雄、徐平、王智勇、黎建欣、白铭科、彭飞、方正春、严石龙、邓建华等参加会议。

7月

★ 2 日上午，区委书记陈阁辉调研司法工作，他强调，中心城区社会治安尤为重要，怎么重视都不为过，务必进一步提高思想认识，明确职责定位，为全面建成核心引领区提供优质的法律服务和坚强的法律保障。区领导李峰、黎建欣、余昕参加。

★ 6 日上午，区委书记陈阁辉实地调度环境保护工作，深入一线研究解决环保问题，并召开环保工作集体约谈会。他强调，环保工作既是政治责任，也是工作职责，要强化“四个意识”，坚决整治到位。区领导朱彦翼、李峰、严石龙、邓建华和相关负责人参加。

★ 9 日上午，区委书记陈阁辉出席全区脱贫攻坚工作推进会并讲话。他强调，全区上下要进一步深化思想认识，全面落实责任，全力确保我区脱贫攻坚工作高标准高质量推进。区委副书记、区长黄建文出席，区委副书记廖星辉主持会议，区领导朱彦翼、方正春、许国豪及相关负责人参加会议。

★ 9 日下午，区委书记陈阁辉主持召开全区防范化解政府性债务风险工作会。他强调，防范化解政府性债务风险工作事关重大，全区上下要切实提高政治站位、强化风险意识，贯彻区委、区政府决策部署，确保打赢防范化解政府性债务攻坚战。区委副书记、区长黄建文，区领导廖星辉、彭端生、朱彦翼、李峰、徐平、白铭科等出席。

★ 20 日下午，岳阳楼区召开 2018 年深化全国文明城市建设暨文明节俭操办婚丧喜庆事宜工作推进会。区委书记陈阁辉出席并讲话，他强调，深化全国文明城市建设既是发展工程，也是民生工程。岳阳楼区作为主阵地、主战场、主力军，必须围绕市委、市政府统一部署，保持定力、持续奋进、狠抓落实，为核心引领区建设提供有力保障。区委常委、区委办主任李峰主持会议，区领导周岳雄、王智勇、李尧瑶、邓建华出席。

★ 20 日下午，区委书记陈阁辉出席社区治理和服务创新验收暨“双拥优抚”工作部署会。他强调，社区治理和服务创新是发展之需、民生之要，全区上下要思想重视，措施得力，落实责任，确保工作推进有力有序。区领导李峰、徐平、方正春出席会议。

★ 24 日上午，市人大常委会组织集中视察，了解一年来岳阳楼市第一部地方性法规《岳阳市历史文化名城保护条例》贯彻执行和相关工作开展情况，深入岳阳楼区实地查看慈氏塔修缮情况，听取岳阳历史文化街区项目介绍。市人大常委会党组书记、常务会副主任向伟雄，市人大常委会副主任许伟奇、万岳斌、陈志莲、彭先政、陈光荣、李永丰、赵岳平，副市长黎作凤，市人大常委会秘书长骆岳梨参加，区委书记陈阁辉，区领导漆胜、李峰陪同。

★ 26 日上午，区委书记陈阁辉主持召开省级环保督查总结讲评暨迎中央环保督查工作部署会。他强调，生态环保工作要坚持问题导向，强化底线思维，以整治到位、彻底销号为目标，进一步更新观念、明确责任、强化保障，确保各项整改工作高质量、高标准按时完成。区领导朱彦翼、周岳雄、徐平、方正春、严石龙等参加。

8月

★ 1 日上午，岳阳楼区召开“最多跑一次”改革工作动员大会，区委书记陈阁辉出席并讲话。他强调，全区上下要充分认识“最多跑一次”改革的重大意义，站在讲政治、讲大局的高度增强自觉性和坚定性，确保各项工作落地生根，产生实效，为经济社会发展提供强大动力。区委副书记、区长黄建文主持会议，区领导朱彦翼、李峰、张雪梅、方正春参加。

★ 1 日上午，岳阳楼区召开“中国梦·劳动美”第四届劳动模范表彰大会，对在经济社会发展中做出贡献的个人进行表彰。区委书记陈阁辉出席并讲话。他强调，全区上下要把弘扬劳模精神与全面贯彻落实习近平新时代中国特色社会主义思想、党的十九大精神紧密结合，汇聚起转型发展正能量，为核心引领区建设做出新的更大贡献。

★ 6 日上午，岳阳楼区召开 2017 年度棚改项目清零攻坚暨土地出让工作部署会，区委书记陈阁辉出席并讲话。他强调，全区上下要深刻认识棚改及土地出让工作的政策性、竞争性、时效性，坚持问题导向、进度导向，更加注重方式方法，打好工作“组合拳”，加速各项工作进度，推动形成你追我赶、奋勇争先的火热氛围。

★ 8 日上午，区委书记陈阁辉就社区治理服务创新实验区验收迎检及特色社区建设工作实地调研，并召开调度会。他强调，要坚持“以人民为中心”，以此次迎检验收及特色社区创建为契机，推动城市治理服务保障提标扩面，形成可推广、宣传的先进经验，更好地为民服务，用实际行动践行“以人民为中心”的发展理念。区领导李峰、王智勇、方正春参加。

★ 8 日下午，区委书记陈阁辉调度全区金融工作。他强调，金融产业是岳阳楼区相对稳定的支柱产业，是社会经济发展的助推器。要高度重视金融工作，把准发展方向，突出工作重点，提升服务水平，全力推动全区经济社会持续健康发展。区领导李峰、黎建欣、邓建华参加。

★ 13 日上午，区委书记陈阁辉率队深入奇家岭片区调研土地收储及产业发展工作，并召开工作座谈会。他强调，要牢牢掌握发展主动权，紧紧把握奇家岭片区发展机遇，始终坚持市区一体，强化市区协作，开辟发展空间，优化产业布局，加快建设高质量、可持续发展的产业体系。区领导廖星辉、漆胜、彭端生、徐平参加。

★ 15 日上午，区委书记陈阁辉深入服务城陵矶新港区工作组就胥家桥片区产业发展进行实地调研，并召开工作座谈会。他强调，胥家桥片区产业发展的基础条件已经成熟，全区上下要统一思想认识，抢抓发展机遇，有序推进胥家桥片区开发建设，为岳阳楼区经济发展提供牢固支撑。区领导廖星辉、彭端生、徐平、王智勇、黎建欣参加。

★ 31 日上午，区委书记陈阁辉到服务城陵矶新港区工作组，以一名普通党员的身份参加主题党员日活动，同与会党员一起重温入党誓词，围绕“不忘初心、牢记使命，做新时代的合格共产党员”主题面对面交流，并讲授专题党课。区领导李峰、王智勇参加。

9月

★ 4 日下午，岳阳楼区召开当前工作部署会议，区委书记陈阁辉出席并讲话。他强调，当前岳阳楼区发展已到出成果、见成效的关键时期，全区上下要认清发展形势，明确发展重点，进一步激励全区上下振奋精神、调优状态、用心工作，为超额完成全年各项目标任务奠定坚实基础。区委副书记、区长黄建文部署相关工作，区委副书记廖星辉主持会议，全体在家区级领导参加。

★ 5 日上午，在第 34 个教师节即将来临之际，岳阳楼区召开庆祝第 34 个教师节座谈会，倾听一线教师心声，并送上党委政府的节日祝贺和诚挚祝福。区委书记陈阁辉出席并讲话。他指出，教育是一项战略性、系统性的工程，是一项打基础、利长远的工作，要站在全局高度来认识教育工作的重要性，全力关心支持教育事业发展，让尊师重教蔚然成风。区领导朱彦翼、李峰、王智勇参加，副区长唐露尧主持会议。

★ 8 日，岳阳楼区 2018 年干部职工羽毛球、乒乓球、篮球、拔河比赛开幕式在岳阳市体育馆举行，区委书记陈阁辉宣布赛事开幕，区委副书记、区长黄建文致辞，区领导廖星辉、彭端生、朱彦翼、李峰、王智勇、黎建欣、白铭科、彭飞、陈金星、唐露尧等出席。

★ 10 日下午，区委书记陈阁辉主持召开 2018 年度岳阳楼区第三批次拟出让宗地项目工作推进会。他强调，有关部门要深刻认识土地出让新阶段的新特性，尊重市场规律，加大招商力度，做好出让宗地与开发商需求的有机结合，推动土地出让工作落实落地，将棚改成效快速转化为发展的新动力。区领导廖星辉、李峰、徐平参加。

★ 14 日上午，“创新引领时代、智慧点亮生活”2018 年全国科普日湖南（岳阳）主场活动在巴陵广场举行。省政协副主席、省科技厅厅长赖明勇宣布活动启动，中国工程院院士、省科协主席张尧学，市领导王瑰曙、彭先政、李为、李平，区委书记陈阁辉和干部群众代表 2000 余人参加了启动式及现场科普活动。

★ 17 日上午，副市长杨昆来到岳阳楼区调度推进东风湖新区相关工作，并主持召开东风湖新区环保治理及项目建设工作推进会。会议就东风湖新区建设、环保整治及棚改征拆等有关工作进行安排部署。区委书记陈阁辉，区委副书记、区长黄建文，区领导廖星辉、李峰、白铭科、方正春及有关市直部门负责同志参加会议。

★ 19 日上午，区委书记陈阁辉主持召开蒙华铁路调度会，研究加快蒙华铁路楼区段项目征拆。他强调，蒙华铁路是国家综合交通运输系统的重要组成部分，有关部门要注重协调推进，坚持问题导向，形成强大合力，全力以赴推动项目征拆工作。区领导李峰、徐平、严石龙参加会议。

★ 20 日上午，区委书记陈阁辉主持召开社会面管控及信访积案化解工作部署会。他强调，各有关部门要围绕加强全区社会面管控和信访积案化解等工作持续发力，进一步统一思想、提高认识、务实举措、强化责任，继续保持和巩固安全稳定的社会大局，真正让良善成风、建首善之区。区领导廖星辉、李峰、徐平、黎建欣、余昕参加会议。

★ 21 日上午，区委书记陈阁辉深入基层一线督查安全生产、城市管理等工作。他强调，中秋、国庆“双节”即将来临，各级各部门要时刻绷紧安全之弦，严守底线，恪尽职守，务实举措，强化责任，全力以赴做好各项工作，确保居民群众度过一个欢乐祥和的节日。区领导李峰、徐平、邓建华等参加。

★ 26 日上午，区委书记陈阁辉就环保突出问题整改落实情况深入实地督查，并召开工作调度会。他强调，抓好环保工作关键在于落实，要深刻认识环保问题具有综合性、动态性的特点，始终坚持问题导向，牢固树立系统思维，进一步加强统筹协作，强化责任担当，确保限时完成各项整改任务，推动岳阳楼区生态环境持续向好。区委副书记、区长黄建文，区领导李峰、徐平、方正春、严石龙参加。

★ 28 日上午，湖南省 2018 年未成年人“向国旗敬礼”主题教育实践活动在我区东方红小学举行，全校师生用实际行动感恩祖国，抒发深深爱国情。省委宣传部副部长、省文明办主任刘进能，市委常委、宣传部部长马娜，市政府副市长李为出席。区委书记陈阁辉，区委副书记、区长黄建文，区领导李峰、王智勇、彭飞、唐露尧及全省各市州文明办负责人，市直、县市区相关部门领导，岳阳市“新时代好少年”获奖代表，中心城区各中小学校校长、德育专干、大队辅导员等 600 多人参加。

10月

★月 9 日上午，区委书记陈阁辉主持召开创建田园小镇推进会，并就 S211 建设项目进行安排部署。他强调，创建田园小镇工作要依托郭镇乡实际情况，立足麻布山省级森林公园丰富资源，进一步发挥休闲观光功能，擦亮秀美田园名片，倡导文明淳朴乡风，打造“城市后花园”，让乡民切切实实享受发展红利，让市民共享田园小镇生态美景。区领导李峰、方正春参加。

★ 10 日下午，岳阳楼区召开岳阳楼区深化全国文明城市建设工作调度会。区委书记陈阁辉出席并讲话，他强调，要进一步统一思想、明确任务、迅速行动，全力以赴做好做实有关工作，为全面深化和巩固全国文明城市建设工作而不懈努力。区委副书记、区长黄建文主持会议，区领导廖星辉、王智勇、李尧瑶、邓建华参加。

★ 11 日上午，区委书记、区禁毒委主任陈阁辉主持召开全区禁毒工作专题会议。他强调，禁毒工作事关国家安危、民族兴衰、人民福祉，要始终保持禁毒高压态势，强化组织领导，落实落细各级责任，确保我区禁毒工作取得全面胜利。各相关部门主要负责人参加会议。

★ 10 日下午，区委书记陈阁辉主持召开“四经普”“四上”单位申报工作调度会。他强调，要全面贯彻落实国家和省、市第四次全国经济普查通知会议精神，高质量、高标准、高效率做好岳阳楼区第四次全国经济普查工作，真实准确全面反映经济社会发展水平。区领导徐平、李峰参加。

★ 21 日下午，区委书记陈阁辉主持召开棚改项目土地出让招商宗地指标协商对接会。市城投集团董事长游志坚、副总经理易放应邀出席，区领导廖星辉、严石龙、邓建华参加，市城投集团相关业务部门和我区相关部门负责人参与。

★ 21日上午，西藏山南地区桑日县村（社区）主职干部第一批考察团一行25人到我区考察交流，市委副秘书长、第八批援藏工作队领队、西藏桑日县委常务副书记杜宇带队，区委书记陈阁辉参加会见，区人大常委会主任漆胜，区委常委、组织部长朱彦翼，区委常委、宣传部部长王智勇陪同。

★ 27日，区委书记陈阁辉率队赴常德万达公司就杨树塘地块合作事宜进行深入交流、磋商，加快促成万达项目落户我区，扎实推进棚户（旧城）区改造地块出让工作。区委副书记、区长黄建文，副区长邓建华一同前往，市城投公司和区贸促会、区商务粮食局、区土地出让办等单位相关人员参加。

★ 30日下午，区委书记陈阁辉主持召开岳阳楼区配合中央环保督察“回头看”工作动员暨部署会，传达省市会议精神，部署相关工作。陈阁辉强调，全区上下要全面统一思想认识，全力以赴抓好问题整改，确保岳阳楼区配合中央环保督察“回头看”工作万无一失、顺利过关。

★ 31日上午，区委书记陈阁辉主持召开巴陵石化公司与岳阳楼区工作会商会，就加强厂地协作、“三供一业”及社会职能移交工作进行会商、洽谈。巴陵石化公司党委书记邬智勇出席，区委副书记、区长黄建文，区领导廖星辉、李峰、李尧瑶及有关单位负责人参加会议。

11月

★ 1日上午，岳阳楼区召开脱贫攻坚第四季度工作推进部署会，区委书记陈阁辉强调，全区上下要进一步提升认识、明确目标、强化措施，确保高标准、高质量通过年度脱贫攻坚检查考核。区委副书记、区长黄建文传达省、市精准扶贫工作会议精神，区委副书记廖星辉主持会议，副区长方正春安排部署当前脱贫攻坚工作。相关区领导和部门单位负责人参加。

★ 2日上午，区委书记陈阁辉实地调度胥家桥综合物流园建设。陈阁辉强调，胥家桥综合物流园建设是落实岳阳楼区产业规划的重要组成部分，对岳阳楼区产业发展具有重大的补充、扩展意义。全区上下要坚持内涵式提升、外延式拓展发展战略，加快物流园周边征拆步伐，加速物流园项目建设，助推全区经济社会全面发展。区领导李峰、黎建欣和有关部门负责人参加。

★ 5日上午，省政协副主席、省工商联主席张健，省政协党组成员袁新华率队到岳调研，实地考察了岳阳楼区奇家岭街道政协工作委员会委员工作室。市政协党组书记、主席徐新楚，市政协副主席罗陆平、秩励和秘书长张群望一同前往。区委书记陈阁辉，区委副书记、区长黄建文，区政协主席彭端生，区委常委、区委办主任李峰陪同。

★ 9日上午，区委书记陈阁辉就交通微循环、土地收储、环保督查等重点工作深入一线实地调度。他强调，要围绕区委、区政府的统一部署，坚持统筹兼顾，协调推进各项重点工作，确保圆满完成目标任务。区领导廖星辉、彭端生、李峰、徐平、严石龙等参加。

★ 11日上午，中央第四生态环境保护督察组组长李家祥来到岳阳楼区，督察生态环境治理工作。副省长陈文浩，省生态环境厅厅长邓立佳，市委副书记、市长李爱武，副市长黎作凤和市政府秘书长刘传汉等一同前往，区委书记陈阁辉，区委副书记、区长黄建文，区领导李峰、严石龙参加。

★ 22日下午，区委书记陈阁辉主持召开省委第七巡视组交办信访件办理工作调度会。他强调，各有关部门要将省委巡视组交办信访件作为重要的政治任务来落实，始终坚持问题导向、担实办理责任、明确时间节点，提升办理的效率和质量，确保信访件办理“事事有回音、件件有着落”。区领导朱彦翼、李峰、周岳雄、徐平、黎建欣、严石龙、邓建华及有关部门负责人参加。

★ 24 日上午，区委书记陈阁辉深入郭镇乡实地调度岳阳楼区脱贫攻坚工作，并主持召开区委调研扶贫村脱贫攻坚工作座谈会。他强调，全区上下要进一步提升认识，突出扶贫工作重点，坚决将各项工作落实到位，确保岳阳楼区高标准、高质量通过年度脱贫攻坚检查考核，为岳阳市脱贫攻坚工作作出应有贡献。区领导方正春及有关街道（乡）、区直部门负责人参加。

★ 30 日上午，省纪委委员、信访室主任刘泽友一行到岳阳楼区调研基层纪检监察信访举报工作。市纪委常委刘曙光，区委书记陈阁辉，区领导周岳雄、王智勇等陪同。

★ 30 日上午，岳阳楼区组织全区党政干部前往岳阳监狱开展反腐倡廉警示教育活动，进一步推进全面从严治党、强化党风廉政建设。区委书记陈阁辉，全体在家区级领导参加。

12 月

★ 3 日上午，区委书记陈阁辉主持召开岳阳楼区配合中央环保督查“回头看”工作调度会，对下阶段生态环保工作进行再动员再部署。陈阁辉强调，抓好生态环保工作，是践行习近平生态文明思想的重要检验。面对环保工作督查巡视“回头看”的新常态，全区上下要以务实担当的作风，碰硬较真的举措，推动生态环保工作向纵深发展。区领导李峰、徐平、方正春、严石龙等参加会议。

★ 3 日下午，区委书记陈阁辉主持召开资产处置与资金回笼工作调度会，通报 2018 年前段工作总体情况，并对下阶段工作进行安排部署。陈阁辉强调，资产处置、资金回笼系列工作影响深远、意义重大，各有关部门要秉承对楼区负责的理念，围绕区委、区政府的安排部署，狠抓落实，不断开创工作新局面。区领导李峰、徐平参加会议。

★ 5 日上午，区委书记陈阁辉主持召开区人大常委会党组工作汇报会，听取区人大常委会党组的工作情况汇报。陈阁辉强调，区人大常委会党组要始终坚定政治方向，牢固树立“四个意识”，始终将人大工作置于党的绝对领导之下，不断推动各项工作提水平、上台阶。区委副书记、区长黄建文，全体在家的区委常委会组成人员和区人大常委会党组成员参加会议。

★ 12 日上午，区委书记陈阁辉主持召开五个“一公里公共服务圈”、特色社区暨社区综合服务平台建设工作调度会，对下阶段工作进行安排部署。他强调，要始终坚持“以人民为中心”发展理念，突出“为民服务”主题，立足区情实际，全面提升社会治理、公共服务等工作实效，确保工作经得起时间考验和实践检验。区领导李峰、徐平、王智勇、黎建欣、余昕、方正春参加会议。

★ 14 日上午，区委书记陈阁辉主持召开区委理论中心组集中学习会议，学习习近平总书记关于全面深化改革的重要思想、中国共产党支部工作条例、湖南省党政领导干部安全生产责任制实施细则、扫黑除恶专项斗争知识。全体在家的区委理论学习中心组成员参加。

★ 17 日下午，副市长杨昆来到岳阳楼区主持召开座谈会，征求对市《政府工作报告（征求意见稿）》（以下简称《报告》）的意见和建议。区委书记陈阁辉，区委副书记、区长黄建文，区领导彭端生、徐平及有关区直部门、街道（乡）负责人参加。

★ 18日上午，区委书记陈阁辉主持召开区直单位工作汇报会，听取区统计局、区经建投等8个区直单位、部门2018年工作情况汇报及2019年工作部署情况。他强调，要始终坚持党的领导，围绕区委、区政府的决策部署，忠诚履职、敢于担当，全力以赴投入全区的发展大势中，助推核心引领区建设。区领导李峰、周岳雄、徐平、王智勇、白铭科等参加。

★ 20日上午，区委书记、区禁毒委主任陈阁辉在全区禁毒工作推进会上强调，要深入贯彻落实全省新一轮禁毒人民战争动员大会精神和省、市关于禁毒工作的决策部署，提高认识、动员部署、铁腕整治，推动禁毒工作向纵深开展，确保实现禁毒工作“进位摘帽”。区委副书记、区长、区禁毒委常务副主任黄建文主持会议，区领导黎建欣、余昕参加。

综 述

概况

【地理位置】 岳阳楼区地处北纬29° 13′ 40″ ~ 29° 27′ 00″，东经113° 03′ 45″ ~ 113° 15′ 05″。位于岳阳市西北部，洞庭湖与长江汇合处。其北面为云溪区；西部临洞庭湖，与君山区隔水相望；西北隔长江与湖北省监利县相望；东面与岳阳县接壤，总面积121.4平方千米。属丘陵低山地形。境内地质构造复杂，为地壳运动褶皱上升部分，地势东高西低，呈阶梯状向洞庭湖倾斜。地貌以岗丘地貌为主，间与平原、湖泊犬牙交错。山丘呈波状，海拔多在50~150米间，最高点麻布大山海拔358.8米，南湖、枫桥湖、东风湖、吉家湖、长江镶嵌于城区周围，水资源丰富。地处城中心的金鹗山，峰峦盘结，绿树成荫，主峰海拔97米，为城区最高点。中华人民共和国成立以来，随着城市建设的不断发展，许多岗丘被推平，建成工厂区与住宅区。外营力的作用，改变了原来的自然环境。

【历史沿革】 岳阳城区历史悠久，源远流长。距今6000多年前，洞庭湖两岸便有新石器时代的村落。夏、商时，境内所属区域属荆州之域，为三苗之地，古越族在此繁衍、生息。商周时，城陵矶即筑有“大彭城”。春秋时，属楚国。楚灭汉水流域的麇子国后，公元前505年，楚昭王 谴王孙由于在梅子市（今梅溪乡梅子市村）筑东麇城，迁其遗民于此。后又在岳阳楼一带筑城，驻军监视，称西麇城，为岳阳建城之始。（东）汉献帝建安15年（210），孙权派鲁肃镇守巴丘邸阁，筑巴丘城，岳阳正式建城。（西）晋太康元年（280）建巴陵县，属巴陵郡管辖，城区始称巴陵城。隋文帝开皇9年（589），废郡为州，巴陵郡改为巴州。11年（591），改巴州为岳州，仍设巴陵县，巴陵城改称岳州城。元顺帝至正24年（1364），吴王朱元璋攻占岳州，定名为岳州路。明太祖洪武2年（1369），改岳州路为岳州府。

1913年9月，民国政府废府存县，巴陵县改称岳阳县，辖东南西北中五区，县城设城厢镇。基层设团，团下设街。1930年4月，全县划为9个自治区，区下辖团、街。1932年4月，县政府以镇的区域过大，将其他镇撤销，仅保留城厢镇。1933年2月，又将全县108团改为84个乡镇，城厢镇仍属一区管辖，同时取消团、街，编组闾、邻，作为地方自治之基层组织。

中华人民共和国成立后，县人民政府将全县调整为5区16乡，城厢镇改为城厢区，下设8个保。总人口2.4万多人，面积2.2平方千米。1950年6月7日，设立城厢区城市工作委员会后，取消保甲制度，设立居民委员会。1953年10月，城厢区改为城厢镇。1956年6月，城厢镇水上居民委员会改为水上乡，脱离城厢镇。1957年年底，将水上乡重新划归城厢镇管辖。1958年10月，城厢镇与城陵矶镇合并成立岳州人民公社。1960年1月2日，成立岳阳市，属县辖市，将城厢镇、岳州公社。划分为南、北、城陵矶3个区和郊区、梅溪、洞庭3个分社。1962年10月20日，撤销岳阳市，恢复岳阳县城关镇，全镇面积15平方千米，其中城区面积7平方千米，62532人。1975年12月29日，城关镇恢复岳阳市并升格（县级），属岳阳地区管辖。所辖行政区域除原城关镇外，划入岳阳县的五七渔场、湖滨园艺场、君山茶场、君山芦苇场及郭镇、康王2个公社各1个大队，梅溪公社7个大队，并将岳阳县梅溪区的冷水铺设为冷水铺区。全市总面积135.7平方千米，总人口167654人。1981年10月12日，撤销岳阳县，其行政区域全部划归岳阳市。总面积3656平方千米，总人口967848人。1982年1月，岳阳市设立城郊区，辖五里、北港、洞庭、城郊4个公社。1983年7月13日，恢复岳阳县。岳阳市辖5个城市区，总面积88.3平方千米，总人口385529人。

1984年4月，以原岳阳市南区、北区、东区、城陵矶区、冷水铺区组成新的岳阳市南区。辖吕仙亭、解放路、洞庭路、东茅岭、金鹗山、五里牌、城陵矶、冷水铺8个街道办事处，下辖57个居民委员会，面积23.5平方千米，人口160571人。以原城郊区的五里、北港、洞庭、及原岳阳县的郭镇、梅溪两乡和北港园艺场、大湾芦苇场、蔬菜研究所组成新的岳阳市郊区。1985年7月，君山芦苇渔业综合场由岳阳市君山管理处划归郊区管辖。1986年7月，蔬菜研究所划归市蔬菜办公室管辖。1995年8月，君山芦苇渔业综合场划归市建委管辖。

1996年4月30日，经国务院批准，将原岳阳市南区与郊区合并成立岳阳楼区。大湾芦苇场划归君山区管辖。新区共辖6个乡场、8个街道办事处，总面积175平方千米，人口42万人，流动人口15万人。1996年4月，知青场的大桥村、洛王养殖场、茶场，北港乡的北港村、八字门村及梅溪乡白石岭村的白石组划归岳阳（城陵矶）经济技术开发区。1997年8月，岳阳楼区东茅岭街道办事处的得胜、站前两个居民委员会划入开发区。1998年1月和12月，郭镇乡郭镇村的曾家、中桥、果园组，五里乡铁炉村的王家组及金鹗村划入南湖旅游度假区。

2001年5月18日，冷水铺街道办事处的11个社区居委会调整为7个；7月18日，五里牌街道办事处成立岳磁社区居委会，岳阳楼街道办事处成立风桥湖社区居委会；9月13日进行全区性区划调整。撤销解放路街道办事处，其辖区并入吕仙亭街道办事处；新设三眼桥街道办事处，下辖6个社区居委会。将原8个街道办事处的75个居委会合并为54个社区居委会。2002年7月18日，撤销五里、北港、洞庭3个乡和知青场，设立新路口、北港、洛王、洞庭4个街道办事处，分别设5个、6个、4个、3个居民委员会。2004年9月、2005年12月吕仙亭街道办事处增设龟山、岳港两个社区居委会；2005年7月，金鹗山街道办事处增设新桥巷社区居委会。2005年7月区环保局由市收编后更名为岳阳楼区环保分局。

2006年3月，将梅溪乡的齐石、分水垅、白石岭、金凤桥、监申桥、梅子市6个行政村划归经济技术开发区管辖。将岳阳经济技术开发区的站前路街道办事处整体划入岳阳楼区，设德胜、铁路、西瓜山、望城岭、新站5个社区居委会。另有5个街道办事处分别增设1个社区居委会，其中岳阳楼街道办事处增设北门居委会，三眼桥街道办事处增设尚书山居委会，洛王街道办事处增设雷锋山居委会、冷水铺街道办事处增设长动社区居委会。居委会增加到87个，行政村减至15个。12月18日，将区住房公积金管理中心并入市住房公积金管理中心，收归市管。

2007年7月，进行自建区以来规模最大的一次区划调整，涉及到全区所有的乡、街道办事处。新增街道办事处1个，更名街道办事处3个。区划调整后，城陵矶街道办事辖6个社区、1个行政村；梅溪乡辖5个行政村、4个社区；冷水铺街道办事处更名为望岳路街道办事处，辖5个社区；洞庭街道办事处辖5个社区；岳阳楼街道办事处辖7个社区；吕仙亭街道办事处辖8个社区；东茅岭街道办事处辖6个社区；金鹗山街道办事处辖10个社区；新路口街道办事处更名为枫桥湖街道办事处；辖6个社区；站前路街道办事处辖区5个社区；五里牌街道办事处辖7个社区；三眼桥街道办事处辖7个社区；洛王街道办事处辖6个社区；新成立的王家河街道办事处辖5个社区；北港街道办事处更名为奇家岭街道办事处，辖5个社区、1个行政村；郭镇乡调整后辖8个行政村。街道办事处由2006年的13个增至14个。社区居委会由2006年的87个增至93个，行政乡和行政村数量未变。

2008年，全区共有行政乡2个、街道办事处14个；行政村15个、居委会93个。

2009年，增加4个副科级行政支持类事业单位，其中升格2个、新设2个；更名1个正科级行政支持类事业单位。4月，原岳阳楼区新型农村合作医疗管理办公室由正股级升格为副科级；7月，原岳阳楼区城市居民个最低生活保障中心由正股级升格为副科级，并更名为岳阳楼区社会救助管理局；8月，正式发文成立岳阳楼区控建拆违工作办公室；11月，成立岳阳楼区市容环境卫生管理局。7月，原岳阳楼区农村经营管理中心更名为岳阳楼区经营管理局。3月，新成立吕仙亭街道办事处三角线社区。至年底，全区行政乡、街道办事处和行政村数量未变，社区居委会增加到94个。

2010年6月，成立岳阳楼区城市建设投资管理中心，加挂岳阳楼区城市建设投资责任有限公司牌子，为正科级行政支持类事业单位。5月和8月，先后成立金鄂山街道办事处重湖社区、五里牌街道办事处运通街社区。至年底，全区社区居委会由原来的94个增加到96个，行政乡、街道办事处和行政村数量未变。

【行政区划】 2018年，岳阳楼区行政区划无调整。

【地质地貌】 岳阳楼区地处江南古陆，地层发育不全。仅出露有前震旦系、震旦系、寒武系和第四系。由老至新分述如下：

前震旦系冷家溪群(Ptin)：主要分布于郭镇以北地区。为一套复理式特征明显的海相碎屑岩建造。地层呈北西向展布，倾向北东，倾角500°～800°。主要岩性为粉砂质板岩，泥质板岩，斑点状板岩等。整套岩石颜色呈灰绿色，岩性较软，易于风化。局部形成质地细腻，色泽鲜艳的紫砂陶土矿体，呈夹层产于粉砂质板岩中，厚度一般5～10米，最厚可达25米。地层厚度不详。

震旦系（Z）：主要分布于郭镇、麻布一带。不整合于前震旦系冷家溪群之上，为新开塘—郭镇向斜两翼组成部分。北翼地层南倾，南翼地层北倾。倾角一般在300°～500°间变化。其主要岩性为泥质、粉砂质板状页岩，长石石英砂岩、冰碛砾泥岩、黑色炭硅质页岩、薄层状硅质岩、含硅质白云岩、条纹状硅质岩等。局部见铁锰矿层和铀矿化。厚度692.25米。

寒武系下统（ε1）：主

要分布于郭镇、双塘等地。不整合于震旦系之上，为新开塘郭镇向斜的核部地层。地层呈北向西展布，由于受强烈的挤压作用影响，岩层产状变化大，常形成形态复杂的紧闭型次级褶皱。主要岩性为中薄层状炭质泥岩，含炭硅质泥岩，含磷结核炭硅质泥岩，含黄铁矿炭硅质泥岩、斑点状炭质页岩，灰黑色泥质粉砂岩，中细粒砂岩。夹石煤和含钒石煤层，局部见铀矿化。厚约 300 米。

第四系（Q）：该地层分布广泛，由半胶洁、松散的砾石层、砂砾石层、粉砂、湖积网纹状黏土、粉砂质黏土、残坡积物及腐植土构成。不整合于老地层之上。厚度 >100 米。

区内老地层出露范围大，岩浆岩不发育，热活动极其微弱，但在漫长的地质发展过程中，经历了多次强烈构造变动的影响，各期次构造形迹相互重叠交错，形态复杂，在小区域内，难以区分其先后，只能将区内主要的褶皱和断裂构造的基本特点描述如下：

褶皱构造，呈北西向，近东西向展布。规模较大的有新开塘—郭镇北西向船型复式向斜。该向斜由震旦系和寒武系地层构成，呈北西向展布，长 16 千米，宽 3 ~ 5 千米，两翼岩石刚性强，倾角平缓，核部地层较软，常形成紧闭线状次级褶皱。

断裂构造，以北西向层间挤压破碎带为主，其次为北东向和近东西向。北西向断裂多产于震旦系和前震旦系地层中，一般出露长度数千米，破碎带宽度 5 ~ 10 米，由泥质、构造角砾岩，糜娩岩和碎裂岩充填。该组断裂对铀矿化及铁锰矿体起控制作用。

【气候】 2018 年，岳阳楼区暴雨洪涝、雷暴大风、高温等各种灾害性天气频发，汛期共遭遇 16 次强降水天气过程袭击，其中有 8 次大范围暴雨天气过程。暴雨降水强度大、影响范围广、致灾风险高，降水量超过了 1998 年同期，突破历史极值，日雨量到达历史第二极值。气象部门坚持 24 小时双岗值守，严密监测天气变化，及时发布预报预警信息，发布强降水监测实况警报 275 条；启动各级别气象灾害应急响应 10 次；向防汛责任人、气象信息员及社会公众发布各级别预警信号 570 县次 90 万人次。

【土地资源】 据 2018 年年底区国土部门统计，岳阳楼区全境土地总面积为 182100 亩。土地资源的利用状况是：农用地 111636.261 亩，其中耕地 39078.11 亩，园地 9560.093 亩，林地 42635.324 亩，其他农用地 20362.734 亩；建设用地 1157.817 亩，其中居民点及工矿用地 106124.934 亩，交通运输用地 4865.136 亩，水利设施用地 4721.747 亩；未利用地 33203.301 亩（包括河滩、河泊及沙漠化等无法耕种土地）。

【矿产资源】 岳阳楼区矿产资源主要有钒、石煤、铀、金、硅质岩、砂岩、砂砾石、紫砂陶土、砖瓦黏土、地下水等。全区矿产资源潜在总价值为 23.64 亿元，每平方千米可达 0.137 亿元。人均潜在资源价值为 5400 元。主要矿产资源如下：

1. 金属矿产：区内金属矿产有砂金，铁锰以及钒。具有工业意义的只有钒一种。

区内钒资源分布于郭镇至湖滨一带，赋存于下寒武统水井沱组中。含矿岩石为一套海相炭硅泥岩建造，层位稳定，钒与石煤共生。沿横向钒含量波动幅度小，但在垂向上，各石煤层中钒含量变化较大，最低 0.1%，一般 0.5% ~ 1%，局部可达 1.5% 以上。区内钒资源丰富，但未做大范围勘探工作。1987 年，为满足郭镇钒冶厂的生产需要，在 0.27 平方千米范围内，地下 50 米以上的空间内，求得 V_2O_5 工业储量10705吨。本区含钒地层出露长约6千米，宽1～2千米，总面积近10平方千米，估算 V_2O_5 地质储量在10万吨左右。

2. 放射性矿产：产于郭镇千镜山一带，铀矿化赋存于震旦系陡山沱组中，含铀岩性为含硅含炭泥岩，含黄铁矿炭质泥岩，含磷结核炭质泥岩等。铀矿化受岩性和断裂构造双重控制，属同生加淋积复合成矿成因。现已探明工业储量数十吨，为一小型铀矿点。

3. 非金属矿产：区内非金属矿分布范围广，主要有石煤、硅质岩、砂岩、砂砾石、紫砂陶土、砖瓦黏土等。分类简述如下：

石煤：主要分布于郭镇乡境内，产于下寒武统水井沱组中，并伴生有钒。含矿岩系出露面积约10平方千米。石煤呈夹层产出，其岩性为含硅炭质页岩，硬度较大，发热量一般为900～1600大卡/千克，最高可达2190大卡/千克，地质储量上亿吨。

砂石类：区内郭镇地区的硅质类、砂岩、及东洞庭湖的砂砾石资源比较丰富，易于开采。广泛用于基建护砌和道路工程。

紫砂陶土：主要分布于梅溪境内，赋存于前震旦系冷家溪群中，该地层为一套海相碎屑岩建造。紫砂陶土呈夹层产出，颜色呈鲜艳的紫红色，质地细腻，镜下鉴定为高岭石黏土岩，其化学成分与福建沙县、宁化县的紫砂陶土相近似。

砖瓦黏土：分布比较广泛，按成因可分为三种：一是河湖相沉积型，为紫红色粉砂质黏土，杂色网纹状黏土，含砂砾等杂质，和易性差，塑性指数小；二是风化残积型，多由板岩、页岩风化而成，颜色较杂、和易性好，塑性指数中等；三是现代湖积淤泥，为灰色、灰黑色，和易性极好，塑性指数大，可制做瓦片。可供开发利用的砖瓦黏土地质储量在8000万吨左右。

【水资源】 岳阳楼区位于岳阳市城区中心，西北滨临洞庭湖与长江，东南分别与云溪区、岳阳县接壤。总面积230平方千米，内湖面积3.2万亩，辖区内自南向北有月形湖、南津港、东风湖、吉家湖、芭蕉湖五个内湖堤垸。小（一）型水库1座：郭镇乡麻布村黄洋水库，库容196.5万立方米。小（二）型水库5座：郭镇乡马安村白鹤垅水库，库容50万立方米；郭镇乡枣树村公平水库，库容20万立方米；郭镇乡建中村建中水库，库容30万立方米；郭镇乡磨刀村芭蕉水库，库容18万立方米；北港办事处蔡家居委会黄肆垅水库，库容24.5万立方米。水库库容总量：339万立方米。

【野生动物资源】 岳阳楼区处于洞庭湖东岸，包括东洞庭湖国家级湿地自然保护区的一部分，野生动物资源十分丰富。全区有野生动物30目69科110种。属国家一级保护的有白鹤、白头鹤等11种，列为国家二级保护动物的有26种，省级保护的有53种。

【人口状况】 2018年底，全区户籍人口689014人，出生人口8926人，死亡人口2065人，人口自然增长率10‰，出生率13‰，死亡率3‰。

【民族宗教】 2018年，岳阳楼区有回族、维族、藏族、苗族、土家族等少数民族成分50个。其中，常住少数民族人口3000多人，外来从事经商、旅游的少数民族流动人口年均在3000人左右，流动少数民族以回族、维吾尔族和藏族为主。目前共有西北回民开的拉面馆45家，有回族近500人。维吾尔族和藏族约400人。有佛教、道教、伊斯兰教、基督教、天主教五大教派，有教职人员99

人，合法登记的宗教活动场所12处，宗教团体4个，信教群众约20000余人，其中：天主教约500人，基督教约10000人，佛教约10000人，道教约2000人，伊斯兰教约2000人。

国民经济和社会发展

【概况】 2018年，岳阳楼区地区生产总值完成659.79亿元，同比增长8.2%，占全市比重达19%；社会固定资产投资完成228亿元，同比增长12%；社会消费品零售总额完成455亿元，同比增长10.1%，占全市比重35%；财政总收入突破30亿元，同比增长15%，其中税收收入26.5亿元，税收占比达88%；城镇居民人均可支配收入35716元，同比增长8.5%；农村居民人均可支配收入19395元，同比增长8.6%。岳阳楼区经济总量、收入质量继续稳居全市前列。

【经济发展平稳向好】 产业结构日趋多元。海泰冷链物流、新泰和物流、国联物流园和花果畈物流园不断壮大，全区物流企业达到91家，现代物流来势看好。引进多家行业标杆电子商务企业，电子商务企业已突破150余家，年交易额达20亿元，逐渐向高端消费市场拓展。新引进金融、保险公司3家，年创造税收突破4亿元，金融行业迅速发展。观光油菜、水果采摘和特色种养基地初具规模，休闲观光农业成为农村经济新增长点。新旧动能换挡提速。落实高新技术企业认定管理办法、奖励措施以及税收优惠政策，2018年岳阳楼区新增10家高新技术企业，产值突破200亿，全区高新技术产业增加值占GDP比重为13%。建成市级以上企业工程（技术）中心3家，院士工作站2家；专利申请量707件，专利授权量为412件，有效发明专利量为620件。中国航发长江动力公司生产的封严环产品在国产大客机上应用，极大提升了岳阳楼区的创新能力和科技含量。有效防范债务风险。出台《防范政府性债务管理办法》《关于进一步加强政府投资项目管理的补充意见》，停、缓、调、撤项目27个，回笼资金3.5亿元，全年成功向上争取各类项目资金25亿元。完成2019年争项争资储备项目库编制，共收录项目61个，总投资76.51亿元。政府性债务只减不增，综合债务率全市最优，债务风险持续保持在绿色安全区域。

【棚改招商统筹推进】 按照征地拆迁、产业规划、招商引资、土地出让和项目服务的“一条龙”工作流程，2018年全区完成棚改签约4930户，拆除房屋80万平方米，25个项目实现清零腾地。先后前往北京、上海、广州、深圳、天津等经济发达地区，并通过商会、网络、节会等方式，向国内外500强企业、行业龙头企业推介我区重点招商项目。全年续建和新引进项目42个，协议引资398亿元，到位资金38.1亿元。其中，新引进荣盛·金鹗御府、北控·岳州府、碧桂园·时代城、中建·嘉和城4个10亿元以上的500强企业项目，万达集团、中建信和等优质企业表达强烈投资意向。上会通过土地20宗、2035亩，其中四化建棚改A地块、木鱼山棚改片区等12宗、651亩土地已摘牌，成交价款31.3亿元，核心引领区的区位、资源、产业和环境等优势进一步凸显，发展势头强劲。

【重点项目进展顺利】 2018年岳阳楼区共实施重大项目95个，计划总投资720.64亿元，年计划投资162亿元，其中新建项目30个，项目总投资129.2亿元，目前累计投资27.68亿元，竣工项目8个，完成投资38.41亿元；亿元以上项目87个，年计划投资

157.14亿元，完成投资139.86亿元。全区大力开展“产业项目建设年”活动，全力推进4个列入市“双百工程”重大建设项目，其中：岳阳友谊阿波罗商业综合体目前C、D栋公寓已封顶即将验收，德赛广场拆迁已完成，建筑体量完成26万平方米；中华时代广场商铺招商与销售火热，商业综合体的业态布局基本完成；天正金海岸经济适用房完成工程进度50%；上海复星岳阳广济医院新医疗综合大楼项目初步设计已获审批，基础施工已启动。列入市“双百工程”重大前期项目3个：岳阳建筑材料大市场（物流园）已完成用地征拆摸底调查、确权和成本概算工作；洞庭国际环球中心已经完成概念性规划设计方案，征地拆除已启动；洞庭国际实验学校项目完成国土报批程序，征拆工作基本完成。

【城区功能不断提升】　交通路网融汇贯通。实施“城乡一体化、发展片区化、建管精细化”三化同步，扎实开展中心城区交通综合整治行动，湘北大道、湖东路等城市道路建成通车，新胜巷、富民路等6条治堵保畅道路即将建成，区间路网高效连通，城市脉络更加畅通，交通建设大会战成效显著。基础设施日臻完善。全年实施小街巷提质改造项目18个，路灯节能改造910盏；建成10个“休闲文化广场”。投入资金3786万元，新建污水支管网1813米，提质改造老旧支污水管网，疏通、扩容管网4486米，全区城镇污水处理率提升至96.1%。实施农村饮水安全建设工程，提质改造麻布、磨刀、建中、枣树4村集中供水设施，提升供水水质，惠及居民6200人。完成马安村等城市自来水管网延伸工程，实现同城同饮。生态环境持续改善。对中央环保督察组交办问题整改工作开展回头看，确保整改成效，严防污染反弹。采取强力措施，查处群众反映强烈的环保热点问题，对32家工业企业环保设施运行及管理情况等进行全面排查。有序推进洞庭湖生态环境专项整治行动，完成望岳水库等4处黑臭水体整治，全域退养生猪5.6万头。同时，“月山号”水上餐饮整治等上级交办任务全面完成。全年污染防治攻坚成效明显：二氧化硫消减1100吨、氮氧化物消减740吨、化学需氧量消减2573吨、氨氮消减254吨，地表水水质达标率96.3%，空气质量优良率达72.2%。实施城乡绿化，开展学校增绿和郭镇乡沟港渠绿化，实施宜林地造林700亩，义务植树50万株。

【脱贫攻坚精准务实】　选派12支工作队开展驻村帮扶工作，实现全区驻村帮扶全覆盖。深入实施行业扶贫，以实施乡村振兴为引领，申报农业项目16个，激发农业农村发展活力。因地制宜稳步推进旅游扶贫，高标准推进精准脱贫工作，利用麻布、磨刀、建中3个贫困村地处城郊山林的资源优势，整合投入扶贫资金2000多万元，启动实施郭镇田园特色小镇创建，完善麻布山森林公园上山游步道、林荫大道绿化等配套设施，麻布山片区年接待游客突破10万人。扶持建立光伏发电站，发展村级集体经济。贫困人口住院全面推行“一站式”结算，实行“先诊疗后付费”，住院报销比例提高10%，大病保险起付线降低50%。

【民生保障全面提质】　坚持共建共治共享发展理念，深化五个“一公里公共服务圈”建设，解决群众最关心、最直接、最现实的民生问题。岳阳楼区“一公里公共服务圈”建设作为全市为民服务工作样板，并在全省进行推广，工作经验上报国务院办公厅。社会事业协调发展。养老、医疗（含生育）、失业、工伤等各项社会保险基金征缴达15.43亿元，实施城乡低保救助26.44万人次，发放救助资金8000多万元；建成16个养老信息服务平台，新增养老床位165张。组织“春风行动”等多种形式的招聘会，新增城镇就业8950人，下岗失业人员再就业4150人。“零就业”家庭和纯农户离校未就业高校毕业生持续动态清零，城镇调查失业率控制在4%以内。新增公共服务平台13个，实现全区公共服务平台全覆盖，社区公共服务、网格化管理和居民自治“三合一”工程进一步完善。全年梳理“最多跑一次”改革事项274件，“一公里政务服务”惠民实效进一步体现。教育均衡稳步落实。全力落实义务教育的公益性、公平性和普惠型，打造“一公里就近入学圈”。投入资金1.65亿元，新建成白杨坡小学；投入资金4800万元提质改造康岳小学、奇家小学、站东小学、五里中学、枫树小学，累计共新增学位4200个，有效化解“大班额”现状。全面实施网格化管理，出台《岳阳楼区义务教育招生入学暂行管理办法》把新生入学与社区网格化管理紧密结合，不断完善“阳光招生”。围绕校园文化建设，以“文化引领，内涵发展”为目标，不断擦亮“校园文化名片”，共获市级以上集体荣誉85项。目前，岳阳楼区“全国校园足球特色学校”增至8所，4所学校成功挂牌“全国啦啦操示范校”。文体事业蓬勃向上。全年组织开展区级文化活动30余场次，观演群众超2万人次。其中“三送三进”文化志愿服务系列活动、“非遗文化·欢度元宵”活动、全国广场舞岳阳楼区基层展演等活动创意新颖，反响强烈。全区“走进新时代，建设核心区”登山活动和干部职工乒乓球、羽毛球、篮球、拔河四项比赛取得圆满成功。大力实施农民健身工程，按计划向各乡、村配置健身休闲器材，全区公共文化体育设施总面积累计达135.6万平方米，社区（村）综合文化服务中心覆盖率达100%，“一公里健身休闲圈”建设成效显著。医疗卫生建设持续推进。有序推进岳阳楼区妇幼保健计划生育服务中心和王家河卫生服务中心等4个项目的建设和提质改造，确保2019年年底全面完成工程；金鹗山、洞庭卫生服务中心建设项目纳入2020—2022年洞庭新城和东风湖新区整体规划。进一步健全分级诊疗机制，优化整合医疗资源，13家中心与省、市级医院签订分级诊疗协议，建立远程会诊平台；区人民医院与湘雅附一的远程会诊平台正在加快建设中，“一公里就近诊疗圈”进一步完善。全年开展专项整治行动14次，检查相关单位24家，科学有效处置市十四中学结核病疫情，并针对长春长生公司疫苗事件，对一、二类疫苗进行全面清查，补种28人次，另向公安机关移送涉嫌非法行医案件3例。社会大局平安稳定。全力推进平安楼区建设，严厉打击违法犯罪活动。面向社会征集黑恶势力犯罪线索，打掉黑恶团伙11个，实现命案发1破1，社会治安大局平稳。全力打造“一公里社区警务”，新建5家社区警务室，实现社区警务与网格管理的有机融合、无缝对接。出台《特殊人群涉毒人员收治管理实施办法》等规范性文件，建成6个社区戒毒（康复）工作站。信访工作持续走在全市前列，全年信访总量较2017年下降15%。落实安全生产责任，开展重点领域专项整治，全区安全生产事故发生率较去年同期下降91.6%，历史上首次获评“全省安全生产工作先进单位”。全面推进食品药品安全分级分类监管，查处各类违法案件187件，有效保障千家万户的食品用药安全。大力推进质量强区，不断优化营商环境，稳定市场价格水平。全区全年累计化解债务9.25亿元，极大的降低了风险指数。

精神文明建设

【概况】 2018年以来，全区精神文明建设以培育和践行社会主义核心价值观为根本，在深化全国文明城市建设的过程中，坚持标准不降、责任不变、力度不减，坚持创建为民、创建育民、创建惠民，广泛开展群众性精神文明创建活动，社会文明程度不断提升，各项工作均取得了明显成效，为全面建成“转型发展、创新创业的核心引领区”提供了重要支持和有力保障。

【理论武装工作扎实有效】 全区将学习宣传贯彻党的十九大精神作为首要政治任务，坚持在学深、悟透、做实上下功夫，切实用讲话精神统一思想行动，指导实际工作。大力加强意识形态工作。推动《关于落实党委（党组）意识形态工作责任制实施方案》在全区落实，制定全区意识形态工作联席会议制度，并组织召开全区联席会议会议，确保辖区内意识形态领域平稳可控。创新创优中心组学习。制订区委中心组年度学习计划，组织开展区委中心组集中学习12次，以“不忘初心、牢记使命”为主题，组织开展“千名书记讲党课”活动，区委书记陈阁辉书记带头到联系点和所在支部上主题党课，区委常委会成员和其他区级领导，已在本单位或工作联系点讲授党课共计35场。扎实开展理论学习教育。深入开展习近平新时代中国特色社会主义思想“天天见”“天天新”“天天深”“三做一评”活动，征集学习论文和微心得60篇，发放理论学习书籍一万多册。创新开展“五讲一演一图”理论宣讲活动，全区各级党组织书记在机关、社区、学校、企业、村组宣讲党课200多场。

【文明城市复查全力以赴】 在迎检复查工作中，坚持真抓实干、攻坚克难，措施得力、效果明显。领导高度重视。区委统筹调度，各级各部门齐抓共管，高标准完成了各项任务，年初制订了工作计划，对全年工作进行安排部署，起草了《岳阳楼区2018年—2020年深化全国文明城市建设工作任务分解表》，制定了《2018年岳阳楼区深化全国文明城市建设工作方案》，成立“六大行动”工作组，将深化文明城市建设工作任务分解到各部门、各单位，并明确任务的完成时限。坚持调度讲评会制度，召开全区性的动员部署会2次，召开相关调度会议4余次。特别是在迎检期间，做到每天通报讲评，即时督办整改，有力推动各项创建工作落到实处。部门联动发力。充分发挥“大城管委”的作用，对市容市貌、背街小巷、交通秩序、基础设施、环境保护等进行强力整治，确保城市干净整洁、文明有序。督查指导有效。组织专人对16个乡街、102个社区（村）精神文明建设活动开展及资料台账整理情况进行了4次专项督查指导，每季度对乡街、村社区的活动开展情况、资料台帐情况、氛围营造情况进行打分排名，有效推动了精神文明建设各项重点工作的全面提升。抽调经验丰富的多名人员组成外环境督查组，全天候督查，形成文字通报，限期整改。通过一系列举措，较好地完成了文明城市复查迎检工作。在2018年度第一次公共文明指数模拟测评成绩中岳阳楼区在市城区五区中排名第一。

【志愿服务活动丰富多彩】 全区设立学雷锋志愿服务岗230余个，共有社区注册志愿者10万余人。精心组织。积极筹备成立岳阳楼区志愿服务组织联合会，在机关事业单位开展“学习雷锋敬业奉献”活动，在社区和农村开展学雷锋“邻里守望”志愿服务活动，在企业和商场集市开展“学习雷锋诚信经营”活动，在窗口单位开展“学习雷锋优质服务”活动，在学校开展“学习雷锋爱国报国”活动，在党员干部中开展“志愿服务先锋行”活动；真心参与。组织广大志愿者开展“送精神、送清洁、送温暖”“文明劝导我先行”等主题志愿服务活动3000余场次，全区共开展志愿者应急救护培训16场次，向省志愿服务网上传信息多条，在全省各县市区中排名第一。热心服务。探索“网格+文明建设”新模式，即依托“网格化”管理，充分发挥网格员作用，利用微信、QQ等移动新媒体开展“四微”服务，微传播充当“发声器”，微心愿架起“连心桥”，微课堂担当“学习机”，微展演搭建“大舞台”，实现文明城市建设情况在第一时间掌握，工作在第一时间落实，问题在第一时间解决，让文明之花开在每个网格、每户居民之中。关爱空巢老人、留守儿童、困难职工、残疾人志愿服务活动。

【诚信建设工作日趋完善】扎实开展专项整治。深入开展食品安全“护苗”、“护老”行动，农产品、畜禽水产品、酒类专项整治，加强疫苗购销与流通专项检查，有效保障了饮食、用药安全。定期公布“红黑榜”。对全区所有餐饮门店实行食品安全量化分级，结合分级情况推广寻找笑脸就餐活动。与食品、药品经营单位签订诚信经营承诺书。树立一批诚信典型，发布“诚信红榜”，建立“黑名单”制度。形成市场倒逼企业守法经营的机制。积极举办宣传活动。定期开展“3·15”消费者权益保护日、食品安全“四进”（进学校、进社区、进机关、进家庭）等宣传活动。

【公民道德建设扎实推进】全区通过举办学习会、座谈会、演讲、征文、党员活动日活动等多种形式，掀起了集中宣传学习张超的热潮，已开展专题活动100多场。组织开展岳阳楼区第八届道德模范的评选表彰工作，共收到推荐材料67份，由区文明委组成考察组对候选人进行考察、走访、座谈，再经9家“一票否决”单位联合评审后评选出13人。在中国文明网推荐身边好人线索2187条，推荐线索数量取得到全省第二的好成绩，2018年岳阳楼区共有3人被评为“湖南好人”，1人被评为“中国好人”。

【群众文化活动精彩纷呈】群众文体活动蓬勃开展。组织开展区级文化活动30场次，观演群众超2万人次。其中“三送三进”文化志愿服务系列活动、“非遗文化·欢度元宵”活动、全国广场舞展演岳阳楼区基层展演等创意新颖，反响强烈。全年，共开展“送戏下乡”活动20场次；美术、书法、摄影作品展览7场次；组织“坚定文化自信·提升文化内涵”等文艺培训活动20余场次；开展“流动图书进社区”、“小小朗读者”等读书活动8场次；群众自发开展的广场舞、棋牌、书法美术等活动实现经常化、体系化。在全省第十三届全民运动会上，岳阳楼区喜获2枚金牌。艺术创作生产成果丰硕。组织专业和群众队伍创作人员创作艺术作品1000余件。岳阳楼区张雯创作的国画作品《巴陵秋正清》获齐白石艺术奖，柳一川的油画作品《变迁》、谢湘波的摄影作品《戏迷》获优秀奖。在2018年湖南省“欢乐潇湘”群众美术、书法、摄影活动决赛中，工笔画《樊篱》和摄影作品《庙会戏班子》分别荣获美术类、摄影类一等奖。文化惠民工程成效显著。围绕“一公里健身休闲圈”建设目标，按照配置均衡、方便实用的原则，有效整合上级文化惠民工程扶持资金、体彩公益金等，努力推进全民健身休闲场地设施建设。目前，全区公共文化体育设施达1497个，总面积135.6万平方米，社区（村）综合文化服务中心覆盖率达100%，社区居民就近健身休闲有了“好去处”。

【公益广告宣传氛围浓厚】充分利用围墙围挡、宣传栏（窗）、电子屏进行中国梦、社会主义核心价值观、“讲文明树新风”公益广告宣传，截至12月，各街道（乡）新增刊播围墙围挡约6000平方米，正反两面刊播“社会主义核心价值观”“市民文明公约”等相关内容。

【未成年人思想道德建设水平不断提升】 深入推进“一公里就近入学”，先后投入资金1.5亿元，新建白杨坡小学等标准化学校8所，维修改造学校16所，新增学位4890个。成立岳阳楼区“培萌”青少年教育发展公益服务中心，建立公益培训基地15个，共帮扶儿童2300余人次。组织全区各中小学开展“新时代岳阳好少年”评选推荐工作，岳阳楼区共有1名被评为“新时代湖南好少年”，2名学生被评为“新时代岳阳好少年”，另有1人获提名奖。常态化开展“文明校园创建”“校园原创作品大赛”等系列活动。9月28日，岳阳楼区在东方红小学承办了湖南省2018年“向国旗敬礼”未成年人主题教育实践活动，并积极在全区开展“网上向国旗敬礼”活动，得到省委宣传部、省文明办领导的高度赞誉。

【社区教育服务逐步优化】社区是城市的细胞，是创建的基础。创建全国文明城市必须紧紧抓住社区这一基本平台和重要载体，切实从背街小巷做起，从居民楼院抓起，从每个市民创起。完善社区功能。按照创建全国文明城市的硬件要求，整合有关资金，切实加大投入，扎实抓好道德讲堂、心理咨询室、学雷锋志愿服务站、社区综合文化服务中心、社区家长学校、社区警务室等阵地建设。美化社区环境。发动社区单位和居民群策群力，共建共享，共同参与社区建设管理，努力做到路面硬化平整、楼栋干净整洁、生态环境优美、秩序井然有序。抓好社区教育。组织开展好中国特色社会主义理论、中华传统美德经典诵读、社会主义核心价值观、志愿服务等主题教育活动，以群众喜闻乐见、通俗易懂的方式，宣传和展示社会主义核心价值观、中国梦、志愿服务、邻里守望、遵德守礼等内容，让居民在参与中体验，在体验中升华。加强社区党建。充分发挥社区基层党组织在创建工作的领导核心作用，在社区整合的基础上，结合“特色社区”建设，进一步健全社区服务体系，提高社区服务水平。

【文明单位创建稳步推进】完成了省、市、区文明单位的申报工作，共申报省级文明单位1家，市级文明单位系列9家，区级文明单位12家。目前，区级文明系列单位指导走访阶段已完成，初步确定了8个区级文明系列单位将提交部务会、文明委全会进行评审。

【新风大力培育】 按照省市相关文件精神，成立了由区委书记任组长，区纪委书记、区委宣传部部长任副组长的专项工作领导小组，先后制定下发《在全区开展文明节俭操办婚丧喜庆事宜的工作方案》《关于大力开展“治陋习·树新风 六提倡六反对”宣传的通知》《关于开展严禁党和国家工作人员违规操办或参与“升学宴”“谢师宴”宣传工作的通知》等文件。坚持落实示范创建承诺制度、坚持重要节点及时提醒督促，督促公职人员承诺不违规操办“升学宴”“谢师宴”，共对全区169余名公职人员进行了提醒。截至8月底，拍摄制作微电影《红包大红包小》1部，党员干部签订承诺书9306份，开展监督检查次数302次，受理问题线索6个，党纪政务处分1人，组织处理19人，开展劝导210人，通报不文明行为1人，滥办酒席行为基本杜绝，厚葬之风明显改观，进一步营造风清气正的民风乡风社风。

组织机构及负责人名单

（负责人任职时间截至2018年12月31日）

中国共产党岳阳楼区常务委员会

书　记	陈阁辉
副书记	黄建文
	廖星辉
常　委	朱彦翼
	李　峰
	周岳雄
	徐　平
	王智勇
	黎建欣
	白铭科
	罗　海
	彭　飞

岳阳楼区人民代表大会常务委员会

主　任	漆　胜
党组副书记、副主任	周幺龙
副主任	施　敏
党组成员、副主任	李建国
	张雪梅
	陈金星
党组成员、办公室主任	吴　珂

岳阳楼区人民政府

区　长	黄建文
常务副区长	徐　平
副区长	余　昕
	李尧瑶
	唐露尧
	方正春
	严石龙
	邓建华

中国人民政治协商会议岳阳楼区委员会

主　席	彭端生
副主席	吴怡红
	邓群政
	许国豪
	刘　娟

中国共产党岳阳楼区纪律检查委员会（区监察委员会）

书记、监委主任	周岳雄
常务副书记、监委副主任	杨志华
副书记、监委副主任	张　兰　李高松
常委、监委委员	吴三爱　费华归　刘勇兵
常　委	许曙斌　徐灿松
监委委员	项明亮　何英明

岳阳楼区人民武装部

部　长	彭　飞
政治委员	黄柳清
副部长	任四明

岳阳楼区人民法院

党组书记、院长	夏常凯
党组副书记、常务副院长	贺湘平
党组副书记、副院长	廖　理
党组成员、副院长	吴　琳
副院长	张泽民
党组成员	曹　萍
审判委员会专职委员	聂祖胜
	刘　力
党组成员、政治部主任	唐汇锦

岳阳楼区人民检察院

党组书记、检察长	许建华
党组副书记、常务副检察长	陈　尧
党组成员、副检察长	刘大明（2018 年 10 月免）
	苏　昕　严　琼
副检察长	唐　亮
党组成员	易启明
	柳小伟
专职委员	张莲英　杨炳林

区委机构

办公室	
主　任	李　峰
副主任	汪小中　陈学军　易威奇
	梁先印
	沈为庆（2018 年 9 月任）
纪检组组长	李　叶
常委秘书	张　璇
组织部	
部　长	朱彦翼
常务副部长	罗立兵

副部长（兼）	崔建国
副部长	张路宁
副部长（兼）	李和平
部务会成员	许　静
宣传部	
部　长	王智勇
常务副部长	李崇民
副部长、文明办主任	姚　静
副部长	彭群莉
部务会成员	侯岸林　贾　敏
政法委	
书　记	黎建欣
副书记	吴作文　方　宇　黄黎明
	胡　定　郑江龙
统战部	
部　长	白铭科
副部长	许越波　张振权　易金保
政研中心	
主　任	黄力交
副主任	李　明
改革办	
主　任	李　峰
副主任	任立志
	李　明（2018 年 9 月任）
小康办	
组　长	陈阁辉
第一副组长	黄建文
常务副局长	廖星辉
督查室	
主　任	易威奇
机关党委	
书　记	王安平
副书记	江春芳
纪委书记	张毅飞
党委委员	马　进

机构编制委员会办公室（事业单位登记管理局）

主任、登记局局长	李宏英
副主任	周赤萍　胡　欣
登记局副局长	刘　莎

中共岳阳市委党校岳阳楼区工作办公室

主　任	李世雄（2018 年 9 月任）
副校长	段雅丽　余　意

老干局

党组书记、局长	崔建国
党组副书记、副局长	刘星宏
党组成员、副局长	李美谦

区人大常委会机构

办公室

主　任	吴　珂
副主任	金　灿　黄术光

财政经济委员会

主　任	刘春林
副主任	刘　钧

法制委员会

主　任	汪亚平

选举任免与代表联络工作委员会

主　任	任森荣
副主任	钟　莉

农村农业工作委员会

主　任	李大庆

城乡建设与环境资源保护工作委员会

主　任	龚　晖
副主任	曾晓玲

教育科学文化卫生工作委员会

主　任	黎　炜
副主任	樊　诚

内务司法工作委员会

主　任	李仲彬

副主任	周卫勇

区人民政府机构

办公室

党组书记、主任	李 熊
党组成员、副主任	李浑亮
党组成员、副主任	陈 曦 （2018年10月免）
	李立明
副主任	殷君山
党组成员、副主任	袁 香 龙军华 周 翔
	王 勇
	刘海龙 （2018年9月免）
	隋颁材（2018年10月任）

经研室

主 任	胡 立
副主任	钟 灿

督查室

主 任	王 勇
副主任	曾 华 杨 勇

法制办

主 任	欧阳辉

禁毒办

主 任	龙军华

民宗局

主 任	易金宝

人防办

主 任	李浑亮
副主任	郭 军
	刘明泉

户籍办

主 任	周 翔（2018年4月免）
	龙军华（2018年4月任）
副主任	宋晶卓

扶贫办

主　任	周　泽
副主任	胡　烨（2018年4月任）

金融办

主　任	李立明
副主任	方　挺　　李　行

爱卫办

主　任	吴德胜
副主任	潘　渤　陈建伟

红十字会

常务副会长兼秘书长	蔡　莉

信访局

党组书记、局长	许界殊
党组成员、副局长	李　朝
党组成员、纪检组组长	刘智红
党组成员	谭　伟

贸促会

党组书记、会长	向选成
党组成员、副会长	张卫彬
党组成员、纪检组组长	韦秀珍

史志档案局

党组书记、局长	李　星
党组成员、副局长	胡里根
副局长	易三军
	周　泽（2018年9月任）

公网中心

主　任	瞿法林
副主任	刘　洁
	方　雷（2018年9月任）

城市管理局

党组成员、局长	曹永柏（2018年10月免）
	辜太平（2018年10月任）
党组成员、副局长	张　憬　余　敏　向勇军
党组成员	汤俊斌

环卫局

党组书记、局长	易　星
党组成员、副局长	李伟文（2018年9月免）
	潘永军
副局长	刘　洋（2018年10任）

移民开发局

党组书记、局长	易桥勇
党组成员、副局长	刘吉浪
副局长	袁朝阳
党组成员	李海兵

征收安置局

党组书记、局长	许国辉（2018年7月免）
	毛召满（2018年7月任）
党组成员、副局长	周会华
党组成员	黎兰香
	李世雄（2018年9月免）
	易小捷

禁违拆违治违督查办公室

党组书记、主任	毛召满（2018年9月免）
	刘　军（2018年9月任）
党组副书记、副主任	史志华（2018年12月任）
党组成员、副主任	杨　名（2018年9月免）
党组成员、副主任	马兴新（2017年10月任）
副主任	刘　建（2018年9月任）

住房公积金管理部

主　任	王凤鸣
副主任	阳　雄

厂地协作局·工业园

党组书记、局长	辜太平（2018年9月免）
	赵　青（2018年9月任）
党组副书记、工业园管委会主任	易哲夫
副局长	刘迪富

安全生产监督管理局

党组书记、局长	李永红
党组副书记、副局长	陶小兵

党组成员、副局长	匡意云
总工程师	陈　辉

食品药品监督管理局

党组书记、局长	鲁兴旺
党组副书记、副局长	刘　漠
党组成员、副局长	罗赞祥
	汤　振
党组成员	陈　斌
副局长	胡　勇

城陵矶新港区楼区工作部

党组书记、部长	周牡奇
党组成员、副部长	许志霞

洞庭新城项目建设岳阳楼区工作部

部　长	高本源
副部长	龙权彪
	罗海龙（2018 年 10 月任）

东风湖新区建设工作部

部　长	杨　政
副部长	姚红星
	李　政（2018 年 10 月任）

岳阳楼区城市建设投资管理中心

主　任	周剑锐
副主任	袁凤娇　陈君明

发展与改革局

党组书记、局长	徐铭喜
党组副书记、副局长	綦德清
党组成员、副局长	吴向荣　李名传
副局长	苏　甜
党组成员	杨　彬
优化办主任	陈志明

工业和科技信息化局

党委书记、局长	葛静湖
党委副书记、副局长	孙建军
党委委员、副局长	邓立志　彭朝晖

副局长	周玉林
人力资源和社会保障局	
党组书记、局长	李和平
党组成员、副局长	唐丰旻
党组成员	刘 蒙
党组成员、副局长	万 力
党组成员	彭可军
党组成员、派驻纪检组组长	方拥军
卫生和计划生育局	
党委书记、局长	杨晓明
党委副书记、副局长	郑文红 胡志彪
副局长	王秀云
党委委员、副局长	任 伐 李颖妮
副局长	李白薇
党委委员、副局长	许飞龙
党委委员、计生协会常务副会长	易兴望
党委委员、派驻纪检组组长	陆敏强
审计局	
党组书记、局长	黄泽良
党组副书记、副局长	姚晓文
党组成员、区经责办副主任	李世印
党组成员	王 谊
党组成员、副局长	陈玉山
党组成员	潘付霞
机关事务局	
党组书记、局长	赵 青（2018 年 8 月免）
	陈 曦（2018 年 8 月任）
党组副书记、副局长	章 熠
党组成员、副局长	丁 平 李 杰
统计局	
党组书记、局长	杨林立（2018 年 6 月免）
	刘海龙（2018 年 6 月任）
党组副书记、副局长	王绪文（2018 年 6 月免）
	彭 宁
党组成员、副局长	陶利君

农林水务局

党组书记、局长	沈为庆（2018年10月免）
	李大汉（2018年10月任）
党组副书记、副局长	邵应武
党组成员、副局长	邹斌桥（2018年8月免）
	李肖军　曾永谦
	王绪文（2018年9月任）
副局长	谢　伟
党组成员、副局长	周世军
党组成员	徐晓敏
党组成员、定点办主任	易岳平
党组成员、工会主席	刘　智

经营管理局

党组书记、局长	陈宏伟
党组成员、副局长	文剑峰　李　顺
党组成员	张　怡

交通建设局

党组书记、局长	廖岳龙
党组成员、副局长	汪英杰　李觉民
副局长	李应征
党组成员、副局长	许　峰
	毛铭枫
党委成员、派驻纪检组组长	顾　军
党组成员　李革辉	易　科

商务粮食局

党组书记、局长	易小球
党组副书记、副局长	黄　卫
党组成员、副局长	余武卫　曹　颖
党组成员	刘远胜

财政局

党组书记、局长	杨大明
党组成员、副局长	姚三保　李华锋　费新立
党组成员兼采购中心主任	蔡辉平
党组成员兼资金中心主任	费新德
党组成员兼工资统发中心主任	骆　闽

党组成员、总会计师	李 晶
党组成员、派驻纪检组组长	屈为民

税务局

党委书记、局长	王大旺（2018 年 7 月任）
党委副书记、副局长	赵远来（2018 年 7 月任）
党委成员、副局长	黎祖光（2018 年 7 月任）
	蒋立强（2018 年 7 月任）
	陈平华（2018 年 7 月任）
	余晓文（2018 年 7 月任）
	姚卫民（2018 年 7 月任）
	蒋亚辉（2018 年 7 月任）
	刘明辉（2018 年 7 月任）
	兰 波（2018 年 7 月任）
	向 鹏（2018 年 7 月任）
	易四伟（2018 年 7 月任）
	杨 超（2018 年 7 月任）
党委成员、副局长、纪检组组长	邹兰芳（2018 年 7 月任）
党委成员、副局长	蒋志平（2018 年 7 月任）

教育局

党委书记、局长	邱 岗
党委副书记、副局长	魏国根
党委委员、副局长	王 德
	章柒零
主任督学	刘 禄
党委委员、派驻纪检组组长	刘平平

民政局

党组书记、局长	刘玉平
党组副书记、副局长	王红波
副局长	陈晓兰
党组成员、副局长	解爱心
党组成员	杨燕云
党组成员、社会救助管理局局长	陈 岳
党组成员、派驻纪检组组长	张 旺

司法局

党组书记、局长	余伟星

党组副书记、副局长	谢荣平
副局长	王玲辉
党组成员、副局长	刘小亚
党组成员	刘宇松

文体新局

党组书记	周和平
局　长	李　昆
党组副书记、副局长	许五星
党组成员、副局长	韩　红　　刘　英　　曹　政

区政协机构

办公室

党组成员、秘书长兼办公室主任	吴曙光
副主任	严定伟

提案委员会

主　任	付田夫
副主任	周　蓉

经济科技委员会

主　任	钟立新
副主任	何玉芳
	袁建华

法制群团人力资源环境委员会

主　任	许　晋
副主任	唐　玲

文史学习文化教育体育卫计委员会

主　任	范雄建
副主任	周鲜明

联络工作委员会

主　任	任小平
副主任	左　萍

市垂直管理机构

公安分局

党组书记、局长	余 昕
党组成员、副局长、纪委书记	刘 伟
党组成员、副局长	胡 红 杜卫东 易 霄 严海军

岳阳楼区消防大队

教导员	黄宜彦
大队长	公绪鑫
指导员	任 可
中队长	黄 威

工商分局

党委书记、局长	徐 海（2018 年 1 月免） 甘克俭（2018 年 1 月任）
党委副书记、常务副局长	刘志新
党委副书记、副局长	刘志高
党委成员、副局长	官利玉 余文杰
党委成员、纪检书记	龚飞虎

环境保护局

党组书记、局长	刘 波
党组副书记、副局长	吴扩军
副局长	高 波

国土分局

党组书记、局长	向子荣
副局长、纪检组组长	程思宏
副局长	兰学清

副局长	刘　勇
事务所所长	邓建民

房产分局

党组书记、局长	符朝辉
党组副书记、副局长	曾虎佳
副局长	张泽军　赵迎春
工会主席	童业为

规划分局

党组书记、局长	朱　秘
党组副书记、副局长	李利平　陈秋良
党组成员、副局长	曹幼萍

质监分局

支部书记、局长	郭同兵
支部副书记、副局长	谢渊波
副局长	段佳仁

群众团体

总工会

工会主席	白铭科
党组书记、工会副主席	方文归
工会副主席	欧阳常青　余长庆
经审委主任	余新颖

共青团区委

书　记	蒋　恒
副书记	向恩泽

妇联

主　席	周　艳
副主席	刘红光

残联

党组书记、理事长	袁潜龙
党组成员、副理事长	韩　姝
党组成员、纪检组组长	胡　先
副理事长	尹开荣

文联

主　席	李年明
副主席	付雷鸣　李春生

工商联

主　席	刘　娟
党组书记	张振权
党组成员、副主席	彭芳奇
副主席	游岳红

科学技术协会

党组书记	杨德良
主　席	李微微
副主席	周　勇
党组成员、副主席	李红燕（2018 年 6 月任）
党组成员	李建立（2018 年 6 月任）

乡、街道办事处

郭镇乡

领导名录

党委书记	李大汉（2018 年 5 月免）
	向　彪（2018 年 9 月任）
党委副书记、乡长	万雁飞（2018 年 6 月任）
党委副书记	邓志良
党委委员、人大主席	张　翼
党委委员、政协联络委主任	姚　佳
党委委员、纪委书记	周潇莉
党委委员、派出所所长	黄建武
党委委员、组织委员	胥　旭
党委委员、武装部部长、副乡长	彭　魏（2018 年 9 月免）
副乡长	李泽峰　李　明
	黎　毅（2018 年 11 月任）

社区负责人

公共文化和社会事业服务中心主任	易艳辉
卫生计生监督管理所所长	黄　维
经济管理工作站站长	赵　明
就业和社会保障工作站站长	李湘波
控建拆违征收安置工作站站长	方　涛
城管环卫工作站站长	李志峰
安全生产监督管理站站长	邓岳军
麻布村支部书记、村主任	刘齐辉
磨刀村支部书记、村主任	易元兵
建中村支部书记、村主任	方小红
枣树村支部书记、村主任	苏云波
马安村支部书记、村主任	刘岳军

枫桥湖街道办事处

领导名录

党工委书记	刘达鸿

党工委副书记、办事处主任	任鸿初
党工委副书记	易春平
党工委委员、人大联络处主任	蔡永红
党工委委员、政协联联络处主任	方玉玲
党工委委员	杨凤良
党工委委员、副主任	任群峰
党工委委员、纪工委书记、人武部部长	孟 全
党工委委员、派出所所长	王 鹏
副主任	刘卫雄
	易 群（2018 年 9 月任）

社区负责人

大屋湾社区书记	周红兵
新胜社区书记	周小明
康岳社区书记	陈 星
康岳社区主任	施 杰
枫桥湖社区、主任	刘 超
湘爱园社区书记、主任	易春锦
琵琶王社区书记 、主任	孟 辉
甘塘坡社区书记 、主任	高志平
青年堤社区书记、主任	陈德辉

奇家岭街道办事处

领导名录

工委书记	彭宪会
工委副书记、办事处主任	蔡华坤
工委副书记	魏 虎
工委委员、人大工作委员会主任	顾 萍
工委委员、政协工作委员会主任、武装部部长	廖增洪
工委委员、纪工委书记	吴飞跃（2018 年 12 月免）
	姚勇正（2018 年 12 月任）
工委委员、副主任	万 翔
工委委员、派出所所长	袁 泉
办事处副主任	安 娜

社区负责人

学院路社区书记、主任	孟　谦
奇家社区书记、主任	廖满平
奇西社区书记、主任	袁应成
蔡家社区书记、主任	彭笑敏
仓田村书记	周　平
仓田村主任	王志勇

洛王街道办事处

领导名录

工委书记	许春龙
工委副书记、办事处主任	李立邦
工委副书记	刘　军（2018年9月免）
工委委员、人大联络处主任	张跃华
工委委员、政协联络处主任	刘　骥
工委委员、武装部部长	洪　亮
工委委员、副主任	高　樱　黄　剑（兼）
工委委员、纪工委书记	黄　勇
副主任	蒋青希
副主任（区防汛抗旱指挥部办公室主任）	沈　谦（2018年9月任）

社区负责人

洛王社区书记、主任	胡文成
大桥湖社区书记、主任	宋来辉
瑶塘坡社区书记、主任	王小明
藕塘坡社区书记、主任	谢四明
雷锋山社区书记、主任	万年红
花园坡社区书记、主任	周伟红

洞庭街道办事处

领导名录

工委书记	徐　佳（2018年9月免）
	曹永柏（2018年9月任）
工委副书记、办事处主任	刘卫华

工委副书记	晏荣广
工委委员、人大工委主任	谢群雄
工委委员、政协工委主任	何　清
工委委员、副书记	杨　名（2018年10月任）
工委委员、纪工委书记	李红云
工委委员、派出所所长	冯新华
工委委员、武装部部长	易　献（2018年9月任）
办事处副主任	许桂和　卢　刚

社区负责人

捕捞社区书记、主任	张　浩
洞庭社区书记、主任	刘其军
吉家湖社区书记、主任	杨兴桂
东风湖社区书记	方新华

金鹗山街道办事处

领导名录

党工委书记	曹　陶
党工委副书记、办事处主任	周智勇
党工委副书记	姜金洲
党工委委员、人大工委主任、武装部部长	黄天成
党工委委员、政协工委主任	戴达人
党工委委员、纪工委书记	胡湘裕
党工委委员、派出所所长	黄安培
副主任	曹　勇
副主任	刘习文　黎彬彬 杨俊智（2018年10月任）

社区居委会负责人

太子庙社区支部书记	何　洁
太子庙社区主任	许　瑰
螺丝港社区支部书记	陈霞芳
螺丝港社区主任	宋五保
金鹗山社区支部书记	杨望胜
南津港社区支部书记	杨　轶
南津港社区主任	刘　武

重湖社区支部书记	万交一
重湖社区主任	孙崇德
万家坡社区支部书记	方　芳
万家坡社区主任	冯　春
夏万路社区支部书记	李继强
夏万路社区主任	陈　珍
岳荣社区支部书记	涂桂桃
鄂西路社区支部书记	陈　莉
良万社区支部书记	易辉建
良万社区主任	宋岳华
新桥巷社区支部书记	付光耀

岳阳楼街道办事处

领导名录

工委书记	陈建明
工委副书记、办事处主任	李创华
工委副书记	彭　魏（2018年9月任）
工委委员、武装部部长、人大工委主任	巫有信
工委委员、政协工委主任	夏训宏
工委委员、副书记	邹新春　邓华丰
工委委员、纪工委书记	冯湘敏
工委委员、副主任	李佳佳
工委委员、派出所所长	陈求华

社区负责人

东湖社区书记、主任	向波南
汴河社区书记、主任	杨秋英
九华山社区书记	吴文斌
九华山社区主任	刘　纯（2018年11月任）
岳阳楼社区书记、主任	方　黎
郭　亮社区书记、主任	陈　芳
庙前街社区书记、主任	杨小宇
剪刀池社区书记、主任	彭满梅

东茅岭街道办事处

领导名录

工委书记	李水平
工委副书记、办事处主任	林 海
工委副书记	王志辉
工委委员、人大工委主任	邓国华
工委委员、政协工委主任	贺君福
工委委员、副主任	周国兴
工委委员、办事处副主任	彭 辉
工委委员、纪工委书记	陆新龙
工委委员、武装部部长	付岳武
工委委员、派出所所长	戴 勇
副主任	杨春辉

社区负责人

东茅岭社区书记	彭 英
东茅岭社区主任	李松涛
柴家山社区书记、主任	张 铮
学坡社区书记、主任	钟国强
炮台山社区书记、主任	彭 艳
年丰巷社区书记、主任	马曙聘
桥头社区书记、主任	杨 树

城陵矶街道办事处

领导名录

工委书记	任建国
工委副书记、办事处主任	兰寒松
工委副书记	叶 贞
工委委员、人大工委主任	徐欣望
工委委员 、政协工委主任	王勇军
工委委员、武装部部长	郭金峰
工委委员、纪工委书记	刘 博
工委委员、副主任	冯学勇
工委委员、副主任	刘勇军

副主任	刘兴舟

社区负责人

城陵矶村书记	何剑利
城陵矶村主任	邓阳春
骆家坡社区书记、主任	张清秀
南岳社区书记、主任	李魁岸　杨　芳
洪家洲社区书记、主任	汪子娟
港口社区书记、主任	彭新华
桂花园社区书记、主任	袁　艳
华能社区书记、主任	吴灿年

望岳路街道办事处

领导名录

工委书记	徐演铭
工委副书记、办事处主任	肖　永
工委副书记	熊　亮
工委委员、人大工作委员会主任	张美雄
工委委员、政协工作委员会主任	刘从训
工委委员、副主任	方　伍
工委委员、副主任	冯　勇
工委委员、纪工委书记	潘　婷
工委委员、派出所所长	李勇辉
工委委员、武装部部长	李　波
办事处副主任	张剑波（2018 年 9 月任）

社区负责人

栖凤亭社区书记、主任	王国郑
望岳社区书记、主任	刘庆华
长虹路社区书记、主任	方细霞
北环路社区书记、主任	彭清荣
鹰山社区书记、主任	雷跃武
七里山社区书记、主任	唐　赓

吕仙亭街道办事处

领导名录

工委书记	柴石球
工委副书记、办事处主任	刘 勇
工委副书记	李 朝（2018年9月任）
工委委员、人大工作委员会主任	杨 斌
工委委员、政协工作委员会主任	张棣群
工委委员、纪工委书记	刘 豹
工委委员、副主任	刘岳军
工委委员、副主任	伏 伟
工委委员、武装部部长	孙加望（2018年9月任）
工委委员、副主任	张爱平
工委委员、派出所所长	王文威

社区负责人

吕仙亭社区书记、主任	彭 美
梅溪桥社区书记、主任	王 玲
芋头田社区书记、主任	毛艳霞
鄢家冲社区书记	丁 勇
鄢家冲社区主任	蔡 华
慈氏塔社区书记、主任	王 芳
观音阁社区书记、主任	万 忠

三眼桥街道办事处

领导名录

工委书记	周上青
工委副书记、办事处主任	何文辉
工委副书记	罗 盾
工委委员、人大工作委员会主任	李 骁
工委委员、政协工作委员会主任	陈建祥
工委委员、纪工委书记	刘旅洋
工委委员、副主任	冯 婧
工委委员、派出所所长	刘 戬
工委委员、武装部部长	戴辉冬

办事处副主任	钟千里

社区负责人

白杨坡社区书记、主任	许　莉
尚书山社区书记	冯　婧（兼）
尚书山社区主任、副书记	肖　宁
李家冲社区书记	杨检望
李家冲社区主任、副书记	付西平
朝阳社区书记、主任	张　蓉
桃花山社区书记	汪红霞（兼）
桃花山社区主任	蒋　倪
鲤鱼嘴社区书记	易尚新
鲤鱼嘴社区主任	陈　静

五里牌街道办事处

领导名录

工委书记	李亚东
工委副书记、主　任	袁　丹
工委副书记	邹　炎
工委委员、人大工委主任	王国珍
工委委员、政协工委主任	李美满
工委委员、武装部部长	贺建明
工委委员、纪工委书记	张　露
工委委员、派出所所长	侯志军
副主任	李　薇
	肖静辉（2018 年 9 月任）
	杨国庆（2018 年 9 月任）

社区负责人

花板桥社区书记、主任	杨幸涛
五里牌社区社区主任、书记	杨　露
高山坡社区社区书记、主任	李四毛
四化建社区社区书记、主任	彭红星
余家垅社区书记、主任	潘　鸿
新城社区书记、主任	唐　述
运通街社区书记、主任	张　静

杨树塘社区书记、主任 方平如
古井社区书记、主任 夏志军

站前路街道办事处

领导名录

工委书记 周七亿
工委副书记、办事处主任 余小华
工委副书记 沈国柱
工委委员、政协工作委员会主任 李绍贵
工委委员、人大工作委员会主任 陈百世
工委委员、纪工委书记 李 宁（2018年9月任）
工委委员、派出所所长 郑 晗
工委委员、武装部部长 刘 鹏
办事处副主任 陶辉宏
办事处副主任 易 军（208年9月任）

社区负责人

望城岭社区书记 易圣林
望城岭社区主任 易玉玲
新站社区书记 候应凡
新站社区主任 李 媛
德胜社区书记、主任 李 琼
连云路社区书记 严奉俐
连云路社区主任 李美桂
铁路社区书记、主任 陈亚辉

王家河街道办事处

领导名录

工委书记 胡吉安
工委副书记、办事处主任 杨霞霞
工委副书记 刘 伟
工委委员、人大联工委主任 许朝霞
工委委员、政协联工委主任 周 华
工委委员、兼机关支部书记 熊少红

纪工委书记	周军辉
工委委员、王家河派出所所长	冯　伟
办事处副主任	李忠霖
办事处副主任	任周强
办事处副主任	何　涛

社区负责人

东升社区总支书记、居委会主任	葛生华
海棠社区总支书记、居委会主任	王利云
枫树岭社区总支书记、居委会主任	徐　波
枫树新村社区支部书记、居委会主任	李学锋
王家河社区支部书记	李阿敏
王家河社区居委会主任	张永会

服务城陵矶新港区工作组

领导名录

党委书记、组长	郭韶山
党委副书记、第一副组长	毛联新
党委副书记	易望高
党委委员、人大联络处主任	包　勇
党委委员、政协联络处主任、组织委员	孙娜妮
党委委员、武装部部长	刘岳文
党委委员、纪委书记	张会林
党委委员	邹爱国
党委委员	李　明（2018年9月任）
工作组成员	朱　丹
	任轴夫（2018年9月免）

村（社区）负责人

花果畈社区党总支书记	易明华
花果畈社区主任	曹武岳
冷水铺社区党总支书记	徐艳红
冷水铺社区主任	黄　维
胥家桥社区党总支书记	曹松柏
胥家桥社区主任	方海清
延寿寺村党总支书记	王绪国

延寿寺村主任	许志望	
滨湖社区党总支书记	曹道喜	
滨湖社区主任	柳建文	
芭蕉湖社区支部书记、主任	曹汝乔	
红日社区党总支书记、主任	姚　胜	
小湖湾社区支部书记、主任	陈学良	
北站社区支部书记、主任	陈会云	
春华社区支部书记、主任	刘铭锋	
长动社区主任	周芳宏	

区属学校负责人

白杨坡小学	校长	卢　波
	书记	欧阳国清
北港中学	校长	罗伟平
	书记	刘旭文
蔡家小学	校长	晏　平
	书记	王璋贵
朝阳小学	校长	徐光华
	书记	彭习林
城陵矶小学	校长	黄　宏
	书记	李　剑
东方红小学	校长	黄志勇
	书记	徐　辉
东风湖小学	校长	付　引
	书记	刘　冰
东升小学	校长	邓建军
	书记	姜其柏
洞庭湖学校	校长	许　方
	书记	田　野
枫桥湖学校	校长	刘新堤
	书记	余以海
枫树小学	校长	方　军
	书记	刘自实
广场小学	校长	李　晖
	书记	佘波雄
桂花园小学	校长	吴　勇

郭兴小学	校长	覃平安
郭镇中学	校长	陈首铭
	书记	周 勇
红日学校	校长	黄东山
	书记	黄西华
花板桥学校	校长	黎校勇
	书记	周 斌
花果畈小学	校长	周彦雄
金恒小学	校长	周忠伟
	书记	谢三勤
九华山小学	校长	周 锴
	书记	李 锋
康岳小学	校长	廖元初
	书记	余石武
洛王小学	校长	谭建勋
	书记	任东平
洛王中学	校长	李求明
	书记	刘建安
梅溪中学	校长	陈建军
	书记	杨维湘
奇家小学	校长	周君和
	书记	罗 翔
桥西小学	校长	彭 红
	书记	刘凤丽
青年路小学	校长	梁辉荣
	书记	鲁 华
土桥小学	校长	谢孟秋
	书记	刘章保
望岳小学	校长	漆宏民
	书记	黎立新
五里小学	校长	徐绪元
	书记	赵志永
五里中学	校长	邹小胖
	书记	曾智勇
先锋路小学	校长	彭剑峰

	书记	陈　瑛
新路口小学	校长	李益军
	书记	刘奇志
旭日小学	校长	晏晓敏
	书记	胡小毛
学院路小学	校长	胡　敏
	书记	任　净
学院路中学	校长	谭　军
	书记	方拥政
岳城小学	校长	刘　圭
	书记	晏善水
岳阳楼小学	校长	谢建华
	书记	熊飞皇
站东小学	校长	刘望月
	书记	周尚平
站前小学	校长	喻叶东
	书记	鲁大光
长动小学	校长	余小春
	书记	任和祥
友谊小学	校长	周树林
延寿小学	校长	易巧星
马安小学	校长	廖　勇
滨湖小学	校长	闾宏宇
胥家桥小学	校长	杨树林
冷水铺小学	校长	万飒条
仓田小学	校长	潘红梅
启源学校	校长	王晓萍
	书记	陶铁华
岳阳楼寄宿制学校	校长、书记	吴保明
弘毅南湖小学	校长、书记	赵　娟

区属卫生机构负责人

区人民医院	晏佳军
区口腔医院	姚朝阳

区妇幼保健院	汪卫平
区疾控防治中心	殷建湘
三眼桥卫生服务中心	谢仙梅
东茅岭卫生服务中心	张军明
洛王卫生服务中心	董　文
枫桥湖卫生服务中心	田　云
金鹗山卫生服务中心	曹红林
五里牌卫生服务中心	彭青松
城陵矶卫生服务中心	蒋　伟
吕仙亭卫生服务中心	刘　操
岳阳楼卫生服务中心	陈　峰
王家河卫生服务中心	王新建
郭镇卫生院	李志军
望岳路卫生服务中心	罗岳怀
洞庭卫生服务中心	赵训力
奇家岭卫生服务中心	李　星
站前路卫生服务中心	张建英
梅溪卫生院	张建鹏

中共岳阳楼区委员会

重要会议

【区委第五届第32次常委会议】 1月19日上午，区委书记陈阁辉主持召开第五届第32次常委会议，全体在家区委常委参加。会议传达学习《中共湖南省委关于进一步贯彻落实中央“八项规定”的实施办法》《中共湖南省委关于坚决维护党中央集中统一领导的规定》。陈阁辉表示，区委要贯彻学习相关精神，加大力度督促基层干部落实文件精神，严控形式主义与官僚主义。

会议听取全区金融工作汇报，研究审议了《关于进一步规范区外人员调入工作的意见》，听取区计划生育协会工作及岳阳楼区党校体制改革情况汇报。

陈阁辉指出，随着杨树塘土地出让工作的开展，2018年将是岳阳市金融中心的起步之年，要切实做强金融产业，做实板块功能定位，做优金融机构服务工作，不断深化金融体制改革，切实加强金融体系建设，积极引进金融机构，加速推进杨树塘金融中心的建设；关于非法集资案件要加强处置力度，保障办案经费，尽量挽回群众损失；要做好源头治理，严防非法集资案件再次发生；要教育引导群众依据法律程序，依法维权，依法打击违法闹事的领头人物，维护社会稳定。

陈阁辉指出，要严格控制总量，从严从紧使用人员编制；严格实施方案制度，细化进入标准，严控人员数量，提高人才质量；严控编制计划，坚持分类指导、突出重点。

会议原则同意“请求增加区计生委领导职数并明确职级”的议题，会议要求，区计生委要制定职级职数具体方案，研究相关人事安排，加快组织落实换届工作。区党校落实执行体制改革工作，各相关部门协商研究决定区党校人员待遇问题。会议还就相关工作进行安排部署。

【区委常委专题民主生活会】 2月6日上午，按照党中央、省委、市委部署，岳阳楼区召开2017年度区委常委班子民主生活会，以认真学习领会习近平新时代中国特色社会主义思想，坚定维护以习近平同志为核心的党中央权威和集中统一领导，全面贯彻落实党的十九大各项决策部署为主题，重点对照党章，对照《中共中央政治局关于加强和维护党中央集中统一领导的若干规定》《中共中央政治局贯彻落实中央八项规定实施细则》精神，联系班子和个人实际深入查摆问题，结合思想和工作实际，深入进行党性分析，严肃认真开展批评和自我批评，努力增强发现和解决自身问题的能力，积极研究整改落实措施。

市委组织部常务副部长张赟、市纪委第四纪检监察室主任甘定辉、市委组织部干部二科科长陈胜到会指导，区委书记陈阁辉主持会议，区委常委黄建文、廖星辉、朱彦翼、李峰、周岳雄、徐平、王智勇、白铭科参加，区领导漆胜、彭端生列席会议。

岳阳楼区区委常委会对这次民主生活会高度重视，会前扎实做好了学习讨论、征求意见、谈心谈话、撰写发言提纲等准备工作。会上，陈阁辉代表区委常委班子做对照检查，紧紧围绕贯彻习近平新时代中国特色社会主义思想、认真执行上级部署、对党忠诚老实、担当负责、纠正“四风”、严格执行廉洁自律准则6个方面逐项查摆突出问题、深刻剖析原因、提出整改措施。

随后，陈阁辉带头，区委常委逐一进行对照检查，在思想、工作、作风等方面深入开展批评和自我批评，对存在的矛盾和问题不遮掩、不回避、不怕揭疤亮丑，对提出的建议虚心接受，达到了统一思想、团结活泼、互相帮助、凝心聚力的目的。

在认真听取各位常委发言后，张赟对岳阳楼区区委常委班子专题民主生活会给予肯定，对后段工作提出了希望和要求，他指出，这次民主生活会准备充分，主题鲜明，查摆深刻；批评与自我批评到位，互相批评十分坦诚。但同时也存在剖析不够具体等问题。张赟说，民主生活会是个好制度，能起到自我教育、自我完善、自我提高的作用，要坚持好用好；要坚持问题导向，着力解决存在问题，提高质量；功夫要花在会前，更要花在会后，会前要谈心交流、征求意见和建议，会后要正视问题加以改之；要正确对待批评与自我批评，将问题落细落实落到位。

陈阁辉在做总结讲话时说，通过此次民主生活会，大家深入查摆问题，交流了思想，相互提出了十分中肯的意见和建议，针对存在的问题，他指出，要真正做到马上改、全面改、彻底改，牢固树立“四个意识”，坚定“四个自信”，做到“四个服从”，把这次民主生活会作为一个新的开端，坚决贯彻落实市委的决策部署，加快“转型发展、创新创业的核心引领区 ”建设，努力为全市的经济发展再添新功。

【区委第五届第34次常委会议召开】 2月22日下午，区委书记陈阁辉主持召开区委第五届第34次常委会议，全体在家区委常委参加。会议审议区五届纪委三次全会工作报告，听取各位常委全年工作总体思路和近期重点工作安排。

会议指出，要紧紧围绕“全面建成转型发展、创新创业的核心引领区”的奋斗目标，谋划、实施、推进各项工作。

会议认为，要多措并举，突破常规，积极争取政策支持，整合调动区内、区外资源，强力推进棚改、土地出让工作，全力推动东风湖新区等重点板块开发建设。要夯实基层基础，坚持以人为核心，深入推进城市服务管理保障提标扩面、融合融通，增强社区治理和服务创新“三合一”、平安楼区创建、5个“一公里公共服务圈”建设等工作的实用性、便民性，切实做到出实效，创品牌。

会议强调，要以问题为导向，持续推进信访积案清零、安全隐患整治等底线工作，严守信访维稳底线、安全生产底线、廉政纪律底线。要聚焦基层、聚焦实绩，以“大宣传”营造楼区发展“大氛围”，全面提升楼区整体形象，营造心齐气顺的舆论氛围。

会议要求，要切实打好防范重大金融风险攻坚战，加快资产处置、资金回笼、土地处置等工作，确保财政安全健康运转。要立足实际，加大专业型人才引进力度，适度加强干部交流，持续推进基层党建工作，充分激发队伍活力。会议还就近期重点工作进行了安排部署。

【三级负责干部会议】 2月23日上午，岳阳楼区召开区委五届四次全体（扩大）暨三级负责干部会议，会议表彰2017年先进单位和个人，动员全区上下求真务实、真抓实干，奋力实现2018年各项工作目标，开创岳阳楼区经济社会发展新局面。区委书记陈阁辉出席会议并讲话，区委副书记、区长黄建文主持会议。全体在家区级领导，各街道（乡）、社区（村）和区直单位主要负责人参加会议。

会议表彰了2017年度综合绩效、落实党风廉政建设主体责任、综治（平安建设）、人口和计划生育、安全生产、信访工作考评情况，忠诚干净担当的优秀领导干部、急难险重岗位敢于担当的优秀干部、年度考核优秀干部考评结果，以及项目财源建设、棚户（旧城）区改造和土地依法征收、脱贫攻坚工作先进单位和先进个人。

陈阁辉指出，2018年是全面建成核心引领区的关键之年，全区上下要突出棚改工作拆建并举、以建为主，城市服务管理保障提标扩面、融合融通，转型发展提升实力、再上台阶三大重点工作，务实担当、上下同欲，克服平庸、追求卓越，奋力续写核心引领区建设的新篇章。

如何完成全面建成核心引领区这一重大历史使命？陈阁辉要求，全区上下要增强发展为先的机遇意识，机遇珍贵如金，必须倍加珍惜；机遇稍纵即逝，必须紧紧抓住；机遇蕴含挑战，必须主动用好，真正将机遇优势转化为发展优势，将现实机遇转化为发展成果。要锤炼实干为本的担当品格，注重学习，提高理解力；注重落实，提高执行力；注重创新，提高操作力，以“人一之我十之、人十之我百之”的精神，实干担当、倾情倾力，将各项目标任务和思路举措落到实处。要秉承大局为重的协作精神，增强一体同心的全局观念，增强冰炭同炉的共事功夫，增强蜜里调油的协调能力，对内整合联动，向外寻求支持，调动一切资源要素，合力推动楼区发展。要涵养使命为要的楼区情怀，培养历史思维，培养系统思维，培养底线思维，珍惜历史赋予的神圣使命和人生际遇，创造出一番经得起时间、实践、人民和历史检验的业绩，以永不懈怠的精神状态、一往无前的奋斗姿态朝着全面建成转型发展、创新创业的核心引领区宏伟目标奋勇前进。会议还就2018年信访维稳、安全生产及全国“两会”期间相关工作进行安排部署。

【区委第五届第35次常委会议】 3月6日上午，区委书记陈阁辉主持召开区委第五届第35次常委会议，在家区委常委会议组成人员参加。会议传达学习市委“一三五”发展思路及市委副书记、代市长李爱武在港口建设大会战动员暨新港区项目建设推进会上的讲话精神；传达学习全国、省、市宣传部长会议精神，全市组织工作会议精神，全省及全市统战部长会议精神，研究岳阳楼区贯彻落实意见。会议听取岳阳楼区环境保护工作情况及脱贫攻坚工作情况汇报；研究审议2017年度市管干部考核优秀等次人员名单和《关于深入开展“抓重点、补短板、强弱项”大调研活动的通知（送审稿）》。

会议认为，市委“一三五”发展思路，深刻阐述了岳阳当前及今后一个时期发展的战略目标、工作重点和发展路径，充分体现了市委的重大决策部署，精准把握岳阳发展所处的历史方位，是岳阳发展的路线图，为我们抓好各项工作指明了方向、提供了遵循。目前，岳阳楼区正处于建设“转型发展、创新创业”核心引领区的关键一年，要坚持以将岳阳建设为湖南发展新增长极的宏伟目标引领岳阳楼区核心引领区建设，切实增强责任感和紧迫感，对照区情实际，找准发力点和突破口，不断推动岳阳楼区迈上新台阶，开创核心引领区建设新局面。同时，要深入学习贯彻全市港口建设大会战动员暨新港区项目建设推进会会议精神，全力支持配合新港区建设发展。

会议指出，要坚持以改善环境为核心，结合区情建立常态机制，加快生态文明建设。要明确任务，界定责任，对照任务清单与责任清单，找准方向，真抓实干，确保完成工作任务；要加强巡查，彻底整治，坚持常态化管理，推进铁腕治污，对非法作坊等坚决取缔，整治到位，严防死灰复燃；要加强督查，确保安全，由环保局牵头成立联合督察组，坚持督事督人相结合，压实责任，确保我区生态环境安全，切实打好污染防治攻坚战。

会议要求，要保证现行标准下的脱贫质量，不降低标准，统一区内外扶贫标准，确保对口帮扶的平江县三墩乡汇龙村退出贫困村行列，巩固和提升可享受扶贫政策的脱贫户的脱贫成效；要强化扶贫保障，按照有关规定，建设基础硬件设施，确保人力、物力、财力及时到位，夯实扶贫基础；要狠抓落实，细化责任分工，健全责任体系，强化失职问责，切实打好精准脱贫攻坚战。

会议还就棚户征拆、社区治理和服务创新“三合一”、5个“一公里公共服务圈”、平安楼区创建、资产处置、资金回笼、配套土地处置等重点工作进行安排部署。

【区委第五届第36次常委会议】 3月26日下午，区委书记陈阁辉主持召开区委第五届第36次常委会议，在家区委常委会议组成人员参加。会议传达学习《中共中央关于深入学习和贯彻实施〈中国人民共和国宪法〉的意见》《中共中央办公厅关于严明纪律切实保证党和国家机构改革顺利进行的通知》《中共湖南省委湖南省人民政府关于严控政府性债务增长切实防范债务风险的若干意见》等文件精神，传达学习省委书记杜家毫在省委常委会会议上关于防范和化解政府债务问题的讲话精神。

会议研究审议《关于进一步完善一公里就近诊疗服务加强基层医疗卫生服务体系的实施方案（送审稿）》《岳阳楼区贯彻落实“健康中国2030”规划纲要实施方案（送审稿）》《2018年全区基层党建工作重点任务（送审稿）》《岳阳楼区进一步严格党员管理暂行办法（送审稿）》《岳阳楼区关于加强城市基层党建工作的实施意见（试行）（送审稿）》《岳阳楼区基层党建组织建设示范点创建实施方案（送审稿）》《岳阳楼区第四届劳动模范评选表彰活动实施方案（送审稿）》《岳阳楼区实施乡村振兴战略三年（2018—2020）行动方案（送审稿）》。

会议强调，要紧密结合楼区实际，深入学习系列文件精神，在学习宣传上下功夫，精心组织各类宣传宣讲活动，做到学深悟透、入脑入心，迅速在全区掀起学习宣传贯彻热潮。

会议指出，要继续坚持成熟的工作模式，有效防止新增债务。要严控新上项目，严管已上项目，项目建设既要积极推动，也要量力而行，严防临时性方案调整，准确把握项目规模，对未严格按照程序报批的项目坚决不予立项、评审、审计；要加快资产处置、资金回笼等系列工作，加强预算管理，加大审计力度，落实争资争项，进一步优化政务债务结构，加强资金管理及源头管理，同时要深入学习相关业务，积极对接市直部门，厘清工作职责，确保财政安全、收支平衡；做好应对金融政策变化的准备，上下齐心，攻坚克难，切实打好防范化解政府性债务风险攻坚战。

会议要求，在加强基层医疗卫生服务体系建设时，要充分考虑区情实际，以健全疾控体系为主，整合市区医疗资源，实现共建共享，深化医疗机构改革，严把人员招录；党建工作要紧密结合区情，做到党员管理要严、组织生活要实、基层示范要优、城市党建要亮，坚持以党建工作引领各项工作出成效。

会议指出，要将乡村振兴与扶贫攻坚有机结合，做到突出重点、措施务实、明确方向，整合“涉农”资金，围绕麻布山公园建设，加强管理，推进乡村振兴战略在岳阳楼区落地落实；要有序推进劳模评选表彰活动，进一步细化方案，落实责任，强化组织领导，明确评选范围，加大宣传力度。

会议还就第一季度工作讲评、棚改征拆、城市渍水、特色社区建设等工作进行了安排部署。

【区委第五届第37次常委会】 4月25日上午，区委书记陈阁辉主持召开中共岳阳楼区委第五届37次常委会议。会议传达学习了省委省政府《关于开展违反中央八项规定精神突出问题专项治理的工作方案》、省委办《关于严格遵守党政机构改革纪律要求》、湖南省财政厅《关于压减投资项目切实做好甄别核实政府性债务有关工作的紧急通知》等文件精神，研究审议了区2018年度综合绩效考评、党的意识形态、禁毒、区第四届劳动模范评选工作，听取了河（湖）长制、教育工作。全体在家区委常委会议组成人员参加。

会议要求，要严防政府性债务风险。要加强财政资金管理，调整财政支出，加大审计监督力度，压缩公用经费，按照“停、缓、调、撤”原则压减项目，坚决做到政府性债务规模只减不增，实现财政健康良性运转，有效防范化解政府性债务风险；要加强沟通协调，明晰市区两级权责范围，把有限的财力用在楼区发展需要上，群众热切期盼上；要加大争资争项、资金回笼等工作力度，通过明确企业注册属地、完善税收工作制度等有效举措，不断优化财政结构。

会议强调，要加强党的领导，落实意识形态工作责任制。全区各级党组织要认真学习，高度重视，做到知责明责、担责履责；要强化担当，凝聚合力，进一步提高政治站位，既坚持原则敢抓敢管，又统揽全局协调各方；要明确任务，切实履责，坚持用习近平新时代中国特色社会主义思想武装头脑，巩固壮大主流思想文化，弘扬主旋律，传播正能量。

会议指出，禁毒工作关乎人民群众安居乐业、社会的和谐稳定。各级各相关部门要提高认识，切实履责，不断强化责任担当，敢于直面问题矛盾，坚决以更实举措、更强决心不断完善禁毒工作机制，确保在册吸毒人员只减不增，严防因重视不够、措施不力造成恶劣影响；要加强管理、严防风险，明确主体责任，层层压实责任，做到严打、严管、严防、严治，确保相关任务落实落细；要强化联动、严肃问责，制定出台相关方案，健全部门、乡街、社区联动机制，形成上下齐心、齐抓共管的工作氛围。

会议要求，要严格落实河（湖）长制相关工作要求，进一步明确领导体系，健全工作机制，明确资金渠道，厘清权责范围，加强沟通协调，争取市级更大支持力度；要引导发动全社会共同参与，有效减轻财政负担，形成共治共管共享新格局；要列出重点问题清单，迅速开展专项整治行动，不断巩固和提升河长制工作实效。

会议指出，要高度重视区教育事业发展，加强教育工作管理，通过解决入学准入、资源整合、属地责任、政策配套等具体问题，让教育更公平、更均衡、更优质。要科学研究白杨坡小学建设问题，严控成本，严管程序，严格审计，确保学校建设进度、质量和安全。

会议原则通过了区第四届劳动模范名单、区2018年度综合绩效考评工作方案，还就棚户区（旧城）改造、优化项目建设环境、城市防洪防汛工作进行了安排部署。

【区委第五届第38次常委会议】 5月23日上午，区委书记陈阁辉主持召开区委第五届第38次常委会议。会议传达学习习近平总书记在深入推动长江经济带发展座谈会上的讲话精神；传达学习市委书记刘和生在市委七届六次全体（扩大）会议上的讲话精神、《中共岳阳市委组织部印发关于全面推行“一线工作法”的实施方案》。全体在家区委常委会议组成人员参加。

会议强调，要全面推动“一线工作法”在我区落实落细。全区各级领导干部要切实发挥“关键少数”的“关键作用”，以上率下，率先垂范，深入一线破解难题；全区上下要务实担当，直面困难，以提高执行力为抓手，切实提升工作效率。

会议指出，5个“一公里公共服务圈”建设是全市上下高度关注、居民群众热切期盼的民生工程，要立足为民服务，确保如期完成村级公共服务平台建设，加快步伐落实特色社区创建工作，全面推进“网格化”及“一公里社区警务”建设的提标扩面、融合融通，扎实推动社区治理和服务创新“三合一”工程、五个“一公里公共服务圈”建设向纵深发展，真正实现全区全覆盖；坚持将优质的城市治理转化为经济发展的软实力，加大宣传推介力度，以更便捷、优质的服务切实提升居民群众的认可度，形成楼区品牌，加强“筑巢引凤”效应，吸引人气、聚集消费，把消费链变成产业链，形成经济发展与城市治理相互促进的工作模式。

会议表示，要高度重视新闻舆论工作。近年来，新闻舆论工作取得长足进步，后段工作要以此为基础，严格落实相关规定，切实加强采、编、审各环节管理力度，做到新闻报道准确无误；树立以推介楼区工作，展现楼区形象，彰显城市魅力为主的宣传导向，助力经济社会全面发展。

会议原则通过《岳阳楼区全面推行“一线工作法”的实施细则（送审稿）》《岳阳楼区“网格化+一公里服务”建设总体方案（送审稿）》《进一步加强新闻舆论管理的若干规定（送审稿）》，并就棚户区（旧城）改造净地清零、土地出让、优化营商环境以及加快城市交通微循环、管网建设等工作进行安排部署。

【区委第五届第39次常委会议】 6月11日下午，区委书记陈阁辉主持召开区委第五届第39次常委会议。会议传达学习全市脱贫攻坚突出问题集中整改调度推进会议精神，听取公益诉讼工作专题汇报、交通综合整治项目计划方案情况汇报。全体在家区委常委会议组成人员参加。

会议强调，要高度重视精准扶贫工作。精准扶贫工作要按照分类、分阶段推进原则，避免平均着力，针对扶贫工作的薄弱环节、突出问题，加大工作力度，完善工作举措，做到精准推进，确保年内完成平江县汇龙村脱贫摘帽目标任务，不断巩固和提升区内扶贫工作成果。

会议指出，推进公益诉讼是一件影响深远的重要工作。公益诉讼在保障绿色发展、食品药品安全、国有财产安全等方面将发挥重要职能作用，有关部门要加大指导、配合、支持力度，贯彻落实相关会议精神，确保公益诉讼工作在我区落实落细。

会议强调，炮台山路、环宇路、枫树坡路、新胜巷、富民街等2018年交通综合整治项目是市委市政府高度重视、居民群众热烈期盼的民生工程。相关部门要迅速推进、抓紧建设，严格落实相关决策部署，明确牵头责任单位，加快推进道路建设工作进度；要进一步加强争资工作力度，立足建设实际需求，积极做好与市级对接协调工作，强化项目建设资金保障，确保道路建设工作顺利推进；要加强规范程序管理，把相关程序要求落实到项目建设各环节，做到项目推进依法依规科学有序；要明确时间节点，进一步加大工作力度，尽快启动项目建设，如期如质完成目标任务。

会议原则通过群团组织改革实施方案，并就半年度工作讲评、城市治理、棚户区（改造）项目净地清零、土地出让、2018年棚改项目推进以及加强党风廉政建设落实“八项规定”、防范政府性债务风险等工作进行了安排部署。

【区委第五届第40次常委会议】 7月4日上午，区委书记陈阁辉主持召开区委第五届第40次常委会议。会议传达学习习近平总书记，中共中央政治局常委、国务院总理李克强，中共中央政治局常委、国务院副总理韩正在全国生态环境保护大会上的讲话精神，研究审议《岳阳楼区全面推进“最多跑一次”改革实施方案（送审稿）》。全体在家的区委常委会议组成人员参加。

会议强调，要深刻认识生态环境保护工作的重要性，牢固树立核心意识、看齐意识，坚决贯彻中央、省、市关于生态环境保护工作的要求。要始终坚持问题导向，快速处置突出环境问题，确保整治实效。同时针对现存问题，要进一步厘清环保责任，完善应急措施，强化治理攻坚，限时整治到位。

会议指出，在推进“最多跑一次”政务服务工作改革时，要精研区情、科学谋划，深入推进政务服务改革工作与社区治理和服务创新“三合一”工程的融合融通，不断优化完善办事流程，全面深化服务后台运用，清理整合分散、独立的信息系统，打破市区、部门间的信息壁垒，实现政务服务横向互联、纵向贯通，构建生活、生产一体化的服务体系；要坚持问题导向，进一步完善和提升已有成果；要加大宣传推介力度，切实提升居民群众的获得感和认可度，形成可宣传、可复制、可推广的先进经验。

会议还听取了半年度基层党建工作及全面深化改革工作情况汇报，原则通过东茅岭商圈党群活动服务中心建设，研究审议《关于成立岳阳市岳阳楼区“最多跑一次”改革工作领导小组的通知（送审稿）》《岳阳楼区委全面深化改革领导小组2018年工作要点（送审稿）》《关于加强新的社会阶层人士统战工作的实施意见（送审稿）》《关于建立岳阳楼区新的社会阶层人士统战工作联系会议制度的通知（送审稿）》。会议还就近期重点工作进行安排部署。

【区委第五届第41次常委会议】 8月2日上午，区委书记陈阁辉主持召开区委第五届第41次常委会议。会议听取关于违纪案件审理情况、“决胜执行难战役”专项工作汇报。全体在家的区委常委会议组成人员参加。

会议指出，良好的法治环境，对于执法单位发挥“主力军”作用尤为重要。近年来，我区社会大局和谐稳定、经济社会全面发展，离不开“公检法司”各系统的有力支撑，强力保障，要高度重视“决胜执行难战役”专项工作，强化资金保障，加大宣传力度，全面展示法院“基本解决执行难”主要措施和成效，推动形成全社会的广泛共识，营造良好的舆论环境和法治环境，确保工作顺利推进。

会议强调，要加大力度推动棚改项目清零工作，做到紧盯目标、明确任务、强化责任，按照既定时间节点有力有序推动工作落实落细，确保如期如质完成清零任务；要高度重视土地出让工作，把握好市场波动、金融形势、政府性债务风险等宏观因素，围绕加速项目建设、加快土地出让以及第三批次土地出让准备工作的目标，狠抓工作落实，全面推动工作进度，夯实我区经济发展基础。

会议还就特色社区创建、社区治理服务创新实验区验收、环保督查以及白杨坡小学建设等工作进行安排部署。

【区委第五届第43次常委会议】 9月3日，区委书记陈阁辉主持召开区委第五届第43次常委会议，全体在家的区委常委会议组成人员参加。会议传达学习习近平总书记在全国组织工作会议上的讲话精神，研究审议并原则通过了《岳阳楼区防范政府性债务风险管理办法》。

会议强调，习近平总书记在全国组织工作会议上的重要讲话对当前组织工作作出了新部署，提出了新要求，为新时代党的建设和组织工作提供了根本遵循。全区上下要深入学习，学懂弄通，严格贯彻落实习近平总书记相关讲话精神，以新气象新作为不断谱写新篇章。

会议指出，要严防政府性债务风险，把握来之不易的良好局面，树立居安思危的风险意识，深刻认识到防范化解政府性债务的制约因素，积极应对相关工作，落实偿债资金的专项管理制度，严把、严管、严防项目建设关口及有关部门项目资金支出，加快资金回笼、资产处置相关工作进度，加强对财政部门的监管力度，确保防范化解政府性债务风险工作局面持续向好。

会议还研究审议其他事项，并就棚改工作、社区服务用房、特色社区建设、胥家桥综合物流园建设、底线工作等进行了安排部署。

【区委第五届第44次常委会议】 9月25日，区委书记陈阁辉主持召开区委第五届第44次常委会议，全体区委常委会议组成人员参加。会议听取全市意识形态工作责任制专项督查情况汇报、洞庭新城鱼巷子三期改造项目工作汇报、扫黑除恶专项斗争工作情况汇报，研究5个“一公里公共服务圈”工作。

会议强调，要深入学习、坚决贯彻省、市主要领导对岳阳楼区五个“一公里公共服务圈”建设情况指示。要狠抓工作落实，在成功创造经验的基础上，进一步完善管理办法，强化创建措施，让老百姓真真切切得实惠、享福利。要坚持以服务创新和社会治理“三合一”工程、“平安楼区”创建为基础，始终坚持问题导向，进一步打牢基层基础，推动5个“一公里公共服务圈”建设向纵深开展。

会议指出，洞庭南路是岳阳历史文化名城的重要组成部分，承载着重要的城市记忆，是历史文化积淀的体现。鱼巷子三期及历史文化街区改造项目对于改变该街区发展滞后、改善片区人居环境以及提升城市整体风貌、优化全区产业板块等有着积极作用，各级各部门要迅速启动相关工作，积极做好市区协调，全力以赴推动项目建设，确保按时间节点完成任务。

会议指出，2018年以来，我区深入开展扫黑除恶专项活动，社会治安、社会风气得到了明显改善。下阶段，要严格落实中央和省、市相关工作要求，持续开展扫黑除恶专项活动，进一步强基固本，夯实城市管理基础，确保岳阳楼区社会大局持续向好。

会议听取了农村集体产权制度改革工作汇报，并原则通过《岳阳市岳阳楼区农村集体产权制度改革工作实施方案》（送审稿）。会议还就三季度工作讲评、“三大攻坚战”推进、信访积案化解、八项规定落实、招商引资、文明城市复查、特色小镇建设等工作进项安排部署。会议还研究了其他事项。

【区委第五届第45次常委会议】 10月8日上午，区委书记陈阁辉主持召开区委第五届第45次常委会议，全体在家区委常委会议组成人员参加。会议传达学习中央有关会议精神、听取关于省市绩效评估我区工作情况的汇报，传达贯彻落实湖南省禁毒委员会关于岳阳楼区禁毒工作的提醒函。

会议强调，要坚持以习近平新时代中国特色社会主义思想为指导，学懂弄通笃行习近平总书记在中央有关会议上的重要讲话精神。要高度重视党支部建设，贯彻落实《中国共产党支部工作条例（试行）》，推动全面从严治党向基层延伸；要加强党对全面依法治国的集中统一领导，坚持以全面依法治国新理念新思想新战略为指导，坚定不移走中国特色社会主义法治道路，更好发挥法治固根本、稳预期、利长远的保障作用；要全面贯彻党的十九大精神，重整以永远在路上的执着把全面从严治党引向深入，开创全面从严治党新局面。要敏锐抓住信息化发展的历史机遇，加强网上正面宣传、维护网络安全推动信息领域核心技术突破，发挥信息化对经济社会发展的引领作用，为决胜全面建成小康社会、全面建设社会主义现代化国家做出新的更大贡献。

会议明确，要高度重视省市绩效评估工作，坚持问题导向，对标对表解决问题，立足区情实际，强化沟通协调，全力确保我区实现年度争先创优的目标，为我市跻身全省先进行列作出积极贡献。

会议指出，禁毒工作事关国家安危、民族兴衰、人民福祉，厉行禁毒是各级党委政府义不容辞的政治责任。要始终保持禁毒高压态势，强化组织领导，落实各级责任，确保禁毒工作取得显著成效，为经济社会发展创造更加安全稳定的环境。

会议还研究审议了其他事项，并就近期重点工作进行安排部署。

【区委第五届第46次常委会议】 11月7日上午，区委书记陈阁辉主持召开区委第五届第46次常委会议，全体区委常委会议组成人员参加。会议传达学习省委书记杜家毫在全省深化机构改革动员大会上的讲话精神，听取基层党建工作情况汇报，研究禁毒、郭镇田园小镇创建和特色社区创建等工作。

会议明确，要抓紧抓实深化机构改革工作。要对标看齐和贯彻落实中央、省、市关于深化机构改革工作各项要求，将思想和行动统一到区委、区政府的决策部署上来，确保机构改革蹄疾步稳、如期如质完成各项任务。要立足区情实际，充分调研、科学论证、细化方案，理顺和合理配置职能，为破解楼区发展瓶颈，提供组织保障。要严明组织纪律，扎实稳妥推进，以深化机构改革的强劲动力，推动岳阳楼区高质量发展。

会议强调，要思想认识再提高，推动禁毒工作向纵深开展。要依法依规、快速推进，始终保持清醒头脑，正确研判形势局面，坚持问题导向，直面矛盾困难，掌握工作主动，强化风险防控。要强化沟通、积极对接，做到主动汇报、及时反馈，着力营造良好工作氛围。要全区动员、突出重点，一级一级压实责任，找准重点，抓住关键，确保禁毒工作取得实效。

会议指出，要切实抓好郭镇田园小镇创建。要严格按照市委、市政府有关文件精神，进一步解放思想，抓好规划设计，鼓励社会力量积极参与，做到突出重点、突出特色、突出富民，围绕麻布山省级森林公园周边区域，着力打造集观光、休闲、体验农业为一体的产业业态，大力推进村民持续增收，实现“城市后花园”创建目标。

会议认为，2018 年来，岳阳楼区特色社区创建工作成效卓著，下一步要抓好 2018 年创建工作扫尾，宣传推介好岳阳楼区社区治理经验做法，擦亮特色品牌。要广泛征求意见，统一思想认识，集中资金力量，科学布局，在 2019 年再打造 3~5 个特色社区，持续放大岳阳楼区在社区治理与服务创新工作中的成效和亮点，让特色更强、亮点更亮，营造明显优于周边的生产生活环境，将岳阳楼区打造成城市居住中心，推动岳阳楼区城市治理工作再上新台阶，让居民群众切切实实感受到实惠、便利、优越，让核心引领区魅力持续彰显。

会议还就中央环保督察“回头看”、扶贫工作验收、棚改遗留问题处理和棚改地段招商、年终考核等工作进行安排部署。

【区委第五届第 48 次常委会议】 12 月 7 日下午，区委书记陈阁辉主持召开区委第五届第48次常委会议，研究审议《岳阳楼区组建退役军人事务机构方案（送审稿）》，传达学习全市宣传思想暨网络安全和信息化工作会议精神，听取全面建成小康社会推进工作情况汇报。在家的区委常委会议组成人员参加。

会议强调，组建退役军人事务机构，是贯彻落实以习近平同志为核心的党中央关于深化党和国家机构改革重大政治决策的重要举措，对维护军人军属合法权益，加强服务保障具有重要意义。要严格按照中央和省、市相关要求，进一步强化领导、强调纪律，全面加快工作步伐，确保如期完成相关任务。

会议指出，要学习贯彻落实全市宣传思想暨网络安全和信息化工作会议精神，围绕“学懂弄通笃行习近平总书记关于宣传思想工作的重要思想，切实增强政治自觉、思想自觉和行动自觉”“切实担当新形势下宣传思想工作的使命任务，不断开创全市宣传思想和网信工作新局面”“加强党对宣传思想工作的全面领导，坚持党管宣传、党管意识形态不动摇”的具体要求，推动岳阳楼区宣传思想工作不断迈上新台阶、取得新成就。

会议明确，要高度重视全面建成小康社会推进工作。目前，相关工作已到见实绩、出成效的关键冲刺阶段，要切实抓好“两个重点”，做好“两个协调”，更加注重督察调度，推动各责任部门切实担当推进职责，围绕现存问题、短板指标，逐项分析、对症下药，强力推进。更加注重对接协调，切实做好涉及经开区、南湖新区、临港新区的大楼区指标推进工作，同时要积极对接省、市有关部门，做到汇报及时，反馈迅速，确保实现岳阳楼区争先创优工作目标，为全市有关工作做出应有贡献。

会议指出，2018 年来，岳阳楼区强力推进 5 个“一公里公共服务圈”建设，取得了良好成效，提升了岳阳楼区美誉度。在下阶段的建设中，要始终突出“公共服务”功能，不断完善基层基础建设，继续深化特色社区创建，持续推进民生服务的“最多跑一次”改革工作，充分发挥岳阳楼区以社区为基点的公共服务体系优势，确保居民群众的获得感、幸福感和安全感再度提升。

会议还研究审议其他事项，原则通过《岳阳楼区退役军人事务局人员转隶工作方案（送审稿）》，并就环保、年底考核、扶贫、禁毒、区委经济工作会议和区“两会”召开等当前重点工作进行安排部署。

【区委第五届第50次常委会议】 12月19日上午，区委书记陈阁辉主持召开区委第五届第50次常委会议，听取区委经济工作会议筹备情况汇报，审议陈阁辉在区委五届六次全体（扩大）暨区委经济工作会议上的讲话（讨论稿）。在家的区委常委会议组成人员参加。

会议指出，区委经济工作会议的筹备工作要聚焦提升会议质量、提高会议效果的基本原则统筹开展，要严格会议纪律，保障会场秩序，合理安排与会人员结构，达到集思广益、凝聚共识的目标，确保会议精神在岳阳楼区落地生根，推动2019年度工作高效务实、全面推进。

会议认为，陈阁辉在区委五届六次全体（扩大）暨区委经济工作会议上的讲话框架合理、内容翔实，既体现了中央和省、市的会议精神和政策要求，又充分结合了岳阳楼区实际，总结成绩客观真实，分析形势站位高远，谋划来年目标明确、思路清晰、重点突出、措施得力，具有很强的针对性、指导性和可操作性，并围绕发展大局，针对工作重点，提出了相关意见和建议。

会议要求，在确保总体思路和战略举措不动摇的前提下，要认真梳理吸纳意见和建议，使区委五届六次全体（扩大）暨区委经济工作会议上的讲话（讨论稿）更加完善，重点更为突出，优势更加明显，更加符合区情和工作实际，奋力推动岳阳楼区经济社会事业持续发展。

会议还研究决定了其他事项。

【区委第五届第51次常委会议】 12月24日上午，区委书记陈阁辉主持召开区委第五届第51次常委会议，全体在家的区委常委会议组成人员参加。

会议原则通过《岳阳楼区人民代表大会常务会工作报告（送审稿）》《政府工作报告（送审稿）》《中国人民政治协商会议岳阳市岳阳楼区第五届委员会常务委员会工作报告（送审稿）》《岳阳楼区人民法院工作报告（送审稿）》《岳阳楼区人民检察院工作报告（送审稿）》《关于岳阳楼区2018年财政预算执行情况和2019年财政预算（草案）的报告（送审稿）》《关于岳阳楼区2018年国民经济和社会发展计划执行情况与2019计划安排（草案）的报告（送审稿）》。

会议听取有关报告的起草说明等情况，并对有关报告征求修改意见。会议指出，要进一步广泛征求和吸纳各方面对报告的意见和建议，使有关工作报告内容更翔实、重点更突出、优势更明显；要严格把关审核，确保各项指标、数据准确无误，真实客观反映岳阳楼区高质量发展态势。

会议要求，2019年是新中国成立70周年，各级各部门在谋划来年工作时，要始终坚持党的领导，进一步强化政治建设，确保全区上下昂扬奋进；要充分发挥自身优势，积极投身我区建设“核心引领区”的大势中，实现岳阳楼区经济社会的跨越发展。

会议还就当前工作进行安排部署。

【区委全会暨经济工作会议】 12月25日上午，岳阳楼区召开区委五届六次全体（扩大）暨区委经济工作会议，总结回顾2018年工作情况，安排部署2019年工作任务。区委书记陈阁辉作报告，区委副书记、区长黄建文主持。区领导漆胜、彭端生、朱彦翼、李峰、周岳雄、徐平、王智勇、黎建欣、白铭科、彭飞等出席。

会议总结2018年工作，指出要巩固好势头、趁势而上。2018年是岳阳楼区经济增长最快、发展质量最优、城乡变化最大、社会大局最稳的一年。主要表现在发展质效越来越优、群众生活越来越好、社会大局越来越稳、干部队伍越来越强。2018年岳阳楼区财政总收入首次突破30亿元，在实现民生类公共服务事项“最多跑一次”的基础上，全年共办理便民业务100万笔，同时“一公里公共服务圈”建设工作获省市主要领导专门批示，并在全省推广，工作经验上报国务院办公厅。

会议认为，成绩的取得，是习近平新时代中国特色社会主义思想正确指引的结果，是省委、省政府和市委、市政府坚强领导的结果，是全区上下团结拼搏的结果。定位决定地位，思路决定出路，作风决定作为，一年来，岳阳楼区牢牢把握市委、市政府的发展要求，紧紧围绕“核心引领区”的发展定位，推动各项工作往高处走、往实里做，用亮眼的成绩单，赢得组织信任、社会认可。

会议指出，要分析形势任务，把握好机遇、借机发力。2019年是新中国成立70周年，是岳阳楼区打造核心增长极、建设核心引领区见成效的关键之年。近年来，岳阳楼区致力于打基础、利长远，奠定坚实的发展基础，树立更高的发展目标，在良好的发展态势前，也要准确把握发展的不少风险，既要增强忧患意识，又要坚定必胜信心，用数据证明，凭实力说话，真正让核心引领区实至名归、核心增长极名副其实。

会议部署2019年全区经济工作，明确做好2019年经济工作，必须坚持以习近平新时代中国特色社会主义思想为指导，全面贯彻党的十九大和中央、省、市系列会议精神，落实省委创新引领开放崛起战略、市委“一三五”基本思路，坚持稳中求进工作总基调，坚持新发展理念，按照高质量发展要求，协调推进“四个全面”战略布局，围绕“一年转型打基础、三年转换见成效、五年转化上台阶”发展主线，统筹抓好稳增长、促改革、调结构、惠民生、防风险各项工作，突出打基础、利长远、解难题、补短板，打牢五个基础（即土地要素、基础设施、干部队伍、工作机制、人文环境），实施四个清零（即信访积案清零、安置问题清零、资产处置和资金回笼清零、环保督察问题整改清零），促进经济社会持续健康发展，奋力续写核心引领区建设新篇章。

会议提出2019年全区经济社会发展主要预期目标，地区生产总值增长8.3%，突破700亿元；固定资产投资增长11%，总量达到253亿元；社会消费品零售总额增长10.2%，总量达到500亿元；财政收入增长10%，完成33亿元；城镇调查失业率控制在4%以内；城镇居民人均可支配收入增长8.5%，达到38752元；农村居民人均可支配收入增长9%，达到21140元。

会议强调，要厘清发展举措，运用好抓手、一抓到底。城市工作是我区最大区情，必须抢抓岳阳建设国家区域性中心城市的战略机遇，强化系统思维、遵循发展规律，准确把握经济建设、城市治理、干部队伍之间相互转换、相互促进的内在逻辑关系，辩证看待内外部条件的变化，坚持一张蓝图干到底，坚持转型转换总要求，保持定力、久久为功，推动经济建设、城市治理、干部队伍全面提高、共同发展。

会议要求，要打好产业保卫战，培育发展新动力。坚持双轮驱动、建设四大板块，坚持优势优先、壮大第三产业，坚持服务至上、发展民营经济。要打好环境优化战，增强发展软实力。营造秀美宜居的市容环境、营造便捷高效的服务环境、营造保障有力的民生环境、营造平安稳定的社会环境。要打好三大攻坚战，强化发展支撑力。精细防控风险隐患、精准推进脱贫攻坚、精心呵护生态环境。要打好从严治党持久战，提高发展推动力。着力建立正确评价体系，让干部想干事，提高队伍能力素质，让干部能干事，浓厚干事创业氛围，让干部干成事，维护风清气正的政治生态。

全体区级领导，老同志代表，常委部门副职，区委办、区政府办班子成员，区人大、区政协内设委室主任，区委巡察组组长，区直（垂直）单位负责人，街道、乡党政负责人和各社区、村负责人参加集中会议。会后，与会人员就如何贯彻落实会议精神、共谋楼区发展进行了分组讨论。

重要文件

岳楼委〔2018〕2号 关于同意中共岳阳市岳阳楼区国家税务局、地方税务局联合委员会改设中共岳阳市岳阳楼区税务局委员会的批复

岳楼委〔2018〕3号 关于中央第八巡视组巡视湖南反馈意见涉岳阳楼区部分整改工作情况汇报

岳楼委〔2018〕4号 关于省委第八巡视组巡视岳阳反馈意见涉岳阳楼区部分整改工作情况汇报

岳楼委〔2018〕5号 关于省委巡视第五组巡视岳阳楼区反馈意见整改工作情况汇报

岳楼委〔2018〕6号 关于印发《岳阳楼区落实省委巡视第八组反馈意见涉区部分再整改工作方案》的通知

岳楼发〔2018〕1号 关于2017年度综合绩效考评情况的通报

岳楼发〔2018〕2号 印发《岳阳楼区实施乡村振兴三年（2018—2020行动方案》的通知

岳楼发〔2018〕5号 关于印发《岳阳楼区贯彻落实〈“健康中国2030”规划纲要〉实施方案》的通知

岳楼发〔2018〕6号 关于做好岳阳楼区全面建成核心引领区2018年度综合绩效考评工作的通知

岳楼发〔2018〕7号 关于表彰岳阳楼区第四届劳动模范的通报

岳楼发〔2018〕9号 关于印发《岳阳楼区防范和化解隐性债务风险工作方案》的通知

岳楼发〔2018〕11号 关于印发《岳阳楼区创建郭镇田园小镇实施方案》的通知

岳楼办〔2018〕1号 关于做好2017年度区委常委班子民主生活会会前征求意见工作的通知

岳楼办〔2018〕3号 关于成立岳阳楼区金东门等3个棚户（旧城）区改造项目指挥部的通知

岳楼办〔2018〕5号 关于调整区委人才工作领导小组成员的通知

岳楼办〔2018〕6号 关于调整区农民负担监督管理领导小组成员的通知

岳楼办〔2018〕7号 关于2017年度落实党风廉政建设主体责任、综治（平安建设）、人口和计划生育、安全生产、信访工作考评情况的通报

岳楼办〔2018〕8号 关于2017年度忠诚干净担当的优秀领导干部、急难险重岗位敢于担当的优秀干部和年度考核优秀干部考评结果的通报

岳楼办〔2018〕9号 关于表彰2017年度项目财源建设、棚户（旧城）区改造和土地依法征收、脱贫攻坚工作先进单位和先进个人的通报

岳楼办〔2018〕13号 关于做好区政协五届二次会议重点提案办理工作的通知

岳楼办〔2018〕14号 关于印发《岳阳楼区第四届劳动模

范评选表彰活动的实施方案》的通知

岳楼办［2018］18号 关于调整岳阳楼区扫黑除恶专项斗争领导小组组长及组成人员的通知

岳楼办［2018］21号 关于印发《区委区政府领导班子成员党风廉政建设责任分解》的通知

岳楼办［2018］26号 关于印发《岳阳楼区全面推进“最多跑一次”改革实施方案》的通知

岳楼办［2018］37号 关于印发《岳阳楼区深化机构改革工作方案》的通知

岳楼办［2018］39号 关于开展岳阳楼区2018年度综合绩效考评工作的通知

岳楼办发［2018］1号 关于印发《2018年政府性投融资项目资产处置、资金回笼工作目标管理考核实施方案》的通知

岳楼办发［2018］2号 关于印发《岳阳楼区2018年脱贫攻坚工作方案》的通知 **岳楼办发［2018］4号** 印发《关于进一步完善一公里就近诊疗服务加强基层医疗卫生服务体系建设的实施方案》的通知

岳楼办发［2018］5号 关于印发《岳阳楼区重大项目建设协调服务推进方案》的通知

岳楼办发［2018］6号 印发《关于全面推行“一线工作法”的实施细则》的通知

岳楼办发［2018］7号 关于印发《岳阳楼区五个“一公里公共服务圈”建设实施方案》的通知

岳楼办发［2018］10号 关于印发《岳阳楼区科协系统深化改革实施方案》的通知

岳楼办发［2018］14号 关于印发《2018年土地出让工作目标管理考核实施方案》的通知

岳楼办发［2018］15号 关于印发《岳阳楼区实施湖长制工作方案》的通知

岳楼办发［2018］16号 关于印发《岳阳楼区防范化解政府性债务风险管理办法》的通知

岳楼办发［2018］17号 关于印发《岳阳楼区农村集体产权制度改革工作实施方案》的通知

岳楼办发［2018］18号 关于印发《岳阳楼区食品安全党政同责实施细则》的通知

重要活动

【刘和生参加岳阳楼区代表团讨论】 1月4日上午，岳阳市委副书记、市长刘和生到市八届人大二次会议岳阳楼区代表团参加讨论。市级领导袁建华、彭世理、罗青、文春方、喻岳兰，市政府秘书长刘传汉，区领导陈阁辉、黄建文、漆胜、周幺龙、夏常凯、许建华等参加。

【胡忠雄调度岳阳楼区社区治理“三合一”改革工作】 1月8日，市委书记、市人大常委会主任、市委全面深化改革领导小组组长胡忠雄主持召开全市改革调度会议，集中调度岳阳楼区社区治理服务“三合一”改革等全市6个特色改革项目。他强调，要认真贯彻落实好市“两会”精神，坚持以人民为中心，搞好顶层设计，坚持问题导向，大胆改革创新，撸起袖子加油干、迈开步子向前冲，确保开好局起好步。市领导谈正红、邱虹出席，区领导陈阁辉、李峰、徐平、方正春等及相关单位负责人参加。

【岳阳楼区召开党政负责干部会议】 1月9日上午，岳阳楼区召开党政负责干部会议，传达学习中央和省委经济工作会议、市委全会暨市委经济工作会议、市人大、政协“两会”精神，集中学习市委书记胡忠雄到岳阳楼区调研讲话精神，安排部署当前重点工作。区委书记陈阁辉强调，各级各部门要把学习贯彻党的十九大精神和中央、省、市系列会议精神，与当前各项工作结合起来，压实责任、狠抓落实，全力以赴做好岁末年初各项工作。区领导黄建文、漆胜、彭端生、朱彦翼、李峰、周岳雄、徐平、王智勇、白铭科

出席，区委副书记廖星辉主持。

【刘和生调研工人文化宫改扩建项目】 1月10日下午，市委副书记、市长刘和生到岳阳楼区实地调研市工人文化宫改造与建设项目。他要求，要不断优化规划设计，加快项目建设进度，打造旧城改造亮点工程。市领导彭先政、黎作凤，市政府秘书长刘传汉，区领导陈阁辉、黄建文、李峰及相关单位负责人参加。

【推进“大宣传” 弘扬“楼区精神”】 1月17日上午，区委书记陈阁辉调研指导全区大宣传工作。陈阁辉指出，宣传部门要围绕中心、服务大局，紧扣“五个转化”的工作思路，充分发挥好舆论宣传主阵地作用，把握兴奋点、找准切入点、聚焦关键点，不断提升我区知名度、美誉度。区领导李峰、徐平、王智勇参加。

【全面从严治党 助推“五个转换”】 1月24日上午，区委书记陈阁辉调研指导区纪委、监委工作时指出，纪检监察系统要跳出纪检抓纪检，突出发展抓纪检，助推“五个转换”目标思路落到实处，为全区经济社会发展提供坚强的纪律保证。区领导朱彦翼、李峰、周岳雄、徐平参加。

【岳阳楼区召开东风湖新区棚改调度会】 2月4日上午，区委书记陈阁辉主持召开东风湖新区棚改和禁违拆违工作调度会，听取各项目部情况汇报，安排部署下一阶段任务。会议要求，全力以赴加快东风湖棚户区改造进程，确保春节前如期完成目标任务。区领导廖星辉、徐平、白铭科、严石龙出席，各项目负责人、区直相关职能部门参加。

【岳阳楼区学习贯彻“一三五”基本思路】 2月26日，岳阳楼区召开学习传达市县乡负责干部大会精神会议，传达学习市委书记刘和生在市县乡负责干部大会上的讲话精神。区委书记陈阁辉作传达学习贯彻讲话，区委副书记、区长黄建文主持会议，相关区领导出席。

【春天的约会 义务植树增绿添彩】 3月5日，春风徐徐，在郭镇乡麻布山省级森林公园的山路旁，到处都是干部职工忙碌植树的身影。区委书记陈阁辉带头为麻布山添绿增彩，在家区领导、区直各部门工作人员以及当地群众参加义务植树活动。这是岳阳楼区用实际行动深入贯彻落实党的十九大精神，大力推进乡村振兴战略，落实麻布山脱贫攻坚战，着力打造核心引领区的一个缩影。

【立足为民服务 深化平安创建】 3月23日上午，区委书记陈阁辉主持召开“平安楼区”创建专题工作会议。他强调，“平安楼区”创建工作的出发点和落脚点是为民服务，要坚持“以人民为中心”，深化“一公里社区警务”建设，切实提升居民群众的安全感和获得感。相关区领导及有关单位负责人参加。

【学习贯彻十九大精神集中轮训开班】 3月28日，岳阳楼区举行学习贯彻党的十九大精神干部集中轮训第一期培训班，区委书记陈阁辉就进一步学习宣传贯彻好党的十九大精神作动员讲话，市直机关工委书记、教授李桂华，市委党校法律教研部副主任吴丁旺作辅导报告，相关区领导、区直部门及乡街主要负责人参加学习。

【坚持创建为民 引领社区治理新发展】 4月3日下午，区委书记陈阁辉主持召开岳阳楼区特色社区创建工作暨社区（村）综合服务平台建设推进会。他强调，社区建设是做好城市治理工作的重心所在，要站位全局，把握大势，落实落细特色社区创建工作，夯实经济持续发展的基础。相关区领导及有关部门、街道（乡）、社区（村）负责人参加会议。

【岳阳楼区召开一季度工作讲评会】 4月11日上午，岳阳楼区召开一季度工作讲评会，讲评分析全区一季度工作，谋划安排二季度工作。区委书记陈阁辉强调，要紧紧围绕市委“一三五”发展思路，抢抓时间、抢占主动，突出重点、精准发力，全力确保上半年“时间过半，任务超过半”。区委副书记、区长黄建文等全体在家区领导，各街道（乡）、区直单位主要负责人参加。区委副书记廖星辉主持会议。

【推进“三合一”工作 做群众贴心人】 4月16日上午，区委书记陈阁辉主持召开社区治理和服务创新“三合一”工作调度会议。他强调，要坚持“以人民为中心”，紧扣“转型发展”，完善顶层设计，聚焦基层基础，将工作向纵深推进。相关区领导及有关部门负责人参加。

【李爱武就王家河水环境治理现场办公】 5月4日下午，市委副书记、市长李爱武就王家河水环境治理工作进行现场办公，副市长黎作凤、市政府秘书长刘传汉一同前往，区委书记陈阁辉，区委副书记、区长黄建文参加。

【把握关键 突出重点 严防政府性债务风险】 5月10日下午，区委书记陈阁辉主持召开加快推进资产处置、资金回笼工作会。他强调，要秉着对历史负责、对未来负责、对发展负责的态度，切实加快资产处置、资金回笼系列工作进度，严防政府性债务风险，实现财政健康良性运转，夯实发展基础。相关区领导及有关项目负责人参加。

【深化认识 推动城市管理再升级】 6月8日上午，区委书记陈阁辉深入城市管理工作一线现场，查摆问题，研究对策，指导推进城市管理工作。他强调，城市管理是与居民群众息息相关的民生普惠工程，要进一步提高认识，提高标准，打造人人共享的良好城市环境，持续提升群众的满意度，彰显党委、政府的担当作为。李峰、邓建华等区领导及有关单位负责人参加。

【李爱武调研胥家桥综合物流园项目】 6月27日上午，市委副书记、市长李爱武深入我区调研胥家桥综合物流园项目，市政府秘书长刘传汉一同前往，区委书记陈阁辉，区委副书记、区长黄建文参加。

【李爱武到岳阳楼区开展“七一”走访慰问】 6月29日下午，市委副书记、市长李爱武深入岳阳楼区走访慰问部分优秀共产党员、生活困难党员、基层党组织书记，传递党组织的关怀和温暖，并代表市委、市政府向全市党员送上诚挚的节日问候和美好祝福。市政府秘书长刘传汉一同前往，区委书记陈阁辉，区委副书记、区长黄建文，区领导朱彦翼、李峰等参加。

【深化思想认识 全面落实责任】 7月9日上午，区委书记陈阁辉出席全区脱贫攻坚工作推进会并讲话。他强调，全区上下要进一步深化思想认识，全面落实责任，全力确保我区脱贫攻坚工作高标准高质量推进。区委副书记、区长黄建文出席，区委副书记廖星辉主持会议，区领导朱彦翼、方正春、许国豪及相关负责人参加会议。

【提振发展信心 超额完成任务】 7月16日上午，区委五届五次全体（扩大）会议暨半年度工作讲评会召开，区委书记陈阁辉出席并讲话。他强调，要在市委、市政府的坚强领导下，紧紧围绕建设“核心引领区”的奋斗目标，保持定力、集中精力、传导压力、精准发力，确保超额完成全年各项目标任务。区委副书记、区长黄建文出席，区委副书记廖星辉主持会议。全体区级领导，区委委员、候补委员和各街道（乡）、区直单位主要负责人参加会议。

【吴桂英到岳阳楼区调研大班额工作】 7月19日下午，副省长吴桂英一行到岳阳楼区调研化解大班额工作。吴桂英强调，要高度重视教育事业，确保完成化解大班额任务。市委副书记、市长李爱武，副市长李为参加，区委书记陈阁辉陪同。

【深化文明建设 提升创建实效】 7月20日下午，岳阳楼区召开2018年深化全国文明城市建设暨文明节俭操办婚丧喜庆事宜工作推进会。区委书记陈阁辉出席并讲话，他强调，深化全国文明城市建设既是发展工程，也是民生工程。岳阳楼区作为主阵地、主战场、主力军，必须围绕市委、市政府统一部署，保持定力、持续奋进、狠抓落实，为核心引领区建设提供有力保障。区委常委、区委办主任李峰主持会议，区领导周岳雄、王智勇、李尧瑶、邓建华出席。

【陈阁辉调研平江汇龙村脱贫攻坚】 7月23日上午，区委书记陈阁辉冒着烈日酷暑，前往平江县三墩乡汇龙村实地调研脱贫攻坚工作情况，先后走访结对帮扶对象邹世清，现场察看异地搬迁丁家山安置点。他强调，要坚持问题、目标导向，明责任增进度，确保汇龙村如期完成脱贫攻坚任务。区领导方正春、许国豪参加。

【陈阁辉一行走访慰问驻军部队】 军爱民，民拥军，军民鱼水一家亲。7月25日上午，区委书记陈阁辉走访慰问岳阳市军分区、区消防大队、区人武部等驻军部队，向广大官兵致以节日的问候和良好的祝愿，并送上慰问金。廖星辉、彭端生、徐平、彭飞、周幺龙、黄柳清、方正春等区级领导参加。

【区委理论中心组（扩大）集中学习会议召开】 9月13日上午，区委书记陈阁辉主持召开区委理论中心组（扩大）集中学习会议。他强调，全区上下要进一步统一思想认识，提高政治站位，坚决以落实生态环保工作为契机，推动中央和省、市各项重大决策部署在岳阳楼区落地生根。全体区委理论学习中心组成员、其他在家区级领导，各街道（乡）和区直单位负责人参加。

【突显创建特色 打造田园小镇】 10月9日上午，区委书记陈阁辉主持召开创建田园小镇推进会，并就S211建设项目进行安排部署。他强调，创建田园小镇工作要依托郭镇乡实际情况，立足麻布山省级森林公园丰富资源，进一步发挥休闲观光功能，擦亮秀美田园名片，倡导文明淳朴乡风，打造“城市后花园”，让乡民切切实实享受发展红利，让市民共享田园小镇生态美景。区领导李峰、方正春参加。

【全面深化全国文明城市建设工作】 10月10日下午，岳阳楼区召开岳阳楼区深化全国文明城市建设工作调度会。区委书记陈阁辉出席并讲话，他强调，要进一步统一思想、明确任务、迅速行动，全力以赴做好做实有关工作，为全面深化和巩固全国文明城市建设工作而不懈努力。区委副书记、区长黄建文主持会议，区领导廖星辉、王智勇、李尧瑶、邓建华参加。

【调度信访工作 确保高效落实】 11月22日下午，区委书记陈阁辉主持召开省委第七巡视组交办信访件办理工作调度会。他强调，各有关部门要将省委巡视组交办信访件作为重要的政治任务来落实，始终坚持问题导向、担实办理责任、明确时间节点，提升办理的效率和质量，确保信访件办理“事事有回音、件件有着落”。区领导朱彦翼、李峰、周岳雄、徐平、黎建欣、严石龙、邓建华及有关部门负责人参加。

小康社会建设

【概况】 岳阳楼区全面建成小康社会推进工作领导小组，由区委书记陈阁辉任组长，区委副书记、区人民政府区长黄建文任第一副组长，区委常委、区委副书记廖星辉任常务副组长。领导小组下设办公室（设区委办，简称区全面小康办），区委常委、区委办主任李峰兼任全面小康办主任。主要工作职责为研究提出加快推进大岳阳楼区全面建成小康社会的总体思路、工作重点、政策措施等建议，制订年度工作计划方案；做好全面建成小康社会工作的考评奖惩工作，认定、发布大岳阳楼区考评结果；负责对区直部门的指导督察和服务，协调解决有关重要问题；负责开展相关宣传、调查和研究工作。

【强化领导责任】 按照全面小康社会建设推进工作保类进位奋斗目标，制定下发《2018年岳阳楼区全面建成小康社会工作方案》（岳楼康〔2018〕1号），将小康指标责任到人。全面小康领导小组组长陈阁辉书记、第一副组长黄建文区长等领导先后6次主持召开小康指标专题调度会，听取并部署小康工作。分管区级领导对所牵头的短板指标，亲自把关攻坚方案，明确目标任务，确定时间表和路线图，定期调度讲评，督促相关推进部门凝聚合力，攻坚克难。切实做到区级领导靠前指挥、亲自调度，责任单位一把手亲自抓、负总责。

【提升小康指标】 为确保小康指标有力推进，全区上下齐心协力，成效显现。2018年，岳阳楼区全面建成小康社会实现程度为92.9%，全面完成年初确定目标。五大类指标中经济发展类：2018年实现程度89.1%。其中人均地区生产总值完成89075元，实现程度81%。税收占财政总收入的比重完成87.7%，实现程度100%。二、三产业增加值占GDP比重完成93.3%，实现程度97.2%。高新技术产业增加值占GDP比重完成12.6%，实现程度41.9%。产业投资占固定资产投资比重完成47.3%，实现程度100%。防范和处置非法集资指数完成100%，实现程度100%。利用内外资增长率完成49%，实现程度为98%。进出口总额增长率完成70.3%，实现程度达到93.7%；人民生活类:2018年实现程度为90.1%。其中城镇居民人均可支配收入完成35681元，实现程度为71.4%。农村居民人均可支配收入预计完成20048元，实现程度80.2%。贫困发生率为0，实现程度100%。农村自来水普及率完成97.7，实现程度100%。农村卫生厕所普及率达到96.2%，实现程度96.2%。建制村通客车率100%，实现程度为100%；社会发展类:2018年实现程度100%。城乡医保参保率完成96%，实现程度100%。基本养老服务补贴覆盖率100%，实现程度100%。每千老年人口养老床位数达到36.8张，实现程度100%。高中阶段毛入学率达到97.1%，实现程度100%，劳动年龄人口平均受教育年限达到14.1年，实现程度100%。每千人常住人口医疗机构拥有床位数达到10.5张，实现程度100%。每千常住人口执业（助理）医师数实现值为3.8人，实现程度100%。人均拥有公共文化体育设施面积预计值为3.9平方米，实现程度100%；党建法治类:2018年实现程度为98.8%。其中，基层党建指数完成99.3%，实现程度99.3%。每万人廉政指数2.9人，实现程度100%，每万人刑事犯罪人数4.731人，实现程度100%。每万人交通事故死亡人数0.044‰，实现程度100%。每万人火灾事故死亡人数0，实现程度100%。亿元GDP生产安全事故死亡率为0.002‰，实现程度100%。群体性食品安全事故报告发生数为0，实现程度100%。社会治安综合治理满意度达到85.6%，实现程度为95.1；生态文明类:2018年实现程度91.3%。其中单位GDP能耗降低率为12.1%，实现程度75.4%。城镇污水处理率达到95.5%，实现程度100%。优质以上空气质量达标率完成80.0%，实现程度96.4%。三类或优于三类水质达标率完成86.7%，实现程度82.4%。森林资源蓄积量增长率3.8%，实现程度100%。城镇建成区绿化覆盖率42.1%，实现程度100%。

【营造宣传氛围】 在《岳阳日报》岳阳楼区专刊开辟了“小康之路”专栏，面向全市宣传小康建设情况。在全区开展为期三个月的全面建成小康社会集中宣传活动，全区各乡（街道）、社区（村）设立小康宣传栏，并向群众发放2万多份宣传页，同时充分运用手机报、网络、电视等媒体定期不定期地推送岳阳楼区小康建设宣传报道。通过全方位、多角度开展小康宣传工作，让广大干部群众人人知晓小康、认可小康、支持小康。2018年来，全区小康宣传报道中市级以上媒体28篇。同时高标准、高质量打造小康示范社区（村）20个，营造共建共享全面小康的浓厚氛围。

全面深化改革

【概况】 岳阳楼区委改革办成立于2014年2月，系岳阳市岳阳楼区委全面深化改革领导小组常设工作机构，主要组织开展岳阳楼区全面深化改革重大问题的政策研究，统筹协调提出改革方案和措施，协调督促有关方面落实领导小组决定事项、工作部署和要求，负责向市委改革办的情况汇报、具体事项请示、资料报送等工作联系；负责对各专项小组改革工作的统筹、协调、督促、检查、推动；负责领导小组的值班联络、会议组织、简报编印、资料管理等工作；负责完成区委和领导小组交办的其他事项。2019年4月，区委全面深化改革领导小组改为区委全面深化委员会。

【领导重视科学谋划】 坚持“一把手抓一把手”，一级抓一级、层层抓落实要抓好规定动作，打造特色亮点。区委书记陈阁辉亲自调研部署，亲自把关重大方案，协调关键环节，强力推进改革，先后研究调度“三合一”、平安楼区创建、五个“一公里公共服务圈”、“一线工作法”、健全落实意识形态工作责任制度、“最多跑一次”、“深化党政机关改革”等重大改革工作10余次。区委副书记、区委深改组副组长、区长黄建文多次对经济、社会等各个领域的重大改革工作召开专题会议，具体研究河长制、供销社改革、城市防水排涝等一系列改革事项。

【扎实推进改革落地】 严格倒排工期，制定了《岳阳楼区2018年度全面深化改革事项任务倒排表》，把全年改革目标任务分解到9个专项小组、46个改革牵头单位，逐一明确工作措施、倒排工作任务，细化了工作内容和工作措施。为贯彻落实《中共岳阳市岳阳楼区委全面深化改革领导小组2018年工作要点》和《关于进一步规范改革督察报备工作的通知》的精神，推动各项改革举措落实到位，完成了全区9大类26项83条改革任务。

【着力打造特色亮点】 在全面推开各项改革的基础上，岳阳楼区锐意创新，推出切合城市工作实际的改革举措，形成具有岳阳楼区特色的工作亮点，一年来，结合区情实际，确定了“深入推进岳阳楼区社区治理服务‘三合一’改革”“深入推进五个‘一公里公共服务圈’建设”“以‘枫桥经验’为引领，探索创建‘平安岳阳楼区’新机制、新模式、新理念”3个自主创新改革项目。其中，“五个一公里”在《调查与研究》中发表的文章获得许达哲省长的批示，《湖南日报》头版头条刊发了《“一网五圈”托起百姓福祉》，在全省推介岳阳楼区五个‘一公里公共服务圈’建设经验；《岳阳市坚持发展“枫桥经验”，努力打造共建共治共享社会治理新格局》和《坚持发展“枫桥经验”的岳阳实践》在中央政法委《政法动态》和《长安》杂志分别推介；中央政法委调研组专程到岳阳楼区综治中心深入调研，并充分肯定了岳阳楼区“三无”村（社区）创建过程中的成功经验。

纪检监察

【概况】 2018年在市纪委和区委的坚强领导下，区纪委监委带领全区纪检监察组织认真履行党章和宪法赋予的职责，持之以恒正风肃纪，保持定力全面从严，党风廉政建设和反腐败工作深入推进，为转型发展、创新创业的核心引领区建设提供了坚强保证。

【严明政治纪律】 区纪委监委和全区纪检监察组织自觉担负起“两个维护”的特殊历史使命和重大政治责任，督促全区各级党组织和党员干部坚定执行党的政治路线，严守党的政治纪律和政治规矩，对落实管党治党政治责任、坚持民主集中制、严肃党内政治生活等开展监督检查，督促责任压紧压实。紧紧围绕区委区政府中心工作，聚焦“三大攻坚战”、棚改征拆等重点工作开展监督检查，坚决纠正有令不行、有禁不止行为，有力保障中央和省、市、区重大决策部署的贯彻落实。

【深化体制改革】 按照中央和省、市、区委的要求，全面完成区监委组建，实现统一挂牌、顺利运转；调整优化内设机构，充实一线工作力量，推动职能、人员、工作深度融合。加强派驻监督，全区派驻纪检监察组认真履行职责，开展廉政谈话274人次，作风督查228次，处置问题线索19件，立案10件，给予党纪政务处分10人。推进区、乡（街道）纪检监察工作一体化，将全区乡（街道）纪（工）委分成4个组，由区纪委统筹安排，实行集中处访、交叉检查、联合办案，全年共立案51件，同比增长70%，乡（街道）纪（工）委监督执纪问责职能充分发挥。强力推进巡视整改和区委巡察，扎实办理省委第七巡视组信访交办件，按要求开展“既领车补又坐公车”、利用领导干部职务影响力“提篮子”谋取私利等专项整治；制定《区委巡察工作规划》，对18个单位党组织开展巡察，对发现的问题进行全面整改，根据问题线索立案24件，给予党纪政务处分24人。

【坚决纠治“四风”】 坚决落实中央八项规定及实施细则精神和省委“约法三章”要求，紧盯关键节点，聚焦违规公款吃喝、违规配备使用办公用房、违规收送红包礼金等问题，扎实开展专项整治，努力做到管出习惯、抓出成效、化风成俗。坚持严查“四风”问题，共查处违反作风建设规定问题36件，给予党纪政务处分36人，对32人进行公开通报，持续释放作风建设一刻不停息、永远在路上的强烈信号。统筹工作力量，规范监督检查，围绕“两个责任”落实、“最多跑一次”改革等内容，开展监督检查164次，处理152人。加强“治陋习、树新风”监督执纪工作，从严查处党员干部违规操办婚丧喜庆事宜等问题，推动移风易俗，倡导社会新风。

【加强纪律建设】 督促全区各级党组织落实全面从严治党主体责任，强化领导干部“一岗双责”，加强日常监督，把纪律挺在前面，实现正向激励和反向约束同步发力，让党员干部知敬畏、守纪律。准确把握运用“四种形态”，对苗头性、倾向性问题，及时谈话提醒、约谈函询，让党员干部时刻感受到组织就在身边、监督就在眼前，运用第一、第二种形态处理272人，占比86%，开展谈话函询155人次，让党员干部感到严管就是厚爱。加强廉政教育，依托区廉政警示教育基地，要求各单位干部参观学习、接受教育；组织全区党政负责干部到岳阳监狱接受现场警示教育，以“身边案”教育“身边人”，筑牢党员干部思想防线。

【审查调查成效显著】 2018年共受理群众信访举报177件，处置问题线索170件；立案132件，结案120件，给予党纪政务处分118人，立案数、结案数、给予处分人数与上年相比分别增长61%、40%和40%。按照省市纪委要求，先后选派30人次，协助查处长沙轨道交通集团原董事长彭旭峰系列案、汨罗市原副市长朱某违纪违法案、下塞湖非法建设矮围问题等。开展扶贫领域和扫黑除恶专项斗争监督执纪问责，从严整治群众身边的腐败问题，共立案5件，给予党纪政务处分3人。全面提升案件质量，进一步落实审查调查全程录音录像等规定，确保执纪办案“零事故”。

【加强自身队伍建设】 以高度的政治责任感和律己从严的决心接受市纪委内部巡察和“回头看”，根据巡察反馈意见，健全完善机关管理制度，进一步规范内部管理。加强机关党的建设，选举产生区纪委监委第一届机关党委，设立5个党支部，强化机关党员教育监督管理，充分发挥党支部战斗堡垒作用。深入开展素质提升年活动，举办十九大精神专题学习培训班，与清华大学联合举办纪检监察干部能力提升高级研修班，选派干部到中央纪委和省市纪委参加培训，干部综合素质和履职能力全面提升。设立纪检监察干部监督室，切实加强内部监督，着力打造忠诚干净担当的纪检监察干部队伍。

组织工作

【概况】 2018年，全区组织工作认真践行新时代党的组织路线，在区委的坚强领导和市委组织部的具体指导下，干部干劲更足、干事氛围更浓，基层基础更牢、发展环境更优，为全面建成“转型发展、创新创业”的核心引领区提供坚强组织保证和人才支撑。

【锤炼了一支实干担当的中坚队伍】 突出干部管育选用的“一线”导向，着力营造干部在一线选拔、能力在一线提升、作用在一线发挥、成绩在一线检验的浓厚氛围。坚持干在一线。全面推行“一线工作法”，将全区2018年度重点工作梳理、细分为5大项、26小项、128项具体重点工作。特别是区级领导干部带头示范、挺在前面，超过1000余名干部参与征地拆迁、项目建设、环保整治等重点工作。坚持管在一线。用好用活提醒、函询、诫勉和问责等组织措施，主动服务棚户区建设，对217名公职人员进行约谈警示，促使区内146名，区外119名公职人员带头签约，切实维护了组织权威、防范了工作风险。坚持用在一线。优先选用基层一线的实干型干部，先后3批次调整干部64人，其中提拔重用的36名干部中，急难险重岗位干部占86%。2018年，全市组织工作会议上阁辉书记就岳阳楼区干部工作进行典型推介，全面推行“一线工作法”的先进经验在全市推广，问责工作连续5年全市排名第一。

【交上了一份基层党建的满意答卷】 紧盯基层党建“四要”工作目标，以党支部“五化”建设为重点，着力推动基层党组织全面进步、全面过硬，工作成效得到市委组织部充分肯定，全市基层党建工作述职评议结果位居前列。党员管理更严。全年共处置不合格党员90名，整顿软弱涣散党组织5个。基层示范更优。打造基层党组织示范点39个，培育芋头田社区“五彩党建”、东升社区“同心自治”、学院路社区“群英断是非”等共治共建共享的基层党建品牌。城市党建更亮。在东茅岭商圈率先成立全市首个商圈综合党委，搭建“网格先锋驿站”党员活动服务平台，“一网五圈”城市党建工作模式推荐参评全国城市基层党建创新案例。

【营造了一个齐头并进的工作局面】 坚持推动组织工作全方位、高质量发展，确保各项工作统筹推进、齐头并进。教育培训精准化。深入推进党政干部、基层管理和专业技术人才三大素质提升工程，先后组织2批次110名科级以上干部“走出去学”；开设“周末大讲堂”，邀请知名专家授课“请进来学”；联合本地高校培养725名紧缺专业人才，实施“坐下来学”。干部管理精细化。创新建立了干部任用考察期举报办理“四个见面”工作机制，充分彰显了干部监督管理的力度、准度和温度，被《岳阳组工信息》采用刊发。组工队伍精英化。认真贯彻落实省组、市组关于开展组工干部“责任教育、廉政教育、保密教育”活动要求，主动将“三项教育”活动延伸至基层，树立了组工干部良好形象，得到了市委组织部的充分肯定。一年来，还认真做好了群团组织改革、离退休老干部服务和组工信息调研等工作。

宣传思想工作

【概况】 2018年，全区宣传思想文化战线坚持以习近平新时代中国特色社会主义思想为指导，紧扣学习宣传贯彻党的十九大精神主线，认真落实全国、全省、全市宣传思想工作会议精神，围绕中心，服务大局，把握新要求，聚焦新任务，各项工作有序推进、成效明显。

【意识形态责任全面落实】 出台全区《落实意识形态工作责任制实施方案》等系列文件，清晰界定意识形态工作责任，做到可操作、可检查、可考核、可监督、可问责。建立意识形态联席会议制度，定期召开研判会，对新闻舆论、网络管理、学校、宗教、文艺出版、社科论坛六大阵地实行全覆盖无缝隙管理，旗帜鲜明反对和抵制各种错误观点，巩固广大干群共同奋斗的思想基础。首次开展全区意识形态工作述职，切实把握意识形态工作领导权、管理权和话语权。

【创新理论深入人心】 加强传播手段和话语方式创新，在全区组织开展“五讲一演一图”理论宣讲活动并举办全区比赛，举行学习全国全省全市宣传思想工作会议精神论文征集活动等。区委书记陈阁辉带头到联系点和所在支部上主题党课，区委常委会成员和其他区级领导在本单位或工作联系点讲授党课35场。各类理论政策宣讲活动达1000场以上，遴选出优秀宣讲员28人、优秀理论节目11个。同时，依托网格化管理，将理论宣传从“一时一地”拓展为“随时随地”，推动党的创新理论飞入寻常百姓家。

【楼区形象不断提升】 围绕市委“一三五”基本思路和区委“五个转换”工作目标，精心策划报道党的建设、“一网五圈”、平安创建、文明创建、“三大攻坚”、“最多跑一次”改革等方面取得的新成效，形成正面舆论强大声势。2018年，在新华网、人民网、央视等中央级媒体发稿19篇，《岳阳楼上演灯光秀》《百姓期待 幸福满满新时代 迈步开启新征程》在央视13频道刊播后，反响热烈；省级媒体发稿169篇，其中《湖南日报》上稿53篇，头版头条2篇，头版2篇，市州头条4篇；市级媒体发稿543篇，其中《岳阳日报》356篇，头版头条14篇，头版63篇；国家级媒体（内参）发稿96篇。五个“一公里公共服务圈”工作经验材料得到许达哲省长、市委刘和生副书记专门批示，其工作经验的信息被国务院采用。

【文明程度切实增强】 着力深化全国文明城市建设，以群众需求为导向，大力推进社会主义核心价值观厚植群众心中，全区新增刊播围墙围挡6000多平方米，开展道德讲堂110余场、市民学校540余堂、文化志愿服务等文化活动500余次，工作经验《突出核心价值观引领 深化文明城市建设》在《湖南宣传》刊载；不断提升未成年人思想道德建设水平，精心策划、周密部署湖南省2018年未成年人“向国旗敬礼”主题教育实践活动，得到省委宣传部、市委宣传部领导充分肯定；积极选树典型，在中国文明网推荐身边好人线索数量在全省排名第二，岳阳楼区1人荣登“中国好人”榜，3人荣登“湖南好人”榜，新时代楼区人用实际行动热情彰显“楼区精神”；强力推进文明节俭操办婚丧喜庆事宜工作，微电影《红包大红包小》荣获“2018年第三届美丽乡村国际微电影艺术节”主单元优秀作品奖。

【网络生态风清气朗】 密切监控舆情，均做到报告及时、处置及时、回复及时，没有出现媒体热炒、恶炒事件，媒体舆情发展态势整体平稳。妥善处理了泰和市场门面火灾事故等网络舆情。加强与知名网友联谊，召开“网眼看楼区”系列活动，倾听网友意见建议，号召广大网友积极投身楼区发展大潮中，为楼区塑造一张充满正能量的网络名片。在官方微信开设“喜迎党的十九大”“砥砺奋进的五年”“新时代新气象”“学习十九大精神大家谈”“十九大精神解读”等专栏，营造良好的网络舆论氛围。在各网站、论坛、微信、微博等平台发布网络正面宣传稿件5200余篇，改善网络舆论生态，牢牢把握正确舆论导向。

【文化事业再上台阶】 围绕“一公里健身休闲圈”建设目标，基层公共文化体育设施覆盖率达100%，群众文化活动蓬勃发展，各类文艺团队达到

219家。艺术创作生产成果丰硕，在2018年省市“欢乐潇湘”群众美术、书法、摄影大赛中，岳阳楼区选送的作品在省级评选中获两金一铜的好成绩，在全省县级单位中名列第一。国画作品《巴陵秋正清》在第六届湖南省艺术节中获齐白石艺术奖。法治温情微电影《妈吗》荣获亚洲微电影金海棠奖好作品奖，是岳阳唯一获此殊荣的微电影艺术作品。

统一战线工作

【概况】 2018年，全区统一战线齐心协力，勇于担当，敢于创新，善于落实，努力画好最大最美同心圆，较好地完成全年工作目标任务。

【争取党委重视】 坚持和加强党对统战工作的集中统一领导，进一步健全统一战线工作领导小组机构，召开区委统战工作领导小组会议1次，召开区委民族宗教工作领导小组（扩大）会议1次。把统一战线工作纳入区委重要议事日程，区委第五届第35次、第40次、第45次常委会议三次研究统战工作内容。把统一战线工作纳入全区综合绩效考核内容，分值10分。把统一战线理论和方针政策纳入各级党委理论中心组学习内容，重点学习了新修订的《宗教事务条例》；把统一战线理论和方针政策纳入新闻、宣传工作计划。组织机关干部、党外干部开展2期十九大精神学习活动;在非公经济人士中持续开展以“守法诚信、坚定信心”为重点的理想实践教育活动，发放学习读本300多本，举办2期非公经济人士学习培训班，培训500多人次；组织各街道、乡统战委员、各宗教场所教职人员在市基督教堂举办一期宗教工作培训班。

【服务中心工作】 组织统一战线人士开展“同心美丽乡村（社区）”创建，通过财政拨付专项资金、非公经济人士捐赠等方式，在12个村、社区建设了同心社区工作室等场地。望城岭社区获评省级“同心社区”。积极承担社会扶贫职责，引导统战人士参与精准扶贫。制定了“万企帮万村”精准扶贫工作方案，目前参与帮扶非公企业115家，帮扶村80个，帮扶人数563人，帮扶1815.15万元。组织非公经济人士多次到平江县汇龙村进行扶贫调研对接，为该村建设、助学、扶贫等捐款20余万元。组织15名非公经济届的政协委员，为岳阳楼区城陵矶村精准扶贫捐款15.5万元。动员新的社会阶层人士联点帮扶建档立卡贫困户12户，累计捐赠扶贫助学、帮困资金超过400万元。在非公企业党员中深入开展了书记讲党课、座谈学习、先进表彰等主题党建活动。新组建五里牌街道商会党支部，新发展非公企业党员9名，培养入党积极份子14名。表彰4个“先进基层党组织”和“10名优秀共产党员”。深入开展“抓重点、补短板、强弱项”调研活动，发动经济界的政协委员重点围绕“非公经济法治环境建设的对策和建议”“中心城区打造金融中心现状及对策分析”课题，深入调研，得到区委、区政府主要领导的充分肯定。举办了“2018互联网浪潮下实体如何掘进新零售高峰论坛”，邀请经济学教授和权威与企业家进行对话交流、深入探讨，为企业家搭建了良好的交流平台，也为我区零售业发展开拓了视野，指明了方向。贯彻落实全市企业家大会精神，由区委、区政府下发《关于深入开展“联手帮扶企业、产业发展升级”行动的通知》和《关于开展区委常委联系非公有制经济人士活动的通知》，把联手帮扶工作纳入区委、区政府综合绩效考核并安排专项财政预算资金。实行特派员制度，确定由24名区级领导、24个责任单位结对帮扶24家重点民营企业，区级领导及责任单位先后走访企业60多次，收到问题困难30多条，帮助协调解决凯美特项目申报、泰和集团项目融资、新长城建材市场整体搬迁等问题20多个。加强与兴业银行、农商行等银行协调，推荐20多家企业参加市、区的银企金融推介会，为湖南新泰和绿色农业集团有限公司、湖南洞庭山科技发展有限公司等6家中小企业争取贷款金额5000多万元。组织工商联会员企业参加区人社局召开的招聘会，提供就业岗位800多个。在《岳阳楼区动态》上设立企业家专版，先后刊出区工商联副主席、副会长企业家人物访谈8期。“让核心引领区走势更强劲，岳阳楼区服务非公经济发展纪实”被8月10日的《岳阳日报》头版刊登。

【引导党外人士】 支持民主党派和无党派人士开展“特约人员”工作，52名民主党派和无党派人士被18家区直及垂直管理单位聘请为特约监督员。按要求完成了上级统战部党外人士调训任务。党外干部配备方面，向市委组织部推荐区政协党外副主席1名，通过双向挂职安排区法院党外副职1名，区委已承诺在本轮机构改革中安排政府工作部门党外正职1名，基本完成人大、政府、政协领导班子和司法机关、政府工作部门党外干部配备政策要求。制定了区委常委与党外干部交朋友制度，13名区委常委联系41名党外代表人士。组织23名党外人士赴广州、深圳开展为期4天的暑期谈心活动。推荐20名优秀新的社会阶层人上加入岳阳市新的社会阶层人士联谊。引导民主党派驻区组织广泛开展社会服务活动，精心挑选党派成员中的执业律师，成立“同心·法律服务团”，在社区设立法律工作站，制定《民主党派法律服务协议》《律师接访制度》等系列制度，派发法律咨询卡2000多张，举办各类法律讲座9场，为社区居民和企业免费提供法律咨询、诉讼代理11次；组织民主党派组织在望城岭社区、桂花园社区开展“就业送岗位”活动；民进岳阳市医卫支部在古井社区开展“共创健康幸福社区”活动，为中老年人建立健康档案，开通24小时医疗救助热线；民进岳阳楼区教育局机关支部针对中小学生厌学、网瘾、孤僻、暴力等问题以及学生家长在教育子女中的迷惘心理，在社区、村设立了心理咨询室，先后为120多名青少年进行心理谈话和心理矫正。驻区民主党派组织2018年来为完善村、社区管理提出意见建议20多条，协助社区、村制订管理制度40多项。他们撰写的《岳阳楼区“城中村”的现状与思考》《岳阳楼区社区文化建设调研》等调研报告，得到区委、区政府主要领导的批示，并被有关部门采纳。

【加强协调管理】 做好“网格化+智慧统战”工作，充实完善1900多人的统战信息库。开发完善了统战数字地图和数据分析系统，通过建立“人、地、物、情、事”全覆盖的统战资源数据库，使管理者通过网络能在第一时间直观的掌握各个网格统战对象、统战资源的分布情况和各个网格工作的开展情况，实现统一战线“情况在网上掌握，工作在网上落实，问题在在网上解决”。协调处理流动新疆少数民族与泰和集团因强拆摊位引发的纠纷。积极介入城区维吾尔族和藏族流动少数民族因城市环境管理问题连续到市政府上访问题。协助处理西北回民经商户的门面拆迁诉求问题。为流动少数民族解决小孩入学、租赁纠纷、经营矛盾等各类纠纷20余起。

遣送1名新疆维吾尔族人员回疆。大屋湾社区、鲤鱼嘴社区被评为湖南省民族团结进步示范社区，朝阳社区已申报湖南省民族团结进社区。成立岳阳楼区基督教三自爱国会，完善区、乡（街道）、村（社区）三级宗教工作网络和乡（街道）、村（社区）两级责任制，16个乡、街道均明确由统战委员专门负责宗教工作，各村（社区）均明确了一名宗教工作专（兼）职人员，基本确保发现情况有人报告、反馈情况有人落实、整改问题有人持续跟进。在五大宗教分别确定一名熟悉各自宗教内部情况的信息员，安排专人定期与信息员进行单线交流。在“11·16”专案行动中，全面梳理排查了境外势力利用宗教进行渗透的组织、人员情况，并由公安部门对6名韩国、日本外籍人士依法进行驱除出境的处理，对4名本地人员进行训戒，收缴各类非法音像制品、书籍1000余册。依法取缔基督教私设聚会点28家，解散4家，服从“三自”和政府管理纳入市基督教小组1家，压缩规模根据治理情况纳入管理1家。调查核实市道教协会会长党员身份认定问题。认真开展为侨服务，向26名侨界困难群众发放慰问金3.6万元，接待侨胞侨眷侨属信访12人次，协调解决了侨界群众违法建设、安置房分配等6起矛盾纠纷。

政策研究工作

【概况】 2018年，区委政研中心认真贯彻党的十九大精神特别是习近平新时代中国特色社会主义思想，严格按照区委工作部署要求，在服务决策咨询、调查研究、信息报送、政策解读等发面发挥了重要作用，较好地完成了各项工作任务。

【综合文稿求“高度”】 坚持把文稿服务作为政研工作的核心任务，认真做好每一篇文稿的构思、起草、校核和印制工作，保质保量完成文稿写作任务，力求做到“三有”：一是“言之有物”，每一年的区委经济工作会和区委全会报告，都要数易其稿，确保报给内容具体而充实。二是“言之有理”，在吃透上情、把握下情的基础上，结合实际，认真撰写总结汇报、调研文章200多篇，其中在《新湘评论》《湖南工作》《县域经济参考》《城市经济论坛》《研究与决策》《调查与研究》《江湖名城》等市级以上媒体刊发14篇。精心编排、精心构思，组织编辑《区委通讯》3集、《区委专刊》9集。三是“言之有情”，起草的文稿力求既准确达意，又文字鲜活，富有感染力、传播力。特别是前三个季度的工作讲评会和区委全会等重要会议的召开，报告材料撰写要求高、任务重，全中心人员一道加班加点、用心琢磨、反复修改，圆满完成了交办任务。

【调查研究挖“深度”】 坚持重实际、察实情、进实言，充分发挥牵头引领作用，深入推动全区开展“抓重点、补短板、强弱项”大调研活动，抓好重大课题的选题与立项，做好全区联合调研的统筹协调，为领导在科学决策、破解难题、推动发展中提供真实可靠的参考依据。围绕城市经济发展和城市服务管理保障等重点工作，完成了《自觉用科学方法论指导县域发展》《打造岳阳楼区“五个一公里”便民服务圈，绘就共建共治共享同心圆》《把政府建到群众“家门口”——岳阳楼区积极探索社区治理和服务“三合一”模式》等多篇调研文章，并在省市内刊推介，有力宣传推广岳阳楼区的工作，扩大岳阳楼区的影响。

【信息服务谋“广度”】 坚持把做好领导决策信息服务，

作为发挥参谋助手作用的重要内容。加强信息网络建设，建立全员办信息、全方位提供信息的制度，强化信息工作考评，全区信息报送工作步入正轨。截至目前，共向上报送信息300多条，其中《长春长生疫苗事件引发舆情飓风，严重侵蚀政府公信力》《龙骧神驰集团存在不稳定因素》等被湖南信息采用。及时处置紧急突发事件，如2018年年初，十四中出现师生集体感染肺结核疫情，采取24小时值班值守，按程序实时滚动报送情况进展、应对举措等，保证信息上下畅通，统一对外宣传口径，确保没有产生负面舆情。

【队伍建设有“力度”】 坚持把队伍建设作为做好政研工作的前提和基础，着力建立一支政治过硬、作风过硬、业务过硬的队伍。一是持之以恒抓学习。始终把加强学习作为政研中心的立身之本，坚持在干中学，在学中干，不断增强科学谋事干事的能力和水平。积极参加办公室系统和科室内部组织的集中学习，通过及时组织学习交流，主动安排工作人员外出培训，订购发放各类杂志书籍等方式，营造良好学习氛围。同时，积极鼓励干部进行素质提升，先后派送2名干部前往西安交通大学和市委党校参加培训学习。二是建章立制抓规范。编制文稿撰写、刊物编办、信息报送、录音整理、财务报销等工作流程图，推动工作的流程化，有效促进工作顺利开展。三是驰而不懈抓作风。大力改进作风，积极参与“一进二访”“四讲四有”和文明创建等活动，全中心学风好、作风实，敬业奉献蔚然成风。

对台工作

【概况】 2018年，岳阳楼区台办在区委、区政府的坚强领导下，在市台办的具体指导下，围绕全区中心工作，积极履行职能，发挥联络优势，加强协调服务，圆满完成各项对台工作目标任务。

【加强联络联谊】 区委、区政府充分认识对台工作的重要性和紧迫性，切实把对台工作作为一项政治责任摆上重要议事日程，坚持做到定期分析对台工作形势、定期研究对台工作面临问题、定期部署对台工作的任务措施。建立联系回乡台胞、台属、台商制度，坚持不定期走访慰问回乡的暂住、定居台胞、台商和台属，了解他们的工作、生活情况，协调相关部门解决好台胞台属遇到的实际困难。深入台资企业、基层进行调研，及时掌握涉台维稳情况，维护好台胞台商合法权益。为台属赴台探亲、旅游等活动，提供政策、程序指导，真正做到热情服务、真情服务。区台办及乡、街道统战委员在走访慰问过程中，鼓励台属自主创业，增强自身造血功能。同时主动与劳动部门对接，了解市场人才招聘信息，帮助经济特别困难、适合工作要求的台属就业。积极推荐文化素质较高、从事实体经营的台属加入工商联、新的社会阶层人士联谊会等社会团体，为其事业发展、政治参与、交朋结友搭建平台。

【抓好宣传教育】 进一步明确由街道、乡统战委员负责各街道、乡对台工作，加强街道、乡对台干部业务素质，采取以会代训的形式，总结、交流乡、街道对台工作情况，开展业务学习活动，使乡、街道统战委员进一步熟悉基本政策、基本常识和办事程序，不断规范基层对台工作。组织部分经济界台属参加全区非公经济人士时事政治专题讲座、银企座谈会，为台属台商提供一个相互交流、了解政策的平台。做好对台信息工作，及时宣传对台工作情况。

【做好服务工作】 协调解决旺旺食品经销商门面出租纠纷事宜；积极为暂住台胞办理台湾居民居住证提供政策咨询20余人次；走访冯万高等定居台胞10人次，并送去慰问金及营养物品。

督查工作

【概况】 2018年，岳阳楼区委督查室在区委办和市委督查室的正确领导下，以督查推动落实，促进发展，全区经济社会发展综合绩效考评排名连续7年位居全市前列，区委督查室被评为全市党委督查系统先进工作单位。

【决策督查】 2018年，区委督查室紧紧围绕推进区委、区政府重大决策部署落实，开展了落实经济工作会议、市区两级常委会议及重大工作推进会议精神贯彻、社区治理与服务创新、棚户区改造、污染防治、突出环境问题整改、资产处置等事关全局发展的大事要事督查活动，共组织开展各类督查活动97余次，其中大型督查活动39次；共撰写各类材料117个，其中向市委汇报的专报材料8个，向区委主要领导报告材料31个；下发专题通报23篇，18次得到陈阁辉书记、黄建文区长、李峰主任以区委、区政府主要领导的肯定性批示。同时，注重将督查与调研相结合，在深入研究实践、研究基层和群众意见的基础上，并站在区委、区政府工作全局的高度，提出了符合实际的可行性建议，发挥了决策参谋作用。

【专项查办】 全年共承办市区主要领导批示件15件，按期回复率100%。在落实查办过程中，区委督查室充分发挥督查工作职能优势，依法依规处理到位，举一反三，杜绝不必要的重复信访。如8月23日，接到阁辉书记要求对王家河水系千米范围内牲猪养殖进行全面整治的指示后，区委督查室立即组建工作班子、制定工作方案、先后6次上门进行深入宣传，并督促所涉街道（乡）按照整治要求和标准在规定时限对范围内的栏舍、设施进行拆除。同时，坚持注重举一反三，结合中央环保督查组提出的环境突出问题的整改要求，先后组织了16次由分管副区长带队的专项督查，对所涉及的12个相关责任单位的任务完成情况逐一上门对帐督查核查，加速了突出环境问题整治工作进程。再如，2018年11月，在小朋友李廷炜因父亲去世要求政府给予救助的信访批示件后，我们高度重视，先后3次上门了解情况，宣讲相关政策，并协调街道、民政等单位及时为其家庭解决部分困难，得到领导的充分肯定。

【考评考核】 为使考评文件更加贴近党委、政府的工作重心，增强督查工作的执行力和权威性。区委督查室对2018年的综合考评文件的出台进行了认真的研究和部署。在总结以往经验的基础上，整合对接省、市绩效评估和相关文件、会议精神，分头听取53个部门、16乡街的意见、建议，收集采纳78条，经反复斟酌，部分或全部采纳意见56条，对先进名额、考评对象、系列设计和具体指标、分值设计等内容，进行反复修改完善，形成《关于做好岳阳楼区全面建成核心引领区2018年度综合绩效考评文件的通知》（岳楼发〔2018〕6号）。同时，为确保各项考评指标任务全面完成，我们抓好指标任务的督查督办，坚持做到按月调度、逐季讲评、定期抽查，为顺利实现全面或超额完成目标任务，打下坚实的基础。

党校工作

【概况】 2018年是党校办体制改革、机构更名的第一年。这一年来，党校办在区委的领导下，在市委党校的具体指导下，认真贯彻落实《党校工作条例》，积极转变工作职能，紧紧围绕“建设核心引领区 打造核心增长极”的全区工作目标，突出学习习近平新时代中国特色社会主义思想和党的十九大精神主题培训，突出经济社会发展需要的专题培训，突出安排理论武装和党性教育，圆满完成全年各项目标任务。

【干部教育培训工作】 2018年3月至4月党校办根据区委安排举办岳阳楼区学习贯彻党的十九大精神干部集中轮训班三期，培训全区科级干部800多人，并协调市委党校开办两期城区科级干部进修班，送训学员32人，调训人数占中心五城区第一，推动习近平新时代中国特色社会主义思想和党的十九大精神入心入脑。

【体制改革工作】 配合市区两级组织部、编办，摸清本单位底子，出具相关资料，为区委的决策提供依据。2018年3月，区级党校体制改革工作完成，正式更名为中共岳阳市委党校岳阳楼区工作办公室，同时积极转变职能，将干部教育职能移交给市委党校，密切配合市委党校做好干部的调训及学员管理服务等工作。

【其他工作】 按照区委要求，对在马安村帮扶的四户贫困户先后进行三次入户走访，针对扶贫户具体情况落实各项帮扶措施，并进行特困慰问。按时按量完成党报党刊的征订任务。认真落实区综治委要求，组织干部积极开展平安创建宣传工作，并切实落实亲友大联络任务。积极配合区委组织部落实中央第八巡视组要求的整改任务。

机构编制工作

【概况】 2018年，区委编办在市编办的指导下，紧紧围绕区委、区政府统一部署，以服务全区经济社会发展为核心，围绕区委、区政府的重点工作部署，以推动服务各项改革为工作重心，依托“三大”信息平台建设，大力推进“最多跑一次”改革，全面完成事项清单梳理工作，简化办事流程，加快机构编制信息化管理建设，打造机构编制“云平台”，深化事业单位登记管理线上线下一体化服务，打造提升事业单位登记管理不见面式服务平台，积极推进机构编制信息化、规范化管理，为“全面建成转型发展创新创业的核心引领区”积极创新机构编制工作。

【全力推进“最多跑一次”改革】 “最多跑一次”改革是深化“放管服”改革的延伸，岳阳楼区最多跑一次改革工作在全市县市区范围内，创造了五个“最先”，即岳阳楼区最先成立改革领导小组和跑改办，最先出台改革工作方案，最先梳理公布事项清单，最先召开动员大会，最先发动宣传舆论攻势。8月13日，《岳阳日报》在头版头条以《跑在前列谋新篇》为题，对岳阳楼区“最多跑一次”改革进行报道，形成了良好的舆论氛围。12月18日，《中国社会报》在头版以《靶向瞄准基层社区站位群众所需所盼岳阳市岳阳楼区“最多跑一次”改革向社区延伸》为题，推介岳阳楼区改革经验及成果。全面完成事项清单梳理工作，简化办事流程。完成了“最多跑一次”事项清单。改革启动以来，岳阳楼区跑改办从1327条权力清单和108项公共服务事项中梳理“最多跑一次”事项274项。7月23日，区政府办发文公布了第一批239项事项清单（公布第二批时因法律法规调整，取消了第一批事项中的6项），第二批公布41项。完成公共服务清单梳理工作。通过组织对各单位公共服务进行梳理和审查，2018年，楼区政府工作部门新增公共服务事项17项，取消公共服务事项22项，调整后，全区公共服务事项共计108项，涉及19个区级部门，已在岳阳楼区政务门户网公布。完成“四办”清单梳理工作。完成梳理群众和企业到政府办事事项299项，经区法制办审核，确定“一次办”事项274项，“网上办”事项219项，“马上办”事项91项，“就近办”事项39项。积极推进“互联网+政务服务”一体化平台政务服务事项录入工作。为加快推进录入工作，9月份，我区组织召开“互联网+政务服务”实施清单培训会，邀请市政务中心专家对实施清单录入工作进行面对面指导，详细讲解操作流程和注意事项，并将27家单位从9月29日起，统一到区公网中心集中进行实施清单审核和录入工作，确保时间节点。截至10月15日，已填报实事清单1354项，填报率为100%，已发布实施清单1262项，发布率为93.2%。在清单梳理过程，楼区积极推进简化办事流程，减环节、减材料、减时限，推进政务服务事项办理标准化，持续开展“减证便民”行动，办理时限和审批环节压缩了50%以上。

【夯实机构编制实名制管理平台】 岳阳楼区编办加快建立机构编制部门同各单位共享的信息平台建设，完善机构编制实名制管理，充分发挥机构编制在管理中的基础性、规范性作用。强化信息实时管理。2018年以来，楼区机构编制实名制系统共完成数据更新500余条，人员基本信息修改300余条，完善机构名称、机构级别、编制数、领导职数更新30余条。建立互联互通机制。为打通与全区各行政事业单位实名制管理信息互通，实现实名制数据查询和人员出入编网上办理，岳阳楼区编通过政务外网，向各单位发放操作员账号78个，56家已接入政务外网的单位完成了初始账号密码的修改，能实时查询本单位人员基本情况。抓实实名制公示。岳阳楼区编办将4月份启动的实名制公示工作与机构编制监督工作相结合，在进一步巩固“吃空饷”问题专项治理成果的基础上，重点加强在编不在岗人员监督检查力度，对各单位进行全面的回头看。

【打造机构编制云信息化管理平台】 岳阳楼区编办积极探索“互联网+机构编制”，以中央编办“机构编制云”平台为基础，打造楼区“机构编制云”信息化服务平台，为机构编制管理、事业单位登记、“放管服”改革等工作提供数据支撑，提升机关内部服务和管理水平。建立“三定”方案数据库。以“三定”发文为依据，录入全区所有行政事业单位机构名称、职责职能、编制数及领导职数、权力清单等各类信息共计1959项、34700多条。建立批文数据库。对全区2002年以来，党政群机关、政府工作部门、乡街办事处的市区两级的批文批复、编制调整方案及“三定”方案之后所发生的“设立”“变更”“撤销”“机构编制调整”“职责职能调整”等红头相关文件扫描入库，明晰机构历史沿革和发展轨迹，实现方便快捷查询，为机构编制决策提供有力参考。建立法定代表人数据库。根据组织部和各单位上报的文件，将全区行政事业单位法定代表人的身份证及任职文件扫描成图片导入数据库，为事业单位登记管理“减环节、减要件”提供信息依据。建立权责清单数据库。以《岳阳楼区政府权力清单》、《岳阳楼区政府责任清单》等为依据，收集整理各单位权力清单事项、流程图等资料，建立数据资料完备的权责清单数据库，为岳阳楼区行政审批制度改革提供信息支撑。

【提升登记管理不见面式服务平台】 岳阳楼区以事业单位线上线下一体化服务为要求，打造提升事业单位登记管理不见面式服务平台，快捷便利完成了年度报告公示工作。进一步推进线上线下登记服务。在建立标准化服务平台的基础上，岳阳楼区编办编制了简明易懂的《事业单位登记管理服务指南》和服务事项查询“二维码”，全面减环节、减要件，优化办事流程，全程网上办理。4月27日，中央事业单位登记管理局以《湖南：岳阳市岳阳楼区编办“三步走”探索推进事业单位登记管理标准化建设》为题，向全国推介了岳阳楼区工作经验。进一步推进网上年报公示工作。2018年岳阳楼区使用国家事登局网上登记管理系统进行网上年报公示工作，不再要求各单位上门填报。2月初，岳阳楼区编办利用东方红小学电教室分5个批次对279家事业单位政工人员进行全面培训

【全力服务深化机构改革工作】 学习弄懂摸透政策。先后组织对《中共中央关于深化党和国家机构改革的决定》等中央、省、市机构改革文件、会议精神进行学习，对改革六项纪律要求进行了强调，明确机构改革责任分工。调研摸底总结经验。此次改革，涉及机构变更、职责调整、职能下放承接等，情况复杂，问题繁多，编办分部门、分领域，确定改革调研重点，先后赴改革先行地区进行参观学习，组织到区内以及垂直管理部门开展专题调研活动80余次，并逐一进行梳理，总结好的做法和经验。草拟方案推动改革。根据上级精神和改革要求，结合楼区实际，初步起草机构改革实施方案、承担行政职能事业单位改革方案、市场监管体制改革方案、城市综合执法体制改革方案等，建立涉改机构、编制、职责、人员、领导职数、权力清单等台账资料，摸清底子，做到改革心中有数。

老干部工作

【概况】 2018年，全区老干部工作在区委、区政府的正确领导下，在市委老干部局的精心指导下，紧紧围绕全区工作大局，认真贯彻省市老干部工作会议精神，突出党建引领，加强思想政治建设，立足用心用情为老干部服务，主动作为，离退休干部工作得到显著加强，为全区经济社会发展增添了正能量。

【突出党建领航作用】 将离退休干部的党建工作纳入区委大党建格局，实行同部署、同考核、同表彰。聚焦学习贯彻党的十九大精神，举办2期全区离退休干部党支部书记、党员骨干学习辅导培训班，区离退休干部工委副书记、区委老干部局副局长刘星宏作新时代离退休干部党建专题辅导。围绕离退休干部基层党组织组织能力提升，全面加强离退休干部工委体系建设，下发了《2018年岳阳楼区离退休工委党建工作要点》，7月召开了2018年全区离退休工委联席会议，制定出台了《岳阳楼区离退休干部工作委员会工作职责》《岳阳楼区离退休干部工作委员会成员单位职责》《岳阳楼区离退休干部工作委员会议事规则》。配套出台《岳阳楼区离退休干部党支部“五化”建设标准（试行）》等文件，加强离退休干部党组织“五化”建

设，持续推进示范离退休干部党支部创建活动。2018年申报三个市级示范性离退休党支部，城陵矶离退休党支部获市级示范性离退休党支部荣誉称号。加强老干部思想政治学习教育，坚持面向基层、面向老干部，组建十九大精神宣讲团，积极组织开展党的十九大精神宣讲活动，退休干部岳卓群撰写了《万民齐颂十九大·永远跟着共产党》的快板，组织学生排演后进社区巡演15场次；退休副厅级干部刘应凯创作的音乐快板《十九大精神耀中华》由秋韵艺术团在社区演出18场次，形成较强的宣传教育舆论声势。

【坚持精准服务理念】 坚持重大节日走访慰问、就近就地参观考察和老干部健康体检等制度，完善“四个定期”（定期组织学习、定期通报情况、定期反馈意见、定期开展活动）机制，畅通与离退休干部经常性沟通交流渠道。2018年1月召开了区级老同志迎新春座谈会，80名老同志代表应邀出席；10月，组织全区副处级以上离退休干部参观考察了岳阳楼区棚改项目、重点工程项目以及社区治理和服务创新“三合一”工程、5个“一公里服务圈”建设，随后召开了离退休老同志座谈会，会上老同志们畅所欲言，纷纷为区委区政府的“核心引领”带来的新变化点赞。全年走访慰问离退休干部200人次、遗孀20人次，看望了住院老干部30多人次，组织全区老干部进行健康体检1次。集中开展特困离退休干部物资资金帮扶，为全区特困离退休干部送去各类帮扶物资资金近1万元，特困难离退休干部常态化制度化帮扶机制基本建立。

【深化正能量活动】 扎实开展“足迹行、人民情、报党恩”主题活动引领正能量。2018年5月，联合区委组织部、区离退休党工委下发了《关于在全区离退休干部中开展“足迹行·人民情·报党恩”正能量活动的实施方案》，城陵矶、教育局、文体新局等离退休党支部组织全体离退休党员前往韶山、花明楼、杨开慧故居等红色教育基地开展重温入党经历活动；6月邀请乡街离退休党支部书记参加“足迹行、人民情、报党恩”正能活动座谈会，会上支部书记们踊跃建言献策，收集建言10条；9月开展向姜开斌学习为主要内容的“学英雄、见行动、作奉献”主题活动，号召老同志观看《榜样3》等学习视频，组织离退休干部撰写心得体会，积极发挥正能量。发挥涉老组织优势彰显正能量。区关工委积极开展“传承红色基因、争做时代新人”主题活动，在区关工委号召下，清明节期间区教育局关工委先后组织了35所学校28000余人分别走进岳阳市烈士陵园扫墓，凭吊先烈；王家河关工委主任岳卓群组织了18位“五老”成员，分别到辖区学校向学生们讲述红军长征时间的动人故事，2018年全区组织“五老”到校讲红色故事56场，听众4万余人。6月区关工委牵头联合区内有关部门开展“大手牵小手，快乐向前走”助学活动，全区全年共捐助金额58万元，在全区营造了关爱青少年、服务青少年，重视关心下一代工作的浓厚氛围。区老年保健协会举办“精准保健”培训班，加强老年保健讲师团健康教育素质。启动“开发老年健康潜能年活动”，进社区、单位开展各类健康讲座近50场次，听众近5000余人次，编印发放《老年人常见疾病预防和诊治》等各类资料近万份。区老年科协2018年创建了10个科普和谐社区并进行了授牌；全年广泛开展科普、法制、消防讲座500余次；7月组织部分老科技工作者前往韶山、花明楼进行红色传统教育；10月在巴陵广场举办“保护水资源，推行河长制”展览，制作展板20块，观众370余人。12月在会展中心承办“喜迎改革开放40周年”文艺会演活动。开展系列文体活动激发正能量。10月开展“宣传十九大 唱响中国梦”岳阳楼区中老年人歌咏比赛，16支老年代表队近800参赛；11月，区老年书画协会与杭州市书画协会在会展中心举办书画联展，共展出作品230幅，全年本区内共举办书画展览2次，展出作品210幅，应邀参加国家级展览21幅，有8名老书画家作品获奖；组织开展门球赛3次、象棋比赛2次。

【提升队伍建设水平】 抓好学习教育，强化机关党建，积极开展“不忘初心、牢记使命”主题教育活动和深入推进“两学一做”学习教育常态化制度化，分三个层面组织党员干部参加学习教育。健全中心组学习制度，制订了2018年度中心组学习计划，明确了学习重点，坚持每月学习1次以上。严格执行机关党支部集中学习制度，坚持党员领导干部带头讲党课制度，全年班子成员上党课3次，组织干部职工参与中心组学习7次、周五学习20多次，通过集体研讨、个人自学、领导领学、专家辅导等多种方式，重点学习党章党规、习近平总书记系列讲话精神、党的十九大精神、老干工作业务知识等。老干局确定每月第一周周一作为“红心向党+”主题党日，部署了“一月一主题”活动。5月，组织全局干部职工赴区廉政警示教育中心学习，7月组织全体党员赴任弼时纪念馆和杨开慧故居开展“铭记光辉历程寻初心”革命精神教育活动等系列主题党日活动，全年共开展主题党日活动8次。按照区委、区政府坚决打赢精准脱贫攻坚战的要求，制订了区委老干部局2018年帮扶计划，精准帮扶胥家桥村30户脱贫村民，巩固提高宣传扶贫政策，完善帮扶措施，在一线工作中不断提高做群众工作的能力和水平。

区直机关党建工作

【概况】 区直机关党委系统下辖50个单位的11个党总支、117个党支部、2284名党员。区直机关党委现有在编人员13人，其中在职人员6人，退休人员7人。2018年以来，在区委的正确领导和区委组织部的指导下，认真贯彻落实全面从严治党要求，深入推进党支部“五化”建设、扎实开展“巴陵先锋”党员活动日主题实践活动，切实提高机关党建工作质量。

【抓实学习培训】 学习培训是搞好区直机关党建工作的重要抓手。2018年来，党委一班人扎实开展了各种类型各个层面的学习培训。一是抓党组织书记的学习培训。先后两次组织区直机关党委、总支和支部书记培训，请市、区党建部门的领导和专家授课，提升抓党建的使命感、责任感和基本方法。二是抓党务干部学习培训。以习近平新时代中国特色社会主义思想、党建业务知识技能等为主要内容，组织区直机关党务干部进行了三次专题培训，受训人员达340多人次。三是抓新发展党员学习培训。对区直机关57名入党积极分子和28名新发展对象分别进行了三天的集中学习培训，认真组织讨论，撰写心得体会和考试，严把党员队伍的入口关。

【全力推进党支部“五化”建设】 2018年是“基层党建质量提升年”，党支部“五化”建设，是2018年党建工作的重中之重。机关党委将主要精力放在着力推进“五化”建设工作上。首先是制定实施细则。

根据上级的要求，结合区直机关的实际，制定了实施细则。其次是建设示范点。选取了5个基础条件较好，创建积极性高且具有代表性的单位为建设示范点，精心打造“样板间”，形成示范建设模块，通过以点带面，高质量整体推进，确保“五化”建设全年目标任务的完成。一年来，按“五化”要求，新成立2个机关党委，组织2个党总支、39个党支部进行换届选举或人员调整，配齐配强了机关党支部班子，做到有人员、有经费、有宣传和活动阵地。

【切实做好督促党建检查和迎考工作】 年初，根据上级要求和工作实际，机关党委制定完善了《2018年区直机关党建工作重点任务》和《区直机关党建工作考评办法》。建立了党委党建工作联系点制度，实行党委班子成员分片负责，加大对各单位机关党组织的督查指导。每半年度由机关党委成员带队，抽调各单位党务干部分组进行交叉检查，认真打分排名，狠抓问题整改，督促党建工作目标任务的落实。此外，特别注意做好迎接省市党建调研核实工作。为迎接省、市的考核工作，克服工作人员少、单位多的困难，在迎接考核时，要求各单位将党建资料台账拿到机关党委进行查验，确保省市检查不在区直出问题，顺利完成了2018年的省市两次考核工作。

【开展主题活动，强化党员意识】 按照《岳阳楼区进一步严格党员管理的暂行办法》的要求，抓实抓细“巴陵先锋”党员活动日活动、党员积分管理和民主评议党员等工作，实行用党费云缴费平台集中缴纳党费，加大对359名退伍军人党员的基本信息摸底工作。为深入学习贯彻党的十九大精神，机关党委和区总工会联合开展以“不忘初心、牢记使命、我为楼区发展做贡献”为主题的征文比赛活动，强化党员的服务意识，体现机关党员干部“拼命干、加油干、埋头干、合力干”的良好形象。还建立党员关怀帮扶制度，每年安排15万元专项资金对区直机关的困难党员进行慰问。

【落实意识形态工作】 认真学习，提高站位。深入学习十九大及习近平系列重要讲话精神，坚持用习近平新时代中国特色社会主义思想武装头脑，深刻领会新时代、新思想、新矛盾、新目标提出的新要求。2018年党委会专题研究讨论意识形态工作4次，向区委书面汇报2次。以党委中心组学习为龙头，机关党支部学习为重点，利用周五学习制度、党支部学习会、“千名书记讲党课”、党建知识测试、“不忘初心、牢记使命、我为楼区做贡献”征文等学习等形式，引导党员干部增强思想自觉，统一思想行动，进一步坚定党员的理想信念。加强领导，明确责任。为严格落实责任，切实加强意识形态工作的领导，党委成立了意识形态工作领导小组，坚持“一把手”带头，切实当好第一责任人，班子成员各司其责，专题研究意识形态工作四次，书面汇报工作两次。并按照区委实施方案的要求，将意识形态工作责任层层分解，纳入党建工作计划，纳入中心组学习、纳入民主生活会、纳入述职考评，确保意识形态工作责任落实到位。强化监管，落实任务。为做好对形势下的意识形态工作，将区直各机关党组织落实意识形态工作的情况作为党建责任制考核内容，做到同部署、同考核。在年初制定的《2018年党建工作重点任务》中，明确支部民主生活会、组织生活会和党组织书记述职评议必须把意识形态工作作为重要内容进行述职，接受监督和评议。机关党委及所辖支部的重点工作先后被省市级媒体录用8篇，区级媒体录用32篇。为切实维护网络意识形态安全，机关党委明确严禁工作人员在QQ、微信朋友圈发布不当言论、低级庸俗的图片和视频。在处置舆情过程中，重视并抓好负面报道的引导和控制，安排专人在各大门户网站进行实名注册，及时监控和举报网络上的不当言论56条，营造良好的舆论环境，从而有效应对各种复杂的社会局面。

【做好学法用法平安创建工作】 党委班子积极响应区委法治办的要求，有4名党委班子于2018年10月完成了2018年度国家工作人员学法考法，且均考试合格，在党委中心组学习中也多次组织党委班子进行法律知识集中学习，切实提高了党委依法行政、公正司法、依法办事的能力和水平。平安楼区建设关系到楼区人民的切身利益，综治民调工作更关系到岳阳楼区的形象和大局，机关党委为确保综治工作顺利开展，成立了党委书记任组长的综治工作领导小组；制定平安创建工作方案，并把综治工作纳入年度综合考核，明确了每一位干部职工的工作职责，把综治民调、学法普法、平安创建等工作抓细、抓实、抓准。

【积极推进中心工作】 机关党委以各种活动为载体，深入落实精神文明创建、精准扶贫等工作。开展文明劝导和志愿者活动。3月28日，机关党委党员志愿者们与“多背1千克”志愿者协会的志愿者一起，到湖滨特殊学校，看望在那里学习生活的特殊儿童，参加他们的集体活动，为他们送去温暖和关怀。6月15日，在第二社会福利院参加“情满端午、孝老爱亲”志愿者活动，帮助福利院的老人们度过了一个愉快的端午节。9月14日机关党委全体成员与杨树塘社区工作人员以及栀子花志愿者团队在杨树塘社区白杨坡路进行了“文明劝导我先行”志愿者活动，对不文明现象进行劝导，倡导文明新风；积极参加文体活动。机关党委组队参加首届“健康湖南”全民运动会2018年岳阳楼区乒乓球比赛，并获得了“最佳体育道德风尚奖”；开展“社会主义核心价值观”和“核心引领区”宣讲。2018年共进行8次宣讲，分别到社区和所辖支部给社区干部居民和支部党员宣讲；公益广告上墙。在过道和宣传栏里贴上严禁吸烟的标志和遵德守礼牌，还有文明节俭操办婚丧喜庆事宜的文件和治陋习，树新风六提倡六反对的倡议书等；做好做实精准扶贫工作。主动上门走访、帮助扶贫对象，结对帮扶的精准扶贫对象4人已全部脱贫，同时积极参与联点单位杨树塘社区和扶贫点仓田村的文明创建和民生实事活动。

【落实责任强化廉政建设】 结合区直系统党风廉政建设工作开展情况，按照“一岗双责”的要求，党委制定廉政建设责任清单，将责任分解到班子成员，并纳入目标管理，强化一把手负总责，分管领导分工负责，人人都是党风廉政建设责任人的工作机制。共开展节假日和重大时期专项督查9次，各类专项工作整治5次。党委班子认真学习《中国共产党党员干部廉洁从政若干准则》《中国共产党党内监督条例》《中国共产党纪律处分条例》等党内法规，并作为“三会一课”和民主生活会的主要内容，让党员干部时刻保持廉洁自律意识。

岳阳楼区人民代表大会

综述

【概况】 2018年，在省、市人大常委会的精心指导下，在区委的坚强领导下，区人大常委会深入学习贯彻党的十九大精神，聚焦发展出智出力，聚焦民生重实重行，聚焦法治担当担责，与全体代表一道共同努力，依法履职，主动作为，为全面建成“转型发展、创新创业”的核心引领区做出了积极贡献。一年来，共召开人大常委会议6次、主任会议14次，审议重点议题18项，作出决议决定6项，依法行使宪法和法律赋予的职权，按照民主、法定的程序讨论和决定重大事项、重点工作，有力推动全区经济社会各项事业高质量发展。

【依法进行人事任免】 坚持党管干部与人大依法选举任免有机统一，认真领会和把握区委人事意图，严格拟任命人员任前了解、供职发言、常委会组成人员审议票决、颁发任命书等程序，落实宪法宣誓制度，加强任后监督，进一步增强被任命人员的责任意识和公仆意识，为推动区域经济社会发展提供了坚强的组织保障。2018年，选举任免国家工作人员21人次，严格依照代表法的规定，依法依程序补选市人大代表1名、区人大代表10名。

【大力维护宪法尊严】 区人大常委会积极组织大规模的走访代表活动。根据安排，25名区人大常委会组成人员分别对应联系8~9名省、市、区人大代表，通过走访了解代表所思、所想、所做，鼓励代表在核心引领区的建设中做出应有贡献。开展了多层次的培训活动。新一届人大代表产生后，围绕人大代表的权利和义务、如何依法履职等主题，组织全体区人大代表分6个片区进行培训学习。2017年6月，就宪法解读、议案建议撰写等具体事项，组织区代表开展集中培训。组织了多种形式的代表履职监督活动。在人大常委会开展的调研活动中，先后邀请80多名人大代表参与调研走访，有20多名人大代表在人大常委会会议上进行了审议发言。邀请多名市、区人大代表旁听观摩法院庭审工作，进一步扩大代表知情知政渠道。

【做好代表履职服务保障】 根据省、市关于“人大代表活动阵地向社区延伸”的要求，2018年人大常委会加大力度建设社区、村人大代表工作站，制定建站规划，一个不漏地进行督导、验收。积极向省、市人大进行专题汇报，邀请市人大领导到现场指导，争取资金支持。工作站建设还得到了乡镇、街道的大力支持，在财政资金偏紧的情况下，采取实报实销、全额保障的形式，投入资金开展人大阵地建设。2018年，中心城区共建设社区代表工作站57个，村代表工作站34个，选区小、代表人数不足3人的社区联合建站18个，社区、村代表工作站覆盖率达到了90%。代表活动阵地向社区、村不断延伸，让代表履职有了更开阔的空间，使群众与政府之间的联系更加紧密。人大常委会按照年初工作规划，组织省、市、区代表200多人次，对全区重点工作、重点项目进行调研视察20多场次，召开座谈会30多场次，形成多篇高质量的调研报告。11月底，组织辖区120多名人大代表，对五个“一公里公共服务圈”建设、棚改项目等进行了调研视察，对城市建设发展中的重点难点建言献策、问诊把脉，取得良好效果。

重要会议

【区五届人大常委会第9~14次会议】 第9次会议于2018年2月7日召开，会议由区人大常委会副主任张雪梅主持。会议通过了《岳阳楼区人大常委会2018年工作要点》；审议区政府相关议案；进行相关人事任免事项。

第10次会议于4月17日召开。会议由区人大常委会副主任周幺龙主持。会议听取区政府关于《中华人民共和国环境保护法》贯彻实施情况报告；听取和审议了区政府关于经营管理工作审议意见整改落实情况报告；听取和审议了区政府关于食品安全一法一条例执法检查审议意见整改落实情况报告；听取和审议了区政府关于工商行政管理工作评议意见整改落实情况报告；进行代表异动事项。

第11次会议于6月15日召开。会议由区人大常委会副主任陈金星主持。会议听取和审议了区政府关于2017年度财政决算草案和2018年上半年预算执行情况，关于2017年度财政预算执行和其他财政收支情况的审计报告；听取了区政府关于2018年上半年国民经济和社会发展计划执行情况的报告；审议了区政府相关议案；听取了区政府关于《湖南省中小学校幼儿园规划建设条例》贯彻实施情况报告；听取和审议了区检察院关于侦查监督审议意见整改落实情况报告；听取了区检察院关于公益诉讼工作情况的报告；听取区人大常委会调研组关于文旅、物流调研情况报告（书面）。

第12次会议于8月9日召开。会议由区人大常委会副主任施敏主持。会议听取和审议乐区政府关于规范性文件备案审查工作情况的报告；听取和审议了《区政府关于提请审议岳阳市工人文化宫及东风广场改扩建项目补充列入2018年度岳阳楼区国民经济和社会发展年度计划的议案》；听取和审议了区政府关于城市管理工作情况的报告；听取和审议了区政府棚户（旧城）区改造工作审议意见整改落实情况报告；听取和审议了区政府关于残疾人工作情况的报告；听取和审议了《区人大常委会关于审计查出问题的监督办法（草案）》起草情况说明；听取了关于部分人大常委会工作制度修订情况的说明；进行代表异动事项。

第13次会议于10月24日召开。会议由区人大常委会副主任李建国主持。会议评议了区政府教育工作；评议了区政府工信工作；听取和审议了区政府关于《中华人民共和国农产品质量安全法》贯彻实施情况的报告；听取和审议了区政府关于2017年度财政预算执行和其他财政收支审计指出问题整改情况报告；审议了通过《岳阳楼区人大常委会关于开展第七个五年法治宣传教育的决议（草案）》；审议通过了《岳阳楼区人民代表大会常务委员会专项工作评议办法（草案）》；进行了相关人事任免及代表异动事项。

第14次会议于12月26日召开。会议由区人大常委会副主任张雪梅主持。会议听取“一府两院”关于代表议案和建议、批评、意见办理情况的报告；听取和审议关于2018年区级预算调整方案（草案）的报告；听取区政府关于2018年财政预算执行和2019年财政预算草案编制情况报告；听取和审计区规范性文件备案审查工作审议意见整改落实情况报告；听取和审议区城市管理工作审议意见整改落实情况报告；听取和审议区残疾人工作审议意见整改落实情况报告；审议通过《岳阳楼区人民代表大会常务委员会专项工作评议办法（草案）》；审议通过《岳阳楼区人民法院确认选任人民陪审员名额的议案》；审议区五届人大三次会议有关文件；进行相关人事任免及代表异动事项。

【区五届人民代表大会第三次会议】 岳阳楼区第五届人民代表大会第三次全体会议，于2019年1月2日至5日在岳阳会展中心召开，这次会议，从区委到人大常委会都十分重视，多次召开专题会议，分析形势，研究情况。大会中途无人缺席旷会。3日上午，召开了第一次全体会议，会议由区人大常委会主任漆胜主持。会议举行了开幕式，区长黄建文作了政府工作报告，区发展和改革局局长徐铭喜作经济社会发展计划工作报告，区财政局局长杨大明作了财政工作报告（书面）。4日上午，召开了第二次全体会议，会议由区人大常委会副主任施敏主持。会上区人大常委会主任漆胜作了人大工作报告，区人民法院院长夏常凯作了法院工作报告，区人民检察院检察长许建华作了检察院工作报告。5日上午，召开了第三次全体会议，会议由区人大常委会副主任周幺龙主持。会议通过了各项决议草案，会议最后，区委书记陈阁辉作了讲话，大会圆满闭幕。

建议意见办理

【概况】 区五届人大二次会议上，代表共提出议案建议104件，目前，所有建议已全部按期答复，代表的反馈意见满意率100%。人大常委会秉持高标准、严要求的态度，督促承办单位认真办理议案建议意见，并批选13件建议意见为本年度重点跟踪督办件。在办理过程中，常委会安排工作人员随时到办理单位抽查、跟踪、问效，不断提高“一府一委两院”对人大代表的议案建议意见的办理水平和质量。

岳阳楼区人民政府

重要会议

【区政府第 9 次常务会议】 2 月 2 日上午，区委副书记、区长黄建文主持召开 2018 年区政府第 9 次常务会议，区领导徐平、余昕、李尧瑶、唐露瑶、方正春、严石龙、邓建华出席，周幺龙、吴怡红列席。

会议审议 2018 年《政府工作报告》目标任务分解、突发公共卫生事件应急预案、“健康中国 2030”规划纲要实施方案、全民科学素质行动计划纲要实施方案（2016—2020 年），听取政务督察的工作汇报、2017 年区河长制工作开展情况汇报、东风湖新区范围内棚户（旧城）区改造项目国有土地上房屋征收情况，传达全省产业升级创新驱动培训班学习情况，学习市委印发的《中共岳阳市委关于进一步落实中央八项规定精神的实施细则》。

会议原则同意各项议程。就《政府工作报告》目标任务分解，会议要求，分解任务要规范，责任要落实，指标要具体，部署要迅速，过程要监督，任务要完成，考核要严格，奖罚要兑现。会议强调，督查工作是政府工作的重要组成部分，是政府全面履行职责的重要环节，是落实党和政府重大决策部署的重要保障。要摸清实情，深入了解，实事求是，聚焦问题，突出实效。全面推行河长制，是推进生态文明建设的必然要求，是维护河湖健康生命的治本之策，要强化职责落实，强化巡河规范、强化宣教引导、强化目标整治、强化能力监督。会议还研究了其他事项。

【区政府第 10 次常务会议】 4 月 4 日上午，区委副书记、区长黄建文主持召开区政府第 10 次常务会议，在家的区政府副区长出席，区人大常委会、区政协相关领导应邀列席，各街道（乡）和相关单位负责人参加。会议听取白杨坡小学项目建设情况汇报，研究陶家畈垫资合同纠纷的支付方案，审议《岳阳楼区第二次全国污染普查实施方案》及东风湖环境综合整治相关问题。

会议强调，白杨坡小学建设是一项重大民生工程，在建设过程中要更精细，程序更规范，监管更严格，项目要加快推进，确保如期开学。关于陶家畈垫资合同纠纷案，要严格按最高人民法院判决执行，依法依规依程序落实到位。就《岳阳楼区第二次全国污染普查实施方案》及东风湖环境综合整治相关问题，要按照讲政治、明责任、多协调、见成效的要求，将责任落细落实落到实处。会议还对下一阶段政府重点工作进行安排部署。

【区政府党组会议和常务会议】 5 月 10 日上午，区政府召开区政府党组（扩大）会和区政府第 11 次常务会，区委副书记、区长黄建文主持，各位副区长及有关部门单位负责人参加。

在政府党组（扩大）会上，区委常委、常务副区长徐平组织学习省委、省政府《关于开展违反中央八项规定精神突出问题专项治理的工作方案》和区纪委、区监委《2018年纠“四风”治陋习树新风专项工作方案》，传达学习省委书记、省人大常委会主任杜家毫在岳阳调研时的讲话精神。黄建文强调，要持之以恒提高四个意识，强化政治站位；要持之以恒增强纪律和规矩意识，做到令行禁止；要持之以恒强化责任意识，推动守土尽责、守土负责、守土担责；要持之以恒注重问题导向，构筑长效机制。

政府常务会传达学习地方党政领导干部安全生产责任制规定；听取政府性债务情况、平安楼区创建工作情况、推进被征地农民养老保险工作情况的汇报；审议并原则通过《岳阳市岳阳楼区被征地农民养老保险工作实施方案》《岳阳楼区洞庭湖生态环境专项整治三年行动实施方案（2018—2010年）》。就下阶段工作，会议强调，各单位要齐抓共管，密切配合，既要面面俱到，又要突出重点；既要抢抓机遇，又要注重实效；既要群策群力，又要齐心协力，把各项工作落实到位。

【区政府第12次政府常务会】 7月2日上午，区委副书记、区长黄建文主持召开政府党组（扩大）会暨政府常务会议，学习贯彻《湖南省委巡视工作规划（2018—2021年）》《中共岳阳市委关于推动长江经济带生态优先绿色发展的决议》，安排部署下阶段政府工作。

会议要求，要以生态优先、绿色发展为引领，按照中央和省委、市委的决策要求，全力推进专项整治，举一反三，推动长江经济带绿色生态发展。会议原则通过区交通建设局2018年新增项目计划方案，会议强调，要对标对表各项目标任务，按规定程序抓实抓细，合法合规加大支持力度，加强与上级部门沟通协调，灵活变通，快速行动，有序推进项目建设。

会议审议并原则通过《2018年度生猪禁养实施方案》，会议要求，要进一步完善通告和实施方案，尽快发布通告，广泛发动，做到家喻户晓；要严明职责，列出任务清单和责任清单，逐项明确责任单位、责任人员，做到问题清、任务明、行动快，在依法依规、寓情于理的基础上，不折不扣地完成目标任务。

会议还听取白鹤陵园骨灰塔项目建设情况汇报，审议《关于贯彻落实〈法治政府建设实施纲要（2015—2020年）〉的实施方案》《公职人员身心健康促进工程实施方案》《关于进一步加强政府投资项目管理的意见》《现代物流创新发展领导小组办公室关于做好2018年度千亿现代物流产业发展目标任务及考核工作的通知》《全面推进“最多跑一次”改革实施方案》等。

【区政府第13次政府常务会议】 8月31日上午，区委副书记、区长黄建文主持召开第13次政府常务会议，研究部署河（湖）长制、计划生育、农村集体产权、中心城区涉毒重症违法犯罪人员收治中心医疗保障等工作。区领导徐平、余昕、李尧瑶、唐露尧、严石龙、邓建华参加。

会议学习《中共中央国务院关于防范化解地方政府隐性债务风险的意见》《中共中央办公厅国务院办公厅关于印发地方政府隐性债务问责办法的通知》。会议要求，要严控地方政府隐性债务风险，在态度上坚决，落实上迅速，标准上提升。

会议审议并原则通过《岳阳楼区实施湖长制工作方案》

《关于调整岳阳楼区河长制工作委员会组成人员的通知》。会议强调，要发挥整体效能、落实主要任务、明确具体责任、加强组织领导。

会议表示，农村集体产权制度改革工作，是党中央、国务院作出的重大决策部署，是中央全面深化改革的一项重点内容，是实施乡村振兴战略的重要支撑。会议原则通过《岳阳楼区农村集体产权制度改革工作实施方案》，并要求进一步完善、细化方案，加强对接，加大切合，要依法依规执行落实，确保客观实用。

会议还研究了《关于完善和加强岳阳市中心城区涉毒重症违法犯罪人员收治中心医疗保障的方案》，听取了关于岳阳楼景区临街门店安全隐患整治的情况汇报。

【区政府召开第 14 次政府常务会】 10 月 31 日上午，区委副书记、区长黄建文主持召开第 14 次政府常务会，在家的常务会议组成人员参加。会议强调，要明确目标、各尽其责、全力配合，抢抓时间节点，扎实高效推进当前各项工作。

会议听取赴江苏扬州、南通和江西南昌学习考察城市管理工作的情况汇报。会议指出，要坚持“走出去学习交流、引进来内化提升”的工作思路，学习借鉴其他区域的经验和做法，结合岳阳楼区实际，做好数字城管、综合执法、文明创建、“路长制”、五个“一公里公共服务圈”建设等工作的结合文章，把城市管理做实做细做出特色。

会议学习贯彻省委省政府食品安全党政同责文件，审议《岳阳楼区食品安全事故应急预案》。会议强调，学习开展要多姿多彩，稳打稳扎，利用多种宣传方式，形成人人参与、人人关注的氛围；细则制定要一点一滴，毕恭毕敬，按要求完善预案，坚持党政同责，细化目标任务；工作推动要再接再厉，不折不扣，进一步优化日常管理、科普教育、信息化建设等工作，形成协同共治态势。

会议审议并原则上通过《岳阳楼区石英滤料厂企业改制方案》《2019 年区级财政预算编制方案》《岳阳楼区建立河湖管护治理联合执法机智工作方案》《岳阳楼区创建磨刀港“样板河”实施方案》，听取河湖“清四乱”专项行动工作汇报。

会议还对中央环保督察“回头看”迎检、经济运行调度、绩效考评、社会稳定、交通综合整治、禁毒等工作进行了安排部署。

重要文件

岳楼政发［2018］3 号 兵役登记通告

岳楼政发［2018］12 号 关于分解政府工作报告目标任务的通知

岳楼政发［2018］13 号 关于认真做好第四次全国经济普查工作的通知

岳楼政发［2018］26 号 关于严控政府性债务增长防范债务风险的意见

岳楼政发［2018］27 号 关于在全区范围内禁止饲养生猪的通告

岳楼政发［2018］29 号 关于印发《关于统筹推进区域内城乡义务教育一体化改革发展实施方案（2018—2020 年）》的通知

岳楼政发［2018］31 号 关于进一步加强区政府投资项目管理的补充意见

岳楼政发［2018］33 号 关于新增、合并、调整、取消一批权利清单项目的通知

岳楼政发［2018］37 号 关于禁止天然水域投肥（粪）投饵养殖的通告

岳楼政发［2018］38 号 关于新增、合并、调整、取消一批权利清单项目（第二批）的通知

岳楼政发［2018］39号
关于取缔非法幼儿园的公告

岳楼政发［2018］40号
关于切实做好第三次国土调查工作的通知

岳楼政办发［2018］3号
关于调整区人民政府办公室班子成员工作分工的通知

岳楼政办发［2018］8号
关于印发岳阳市岳阳楼区被征地农民养老保险工作实施方案的通知

岳楼政办发［2018］9号
关于加快推进“最多跑一次”改革全面梳理事项清单和优化简化办事流程的通知

岳楼政办发［2018］10号
关于印发《岳阳楼区洞庭湖生态环境专项整治三年行动实施方案（2018—2020年）》的通知

岳楼政办发［2018］11号
关于印发《岳阳楼区脱贫攻坚自然村通水泥（沥青）路建设实施方案》的通知

岳楼政办发［2018］12号
关于印发《养殖水域滩涂规划（2018－2030年）》的通知

岳楼政办发［2018］13号
关于印发《岳阳楼区政府性债务风险应急处置预案》的通知

岳楼政办发［2018］14号
关于印发《岳阳楼区公职人员身心健康促进工程实施方案》的通知

岳楼政办发［2018］15号
关于公布2018年公共服务事项目录的通知

岳楼政办发［2018］16号
关于调整岳阳楼区青年东路北侧棚户（旧城）区改造项目指挥部的通知

岳楼政办发［2018］17号
关于印发《岳阳楼区食品安全事故应急预案》的通知

岳楼政函［2018］4号
关于提请审议追加2018年重大事项预算的议案

岳楼政函［2018］5号
关于成立岳阳市十四中肺结核感染防控工作指挥部的通知

岳楼政函［2018］9号
关于对岳阳楼区民生建房用地予以审批的函

岳楼政函［2018］11号　关于提请审议岳阳市工人文化宫及东风广场改扩建项目补充列入2018年度岳阳楼区国民经济和社会发展年度计划的议案

岳楼政函［2018］12号
关于申报湖南汪师傅食品有限公司为农业产业化省级龙头企业的请示

岳楼政函［2018］14号
关于提请审议追加财政预算专项资金的议案

岳楼政函［2018］16号
关于提请审议学院路（湘北大道）两侧建筑立面提质改造项目实施的议案

岳楼政函［2018］19号
关于申报岳阳楼区农业产业化特色小镇的函

岳楼政函［2018］28号
关于印发《岳阳楼区民兵调整改革实施方案》的通知

岳楼政函［2018］32号
关于城陵矶新港区原岳阳楼区范围内的被征地农民参保工作有关事项的函

岳楼政办函［2018］2号
岳阳楼区2018年春节困难群众基本生活救助和慰问活动工作方案的通知

岳楼政办函［2018］5号
关于切实做好低温雨雪冰冻天气应对工作的紧急通知

岳楼政办函［2018］6号
关于印发《岳阳楼区内河水域“僵尸船”清理整治工作方案》的通知

岳楼政办函［2018］7号
关于印发《2018年岳阳楼区春运工作方案》的通知

岳楼政办函［2018］21号
关于成立岳阳楼区清理偿还政府债务工作领导小组的通知

岳楼政办函［2018］22号
关于印发《岳阳楼区消除义务教育大班额专项行动实施方案（2018—2020年）》的通知

岳楼政办函［2018］29号
关于印发《岳阳楼区市容环境集中整治实施方案》的通知

岳楼政办函［2018］32号
关于做好2018年乡（街道）

耕地保护工作责任目标考核的通知

岳楼政办函［2018］34号
关于印发《岳阳楼区教育扶贫“精准助学”工作实施方案》的通知

岳楼政办函［2018］35号
关于发布古树名木保护名录的通知

岳楼政办函［2018］37号
关于印发《岳阳楼区农村社区“网格化+服务”标准》的通知

岳楼政办函［2018］39号
关于公布第一批“最多跑一次”事项清单的通知

岳楼政办函［2018］41号
关于印发《岳阳楼区天然水域退出精养专项行动实施方案》的通知

岳楼政办函［2018］44号
关于印发《岳阳楼区2018年产业招商月实施方案》的通知

岳楼政办函［2018］46号
关于印发《岳阳楼区做好迎接国务院大督查工作实施方案》通知

岳楼政办函［2018］49号
关于印发《岳阳楼区驻区国企社会职能分离移交实施方案》的通知

岳楼政办函［2018］50号
关于印发《岳阳楼区2018年生猪禁养工作实施方案》的通知

岳楼政办函［2018］53号
关于做好2019年岳阳楼区城乡居民基本医疗保险征缴工作的通知

岳楼政办函［2018］65号
关于印发《岳阳楼区农村危房改造实施方案》的通知

岳楼政办函［2018］67号
关于印发《全区工业集中区大排查、大整治专项行动方案》的通知

岳楼政办函［2018］72号
关于印发《岳阳楼区非法幼儿园专项整治工作方案》的通知

重要活动

【千名党员下基层 打造和谐温馨年】 2月3日上午，区委副书记、区长黄建文到原钢球厂家属区，与政府办、五里牌街道党员干部一起为居民“送清洁”。拿上劳动工具，40余名党员干部们便忙碌起来，大家分成7组，有的清理垃圾，有的清扫路面，有的清洗垃圾箱，分工明确，互相配合。在党员干部的带动下，许多居民也纷纷加入，主动清扫垃圾和杂物。居民们说，区里组织党员干部义务打扫卫生，为社区做了件实实在在的好事。

【区新联会举行2017年迎新会】 2月2日下午，区新的社会阶层人士联谊会举行2017年会暨2018年迎春晚会，区委副书记、区长黄建文，市委组织部副部长贺明良、市委统战部副部长姜佳莉，区领导漆胜、彭端生、朱彦翼参加。黄建文代表区委、区政府向广大新的社会阶层代表人士致以新春祝福，他说，区联谊会不仅在政府与会员之间、会员与会员之间、扶贫帮困等社会公益事业中发挥了重要作用，同时在增加财税、解决就业等方面做出了突出贡献。就区新联会今后的工作，黄建文强调，要树立理想信念，做“大统战”工作格局的坚定拥护者。要服务大局，做转型发展、创新创业的无畏先行者。要勇担社会责任，做公益事业的积极参与者。

【河长“大”巡河 守护碧水清波】 3月13日，区委副书记、区长、区级总河长黄建文带队开展河长巡湖巡河活动，通过实地巡查和召开座谈会，总结前段工作，查摆突出问题，找准主攻方向，推进岳阳楼区河长制工作进一步落实抓细、取得实效。黄建文一行先后对洞庭湖沿线、吉家湖、芭蕉湖、王家河、枣树村黄梅港、麻布村磨刀港、羊角山河等岳阳楼区范围内的河（湖）进行巡查。下午，在全区河（湖）长制工作推进会上，黄建文传达市委

副书记、代市长李爱武在全市河长制工作座谈会上的讲话精神。就河长制工作如何开展，他要求，要突出重点，精准施策抓落实，在长效、共治、固本上下功夫。要压实责任，严格考核抓落实，在统筹调度、宣传发动、督查考核上做到位。要坚持目标导向、问题导向、协调导向、责任导向，确保河长制全面落地落细。

【强化干部培训　提升转型本领】　5月20日至26日，岳阳楼区“城市发展转型与创新”专题培训班在厦门大学管理学院进行。本次培训由区委、区政府主办，厦门大学管理学院和区人社局具体承办，培训内容主要有智慧城市建设、城市更新与社区改造、城市发展解读、公共关系与危机处理，以及实地参观学习。相关区级领导和部分区直单位、街道（乡）负责人参加。开班仪式上，区委副书记、区长黄建文要求，全体学员要珍惜学习机会，明白学海无涯的道理；要学有所获，认真听好每一堂课，在学习中思考、领悟，真正开拓视野，增长才干；要学以致用，学贵于行之，把学到的知识与实践相结合，为“转型发展、创新创业”的核心引领区建设贡献智慧和力量。

【把握时间节点 推进项目建设】　5月28日上午，区委副书记、区长黄建文调度交通大会战项目建设，他指出，要把握时间节点，继续紧锣密鼓地推进项目建设。相关区领导、单位负责人参加。黄建文一行先后察看了北环线、北港北路施工现场，听取情况介绍。随后召开的调度会就北环线、北港北路、奇康路、汴河园路、求索西路延伸段、湘北大道综合提质改造、金凤桥北路、岳望路延伸段、S211岳兴公路至枣树段等重点项目建设进行研究，区交建局等单位负责人分别从项目推进、施工环境、征地拆迁、后段工作打算等方面进行汇报。黄建文强调，要高度重视，统筹协调，在任务、资金等方面加大与市级部门的对接；要规范程序，高标准、严要求地建设好项目；要坚持政府主导，经建主体，在项目建设上确保责任到岗到人；要坚持区、街一体，属地负责，统筹推进交通项目建设。

【中央政法委调研组到岳阳楼区调研】　6月15日上午，中央政法委综治二室主任陈显辉率调研组来岳阳楼区调研。省综治办专职副主任罗永阳，市委常委、政法委书记王小中一同前往，区委副书记、区长黄建文，区领导黎建欣、余昕陪同。调研组一行先后到区综治中心、岳阳楼社区等地实地查看，黄建文介绍岳阳楼区依托网格化服务管理推行五个“一公里公共服务圈”建设、社会组织参与矛盾纠纷多元化解等工作。陈显辉充分肯定岳阳楼区社区治理与服务创新“三合一”及五个“一公里公共服务圈”建设，对岳阳楼区从理念、机制、科技手段等方面创新群众工作方法，打造“五个一公里”服务模式，所形成的立体化社会治理体系予以高度评价。陈显辉强调，基层治理工作要坚持党建引领，坚持党的群众路线，坚持“枫桥经验”与时俱进，在实践中形成特色，不断焕发新的生机活力，形成新时代共建共治共享的社会治理格局。

【以务实行动巩固提升脱贫成果】　7月12日上午，区委副书记、区长黄建文主持召开郭镇乡建中村扶贫工作现场办公会，解决危房改造、健康扶贫等具体问题，巩固脱贫成果。黄建文强调，要坚持用“一线工作法”行动、“脱贫致富带头人”行动、“自强与自力”行动、“产业帮扶”行动巩固提升脱贫攻坚成果。郭镇乡建中村，2014年建档立卡贫困户

136户290人，经过三年努力，除1户2人兜底贫困户未认定外，其余全部脱贫，于2017年底通过验收成功摘除省级贫困村帽子。黄建文指出，做好脱贫攻坚工作关键在于抓好“两个服气”，做到一把尺子量到底，确保纳入贫困户让其他人服气，清退贫困户让当事人服气。要抓牢“三种联系”，压实扶贫攻坚责任，形成从上到下顺次压实责任，从下到上梯次解决问题，上下联动合力提升实效的工作格局。要抓好“四项行动”，拓宽工作思路，创新工作举措，完善工作机制，创新脱贫攻坚方式。随后，黄建文一行前往桃花洞，实地考查建中村旅游扶贫情况；走访慰问建中村杨家组村民杨根保，了解其家庭生活情况及该村脱贫巩固详情。

【落实综合整治　倡导绿色出行】　11月12日上午，区委副书记、区长黄建文调度我区交通综合整治暨“路长制”工作，对该项工作再督促、再检查。区领导严石龙、邓建华及有关单位负责人参加。在鲤鱼嘴路、枫树坡路、新胜巷、富民巷、龙湾巷等地，黄建文现场查看道路改造、智能停车场建设等工作，叮嘱相关单位要加大工作力度，广泛组织发动，铆足干劲，在规定时间内完成目标任务。据悉，区对五里牌、东茅岭等7个街道的数10条背街小巷道路实行了“路长负责制”管理。黄建文强调，要坚持绿色出行、路长有责、综合施策、问题导向原则，加速推进交通综合整治；要加大“路长制”与城市管理、五个“一公里公共服务圈”、文明城市建设、志愿服务的融合，让各项工作相互配合、相得益彰；要有啄木鸟精神、绣花工夫、钉钉子的力度，一步一个脚印，把工作做实做细，充分发挥社区及网格员作用，确保“路长制”全路实名、全长有责、路格结合，打造“整洁、美观、文明、有序”的城市环境。

【加快创建步伐　共享健康红利】　11月22日、23日，国家卫生健康委对岳阳楼区创建全国健康促进区进行现场评估验收。国家评估专家组成员皇利华、王志耀，省评估专家组成员王强等一行，先后岳阳楼到三眼桥社区卫生服务中心、望岳路街道办事处、岳城小学、洪家州社区等地，通过看现场、查资料、听汇报等形式，全面评估岳阳楼区创建情况。区委副书记、区长黄建文参加汇报与评估反馈会，副区长李尧瑶及市区相关负责人陪同评估验收。在汇报与评估反馈会上，与会人员观看我区创建全国健康促进区工作视频专题片，李尧瑶作工作情况汇报。一直以来，区委、区政府高度重视卫生健康工作，积极推动将健康融入所有政策，着力打造五个“一公里公共服务圈”，建立起立体式多层次的健康管理与健康促进工作网络。皇利华对岳阳楼区健康促进区创建工作给予充分肯定，她认为岳阳楼区组织领导有力，工作开展有方，创建工作有效，在“一公里公共服务圈”建设、支持性环境、食育教育等方面亮点纷呈。她希望岳阳楼区再接再厉，协同作战，继续将健康融入所有政策，让老百姓切切实实享受到健康红利。黄建文表示，将按照评估专家组的反馈意见建议，自我加压、主动作为，做到思想重视不懈怠，保障力度不减弱，整改落实不走样，将健康促进区工作进一步融入到其他工作，做出新水平，取得新成效。

【用心搭建平台　用情开展禁毒】　12月6日下午，区委副书记、区长黄建文深入街道、社区，调度基层禁毒工作，实地了解社区戒毒（康复）工作站建设情况。

在王家河社区，黄建文查

看街道戒毒康复工作台账，了解社区禁毒工作现状。作为无毒社区，该社区积极探索禁毒工作新思路，研究禁毒工作新举措，坚持齐抓共管与群防群治相结合，预防教育与禁毒宣传相结合，为基层禁毒工作树立了样本。随后，黄建文看望正在参加全区“网格化+禁毒”业务培训的学员，希望他们充分发挥网格员的桥梁纽带作用，将禁毒工作的触角延伸到每个家庭成员，创新做好禁毒工作。

法治政府建设

【概况】 在区委、区政府的正确领导下、深入贯彻落实党的十九大精神，以全面推进依法行政、加快建成法治政府为目标，以实施《法治政府建设实施纲要（2015—2020年）》（以下称《纲要》）为主线，开拓创新，积极作为，各项工作稳步扎实推进。

【抓好法治政府基础工作】 建立健全法治政府建设考核制度。制定法治政府建设2018年度考核方案和记分细则，根据纲要的新要求，对岳阳楼区依法行政考核的内容和分值进行了调整，加大法治建设在全区行政绩效评估体系中的分值。扎实高效完成市政府“2018年度法治政府建设考评”的迎检工作。及时向区政府汇报、说明市政府2018年度法治政府建设法治政府的建设考评方案，根据区领导批示，全面落实迎检工作，并与市法制办进行有效沟通，扎实高效地完成了法治政府年度考评任务。全面推行行政执法“三项制度”。为全面推行行政执法公示、执法全过程记录、重大执法决定法制审核三项制度，根据市政府制定的《岳阳市行政执法公示办法》《岳阳市行政执法全过程记录办法》《岳阳市重大行政执法决定法制审核办法》，区政府法制办向区政府办公室报请印发《岳阳楼区全面推行行政执法公示制度执法全过程记录制度重大执法决定法制审核制度改革实施细则》，并督促各行政执法单位落实“三项制度”，有效地规范行政权力的运行。

【强化规范性文件和政府合同合法性审查】 加强文件规范性、合法性审查。法制办贯彻落实《湖南省规范性文件管理办法》要求，切实加强规范性文件建设管理，做到了每件必审，从源头上预防和减少违法行政。区政府法制办对区政府规范性文件严格审查把关，确保文件合法、合理、适当、可行；加强对部门起草规范性文件的指导和监督，有效防止利用规范性文件扩大部门职权，乱设行政许可、行政处罚、行政收费等违法行为的发生。2018年，法制办审查各类合同、文件、协议400余份，充分发挥参谋助手法律顾问的作用。规范政府合同管理。《岳阳市政府合同管理办法》出台后，2018年8月，法制办提请区政府办公室对该办法予以转发，并组织进行了学习，办法对合同的起草、签订、履行以及纠纷的处理、责任的追究作出了细致规定，使政府合同的管理走上了规范化的路子。落实规范性文件的清理工作。根据国务院、省政府和市政府的统一部署，全面开展规章规范性文件清理工作。按照《法治政府建设实施纲要（2015—2020年）》和国务院办公厅、国务院法制办有关“放管服”改革和生态文明建设等涉及的规章、规范性文件清理工作要求，报请区政府办公室下发通知，全面开展规章、规范性文件清理工作。同时，将不符合“放管服”改革要求，以及涉及生态文明和环境保护的法规、规章和规范性文件专项清理列为清理重点，清理意见呈区领导批示后，均已报市政府法制办，我区2018年共开展了5次全面清理工作。

【推进社会矛盾化解】 严格行政执法人员资格管理。区政府严格执行《湖南省行政执法证和行政执法监督证管理办法》，经审查过关的方可参加考试，电子化考试通过后发证。为确保行政执法资格考试质量，保通过率，区政府法制办组织编撰了行政执法证考试学习资料，发放给各行政执法单位，提高了岳阳楼区行政执法资格考试成绩。加强行政复议监督。按照省、市《行政复议工作规范化建设实施意见》的要求，坚持“以人为本，复议为民”原则，加强行政复议受理、审理、决定、监督4个环节规范化建设，充分发挥行政复议作为解决行政争议的主渠道作用，提升行政复议的权威和公信力。法制办公示行政复议申请条件、文书格式、审理程序等事项，对行政复议案件做到了应受尽受。2018年以来，法制办共办理行政复议申请案12件，行政复议答复案51件。依法处理各类行政涉法事项。区政府法制办积极受理、认真承办涉及官民纠纷、行政赔偿、执法矛盾和其他行政涉法事项，建立人民调解、信访、行政协调、司法等多方式、多渠道矛盾纠纷排查调处长效机制，有效化解各类矛盾纠纷，保持了全区的和谐稳定。

【打造诚信法治政府形象】 积极面对涉法涉诉问题。2018年以来，岳阳楼区政府共参加诉讼68起。面对繁重的诉讼任务，区政府法制办根据案情实际，呈报区政府调配法治力量到各相关单位和项目部，以各相关单位和项目部为依托，积极、妥善处理诉讼问题，取得了良好的成效。强化法制指导，规范政府行政行为。坚持用法治思维和法治方式化解矛盾，维护稳定。随着岳阳楼区范围内城市棚改项目建设进入深水区，各类涉及征收拆迁的纠纷大幅度增加，各种遗留复杂问题亟需解决，据不完全统计，2018年以来，法制办工作人员参加此类会议百余次，接待上门群众近百人。

【加强队伍建设】 强化思想政治建设。组织学习党的十九大报告精神，以习近平新时代中国特色社会主义思想指导工作实践、推动政府法制工作，确保学习教育取得实效。加强业务学习，努力提升全办工作人员业务水平。通过组织参加专题培训、集中轮训、学习考察、经验交流、个案研讨等形式，努力提高全办工作人员的业务能力和专业素养。2018年以来，法制办工作人员均多次利用周末时间，前往长沙参加省司法厅组织的专题培训。

经济研究工作

【概况】 2018年，政府经济研究中心紧紧围绕区委、区政府决策部署，立足本职工作，积极发挥参谋助手作用，优质高效地完成了各项工作任务。

【加强调查研究】 始终围绕全区建设发展的中心工作，想大事、谋全局、抓关键，先后围绕五个“一公里公共服务圈”建设、第三产业发展、城市管理、特色社区创建、棚户区改造等开展了深入调查，全面掌握了情况，提出了切合实际的建议意见，努力做到“参”在点子上、“谋”到关键处。始终坚持深入基层，深入群众，在一线走访、在现场调研，真正掌握了实际情况，确保信息准确、数据精确，为领导决策提供有效素材。建立“内联外援”的工作模式，凡是课题涉及的相关部门，都要求安排业务骨干联合参加课题研究工作，在课题研究过程中，还注重借助上级党委、科研专家等专业力量，有力促进了调研水平提升。《岳阳楼区打造五个“一公里公共服务圈”情况调查》《关于岳阳楼区城市产业发展的调查与思考》《岳阳楼区化解大班额工作调研报告》被市委《一线足迹》选刊。

【加强协调服务】 建立资料收集工作制度，中央、省市重大决策部署，经研中心第一时间组织学习；上级文件除涉密以外，全部复印留存；区委、区政府重要会议、活动，经研中心一律参加。通过系列措施，为文稿撰写积累了充分的素材，保障了文稿内容与时俱进。建全文稿起草集体研究、集体探讨、领导审核等工作制度，广泛吸纳各方有益意见，切实增强了文稿的科学性。在文稿撰写过程中，既有分工，又有协作，充分发挥出了经济研究队伍的内生动力。实行文稿质量负责、限时完成、差错登记等制度，对每一篇文稿、每一句话、每一个标点，反复修改，不断订正，逐步完善，从未出现过任何差错，真正做到了零错误、零延误、零失误，政府工作报告等一些全局性的综合材料，得到了领导和社会各界的高度评价。2018年，共起草省市专项工作汇报、区政府主要领导讲话、重点工作情况汇报、工作纪实等各类文字材料近300篇，其中《共建特色社区、共享美好家园》被《岳阳工作》刊发，工作经验在全市推广。

【加强信息报送】 在工作人员紧缺的情况下，始终明确了一名专职信息工作人员，24小时保持通信畅通。要求区内部门单位明确专人定时报送信息，强化了基层的信息工作责任。建立了采集、编辑、报送、反馈全链条工作制度，利用QQ群、微信群等平台，保持全区信息交流共享，确保下情上达、无缝对接。定期确定课题，收集、整理、报送有深度、有高度、有特色的工作信息，坚持抓住重点、跟踪热点、剖析难点、关注弱点、捕捉亮点，对岳阳楼区五个“一公里公共服务圈”建设、精准扶贫、污染防治、抗灾救灾等具有社会影响力的工作，迅速行动、快速报送，增强了信息工作的准确性、实效性。2018年，共向省、市报送信息120条，整体反映岳阳楼区经济社会发展态势和上级关注的重点工作。

【加强自身建设】 坚持以习近平总书记系列讲话精神武装头脑，坚持读原著、学原文、悟原理。始终把加强学习放在首位，利用“每周例会”时间互相交流学习心得、共同进步，经常前往财政、税收、统计等部门，听取负责人讲解经济知识，拓宽知识面，增强决策服务能力。灵活开展自学，经研室的每位成员都坚持认真阅读党报、党刊和重要文件，重点文章，做到精读、研究。坚持向生活学，向基层学，向实践学，很大程度上提高了经研室人员的理论水平和分析问题的能力，使经研室向区政府所提的意见和建议更加切实可行。坚持用制度管人管事，严格落实财务管理和党内生活制度，既保证工作任务优质完成，又注重工作人员身心健康和个人成长，整个队伍精神面貌积极向上，作风严谨规范，在全区上下赢得了良好的口碑。

督查工作

【概况】 近年来，岳阳楼区政务督查工作在区委、区政府的领导和市政府督查室的指导下，紧紧围绕市委市政府、区委区政府各项决策部署和工作安排，紧扣中心，突出重点，提升效率，求实创新，确保重要工作部署及时贯彻实施，确保领导批示事项及时落实解决，确保重大决策措施有效推动。

【执行力度大提升】 紧扣推进市委、市政府和区委、区政府重大决策、重要工作部署的落实这个工作中心，不断提高督查工作针对性，做到督重点，重点督，全面督促提高执行力，确保全年目标任务的顺利完成。针对区政府重要工作实行重点督查。按照市委和区委工作部署，对区委、区政府确定的年度中心工作及区政府会议决定事项逐项分解，责任到人，时间到点，实行挂销号，并对照时间节点要求开展月度、季度、年度督查。2018年，我们将政府工作报告目标任务征求职能部门、政府办负责人、分管副区长等多层次意见后细化分解为81个单项指标，明确了牵头部门、部门责任人、分管区级领导、验收标准、完成时间等，每月跟进完成情况，季度通报进展，并将进度滞后的任务指标以工作提示函的形式向分管副区长提请督办，确保工作任务及时落实。针对市、区阶段性工作实行集中督查。对市、区安排的阶段性工作，按完成时限和任务要求对相关责任单位进行集中督查。特别是“三大攻坚”、“四个清零”、环保整改等时间紧任务重的工作实行了专人全程跟踪督查督办，并以一天一通报的形式，督促责任单位加快工作进度，按时按要求完成各项工作任务。针对政府定期工作实行全方位督查。为推动全区各方面的工作落实，我们突出问题导向，结合牵头责任部门的日常督查结果，在年中、年末组织两次全方位督查。报请区政府主要领导同意后，抽调精干力量组成督导组，深入各单位实地核查重点工程和重要工作完成情况，认真听取部门单位工作意见建议，并根据第一手资料深入分析，向区政府主要领导汇报提出工作建议。

【工作质量大提升】 督查的目的就是要通过督促检查提高执行力，提升工作效率。作为督查室，我们不断完善工作机制，提升督导督办工作效率和具体工作承办效率，实现工作质量大提升。提升督导督办工作效率，加快督办情况收集报告速度。不断完善督查工作机制，确保督查工作“及时、准确、公正”。实地督查是督查工作的重要手段，是深入实际调查了解基层工作情况、详细掌握基层工作进度的有效途径。如岳阳楼区的资产处置和资金回笼情况是领导关心和关注的重点，自然也是督查工作的重点。根据要求，我们积极深入各项目建设现场进行督查，对当天督查的项目和建设工程，要求当天整理检查情况，当天送审、当天印发，争取把最鲜活、最真实的情况尽快呈送给领导审阅。提升具体工作承办效率，确保批办问题尽快得到解决。在省、市、区领导批示件和批办事项的办理方面，坚持完善批示件办理工作机制，规范批示件办理程序和工作流程，加大督办催办力度，采取对具体承办人和单位领导分别督促的方法，及时掌握办理进度，努力提高办理质量，做到“件件有着落、事事有结果、项项有回音”。如联港南路整治（市政府督查室专题下发表扬通报）、为贯彻落实市人大常委会和市政府督查室下发的《关于对2017年度审计报告指出问题整改落实的督办函》，岳阳楼区高度重视，常务副区长专题研究，要求各有关部门力行整改审计报告中涉及岳阳楼区项目未按期完工、收取协调工作经费、未及时拨付使用省级配套资金和擅自出台津补贴政策等4类13个问题。督查室向区政府法制办、区信访局等6家单位下发《督办函》，及时清退违规收取协调工作经费58万元。特别是对省、市领导批示的专项查办件，督查室和责任单位一起研究讨论，提出切实可行的整改方案，确保问题尽快得到妥善解决，办理结果尽快反馈上报。同时，不断加大省市重点民生实事、建议提案办理、12345公共服务热线及政府门户等承办工作力度。2018年，承办市、区建议提案222件，代表、委员满意率达100%；办理“12345”公共服务热线工单16645件，办结率达99.97%；办理门户网站新闻信息、公共服务、政务信息等公开公示19982条，差错率为0；办理省市重点民生实事11大项13小项，均全面超额完成任务。

【业务素质大提升】 一直以来，督查室不断在督查方法、督查形式、督查考评三个方面探索创新，通过创新增强队伍活力，提升督查工作的效能和水平。督查方法创新。在对重点项目和重点工作的督查工作中，督查室既搞督查又搞服务，既关注工作进展情况，又加强调查研究，及时收集项目建设中存在的问题和困难，并将项目进度和存在困难同时收集上报，为党委、政府决策提供依据。在工作大督查中，不仅对进度较快、形象较好的项目进行观摩，还对进度不快、形象较差的项目进行观摩，从而起到了激励后进的作用，督促其迎头赶上，完成任务。如在全区棚改工作督查中，争取领导支持同意后，督查室成立了由督查室、问责办、效能办组成的联合督查组，从事前、事中、事后三个方面同时发力，约谈、督办与问责同步进入程序，形成了对重点工作督查在形式上的创新，力度上的空前到位。督查形式创新。在对全局性、重点性工作的督查中，采取部门联动的方式，加强同政府督查部门、区内新闻媒体的合作，实行部门联动、统一行动，及时做好情况反映，通报先进典型、督促落后单位，推动工作进程，收到明显的成效。此外，充分发挥手机短信提醒快速便捷的作用，利用楼区手机报的平台，加大对重点工作进展情况的通报。特别是对一些进展缓慢的工作，利用手机信息对分包区级领导进行及时提醒，有效弥补书面提示函流转时间较慢的弊端，使工作提醒更及时、更能发挥作用。考评机制创新。在以往的督查工作考评中，我们往往参照的是平时工作督查中各单位的表现，一些重点建设项目少、承担协调服务职能的单位往往成绩欠佳。2017年以来，改进了督查工作考评机制，将各单位平时配合开展督查工作情况和批示件办理情况等内容纳入考评范围，通过全年督查工作的综合表现进行考核评定，从而增加了考评的科学性，使考评结果更加体现科学性和合理性，受到基层广大单位的好评。

人力资源和社会保障工作

【概况】 2018年是岳阳楼区人社极不平凡又收获满满的一年，一年来，在岳阳楼区委、区政府的坚强领导和市人社局的精心指导下，紧紧围绕核心引领，不忘发展初心，践行民生使命，奋力创建“规范有序、服务优良、敢于担当、人民满意的核心引领标杆示范单位”，全面超额完成省、市、区各级目标任务，得到人社部、省人社厅有关领导的高度肯定，连续5年荣获岳阳楼区综合绩效考核一等奖。连续6年被评为全市人社系统绩效考核先进单位。

【就业创业】 围绕全区“五个中心”产业战略布局，向上争资2亿元，立足援企稳岗、创业增岗、培训转岗、兜底托岗，深入推行“311”就业服务，举办“春风行动”等招聘会6场次，开展第二届“十佳创业青年、十佳创业巾帼”评选表彰活动，新增创业主体1.5万家，新建3个大学生就业见习基地和2个众创空间，新增城镇就业连续五年保持1万人以上，“零就业家庭”动态清零，城镇登记失业率降至3.8%，创历史新低。持续稳定的就业形势成为岳阳楼区核心引领区建设的“压舱石”和“助推器”，美丽的岳阳楼区正成为就业的热土、创业的福地。

【社保体系】 在全市率先完成机关事业单位退休待遇核算、医保全国联网异地结算、健康扶贫“一站式”结算，全面完成非编制管理人员养老保险关系转移、被征地农民养老保险等工作，参保总人数达53.5万人，参保登记率达96.5%，征缴基金21.39亿元，连续6年保持高速增长。企业职工退休待遇实现十四连调，月人均养老金达到2300元，社会保险待遇及时足额发放，基金运行安全平稳，年末滚存结余19.16亿元，始终保持全市领先，基本实现“老有所养”“病有所医”。发放社会保障卡24.5万张，推行工资卡、医保卡、养老保险卡“三卡合一”，全区机关事业单位通过社保卡发放工资2862人次，医保待遇实行社保卡结算全覆盖，企事业、居民养老3万多人全部实现社保卡发放退休待遇，社保卡应用率达到96%，居民幸福指数不断攀升。

【人事人才】 严格贯彻落实区委“严管、善待、厚爱”的人才工作思路，持续开展干部素质提升工程，组织2批党政干部赴外地考察学习，举办6期专业素质提升班，分层分类培训800多人次，打造干部教育培训品牌。大力实施“四海揽才”，坚持“凡进必考、违规必究、到龄必退”，巩固“三超两乱”“吃空饷”专项治理成果，财政供养人员连续四年实现负增长，形成人事管理新常态，逐步实现“调优人才结构、提高学历层次、打造干部梯队、减轻财政负担”目标。

【信访维权】 充分利用协商、调解、仲裁、监察等手段，联合公安、法院等部门，协同开展“治欠保支”专项行动，引导劳动者依法维权，处理各类诉求，全年办理“12345”公众热线工单4033件，办结回复率100%；受理劳资纠纷案件1380起，涉及劳动者2.3万人，追回欠薪1800万元，向公安机关依法移交6起恶意欠薪案件，持续保持高压态势，劳动关系整体稳定，区委、区政府提出的“零上访、零拖欠、零事故”目标基本实现。

【公共服务】 坚持“创新为源、民生为本、事业为重、服务为先”的“四为”人社精神，全面实施“互联网+人社”2020行动计划，深度融入岳阳楼区公共网络服务平台，有力推进“放管服”改革，发布7大类28项便民举措，新建13个村级服务平台，实现102项人社服务事项下放到107个社区（村），推动实现“网上办、马上办、就近办、一次办”。免费为18岁以下人员（含新生儿）提供现场一分钟制卡服务，2018年制作临时医保卡（办卡、补卡）近3万张，累计6万余张，平台累计办理业务104.5万笔，服务群众超过130万人次，便捷、优质、高效的五个“一公里公共服务圈”品牌进一步擦亮，保障民生、服务发展的“软实力”，成功转化为核心引领、区强民富的“硬支撑”，明显优于周边的区域竞争力加速提升。

【自身建设】 坚持挺纪在前、强化监督、常抓不懈。深入贯彻落实“纠四风、治陋习”要求，对机关各股室、二级机构以及各经办窗口常态化开展作风纪律监督检查，增强拒腐防变能力。结合“业务大讲堂、岗位大练兵、技能大比武”等活动，集中精力组织好“我是干部我担当，我是党员我带头”主题实践活动，全局系统干部职工立足岗位创新求为，人人比先进、人人学先进、人人争先进的氛围浓厚，一批省、市、区“巾帼文明岗”“青年文明号”“文明窗口单位”成功创建，人社窗口连续6年做到“无违规经办、无重大投诉、无恶意炒作”。全面从严治党，“一岗双责”层层落实，激励考核、轮岗交流力度持续加大，二级机构和机关股室负责人交流比例达到80%。梳理、规范业务流程62项，全面管控19个权力运行风险点，全面实施“业务经办实名制”，永久存档、终身追责，编织权力运行安全网。局领导班子充分发扬民主，按期召开民主生活会，认真开展批评与自我批评。对“三重一大”事项，坚持民主决策，不搞“一言堂”，一律由局党组会集体讨论决定，2018年，共召开党组会16次，党组扩大会14次，印发会议纪要8次，切实做到“把权力关进制度的笼子”。局领导班子在区年度考核为优秀。

民政工作

【概况】 2018年，岳阳楼区民政局认真贯彻区委、区政府各项决策部署，切实践行“民政为民，民政爱民”的工作理念，抓住重点、突破难点、聚焦亮点，民政工作在促进全区经济社会发展中的基础性作用得到充分发挥。

【社区建设】 推进社区办公用房建设。对纳入2017年建设计划未完成的8个社区办公服务用房，进行逐个督查，强力推进，完成了良万、四化建、青年堤、甘塘坡4个社区办公用房建设。开展特色社区创建工作。深化网格化管理、公共服务、居民自治“三合一”工程，统筹推进五个“一公里服务圈”建设，取得明显成效。湖南省政府办公厅《调查与研究》（第8期）对岳阳楼区五个“一公里公共服务圈”建设经验进行了专题推介。以基层党建为总揽、政府治理为主导、居民自治为载体、居民需求为导向、改革创新为动力，制定《岳阳楼区特色社区创建方案》，确定东升等14个社区为创建点，以点带面，打造亮点，夯实基础，做实服务。在国家民政部组织的“全国社区治理和服务创新实验区”民意调查中获得高分评价，并取得了实地验收高分通过。启动“最多跑一次”改革。结合“互联网＋政务服务”，将触角向社区治理末端延伸，梳理公共服务事项清单，制定社区事务准入制。全面推行“一窗受理”“就近办理”“一网通办”，实行线上线下同步走。已实现了68项业务在网上和手机上直接查询，79项便民服务事项在社区受理和办结，基本做到了群众少跑路，数据多跑腿。《中国社会报》头版头条以《岳阳楼下的幸福》为题在全国进行了推介。

【社会救助】 全面实现农村低保与国家扶贫标准“两线合一”，专项清理整顿农村低保和兜底脱贫对象，15名兜底脱贫对象足额保障到位，行业扶贫、驻村扶贫取得实效。有序推进低保制度城乡统筹，城乡低保最低生活保障线，由2017年的440元/月和260元/月，提高至480元/月和285元/月，月平均补差分别提高至320元、170元。加强特困人员供养服务机构建设，提升管理和服务水平，失能和半失能特困人员供养率达到40%。2018年共争取中央、省市民政资金1.7亿元；实施城乡低保救助26.44万人次，发放救助资金8000多万元；医疗救助2100人次，实施救助资金760多万元；临时救助4200多人次、发放救助资金680多万元；特困供养2200人次，发放救助资金133.26多万元。大幅度提高了困难群体基本生活保障水平。

【双拥优抚】 2018年，岳阳楼区民政局按照有政必施、有难必帮、有惑必解的办法，积极探索、更新观念、主动担当。坚持“四条底线”防患风险。把维护军队退役人员稳定作为重要工作职责，自觉坚守法律、纪律、政治、道德四条底线，严格执行信访工作实施办法，落实信访工作责任，重视初信初访化解，正确研判风险形势，确保楼区社会大局基本稳定。坚持“一线工作”化解矛盾。变被动为主动，变接访为下访，通过班子成员带队、基层蹲点、逐个上门走访、重点对象责任到人，了解军队退役人员所想、所盼，时刻关注群体动向，及时疏导化解，把握维稳主动权。组织开展了“抓民政重点·防风险底线大调研”“退役军人大走访”等活动，先后召开约谈和座谈会63次，走访重点优抚对象1818人，帮助解决困难156件，把问题解决在基层、把矛盾化解在萌芽状态。坚持“军民融合”正面引导。积极开展“双带双促”活动，对正面典型进行鼓励表彰，宣传推介，适度扶持，擦亮退役军人的“奉献点”，让“退役军人受尊重”，达到典型引路，模范引领的效果。对非访缠访涉军对象，通过找有威信、明事理、懂政策的人员劝说，再进行约见约谈，讲明信访条例和抚恤优待政策，进行正面思想疏导。引导涉军对象自觉遵纪守法，通过正当渠道反映和解决问题。还深化优抚对象帮扶，提高抚恤补助，及时落实到人，让优抚对象足额享受改革开放成果，对确有困难的优抚对象，加大扶贫帮困力度，倾力解决优抚对象“生活难、医疗难、住房难”问题。2018年，共发放优抚对象抚恤补助2092.434万元；发放病故军人遗属一次性抚恤金212.7583万元；发放重点优抚对象医疗救助资金483.9万元；解“三难”资金326万元。

【退伍安置】 2018年，岳阳楼区安置三级上退役士官，发放入伍义务兵家庭优待金830.4万元；

【婚姻登记】 2018年，岳阳楼区民政局按照婚姻登记标准化建设要求，优化服务事项，全年婚姻登记办结合格率达100%，顺利通过“全市文明服务窗口”复查。

【社会福利】 做实兜底性、基础性、普惠性福利慈善事业，以“全国居家和社区养老服务改革试点市”为契机，建成五里牌等16个养老信息服务平台，推动养老服务向精细化转变。超额完成省市实事任务，新增养老床位165张，全区养老床位达3872张，每千名老人拥有床位数36.5张。规范残疾人“两项补贴”发放，每人每月补助不低于55元。强化孤残儿童、农村留守儿童、困境儿童关爱保护，全区“三留守”社区（村）级服务平台覆盖率达到60%，孤儿分散供养标准提高至1000元/月。稳步拓展福彩销售渠道，保持福彩销售稳健发展态势。

【社会事务】 深化殡葬改革，改造中心城区殡仪服务公益性设施，推进“三沿六区”专项整治，绿色节地惠民殡葬渐成新风，移风易俗和殡葬改革工作受到好评。积极筹备白鹤陵园骨灰塔项目建设。健全流浪乞讨人员救助保护机制，排查整改救助和托养机构。深入开展“平安边界”创建，顺利完成第四届边界联检。规范婚姻登记服务，推进岳阳楼区婚姻登记标准化建设。

信访工作

【概况】 2018年，截至11月23日，区人民来访接待中心接待群众来访150批542人次，其中集访29批332人次，同比批次上升20%；到市接访劝返441批2835人次，其中集访120批2222人次，同比批次上升23%；赴省接访劝返37批76人次，同比上升21%；进京接访劝返15批41人次，同比上升29%，其中非访7批9人次；通过外围查找劝返、火车站网控拦截集访1批25人次，外围查控个访9批13次。来信、网信办理情况。办理群众来信112件，同比下降60%（其中国家信访局转送交办19件，省信访局转送交办34件，市委书记转送交办6件，市信访局转送交办36件，本级办理17件），均已办结；办理网上投诉563件，同比持平（其中国家投诉办48件，省长信箱25件，省信访局转送交办16件，市信访局转送交办25件，本级办理449件），已办结526件，办结率93%。案件办理情况。组织开展矛盾纠纷排查18次，排查突出信访问题205个，及时向上级报送重要信访信息42条，超前化解集访29起；以区委书记、区长的名义交办督办案件39件，信访联席会议交办、转办到有权处理的责任主体单位信访案件98件。

【确保特护期间和谐稳定】区委、区政府高度重视信访工作，在每次重大活动前，都要专题研究部署信访维稳工作，制定工作方案和应急预案，确保重大活动特护期间岳阳楼区社会和谐稳定。10月21日十九大特护期间，金办韩新根准备进京，得知信息后，区政法委书记黎建欣、副区长、公安分局局长余昕亲自调度，通过派出所上门做工作，手机定位等技术手段，将其在高铁劝回。10月16日，楼办许秀英、苟正国已经买了10月18日的Z2次列车进京，得知信息后，楼办副书记李创华带领社区工作人员上门做工作至深夜，最终成功劝其退票。在十九大特护期间，通过各级、各部门信访工作人员不懈努力，成功劝返退票准备进京上访人员32人次。

【全力开展积案清零活动】在全国“两会”前夕，区联席办组织召开了两次信访积案和信访重点人员集中交办会，专题部署信访“积案清零”专项行动。成立了区委副书记任组长的岳阳楼区信访“积案清零”专项行动工作领导小组，制定了《岳阳楼区信访“积案清零”专项行动工作方案》召集16个街道（乡）分管信访工作领导和区直重点单位信访分管领导召开会议，传达领导指示精神以及信访“积案清零”专项行动前期矛盾排查要求。各街道（乡）、区直有关单位和区信访局共计排查重点突出信访积案问题163件，经区信访局初审后报区联席会议审查案件42件，最终确认26件信访案件纳入“积案清零”专项行动。2月23日，全区召开全国“两会”维稳工作安排布署暨信访“积案清零”专项行动案件集中交办会，26件信访积案已全部交办责任单位。针对26件信访积案，各责任单位已初步开展化解前期工作，重新调查、核实信访诉求、重新确定制定化解措施、没有及时跟进的重新安排专门班子跟进、暂时没有化解契机或无法解决的提出了意见建议。

【严格落实信访工作责任】各街道（乡）和区直部门先后组织10余次专题学习活动，通过报纸、电视等传统媒体和新闻网站、微信公众号等新媒体向社会公众宣传、解读国务院《信访工作责任制实施办法》《湖南省信访工作责任追究办法》。同时，区联席办要求各街道（乡）认真落实信访责任，对信访积案实行包案责任制，从区级领导到街道干部、社区干部、派出所社区民警、网格员层层落实。全国“两会”期间，岳阳楼区重点人员肖春香进京非访，给全市信访维稳工作带来了被动局面。根据中央、省信访工作责任追究办法及市、区有关文件精神，岳阳楼区对相关单位和相关责任人进行了全区通报批评。

【强化信访问题源头治理】始终坚持每月定期排查和敏感节点重点排查相结合，实行分类整理，建立台账，重点关注。坚持区级领导、乡（街道）班子成员坐班带班接访下访制度，实行首接负责制，跟踪服务到底，让绝大部分初信初访在第一时间、第一地点得到化解。受理信访代理56个，已办结49个。4月6日，金鹗山街道夏万路社区居民周某某写信反映房屋被临近房地产项目拆迁高炮机械臂施工损坏，并对其身体造成伤害。区委、区政府主要领导分别作出批示，廖星辉副书记亲自指导该信访问题的处置，最终促成该信访事项圆满解决，化解了一起可能引发群体上访的隐患。

【发挥信访联席会议协调作用】区联席办充分发挥各联席会议成员单位的作用，由国土、人社、司法等部门成立11个专项工作小组，建立了商业矛盾调处、劳资类矛盾调处、金融类矛盾调处三大机制，定期召开信访案件分析调度会议，协调解决跨部门跨行业的信访问题，相关职能部门各负其责、各尽其能，快速高效协调解决信访问题。2018年来，区联席办组织相关单位召开信访事项联席会议63次，提高了相关责任单位化解信访矛盾的效率。

史志档案工作

【概况】2018年，史志档案局在区委的坚强领导和上级业务主管部门的具体指导下，围绕全区发展大局，努力践行“一线工作法”，务实求为，创先争优，全区史志档案工作稳步推进。

【持续开展业务培训】史志档案局一贯注重业务培训，提升档案管理人员的业务水平。2018年更是要求全区各单位学习档案管理制度，并将此项作为工作考核评分细则的一项。3月23日召开全区史志档案工作会议暨档案业务培训，会议表彰了先进单位12家，先进个人10人，并对档案工作规范化管理省二级档案室新晋达标单位金鹗山街道、区安监局进行授牌。总结成绩部署工作，并专门邀请业务专家对档案管理人员和史志专干进行了业务培训。史志档案局向中国档案报社订购《小红的兰台奇遇记》和档案行业徽章分发给各单位档案员。发动16个乡、街办事处及80个区直单位征订业务杂志，全年共订购100份《档案时空》，10份《中国档案报》，10份《中国档案》。

【注重营造宣传氛围】6月8日上午，岳阳楼区“6·9”国际档案日现场观摩经验交流会在王家河街道办事处召开。16个各乡、街道办事处分管领导和档案员参会。会上通过参观王家河街道办事处档案室、先进单位档案员做典型发言等方式交流工作，提出今后工作的思路。为迎接第11个国际档案日的到来，史志档案局以“档案见证改革开放”为主题，开展系列宣传活动，发动全区积极参与参加国家档案局的主题征文活动，并通过电子屏、展板、横幅、标语等多种方式，吸引更多人关注档案、走近档案，帮助社会公众认识档案价值、增强档案意识，营造全区关心支持档案工作的良好氛围。2018年10月，史志档案局被省档案局评为2018年度全省档案宣传工作先进集体。

【切实服务中心工作】 针对史志档案区征收拆迁工作进度史志档案局主动对接区征收安置工作局，6月14日，举办棚户（旧城）改造重点工程项目档案管理培训班，全区各项目档案员、资料员共计50余人参加培训。会上，史志档案局专业人员针对全区重点项目，详细解读了《国家重大建设项目文件归档要求与档案整改规范》《重大建设项目档案验收办法》《科学技术档案案卷构成的一般要求》。通过大量实例，生动解读档案的规范整理程序。结合《中华人民共和国档案法》，要求参训人员充分认识档案工作的重要性和必要性，提高依法治档意识。进一步加强与农村经营管理局的交流与合作，针对农村土地承包确权工作，继续做好农村土地确权档案的业务指导工作，目前5500户农村土地确权档案23578卷正在整理之中，争取2019年年前完成入馆工作。

【执法检查，依法行政】 史志档案局于10月10日至22日，对乡、街道办事处，区直各单位及垂直管理单位共85家单位分三组进行了2018年度档案行政执法检查。主要查看档案安全保管条件、档案整理、档案工作规范化标准落实、档案统计台账等相关工作情况。本次检查结果作为2018年度综合绩效考评重要依据。在史志档案局的具体指导下，2018年，区环保分局、奇家岭街道办事处档案室申报省二级，站前路街道办事处、五里牌街道办事处、经管局等单位新添置密集架，完善档案设施。岳阳楼区基层档案工作面貌有较大改观。

【年鉴编修，成果初显】 2018年初，史志档案局自主编修建区以来第一本公开出版发行的《岳阳楼区年·2017》经过得到了省地方志编纂委员会、市史志办的认可，经过重重评审在第五届湖南省年鉴奖评选中获得二等奖，为岳阳楼区开展年鉴编修以来获得的最高奖项。

【日常工作，按时保质】 2018年，史志档案局积极完成市史志办下达的各项工作。一年内完成两次区志编修情况报送，完成《湖南党委工作纪事》2018卷岳阳楼区部分的组稿工作，4月，进行了《红色印记》(含《湖湘红色手迹》《湖湘红色诗选》《湖湘红色遗址概览》三本书）丛书岳阳楼区部分的资料收集与整理工作。7月，组织向史市志办主编的《回首当年》文集投稿。9月，接史志办通知需补充《乡镇简志》的缺失内容，史志档案局及时收稿，仔细审稿后，提前报送给市史志办。各项史志日常工作均按时按质量完成，得到了上级主管部门的充分肯定。

【运用成果，发挥效益】 3月，史志档案局主编的《岳阳楼区乡（街道）简志》和《岳阳楼区年鉴2017》印制成书后，史志档案局立即将其向全区90来个单位免费赠阅，还以其与省、市、区各级史志编研部门开展交流活动。另外，积极参与了省党史研究室主编的《湘潮》杂志发行工作。《湘潮》是一本以史为鉴，以史育人，介绍湖南百年风云和湘籍人事的生平、事迹及风采的专刊，史志档案局加强宣传和订阅力度，将征订任务分解到基层，累积发行达700多份，较往年又有新的突破。

民族宗教工作

【概况】 2018年，民宗局紧紧围绕各民族“共同团结奋斗、共同繁荣发展”的民族工作主题和“贯彻执行党的宗教信仰政策，尊重和保护信教群众的合法权益，依法管理宗教事务，积极引导宗教服务岳阳楼区的经济社会发展”的宗教工作思路，努力开创岳阳楼区民族宗教工作新局面。

【民族工作】 编印《岳阳楼区少数民族流动人口服务手册》确保对流动少数民族的政策宣传到位。2018年9月组织城区内新疆籍经商务工人员代表举办了一期政策法规大宣讲活动，通过组织宣传学习城区内新疆籍流动人员对我们的工作配合度得到了进一步提升。2018年为多名流动少数民族顺利解决小孩入学难题，协助市、区城管协调处理多起少数民族占道经营纠纷，全年没有发生一起因取缔少数民族占道经营引发的暴力冲突。协助积极助力棚改拆迁工作，2018年上半年杨树塘棚改项目部在棚改拆迁过程中涉及两户西北回民经营户的门面拆迁，通过我们的积极沟通协调，一周内两户回民业主都按项目部的要求签订了拆迁协议，达成了双赢的局面。全力推进民族团结进步进社区活动。近几年来我们通过建立健全乡（街）、村（社区）两级工作网络，把民族团结进步工作落实到社区，并开始显现成效，朝阳社区申报湖南省民族团结进步示范社区，民族团结进社区工作不断深入。2018年完成37名少数民族考生的高考加分材料审核工作，坚持做到认真对待，严格身份认定，坚持实事求是，不漏报错报。

【宗教工作】 2018年进一步完善了党委领导、政府负责、宗教组织协同、信教群众参与的宗教事务管理格局，健全了区、乡（街道）、村（社区）三级宗教工作网络和乡（街道）、村（社区）两级责任制。引导宗教界人士特别是场所负责人和教职人员正确认识宗教与法律的关系，在岳阳市基督教堂、吕仙道观、玉佛寺、岳阳市天主教堂、岳阳清真寺5个主要宗教场所，加强教职人员对党的宗教工作基本方针政策的宣传学习。在区民族宗教工作领导小组统一领导下，区委统战部、区公安分局、区民宗局联合成立专项行动领导小组，积极配合开展“11·16”专案行动，打击“耶和华见证人”等境外势力，坚决抵御境外敌对势力利用宗教进行渗透。在2018年的“11·16”专案行动中，全面梳理排查了境外势力利用宗教进行渗透的组织、人员情况，并由公安部门对6名韩国、日本外籍人士依法进行了驱除出境的处理，对4名本地人员进行了训戒，收缴各类非法音像制品、书籍1000余册，有效地震慑了地下宗教势力的气焰。全面加强基督教私设聚会点治理。经过集中治理2018年取缔基督教私设聚会点28家，解散4家，服从“三自”和政府管理纳入市基督教小组1家，压缩规模根据治理情况纳入管理1家，得到市委统战部和市民宗局领导的肯定。

侨务工作

【概况】 2018年，岳阳楼区侨联认真贯彻落实党的十九大会议精神、习近平总书记关于侨务、侨联工作重要论述以及第十次全国侨代会精神，在区委、区政府的坚强领导下，积极主动开展各项工作。

【学习传达全国第十次侨代会精神】 组织侨界群众，学习传达第十次全国归侨侨眷代表大会重要精神。全面认真传达了赵乐际的致词和万立骏的工作报告精神，并重点就新时代侨务工作的主题、主线、原则、格局等作了介绍。侨界群众纷纷表示，中央政治局七位常委全部出席，这是进入新时代召开的一次侨界盛会，让大家充分感受到了大侨联、大改革、大担当。

【服务中心工作，维护社会和谐稳定】 协助市侨联到岳阳楼区调研，实地走访部分侨资企业，了解企业生产经营情况，帮助普及相关政策，支持企业扩大交流、发展壮大。协助全国政协侨联界委员到岳阳楼区考察益海嘉里、海泰食品有限公司等辖区企业。承办侨法宣传月活动，在岳阳楼景区瞻岳门广场举行了启动仪式，区侨联志愿者文艺队表演的《中华人民共和国归侨侨眷权益保护法》音乐快板等吸引了广大群众驻足观看。活动期间在社区、企业、机关，开展一系列文艺演出、专题讲座、政策咨询服务等活动8场次，扩大侨法的社会影响，有效形成全社会学侨法、知侨法、懂侨法、守侨法，依法护侨的良好社会环境。组织10对涉侨金婚夫妇分享了他们的幸福故事和家风家训，营造家庭美满、社会和谐的氛围。开展为期6天的侨界群众喜迎改革开放40周年——“翰墨雅彩颂党恩”主体书画展，共同抒发了岳阳楼区侨界群众爱国报国之志，帮助辖区侨界群众更好地了解一个发展中的岳阳楼区、变化中的岳阳楼区。组织岳阳市巴陵戏传承院开展“迎元旦、送戏下乡”惠民活动。全年接待侨胞侨眷侨属信访12人次，妥善处理信访事宜，协调解决侨界群众违法建设、安置房分配等6起矛盾纠纷。

【关注侨界民生】 开展送温暖活动，看望慰问孤寡、病残、特困归侨。2月和12月，慰问辖区困难侨界群众14户，发放慰问金2.4万元。4月和9月，市、区侨联组成慰问团，对12户生活困难侨界群众进行了走访慰问，发放慰问金1.2万元，把党和政府的温暖送到归侨侨眷的心中。

【加强基层侨务工作建设】 通过调研走访，在归侨侨眷侨属居住比较集中的社区筛选，重点在3个社区打造“侨胞之家”，夯实基层阵地建设。为他们制定了详尽的软硬件标准，具体指导规范建设，真正发挥“侨胞之家”的群众性、特色性、实效性作用，同时给予一定的建设经费。

移民工作

【概况】 2018年，岳阳楼区共有移民12741人，享受直扶的移民6370人，项目扶持6371人，根据移民自主申报共涉及29座大中型水库3个省、23个县（市、区）4500户。2018年，岳阳楼区移民局被评为岳阳市移民工作先进单位。

【作风建设】 2018年，多次开展“党的十八大”、“十九大精神”和习近平新时代中国特色社会主义思想等专题教育学习活动，要求干部加强自身学习，增强自身本领，强化业务学习，更好服务移民。同时要求加强移民政策法律法规、项目管理、资金财务等业务知识的学习，要求干部关注、学习借鉴各地移民工作的好经验、好做法，不断提高自身能力，提升依法行政能力，提升服务移民水平。2018年，我们一是按照三会一课的要求，定期组织开展学习教育活动，扎实开展党风廉洁宣传教育，增强干部廉洁自律意识，从源头上加强预防和治理。二是加强调查研究，深入移民户家庭，了解移民所思、所盼，打通联系服务群众的“最后一公里”。三是大力整治打牌赌博、收受红包礼金、借婚丧嫁娶敛财、涉毒等“四大恶习”，坚决杜绝公务接待饮酒、上班玩游戏、炒股等不良习气。一年来，全局干部职工没有一起违规违纪行为。

【资金管理】 2018年，共向上争资1882.46万元，在2017年的基础上超额完成53.1%。为了管好用好移民资金，把规范移民资金使用作为工作重点，由区派驻纪检监察组、财务、项目、办公室等股室组成督查小组，定期或不定期到各乡街、村（社区）监督检查移民资金的使用和项目实施公开情况。通过规范管理让移民资金晒上“阳光”，进一步完善《岳阳楼区水库移民资金区级报帐制实施细则》，对直补资金、基础设施项目资金、产业开发资金、培训资金的报账程序及相关会计核算作出更具体要求。继续开展“雁过拔毛”式腐败问题专项治理。在有移民资金安排的乡(街)村(社区)继续开展“雁过拔毛”式腐败问题专项治理，发现问题及时处理，并按月向市局报送相关报表。加强内部监督和管理。继续开展移民资金自查自纠活动和内部审计、绩效评价、项目稽察和后扶政策监测评估，严格内部监督。确保移民后扶资金项目安全高效运行。2018年10月省移民局到区移民开发局开展2017年度移民后扶资金稽查，对区移民开发局资金使用规范给予充分的肯定。

【项目建设】 我们通过走访、调研、实地查看，精心编制2018年度移民项目年初计划，在取得区政府及省、市移民部门同意后主要从如下方面开展工作：2018年共安排项目61个，资金832.98万元。在原来重点移民村的基础上对移民人口达到全村人口10%以上或移民人口100人以上的重点移民村重新识别，将省级贫困村郭镇乡建中村申报为第二批整村推进示范村，安排资金160万元，已建项目4个，年底建中村道路两旁绿化，环境整治和道路建设施工完成。磨刀村已被省移民局批准为第三批整村推进示范村，计划安排资金160万元，2019年年初可组织实施。

【特困救助】 2018年初，利用一个月的时间深入走访移民家庭，调查了解移民生产生活状况。通过走访调查，确定有266户作为救助对象，救助对象分为一般困难户和困难计生户及大病大灾户，共计发放慰问金17.82万元。安排专人对联点村郭镇乡磨刀村开展驻村扶贫，并对2017年一对一帮扶的17户建档立卡贫困家庭继续结对帮扶，采取以低保兜底、医疗救助、教育助学、产业帮扶、培训就业等形式使之尽快脱贫，2018年已脱贫13户，

【民生实事】 开展就业培训。大力推进“智力移民”工程，2018年，岳阳楼区先后在梅溪乡举办大棚蔬菜种植、枫桥湖办事处举办花卉种养、岳阳市电大举办农产品加工，全年共培训移民177人次，投入经费7.08万元。通过技能培训，很多移民掌握了1至2门就业或创业本领，为增收致富奠定了较好的基础。年初，我们将移民建档立卡、所有移民信息录入省局建立的湖南移民综合管理信息系统，同时及时在门户网等网站上公布培训信息，把移民培训与移民产业开发、移民企业需求、移民个人意愿相结合科学设置培训内容，坚持把培训作为转移就业、促进创业，移民增收脱贫致富的一种主要举措来抓。

【棚改工作】 服从服务区委中心工作，根据区委安排，易家路周边棚改移民局项目部自2017年5月成立以来，举全局之力支持参与推进棚改工作。我们严格按照“法律服务、评估服务、房屋拆除、司法强拆、公产公职等工作机制，集中精力，加快征拆进度。移民开发局作为牵头单位，为完成征拆任务进入了“5+2”、“白＋黑”的工作状态。该项目共有567户征拆户，年底已签约519户，

已付款462户，已拆除房屋325户。

机关事务管理工作

【概况】 2018年，区机关事务管理局在区委、区政府的正确领导下，在驻区政府办纪检组的有效监督下，特别是区委第三巡查组入驻区机关事务管理局进行巡察后，区机关事务管理局在政治、思想、组织、纪律、工作、人事管理等各方面都取得了不少进步，为党政机关高效有序运转提供了有力保障。

【整改工作】 根据区委统一部署，区委第三巡察组对我局进行了巡察，局党组按照区委巡察组反馈意见，认真研究，制定方案，明确责任，强化措施，加强督办，跟踪追责，有序推进问题整改，取得阶段性成效。整改期间，机关事务管理局共召开局党组会4次，针对反馈的三大类13个方面问题制定55项整改措施，新出台或修订完善33项工作制度。对于查实的违规违纪行为进行了严肃处理。对违规发放的福利和报销费用，责令相关人员如数退回。通过整改，全局党员干部的思想认识进一步提高，廉洁自律意识进一步增强，作风纪律进一步强化。

【管理措施】 安全管理全面加强。落实各项安全防范管理措施，确保了机关的安全稳定；机关停车管理进一步规范。克服区机关停车场严重不足的困难，目前3栋办公楼有400多台车，只有200多个车位，缺口200个车位，呈请区委、区政府同意后，拟参照市委市政府管理办法实行门禁制度。进一步加强车辆停靠的指挥与疏导，使机关车辆停靠有序，有条不紊；机关财务工作准确细致。财务人员严守财经纪律，合理调配经费，服务“四大家”及有关部门办公的正常运转；落实好公共机构能源消耗统计制度。按时上报统计数据，组织全区节能统计员培训，扎实开展公共机构节能宣传，有力推进全区公共机构节能的开展；积极开展健康教育宣传工作。通过发放健康手册、张贴禁烟标志、设立健康知识专栏等方式，大力宣传吸烟的危害，倡导健康的生活习惯。

【服务保障】 公车服务管理逐步实现规范化、制度化，保障了机关公务用车正常出行；设备维修及时高效。对各单位反映的设施、设备方面的问题实行一条龙限时服务；会议服务水平显著提高，全年共承办各类会议会务850场次，会前准备和会议服务周到细致，实现了“零差错”。

【重点工作】 完成了区机关第一办公楼整体改造维修工程，改善了区机关的办公环境，为驻机关各单位提供了更好适应新形势的办公条件；推动第二办公楼整体改造维修并为此做了大量的前期准备工作，并在施工期间积极配合区财政局做好水电通信网络临时改道，规划调整办公用房，及时清除建筑垃圾；完成区机关办公用房超标整改。在时间紧任务重工程大的不利情况下，施工和监管人员利用节假日加班加点，甚至通宵达旦进行施工，按要求完成工作任务。

【平安创建】 以深化平安建设作为维稳工作的重要工作抓手，以创建“平安楼区”为契机，以提升“一感三率”（安全感、知晓率、参与率、满意率）为重点，加大了平安创建力度。成立了平安创建工作领导小组，将平安建设工作列入重要议事日程，并按照“属地管理”和“谁主管、谁负责”的原则，主要领导亲自负责，强化措施，精心组织实施。在平安创建工作中，机关事务管理局不仅加强了对干部职工的安全教育和管理，同时利用LED电子显示屏滚动播出平安建设宣传标语。进一步加大硬件设施投入，投入10多万元，新增5个高清摄像头，做到防火、防盗无死角，及时向区综治办上报机关事务管理局创建工作中取得的成果和做法。

【年度业绩】 2018年度，岳阳楼区机关事务管理局被市政府评为公共机构节能工作优胜单位；被区委、区政府评为落实党风廉政建设主体责任合格单位、综治（平安建设）先进单位、人口和计划生育工作优秀单位、安全生产工作良好单位、信访工作优胜单位。

控建拆违工作

【概况】 2018年，共组织大小行动463次，拆除违法建设2237处、面积255449平方米，其中新增违法建设1921处、面积210727平方米，存量违法建设316处、面积44722平方米。拆除违法建设的数量和面积均为历年之最，违法建设的处置率大幅提升，项目用地抢搭抢建行为得到了有效打击，取得了显著的工作成效。

【调优机制】 厘清工作思路，针对禁违工作新形势、新变化，进一步调整完善了工作报告、有奖举报、巡查督查、考核考评、追责问责等配套制度，以轮岗换防调优禁违办机关干部配置，轮岗中层骨干11人次，对巡查督查大队队员全部打散、重新分片，按照网络责任图，将调整后的队员重新打桩定位到各个乡办、村社，并逐一签订责任状；建立每周禁违工作例会制度，“晒”存量讳建拆除成绩，“晾”新增违建拆除不及时、不到位等问题，“明”整改措施和整改要求，各乡办不断查找工作短板，在对比先进中查找差距，在总结中查找不足，从而主动地想办法、变思路、解难题，形成了比、学、赶、超的浓厚氛围。

【舆论宣传】 采取集中定点宣传与全城流动宣传相结合、传统手段与新媒体相契合的方式开展禁违宣传活动，在《岳阳日报》、岳阳电视台刊播禁违新闻26条，岳阳楼区手机报刊发禁违信息59条，印发宣传资料22万份，制作禁违宣传展板200余块，悬挂横幅标语355条，出动流动宣传车辆120余台次，通过开展“禁违宣传周”循环播放禁违视频、录音，现场接受市民咨询、违建举报，广大干部群众微信、微博等新媒体直击报道，不断强化了事前引导，提高了居民群众的自律意识。

【新增防控】 严格落实四级巡查责任，实行周一信息报告、碰头机制和周例会工作制度，研判形势，研究工作。在严格落实日常巡查防控责任的同时，加大对东风湖新区、胥家桥物流园、湘北大道两侧收储等重点项目建设区域的防控力度，倾斜40%的力量到重点区域开展巡查，在重点项目建设区域查处、拆除违法建设1150处、面积11万多平方米，为全区重点项目建设扫清了障碍。一年来，共接受并处理各类违建信访举报1482件，销号市禁违信息平台挂号工单1672个，拆除新增违法建设1921处、面积210727平方米。

【图斑处置】 先后召开6次动员部署和图斑比对工作推进会，率先提出了“全面推进航拍违建图斑整治，逐步实施片区清零，着力打造‘零违建’社区”的具体设想。全区16个乡办每半月召开一次禁违专题会议，部署推进图斑比对工作。为做好整合文章、优化服务细节，将航片比对与长期开展的禁违巡查等工作相结合，区禁违办党组成员、中层骨干将全区16个乡办根据工作任务分为三类，分批召开航片比对学习交流会、业务推进会8次，收集意见建议27条，负责答疑解惑，负责整治指导，对核实的4652个图斑进行了分类处置，共核查并处置航拍图斑违建3254处。

【片区清零】 对存量违法建设进行了全面摸底，对年度存量违法建设片区清零目标建立了到户台账，从责任分工、工作程序、工作任务、完成日期、责任追究等方面进行了全面规定。制订片区清零工作方案，将工作责任、任务分解到了各职能部门、乡（街道）、村（社区），制定了每月拆除计划。采取中心城区率先清零，由北向南推进的方式，结合图斑核查拆除行动，带动片区清零工作顺势推进。全面落实“一线工作法”，将片区清零工作与2017年航拍图斑比对核查工作处置有机结合，对违建图斑拆除标的和各片区清零目标实施任务倒排、时间倒逼、责任到人、打桩定位、集中攻坚。在服务城陵矶新港区、城陵矶等乡办开展图斑核查违建拆除与存量片区清零协同推进。共拆除存量违法建设316处、面积44722平方米，完成清零片区市级验收68个。

【民生疏导】 不断调优民生建房领导小组机构和工作制度，从严从紧推进民生疏导，联合规划、国土、房产等部门共受理、踏勘民生建房问题865例，严格按照基本农田保护、水系及道路建设等重点项目红线进行勘测，会同职能部门审批民生建房267户，审批偏杂屋142户，屋顶维修74户，有效疏导了集体土地上村、居民的住房困难问题。

征收安置工作

【概况】 2018年，参与国有土地上棚改（旧改）项目29个，签约4072户，征收房屋建筑面积45.07万平方米，补偿资金31.35亿元，促进汴河园路两侧等棚改项目清零；参与集体土地上项目24个涉及4784户，完成了芭蕉湖424套安置房分配工作，收回资金4200余万元；主导国有土地上产权调换房屋项目18个涉及居民2782户，已分配1070户；处置安置房383套收回资金1.39亿元、拍卖了20间杂物间收回资金139万元，拍卖10栋一户一基收回资金1300万元，共收回资金1.54亿元。推动杨树塘、洛王片区、四化建等20宗2035亩土地，提请市土地出让委员会上会研究，完成四化建、琵琶王东南角等12宗651亩土地挂牌出让，成交总价款31.3亿元。印发限价商品房宣传资料4500余份，受理各棚改项目申报申请经济适用房1363户、申请限价商品房4092户，已初审2410户。

【抓根本强龙头，党的建设大提高】 党的凝聚力进一步增强。高度重视意识形态工作，加强看齐意识和职责意识，牢牢把握好正确的政治方向，向党中央看齐，向党的理论路线方针政策看齐，向党中央各项决策部署看齐，并把意识形态工作纳入到党组工作。抓班子建设中，始终坚持重点解决了两个问题。在批评与自我批评中提高解决自身问题的能力。党组把开好领导班子民主生活会作为解决自身问题的重要途径，使领导班子始终保持了不断发展的内在动力；在强化集体领导制度中增强班子的合力。围绕工作目标，有效地增强了集体领导的操作性和科学性，完善了集体决策的机制，对重、难、热点工作，坚持召开党组会集体研究决定，充分发挥领导班子集体的智慧和力量，从而保证了党组集体领导的顺畅实施。班子的能力进一步增强。班子成员把学习作为工作的第一需要，认真学习了《党的十九大精神》《深入学习习近平新时代特色社会主义新思想》《中国共产党纪律处分条例》等书籍，领导班子到课率达100%，并保证了中心组的按月学习，2名班子参加了湖南省干部学院网上学习班，顺利通过了考核，通过学习实践，增强了班子成员政治上的坚定性和敏锐性，提高了理论和决策水平。党群关系进一步增强。为进一步密切联系群众，着力营造清洁舒适的生活环境、温馨舒心的人居氛围，2月在胥家桥社区开展了“清洁家园”行动，得到当地居民的肯定；局工会给3名困难党员、滨湖村6户困难群众送去春节慰问，送上了慰问金和物资；3月组织参加“走进新时代，建设引领区”登山活动，通过系列的活动，进一步拉近了与群众的距离，工作凝集力得到了提升；组织党员干部16人参加义务献血活动，献血量达5600毫升;7月全体党员赴韶山开展主题党日活动，9月组织参加篮球比赛。局党组和股室负责人多次到滨湖村开展扶贫帮困活动。通过一系列举措，增进了领导班子成员和职工的相互理解与信任，增强了集体荣誉感和队伍凝聚力。

【抓机遇强优势，全力推进棚改工作】 征收安置局共参与国有土地上棚改（旧改）项目29个，为了规范征收补偿工作，进一步完善了国有土地上征收补偿安置方案、征收安置协议等模板，规范征收补偿实施程序，指导项目依法依规开展征拆工作。对各棚改项目推进情况进行深入调研，及时掌握各项目存在的热点和难点问题，并对项目指导员进行适当的调整；针对东风湖片区棚户（旧城）项目实际情况召开两次座谈会，广泛征求相关专家意见和建议，配优配强项目指导员，全程指导项目依法推进，2018年以来签约4072户，征收房屋建筑面积45.07万平方米，补偿资金31.35亿元，促进汴河园路两侧等棚改项目清零。

【安置房分配和资金回笼破难推进】 参与集体土地上房屋征收安置项目24个，涉及被征收安置居民4784户，完成了芭蕉湖424套安置房分配工作，收回资金4200余万元；主导国有土地上产权调换房屋项目18个，涉及被征收居民2782户，已分配1070户，即将分配578户；处置安置房383套收回资金1.39亿元、拍卖了20间杂物间收回资金139万元，拍卖10栋一户一基收回资金1300万元，共收回资金1.54亿元。推动杨树塘、洛王片区、四化建等20宗2035亩土地，提请市土地出让委员会上会研究，完成四化建、琵琶王东南角等12宗651亩土地挂牌出让，成交总价款31.3亿元。

【限价商品房政策有序推进】 高度重视召开专题会议，研究部署该项工作，成立定向限价商品房资格审查工作领导小组；加强宣传，研究部署宣传限价商品房工作，印发宣传资料4500余份，并对各项目资料员进行培训，指导收集申报资料，并对申报资料进行初审；对申请限价商品房和经济适用房对象进行复审。受理各棚改项目申报申请经济适用房1363户（其中原制药一厂下岗无房户688户、棚改项目唯一住房被征收人662户）、申请限价商品房4092户，已初审2410户。同时征收安置局即将联合市房改办等单位审核乐诚小区限价房申请资料，进行限价房分配工作。

【加强廉政教育强化宣传引导】 结合“两学一做”常态化学习教育，坚持把党风廉政建设和反腐败工作纳入总体工作同研究、同部署、同落实、同考核。主要负责人坚持以身作则，切实履行“第一责任人”职责，始终认真践行“三重一大”，其他班子成员切实履行“一岗双责”，与分管股室负责人签订了责任书，结合日常业务工作亲自研究布置、亲自推动落实，切实取得了实效。带头建立党风廉政建设工作约谈机制，形成了党组书记约谈班子成员，班子成员约谈股室负责人和分管范围内党员干部的层层约谈机制。坚持把党风廉政建设和反腐倡廉教育列入党组中心组理论学习重要内容，同时，利用中层干部大会、职工大会、民主生活会、组织生活会、股室组织学习和自学等形式，开展内容丰富、形式多样的宣教活动，营造崇尚廉洁的良好廉政文化思想氛围。开展廉政党课教育活动3次，教育和引导了广大干部职工树立正确的世界观、人生观和价值观，不断提高廉洁意识和拒腐防变能力。开展廉洁文化进机关活动，在机关醒目位置制作警句格言4幅，营造了党风廉政建设和依法行政的良好氛围。通过党组会、中心组理论学习会、党支部会、QQ群工作交流群、微信交流群等多种形式层层组织逐条学习《中国共产党廉洁自律准则》和《中国共产党纪律处分条例》等党规党纪。组织干部职工集中观看《绝不放过》等反腐倡廉警示片。

【狠抓两项整治改进工作作风】 持续开展“雁过拔毛”式腐败问题专项整治和开展“纠‘四风’、治陋习”专项整治活动，坚持主要领导亲自抓、负总责，分管领导具体负责、直接抓，层层抓落实。坚持领导带头自查自纠、带头改进作风、带头真抓实干，形成全局上下推进整治工作的强大合力。坚持抓节点，紧盯元旦、春节、“五一”、端午、中秋、国庆等重要时间节点，加强监督检查，强化通报警示，印发12期督查通报；坚持把监督检查和边整边改贯穿整个征收补偿安置工作的全过程，通过公开党员干部承诺书、公示举报电话等途径，充分发挥征收安置群众及社会舆论的监督作用。

【明确纪律规矩强化内部管理】 一方面着力把“宽松软”变为“严紧硬”，把内部纪律和规矩立起来，对局机关事务进行整改，制定了公章管理、公文签发、考勤管理、经费开支管理、“三重一大”集体研究等制度，内部管理逐步实现规范化、制度化。另一方面着力把“粗浅慢”变为“快精深”，把财务制度和标准立起来，确保资金拨付零差错。完善了财务管理制度，调整配强财务工作人员，开展财务业务培训。开展征拆补偿资料专项审核，仔细核对资料，按层级管理进行审核，依法依规完成资金拨付工作。

【明确服务导向积极化解矛盾】 随着棚改项目的深入推进，各项目信访矛盾突出，重访、缠访、群访量上升。我们树立了面对民生问题不能安之若素的“群众观”，化解民生问题要毫不懈怠的“工作观”，明确了把信访矛盾化解作为服务民生、服务岳阳楼区中心工作的切入点，作为征收安置局转作风、树形象的着力点，推行矛盾排查、个案分析、包案解决。通过积极与洞庭新城公司、市住建局等部门对接和协调，目前白水磨子山片区产权调换问题、东腾花园物业管理问题以及雅典家园房屋维修基金问题等群访矛盾均已完全化解；另外，化解了缠访闹访对象陈次良、付保良夫妇等信访个案21起，同时圆满完成了芭蕉湖安置小区安置房分配工作，杭瑞高速、蒙华铁路等项目共424户被征收人回迁到位。

【明确工作职责便民服务快捷】 受为各棚户区改造项目和集体土地上征收项目居民办理减免契税货币化安置证明登记表1536份、为洞庭新城片区422户居民办理场地使用证明书，为居民减免契税和办理营业执照提供快速服务。

户籍管理工作

【概况】 2018年，户籍办严格遵照湘政办发〔2016〕12号、湘公发〔2016〕18号、岳政发〔2016〕2号文件精神，加强户籍迁入资质审验，较好地完成了全年户口迁入工作任务。2018年，全区共批准迁入户口222户462人。

【窗口咨询】 户籍办印制了各种户口办理程序，审批证明材料需知，如《户口迁入必需证件》《户口迁入办理程序》等宣传资料，制作了简明易懂的宣传栏；设立了咨询电话；提供纸、笔等方便群众，确保对群众一次性告之户籍迁入办理程序，不让群众跑空路，跑冤枉路，为群众服好务，真正做到了亲民、便民、利民。

【服务改革】 区政府办公室成立了“最多跑一次”工作领导小组，制定了“最多跑一次工作”实施方案，积极落实社区治理和服务创新工作任务，完善了社区公共服务平台，加快完成岳阳楼区户籍管理公共服务“最多跑一次”工作目标。

【资质审验】 2018年以来，户籍办遵照省、市、区政府相关文件要求，对符合迁入条件的人员，引导其尽快、按期办理完相关手续，精简审批程序；对不符合迁入条件的人员，我们坚决将户口政策执行到位。特别是对棚改项目建设范围严控户籍迁入。

【部门协调】 2018年，户籍办强化了与市、区各部门的协调工作，多次与市、区人社部门、国土部门、房产部门联系，解决了社保缴纳、劳动合同备案、房产信息查询、房产租赁备案等工作中急需解决的问题，确保了工作顺利开展。同时，与区网格办合作，对岳阳楼区各乡、街和社区居委会网格员和窗口工作人员进行了三次大规模业务培训，指导各居委会开展户口迁入工作，将各种问题提前解决，不把难题留给群众。

【档案管理】 户籍办各种档案资料整理有序，做到了一户一档，分类存档，并随时均可查询。

厂地协作工作

【概况】 区厂地协作局紧紧围绕区委、区政府工作的总体部署要求和省、市、区关于驻区央企、省企“三供一业”社会职能分离移交的工作重点，为驻区央企、省企和高校提供精准服务，化解矛盾，促进厂地和谐，优化企业的发展环境，积极发挥协调服务职能。团结协作、砥砺奋进，积极筹划、狠抓落实，全面推动厂地协作局各项建设工作的开展，着力推进厂地经济融合发展和重点项目建设完成，为楼区发展做出积极贡献。

【业务工作】 主动对接，全力推进驻区央企、省企“三供一业”社会职能移交。所涉驻区中央、省属企业需接收管理职工及家属近10万人，社会职能移交涉及望办、王办、城办、楼办、服务新港区工作组等15个街道（乡、工作组）。移交的社会职能涵盖社区党建、社会保障、劳动就业、民政服务、卫生计生、户籍管理人民武装、安全消防、入托就读、控建拆违等12大类47项具体社会事务和市政设施分离、固定资产移交、社区管理分离、管理人员移交、后期市政维护等5大块移交任务。厂地协作局与服务新港区工作组、望办、王办等相关街道（乡、工作组）及民政、人社、财政、教育、国土、卫计等区直相关单位密切配合，深入企业，实地了解，有效澄清底数。并加强与市、区政府领导、市直相关部门和巴陵公司高层领导的汇报对接，9月5日组织召开社会事务职能移交接收工作实地调研，市政府副秘书长、市“三供一业”办主任市国资委主任、区委常委常务副区长、巴陵石化副总经理、厂地协作局、市城管局及市住建局等相关部门负责人一行就巴陵石化公司的社会事务移交接收工作进行调研并召开工作推进会。按照移交任务要求，倒排工作任务，稳步推进落实。经过与企业和多部门多轮次的对接协商，于年底与巴陵石化、长岭炼化、金秋红日、中航发长江动力有限公司等4家企业签订了《移交协议》。企业向楼区政府移交鹰山、七里山、长炼花苑、长动社区、红日社区5个小区及鹰山、童之梦2所幼儿园的幼教及社会职能管理共划转维修资金596万元。巴陵公司向楼区政府无偿划转鹰山社区办公场地（其中办公用房12间、门面7个，总占地429平方米，建筑面积655平方米）、七里山社区土地681平方米及七里山电视台（建筑面积1626平方米），并同意签订将其8000平方米的原巴陵公司办公楼向岳阳楼区政府长期租用协议。长岭炼化计划无偿划拨长炼小区办公用房5间、原液化气站土地1.8亩。长动社区建筑面积1809平方米（其中办公用房7间，面积448平方米，幼儿园1所，面积1361平方米），红日社区办公房3层，面积1100平方米。高效服务，积极化解厂地矛盾纠纷。高度重视厂地关系协调，积极主动为企业提供优质高效的服务，为企业发展和社会职能移交保驾护航。特别是启动社会职能移交后，厂地周边矛盾进入集中爆发期，我们会同各相关街道（乡、工作组）全力做好居民稳定工作，事先把即将爆发的矛盾消灭在萌芽状态，先后协调处理了延寿寺村转供电、鹰山及七里山排污口等高度关注和重视的矛盾，协助企业顺利完成了转供电改造、排污口改造等工作，确保了移交前各项改造工作的顺利实施。经统计，一年来共妥善化解各类厂地矛盾纠纷23起，处理各类群体性矛盾5起。

【自身建设】 强班带队，切实转变作风强化党建。区厂地协作局虽然干部人数不多，但我们没有由此放松班子建设和干部管理，狠抓干部队伍建设，致力于提升素质、转变作风，建设一支高效、专业、廉洁的干部队伍。一是认真学习宣传贯彻党的十九大精神，抓好干部的政治理论学习，提高思想政治理论水平；二是重制度建设，教育督查，强化廉政意识，规范干部行为。制订工作职责、完善规章制度、操作流程等，形成了以制度管人、管事、管财的工作机制。多形式开展宣传教育活动，强化廉政意识，严控风险点，签订《党风廉政建设责任状》，使干部不敢腐。开展作风督查，对发现的问题进行严肃处理，使干部不能腐；三是重业务学习，提升专业水平。制订详细学习计划，坚持党组中心学习组学习，加强党员教育。组织干部学习法律法规，采取送出去学、请进来讲，考学、自学等形式，不断提高干部业务素质。在处理协调矛盾问题上学法、用法、守法，工作生活中都不违法，围绕做到矛盾问题不上交，在街道（乡、工作组）层面完全处理到位，做到了越级上访、群访群闹堵门堵路、移交司法途径等处理发生率无限接近于零的目标。

扶贫工作

【概况】 岳阳楼区现有1个乡、1个乡改制街道（原梅溪乡）、2个涉农街道，12个行政村，农村人口44906人。经过4年的脱贫攻坚，到2017年年底，在岳阳市率先实现了整体脱贫的目标，共完成3776人贫困人口脱贫、3个贫困村出列。2018年年初，根据省、市要求，全区对脱贫人口再次开展核查清理、新增录入等动态调整。到目前为止，建档立卡贫困人口还有787户1987人，其中8户20人未认定脱贫。2018年，脱贫攻坚工作进入了全面巩固提升的阶段。

【稳步推进旅游扶贫】 利用麻布、磨刀、建中三个贫困村地处城郊和山林资源优势，推进麻布山森林公园建设，大力发展旅游产业。近年来，共计整合各类扶贫、涉农资金1.03亿元，完成了森林公园道路建设、乡村规划编制，实施了沟渠疏浚、道路提质、路灯安装、环境整治、房屋立面改造以及油菜产业、生态停车场等项目建设，成立了麻布山森林公园管理中心，引导群众创办景区农家乐、水果采摘园等乡村休闲旅游场所20余家，形成了一系列特色旅游农产品。累计年接待游客10万余人次，有力带动了周边群众脱贫致富。目前，继续依托麻布山片区精准扶贫、乡村振兴、健身休闲旅游“三合一”建设发展基础，围绕观光休闲定位、注重功能发挥、对照创建标准，扎实推进麻布山省级森林公园、S211等项目建设，统筹抓好产业发展、基础设施、乡村美化、人文环境等工作，力争到2019年底，将麻布山贫困片区打造成田园特色小镇，成为岳阳市民向往留恋的城市“后花园”。

【深入实施行业扶贫】 2018年，全区深入开展了十大脱贫攻坚行，按照2018年行业扶贫工作方案的规划部署，整合资源，部门联动，扎实开展行业扶贫。一是加大健康扶贫力度，完善“三个一批”救助机制，确保建档立卡脱贫人口不因病致贫，不因病返贫。二是进一步加大产业扶贫的工作力度，鼓励支持贫困家庭因地制宜发展特色产业，构筑稳健的产业增收渠道。三是进一步全面落实教育扶贫政策，确保建档立卡贫困家庭学生能够完全享受学前到高等教育各个阶段教育。四是加快光伏扶贫项目建设。重点支持麻布村、磨刀村完成光伏扶贫项目建设，增加村级集体经济收入，确保脱贫村脱贫质量更高更优。

【切实加强驻村扶贫】 2018年，为进一步加强对驻村帮扶工作的领导，根据中央和省、市要求，成立了脱贫攻坚驻村帮扶工作领导小组，由区委常委、组织部部长任组长，区政府分管副区长任副组长。全年，共选派了12支工作队27人分赴3个已脱贫贫困村（每个工作队3人）和9个非贫困村（每个工作队2人）开展驻村帮扶工作，驻村帮扶实现了全覆盖。另外，根据市委、市政府对口帮扶平江县扶贫工作的要求，选派了由6人组成的工作队，赴平江县三墩乡汇龙村开展对口帮扶工作。所有驻村队员全部脱产开展驻村帮扶工作，党组织关系全部转到派驻村，工作队队长全部兼任派驻村第一支部书记。为确保驻村工作队正常开展工作，区财政为每个工作队安排了2万~3万元驻村工作经费，队员应该享受的生活补贴、交通补助、健康体检等待遇全部落实到位。一年来，各驻村工作队紧紧围绕驻村帮扶十项任务，攻坚克难，尽职尽责，扎实工作，圆满完成驻村帮扶年度各项工作任务，取得了良好的成效。

【全面完善结对扶贫】 全年，共安排59个区直单位、4个街道（乡）和12个村的715名党员干部参与了贫困户结对帮扶，结对帮扶做到了全覆盖。年初，印发了《结对帮扶须知》，指导全区结对党员干部开展结对帮扶工作。在结对帮扶过程中，帮扶责任人全部制定了因户施策帮扶方案，帮助落实了扶贫政策，开展了入户走访，宣传扶贫政策，普及扶贫知识，做好走访记录等。据统计，全年通过开展结对帮扶，结对党员干部帮助贫困户解决就业、就学、就医等方面的实际困难问题共计2150个，贫困户应该享受的各项扶贫政策全部落实到位，同时，通过党员干部“结穷亲”，进一步密切了党群干群关系，有效提升了贫困群众的满意度。

【扎实开展对口扶贫】 根据市委、市政府的统一安排，岳阳楼区对口扶贫平江县三墩乡汇龙村，并负责该村2018年脱贫摘帽。汇龙村是2016年拆乡并村中由4个贫困村合并而成，该村地理位置偏远，交通闭塞，自然资源贫乏，班子战斗力不强，是一个典型的贫困村。2017年年初有建档立卡贫困人口291户1067人。为搞好对口扶贫工作，区委、区政府高度重视，成立了以区委书记任组长的对口扶贫领导小组，研究决定由教育局牵头，发改、卫计、商务粮食、食药等单位参与，选派6名党员干部组建驻村工作队，赴汇龙村开展驻村帮扶工作。对口扶贫工作由区政府分管副区长、区政协一名副主席专门负责联点督导。同时，5个后盾单位共派出151名机关干部参与结对帮扶。对口扶贫开展以来，区财政共计投入近1000万元，全力支持汇龙村各项扶贫项目建设。目前，汇龙村脱贫项目建设进展顺利，村组道路、安全饮水、学校村部、产业发展、光伏发电、易地搬迁、危房改造等脱贫指标项目建设已经全面完成，健康扶贫、教育助学、低保兜底、残疾救助等政策已经全部落实到位。经过评估，对口帮扶村汇龙村已经达到了脱贫出列的条件。

【努力做实其他扶贫】 扶贫项目库建设。为夯实项目安排和资金使用精准基础，制定了《岳阳楼区完善脱贫攻坚项目库建设工作实施方案》。经村申报、乡（街道）审核、区扶贫部门与行业部门现场勘察认定，通过区扶贫开发领导小组审定，岳阳楼区完善了2018—2020年扶贫项目库建设，入库项目74个，资金规模达3100多万元，项目到村达到了全覆盖。开展“三走访三签字”。为扎实推进脱贫攻坚巩固提升工作，深入扶贫一线排忧解难，全年，区委书记、区政府区长多次深入贫困村调研，走访慰问贫困户，现场解决项目资金、工作经费、政策障碍及学费医疗等实际困难和问题。贫困村走访实现了全覆盖，解决了许多实实在在的困难。乡（街道）党政“一把手”对辖区兜底贫困户、脱贫边缘户、新进贫困户、返贫户、上访户、不满意户等进行了全部走访，帮助解决实际困难、解释扶贫政策、疏导群众情绪。村书记、主任对建档立卡贫困户进行了全覆盖走访，解决了许多困难问题。扶贫信息系统管理。建立了区、乡（街道）、村三级扶贫信息管理体系，建有一支懂政策、精业务、熟操作的扶贫信息管理队伍，实现了全区信息系统专人管理全覆盖。全年，开展扶贫信息系统业务培训3次，提升了全区扶贫系统信息管理业务水平。

禁毒工作

【概况】 2018年，在区委、区政府的坚强领导和上级禁毒部门的精心指导下，严格落实中央和省、市禁毒工作要求，坚持“以整改问题为导向、以夯实基础强基层、以丰富活动聚合力、以打击处理作抓手”，全力打好禁毒大会战，取得了一定成效。省禁毒办督导组、省禁毒总队督查组、市人大常委会禁毒法执行调查组、市政府调研组等上级领导也先后到区指导督导，一致给予充分肯定，并在全年禁毒综治工作中荣获全市第一名。

【抓组织领导，工作运行更加高效】 着眼区情禁毒工作实际，及时调整区禁毒委组织机构，成立由区委书记兼任禁毒委主任，区委副书记、区长为常务副主任，区委常委、政法委书记，区政府副区长，公安分局局长为禁毒委副主任的禁毒委员会领导组织机构。制定出台《岳阳楼区2018年禁毒工作实施方案》《岳阳楼区2018年禁毒工作考核细则》《岳阳楼区特殊人群涉毒人员收治管理实施办法》等规范性文件，将禁毒工作纳入部门单位年终绩效考核的重要内容，作为党政领导干部业绩评定、奖励惩处和选拔任用的重要依据。2018年，全区共召开3次区委常委会、4次区政府常务会，专题研究禁毒工作。区禁毒委主要坚持每周一次专题调度“无毒社区”创建、社区戒毒康复中心建设等工作，确保基层禁毒工作有力有序推进。

【抓责任落实，工作运行更加规范】 严格按照上级要求，健全基层单位禁毒组织机构，层层签订责任状，明确了乡街、区直成员单位“一把手”为本单位禁毒工作第一责任人，按照30∶1的比例成立了禁毒专干队伍，责任分工具体到人。召开了全区禁毒工作动员大会，进一步分析了形势，统一了思想，明确了目标。全年组织了四次全区16个乡街、107个社区（村）禁毒专干进行全面系统的业务培训，并联合区公网中心和科创公司举办了“网格化+禁毒”的业务培训班，有效提升了一线禁毒工作人员的工作能力和业务水平。全面加大禁毒工作督查督导力度，按照明查和暗访相结合的方式，采取重点督查、调阅资料、实地考察等方式，对全区16个乡街、64个重点社区（村）进行了四次全面督查，及时通报、约谈责任单位5个，督促整改问题26个，有效传导工作责任和压力。

【抓阵地建设，基层基础更加坚实】 按照省、市检查标准，11月7日，经区委常委会研究决定，投入300万元的专项经费在五里牌、望岳路、吕仙亭、东茅岭、王家河、岳阳楼6个街道建立了社区戒毒（康复）工作站，目前均已动工，下步将陆续投入使用，由区委编办、人社、民政统一组织解决相关工作人员21人，分别分配到禁毒大队、重症病人收治中心、社戒社康工作站三个岗位，逐一建立吸毒人员台账资料，确保吸毒人员找得到、有人管、管得住。严格按照《2018年度全市禁毒工作综合绩效考核细则》的要求，将“无毒社区”创建作为“平安岳阳楼区”建设重要内容，高标准创建王家河、朝阳、南岳3个“无毒社区”。投资了100万元对区涉毒重症病人收治中心进行改扩建，收治人员从52人扩大到82人，并从区人民医院抽调10名医务工作人员负责中心的医疗救治工作，对符合条件的对象做到了“应收尽收、全员收戒”。为进一步摸清吸毒人员底数，全区共配备16名禁毒专干，并聘请652名网格员为社区禁毒兼干，在社区民警的指导陪同下，及时上门走访居民群众，了解吸毒人员现实表现、帮扶救助、风险评估等相关情况，真正做到每名吸毒人员有人跟踪、有人管理。

【抓载体创新，主题活动更加丰富】 按照“关口前移、预防为先”的工作要求，2018年全年开展了禁毒教育进机关、进学校、进企业、进社区、进家庭、进场所的“六进”活动共计80余场。特别是针对青少年群体，组织辖区中小学校开展“禁毒之声、唱响校园”等毒品预防宣传教育主题活动，让广大中小学生充分认识到毒品危害，自觉抵制毒品侵蚀。在第31个国际禁毒日之际，扎实举办以“健康人生、绿色无毒”为主题的“6·26”国际禁毒日宣传活动，活动当天，共吸引5万多市民群众参加，发放各类宣传资料8万余份，活动全程在湖南经济电视台、湖南人民广播电台、岳阳电视台等多家新闻媒体进行了专题报道，取得了很好的社会宣教效果。根据省禁毒委“健康人生、绿色无毒”禁毒主题宣传月活动要求，充分整合市区禁毒办资源力量，扎实开展了“无毒驾驶万里行”专项活动，切实增强了广大人民群众识毒、防毒、拒毒的意识和能力。精心组织首届湖南省禁毒知识“我是答题王”竞赛，经过层层选拔，岳阳楼区28名选手从全省140万人中成功入围了复赛，6人进军决赛，在决赛当天，第十三中学学生徐天林代表岳阳楼区一举获得了全省高中组冠军，为整个岳阳地区争夺了至高的荣誉。

【抓专项行动，打击处理更加有力】 始终保持对毒品违法犯罪“零容忍”的坚决态度和坚定决心，2018年先后组织开展“集打斗争之冬春攻势、夏秋攻势”、“5·14”毒品查缉专项行动，全区共破获涉毒刑事案件132起，其中部督案件2起，省督案件4起，刑事拘留197人，起诉222人，缴获毒品折合海洛因12060克，强制隔离戒毒403人，查获吸毒人员971人,社区戒毒(康复)382人。多次在全区各个路口实施专项“毒驾”设卡拦截，共出动警力530人次，警车68台次，盘查可疑人员656人次，盘查可疑车辆430台次。成功破获2017-314部督目标案件、2017-603和2018-4省督目标案件，并联合湖北咸宁公安机关破获一起部督目标案件，缴获毒品10千克，有效打击了毒品违法犯罪的嚣张气焰，最大程度从源头上遏制毒品问题发展蔓延。

棚户（旧城）区改造工作

【概况】 2016—2018年，岳阳楼区先后实施棚（旧）改项目43个，涉及动迁居民约2.53万户、腾地1.1万亩。截止12月31日，已有23个项目实现清零腾地，完成签约22617户，余下20个项目、2626户正在全力攻坚。2018年，完成棚改签约4930户（含2017年结转项目），拆除房屋80万平方米;上会通过土地20宗、135.67公顷；共新引进和续建项目42个，到位资金38.1亿元。2018年度，区棚（旧）改办获岳阳楼区全面建成核心引领区综合绩效考评特殊贡献单位。

【棚户（旧城）区改造】 因政策调整，2018年，岳阳楼区实施棚（旧）改项目11个，用地面积约1206亩，涉及动迁居民3117户，房屋建筑面积约49万平方米。截至12月31日，完成签约1407户、面积约15万平方米。其中，余家垅低洼渍水地段等13个棚改项目（含2017年结转项目）完成清零。2018年5月，岳阳楼区成立重大项目建设协调服务领导小组，主动服务岳阳友阿、中建·湖山一号、山水一城、恒大御景湾等21个重点项目建设。截至12月31日，已开工的17个项目累计完成投资148.8亿元，占总投资272亿元的54%。

【土地依法征收】 2018年，岳阳楼区实施土地依法征收项目9个（其中棚改项目6个，土地收储项目3个），用地面积约1000亩，涉及动迁居民3287户，房屋建筑面积约42.6万平方米。截至12月31日，完成签约2773户、面积32.6万平方米。其中蛋禽市场A地块（胥家桥）、延寿加油站等5个项目按期完成清零，余下4个项目正在按相关要求有序推进。

公共服务和网格化管理工作

【概况】 2018年，区公网中心紧紧围绕不断提升城市服务管理保障水平，打造“网格化+城市治理”工作目标，凝心聚力、奋发求为，较好地完成了各项工作任务，取得了较好成绩。“全国社区治理和服务创新实验区”高分通过国家民政部结项验收，五个“一公里公共服务圈”建设经验被许达哲省长、市委刘和生书记批示，在全省推介，并被国务院办公厅采用，打造了“网格化+城市治理”的楼区品牌。

【顶层设计不断完善】 牵头制定《岳阳楼区五个“一公里公共服务圈”建设实施方案》《岳阳楼区农村社区“网格化+服务”标准》《岳阳楼区社区治理和服务创新工作规范化建设标准（试行）》。重点对学院路社区“三站一窗”模式进行了总结提炼并大力推广，推动社区由“专干模式”向“网格模式”转变。

【规范办理再上台阶】 成功对接省市“互联网+政务服务”一体化平台，实现省、市、区、街道、社区“五级联网”；成功对接市“12345”平台，实现事件上报与任务下派“双向互通”。制定《“网格平台”应用办法》，编印《“全科网格员”服务手册》和《下沉事项表格汇总》，进一步规范政务服务标准化、规范化、流程化办理，16个区直单位下沉社区的147项公共服务事项，可在社区查询、可在社区“一窗受理”、可通过“互联网+政务服务”一体化平台“一网通办”。全年累计处理网格事件1.97万件，主动为居民提供服务17.6万次，办理各类公共服务46.8万件。

【服务水平稳步提升】 加强对新聘网格员、平台操作员的入职培训，对新增服务事项进行业务培训，全年共20多场次。集中培训了40名新聘网格员、21名转岗网格员和新聘农村平台操作员；分批培训了“特色社区”所有工作人员、所有招聘网格员和骨干网格员的政务服务业务；专题培训了“网格化+”工商、卫计、社区禁毒和“12345”业务知识；全面培训了“最多跑一次”各项业务。通过经常性培训，增强网格员的服务意识，提升网格员的服务水平。

【牵头承办五个“一公里公共服务圈”建设】 会同区实事办、区统计局指导“五个一公里”台账资料；联合区综治办组织“平安网格”民调，将社区辅警与网格员同管理、同考评；联合公安分局在楼办、金办试点推行社区“网格警务一体化”建设；根据教育局需求，组织网格员上门核实适龄儿童的居住情况，掌握适龄儿童的分布状况，为划片招生提供数据支撑。并根据部门需求，在“三合一”平台开发了综治、禁毒、统战、安监、工商和“政协云”等功能模块，拓展了“网格化+”内容，不断推进网格化管理与城市服务管理保障融合融通，打造了“网格化+城市治理”的楼区品牌。

【配合“最多跑一次”改革实施落地】 根据区委常委会指

派和区“跑改办”职责分工，我中心中途承担了区政务中心的大部分职能，负责“最多跑一次”改革的实施落地。我们克服困难，积极作为，率先实现《实施清单》引用率、录入率和发布率的三个100%，率先实现“互联网+政务服务”一体化平台“五级联网”。同时，上线“网格岳阳楼区”微信公众号，为居民在线查询办事要件、“一次性”备齐办事材料提供方便；与市邮政公司签订了“快递”合同，定制了“政务服务专用信套”，“快递寄送”办事材料和办事结果，实现群众在居住地社区办事“最多跑一次”“就近跑一次”甚至“一次都不跑”。将“互联网+政务服务”一体化平台软、硬件接入4个试点街道和社区，并通过这个平台办理政务服务。

住房公积金工作

【概况】 2018年，楼区管理部在区委、区政府和市住房公积金管理中心的正确领导下，坚持以习近平总书记新时代中国特色社会主义为指导，坚持以党的十九大精神为引领，党建工作不断加强，对外服务形象不断提升，风险防控体系不断健全，紧紧围绕住房公积金发展大局，预计超额完成全年各项工作任务和指标，截至12月31日，归集进账金额2.32亿元，完成全年归集任务的115%；新增开户单位95家，其中非公单位36家；新增开户人数2793人，其中非公单位1665人；为5147人次办理了住房公积金提取业务，提取金额1.24亿元。截至9月7日，为474名干部职工发放政策性贷款2.07亿元。

【迎难而上保增长】 稳步扩大缴存规模。扩面没有捷径，我们的办法就是一家一家上门和上门上门再上门的方式宣传和解释政策，全年上门企业40多次，完成了34家非公企业建制工作，新增缴交人数1655人，覆盖比例进一步提升。争取领导支持重视。积极向区委、区政府和人大领导汇报，邀请政府、人大领导调研公积金，楼区财政供养单位的缴纳金额一直比市直单位和兄弟县、区低，同样是在岳阳市购房，楼区的财政供养人员享受政策的福利性相比较有差距，住房公积金管理部安排工作人员积极联系财政和单位，2018年，财政供养人员“调基提标”取得新进展。积极开展政策宣传。让单位和职工了解住房公积金制度是单位的法定义务和职工的合法权益，特别是新的缴存标准出台后，住房公积金管理部2018年年初和11月份别开展了两次大规模的宣传，一是宣传进单位，二是宣传进企业，与单位干部职工面对面交流和企业老板上门解释政策，通过在单位门口和大型楼盘打横幅、设置咨询台和展板展架等方式开展，每到一单位，就进每一间办公室，与缴存户零距离服务。强化行政执法工作。通过筛查，发现应缴而不缴的单位和群众反映强烈的欠缴和不缴的单位，住房公积金管理部及时启动行政执法工作，下达整改通知书，全年共计开展行政执法12次，下达整改通知书12份，通过行政执法5家单位建立住房公积金，7家单位补齐欠款，2家单位登报曝光。

【忠诚履职惠民生】 打通“最后一公里”，推行一线工作法。为更高标准、更好地服务缴存户，住房公积金管理部积极推行综合柜员制，制定综合柜员制考核办法、综合柜员制实施细则，实现一窗通办，从以前的客户排队等候办理到现在的一来就办，从以前的个别窗口堆积办理到现在的每个窗口都在办理，大大缩短了办事时间，没有了等待现象，并且住房公积金管理部还制定了大厅值班制度，实行主任、副主任、股长轮流值班，真正做到来有迎声，走有送声。创建平安楼区，构建大宣传工作格局。按照创建平安楼区的工作要求，切实履行参与社会治安综合治理的职责和任务，充分发挥职能作用，服务和保障楼区的建设，住房公积金管理部年初研究制定了平安楼区创建工作实施方案，成立了以主任为组长，副主任为副组长，综合股长为联络员的创建工作领导小组，明确了领导分工和责任，在宣传思想工作方面，从上到下，形成“人人关心宣传、人人支持宣传、人人参与宣传”的良好氛围，住房公积金管理部以文明家庭、文明单位为抓手，以结对共建为推动，积极为“全面建成转型发展、构建发展新格局、一三五基本思路”提供了强有力的思想保证，全年共向楼区手机报提交报道8篇，开展联点社区帮扶活动，特别是2018年上半年，在迎接楼区平安创建和楼区大宣传工作检查中，得到区委、区政府对工作的高度认可。做好风险防控，促存贷比回落。住房公积金管理部的存贷比已超过100%，那是因为16年实行的同城通贷业务导致住房公积金管理部的存贷比极速飙升，2018年，住房公积金管理部高度重视，在风险防控上，住房公积金管理部积极推行保险柜上加把锁的双保险措施，对于异地贷、企业贷、大额贷，这三类的贷款均需要提供第三方担保。在逾期工作方面，始终注重个贷的基础性工作和个贷质量，不断强调放贷和收贷工作风险防控意识，不断加强催贷工作力度，设立催收机制，实行数据跟踪，实现贷款股专人不间断催收。2018年上半年，住房公积金管理部对易良鹏、刘峰两名老逾期户启动依法起诉，其中刘峰已全部结清本金和利息，易良鹏已补齐之前欠款，目前每月正常贷款。加大处罚力度，打击骗提行为。全年，住房公积金管理部连续发现9起住房公积金骗提套取事件，对9名职工报中心执法大队将职工账户进行封存，其中三名职工由执法大队报公安处理，及时追回骗提款项321700元，为严厉打击住房公积金骗提套取行为，保障住房公积金资金安全，维护缴存职工的合法权益，住房公积金管理部采取了积极行动。一是提高警惕，进行业务再培训，提高识别资料真伪的鉴别能力，并且规范窗口工作人员业务操作，严格落实审查、审核双重把关流程。二是实行部门联动机制，积极会同房产、税务、民政等部门共同核查窗口工作人员收取的有问题的资料。三是完善政策，加大打击力度。将骗提人员报至楼区经侦，立案处理，将骗提人员列为管理部失信人员，5年内冻结住房公积金，大大增加了其处罚力度与法律约束力。

【加强党建保发展】 制订2018年党员学习计划，完善学习制度，坚持每月集中学习，每月读好一本书，通过集中学习、个人自学和专题教育等方式，多形式开展党员干部的思想教育，提升党员干部的政治理论水平和业务能力。充分认识学习宣传贯彻党的十九大精神的重要意义，坚定不移沿着“一三五战略”指引的路子走下去，迅速兴起学习宣传贯彻热潮，以学习的新成效，推动工作的新进展，切实把力量凝聚到落实中心和区委、区政府确定的各项任务上来，为推进住房公积金事业持续健康发展奠定良好的思想理论基础。制订2018年党建工作计划、支部五化建设、中心组学习计划、“两学一做”、系列教育活动实施方案等。开展了观看专题片、党员活动日等多种形式的教育培训活动，并做好了相关学习笔记。全年共召开了12

次支部委员会、4次党员大会，1次民主生活会，2次讲党课，组织党员集中学习十九大报告并考试。1月，组织党员志愿服务队下到联点岳荣社区开展了慰问帮扶活动，为社区道路除冰，12月份开展联点帮扶，为10名贫困户送物质和慰问资金，发挥了基层党组织推动发展、服务群众、凝聚人心、促进和谐的作用。集中观看《厉害，我的国》和《榜样3》，学习先进典型，传递正能量。

新港区岳阳楼区工作

【概况】 2018年，新港区岳阳楼区工作部紧紧围绕核心引领这个目标，以“港口大会战”为契机，奋力推进辖区重点项目建设，较好完成各项目标任务。

【征地拆迁】 征地拆迁工作是项目推进的前提和基本保障，也是工作部的主要工作任务，本年度新港区在岳阳楼区辖区内启动的征地拆迁项目共有29个，新港区岳阳楼区工作部牵头承担其中国有土地收储项目7个，圆满完成纳入港口大会战的考核任务。林家堰项目、冠都酒店项目、湘广泰项目均已完成交地工作，项目进场施工。工作部还全面参与协助乡、街征拆工作，推动其他项目进程，全年共累计拆除房屋402栋，腾地1403亩。

【环境治理】 在项目建设稳步推进的过程中，2018年对环境保护工作的力度也未松懈，2018年组织3次大型宣传活动，让周边群众知晓保护芭蕉湖水环境的重要性；每周巡湖一次，防止乱排乱倒，并及时清理沟渠。6月6日，新港区与岳阳楼区政府共同组织了芭蕉湖围网拆除行动，由新港区岳阳楼区工作部牵头组织了城管、公安、乡办工作人员等共100余人参与此次行动，将芭蕉湖闸口围网全部拆除。在中央环保督查期间，组织大型挖机工作3天3夜对芭蕉湖周边的垃圾进行掩埋处理，圆满完成中央环保督查工作。

【民生实事】 被征地农民养老保险正式启动。新港区成立后，被征地农民越来越多，但是配套的社会保障工作却迟迟未启动，造成群众对项目征地抵触情绪不断升级，矛盾积聚加剧，严重影响征地拆迁工作的开展和社会大局的稳定。根据大政策环境的调整，通过会同两乡办与村组协调，以及政协提案、向上级递交报告、同劳动保障部门密切沟通等持续努力，失地农民养老保险工作正式启动，2018年已完成失地农民养老保险参购资格人员摸底，并已正式接受失地农民购买该险种，拆迁户踊跃购买失地农民养老保险，得到了广大群众的支持，解决了拆迁群众的实际问题，从而进一步推动了征地拆迁工作。打好扶贫攻坚战。通过与城陵矶村对接，扶贫工作落到实处。单位每位工作人员都认真走访联点帮扶对象，听取他们的心声，记录好扶贫手册，了解困难原因，尽力解决他们的问题，目前我们联点帮扶的8户困难户已有3户成功脱贫。

【党建工作】 紧抓学习教育，全面提高党员干部素质。认真贯彻落实区委关于推进学习型党组织建设有关文件精神，采取多种形式，推进学习型机关建设。通过红星云等网络平台，丰富党员教育形式和内容，提高教育的效果。结合工作实际，充分发挥党建促进作用。2018年，围绕港口建大会战这个中心工作，努力找准党建工作与中心工作的切入点和结合点，为各个重点项目征地拆迁任务的圆满完成提供了坚强的思想、政治和组织保证。在项目建设中，党员和领导干部敢于担当，大胆负责，积极主动，勇于创新，做了大量的工作，取得了明显的效果和成绩。

东风湖新区工作

【概况】 2018年，是东风湖新区开发建设承上启下的一年，更是各项工作目标任务全面展开的一年。东风湖新区建设工作部在区委、区政府的坚强领导下，以创新发展理念为引领，围绕区委“一年转型打基础、三年转换见成效、五年转化上台阶”工作思路，践行“一线工作法”，紧扣中心工作，在求真中抓落实，在务实中求作为，狠抓班子团结和队伍建设，不断完善和创新工作机制，以新区开发建设为己任，有力推进了各项工作顺利开展。

【牵头组织推棚改】 根据区委、区政府要求，工作部定期收集新区范围内棚改项目进度与问题，报市、区棚改办进行研究。2018来，就公产资金拨付、征拆包干、暂缓项目资金拨付等问题向市棚改办专题报告5次，申报了《关于东风湖新区九华山片区棚改有关问题的请示》等材料10余篇，协调组织相关专题会议12次。目前，2016年九华山片区一期棚改项目正在抓紧处理扫尾遗留问题，进行成本核算，准备土地出让工作。2017年九华山二期等棚改项目正在全力攻坚，加快成本核算。针对2018年暂缓实施的4个棚改项目，工作部牵头组织了对项目部的集中审计，并就工作经费问题报市东风湖建设开发工作领导小组出具会议纪要，目前正在对接暂缓项目工作经费拨付事项。2018年新启动的2个棚改项目，由工作部牵头组织完成了土地报批工作，发布了集体土地《拟征地公告》、国有土地上《房屋征收决定公告》，完善了相关前期工作，组织60多名项目部业务骨干参加拟新出台的集体土地上房屋征收政策培训。目前，国有土地上房屋已完成签约302户，集体土地上房屋摸底复核工作基本完成，合法性认定和安置人口认定工作正在有序开展。

【督促落实抓整治】 联合区直相关职能部门严格执行停审批、停建设、停办证、停交易、停迁移“五停”要求。加大禁违巡查力度，2018年，工作部禁违中队共交办、催办属地街道违法建设案件50余起，组织参与禁违行动近百次，配合拆除违法建设980多处、12万多平方米。协助相关单位与属地街道关停整治各类作坊86家、混凝土搅拌站3家。配合洞庭街道扎实开展东风湖退养工作，参与退养验收，联合市城投、洞庭街道工作人员不定期开展巡湖，全面禁止水域投肥投饵、网箱养殖。

【统筹协调促项目】 对接协调市城投、项目部和属地街道全力服务东风湖新区工程建设，优先保障项目施工建设用地。2018，工作部牵头组织召开协调会议100多次，调处各类纠纷200余起，配合项目部征收鱼池60亩、菜地153亩，拆除房屋30多栋，棚亭20余个，搬迁了卿发公司、民生渣土、顺意汽配等8家企业，确保了工程建设顺利推进。为解决征拆收购过程中的难题，工作部上报市东风湖新区建设开发工作领导小组召开会议20余次，出台专题纪要10个，确保市区联动、上下互动机制的有效运行。目前，德胜北路延伸段全面开始施工，年底可实现通车；九华山路已完成道路平整，将于年底拉通主路面通车；建设北路北段路基已拉通。东风湖上湖绿化走廊将作为2018年市“两会”献礼现场点，环湖2.9千米景观带已基本连接成型，已完成近2000米的绿化景观带建设。

【优质服务保环境】 扩大宣传氛围。在东风湖周边主要路段制作大型宣传牌15块，在新区范围内各居民点、小区内张贴告知2万余份。制作大型环保宣传牌65块，悬挂环保宣传横幅402条，标语800多条，发放环保宣传资料8300余份，向区直相关部门单位、街道、居民代表等发放《东风湖新区建设工作纪实》手册1000余份，有效提高了机关单位与居民群众的知晓率。保障施工环境。为确保东风湖环湖13.65千米截污管网顺利建设，工作部与洞庭、岳阳楼、望岳路、服务城陵矶新港区工作组等街道通力配合，就施工占地、扰民、临时破占道等问题现场协调解决13起，会商解决32起。服务重大项目。针对新区范围内宝德东堤湾、恒大御景湾二期、天邦新岳城、东湖名门等房地产项目办理相关前期手续问题，工作部主动对接区发改等职能部门，快速完成了项目审批手续。针对凯美特气体装置节能优化项目、百旺环保建材扩建项目等环保审批问题，工作部与市城投进行对接，通过上门实地查勘，出具项目符合规划意见，顺利进行了环评审查。针对市规划局编制的东风湖新区控制性详细规划草案，结合岳阳楼区五个"一公里"公共服务圈的具体要求，工作部与区规划分局及相关街道进行了多次对接，走访了新区范围内所有社区（村），形成了建议方案报市规划局，目前，控详规划已充分考虑了岳阳楼区公益性事业单位的布局。

洞庭新城工作

【概况】 区委区政府根据实际工作需要，组建成立了岳阳市洞庭新城项目建设岳阳楼区工作部。根据岳楼编〔2013〕7号《关于印发〔岳阳市洞庭新城项目建设岳阳楼区工作部主要职责内设机构和人员编制规定〕的通知》，内设机构为综合办公室、财务统计科、征地拆迁科和安置保障科。机关全额拨款事业编制13名，其中部长1名，副部长2名；股级职数4名。主要工作职责是负责岳阳市洞庭新城项目建设内有关社会事务的管理和协调；负责岳阳市洞庭新城项目建设内危房改造、征地拆迁、安置房建设的协调与落实；负责协调做好岳阳市洞庭新城项目建设内的禁建拆违工作；负责统一指挥和调度岳阳楼区相关单位做好岳阳洞庭新城项目建设的有关工作。

【强化自身建设、不断夯实基础】 健全内部管理制度。制定了《关于严肃工作纪律的规定》《责任追究制度》《财务制度》和各科室工作职责等一系列规章制度和工作措施，全面学习和推行一线工作法，规范办事程序，落实工作责任。强化机关廉洁作风建设。年初制定党风廉政建设工作计划，严格执行八项"禁止"和52个"不准"，坚决反对"四风"，认真学习区纪委典型案例通报，营造风清气正的工作环境。同时，在征拆中制定廉政风险防控体系，要求干部职工认真执行廉洁自律各项规定，尤其在征拆一线，始终做到清正廉洁。突出重点抓党建。抓实常规学习。坚持集中学习常态化；坚持"三会一课"等党组织基本形式，；坚持问题导向，注重实效；坚持领导带头，以上率下；进一步学习贯彻党的十九大精神，召开专题学习会议，每位党员认真撰写学习心得。坚持每月一次集中学习常态化。一年来，按计划重点集中学习党章党纪党规，学习十九大精神，市区党委经济工作会议和人大,政协会议精神，学习依法征拆法规文件，学习普法知识等，全面提升了工作人员的党性党纪法纪法规和服从大局意识。抓实主题活动。

2018年4月以推进干部作风转变为核心，引导和激励干部履职尽责、干事创业，认真开展“一线工作法”学习教育活动，坚持问题在一线发现、坚持矛盾在一线解决、坚持工作在一线推动、坚持形象在一线树立，深入一线抓调度、抓服务、抓督查、抓落实，确保上级重大决策部署落地落细落小，确保各项工作推进有力有序有效。针对工作实际，要求党员切实在强作风上、服从工作安排上、大局意识上、团队精神上、征拆工作一线上、项目协调上、矛盾处理上争当模范，起到引领带头作用，确保“一线工作法”落到实处。抓实谈心谈话。全年不定期结合工作实际开展谈心谈话活动10多次，主要针对党员干部在思想状态、精神面貌、工作状态、工作中存在矛盾和问题逐一交流沟通，成效明显。健全班子，激活力。一年来为有效激发全体工作人员的工作和生活活力，提升了团队精神，组织观看反腐题材电影《绝不姑息》和反映当代优秀法官电影《邹碧华》，七一期间组织党员干部到平江开展教育活动，组织集体走访扶贫对象送温暖等活动。

【主动作为，助推洞庭新城项目建设】 依法依规推进项目征拆工作。岳阳市志瑞云母粉厂征收工作。该项目属沿湖南路景观建设用地，自2012年以来，通过市洞庭新城投资建设开发有限公司（以下简称公司）收储、房产部门征收，再到2013年委托楼区政府征拆，由洞庭新城工作部负责实施，但因修建铁路跨线桥时洞庭公司拆除了部分厂房，造成灭失部分无法现场摸底和评估等多方面原因，致使征拆工作至2015年年底实质已停滞。2017年5月洞庭新城工作部多方协调会签出具2014年召开的联席会议纪要，明确按2012年洞庭新城公司收储时双方确认的数据进行评估。据此再启动项目征拆，但因洞庭新城公司领导和相关工作人员的更换，造成至今没有提供有效的数据，征拆工作又处于停滞状态。但被征收人因厂房部分被拆，修桥造成厂区渍水已无法生产，要求尽快征收，并已上访多次。为此，洞庭新城工作部多次到市洞庭新城领导小组及相关领导反映汇报情况，2018年10月市洞庭新城领导小组组织市区相关职能部门和洞庭新城公司召开联席会议，重新出具该项目征拆会议纪要。近期，经报区委区政府主要领导批示后，已重新调整并成立了指挥部和项目部，分管领导已主持召开专题会议，会同相关部门研究项目实施具体方案，正在加快项进度，以确保按要求的时间节点完成任务。白水磨子山B地块集体土地上61户房屋征收工作。该项目现已纳入环球中心征拆范围，2018年5月，根据洞庭新城公司委托，在区委、区政府相关领导的指导和调度下，洞庭新城工作部实施了原万达广场B地块61户房屋征拆工作。严格参照棚改政策，严格按程序编制概算并按公司垫资要求将概算报市国土局备案后，签订项目包干协议。为加快项目进度，一边积极对接国土等相关部门加快项目概算和备案工作，一边与征拆户进行模拟拆迁谈判签约，于8月底完成全部征拆任务，包括房屋拆除。着力服务项目施工。求索西路延伸段建设项目。该路段于9月开始启动建设施工，根据区政府相关领导的批示，洞庭新城工作部安排专人到现场积极协辖区街道和社区，在一个星期之内接通了施工临时用水用电，搭建了工棚板房，安装了安全通道挡板，确保求索西路建设工程顺利推进。目前，正在按领导要求协调原南津港小学搬迁相关事宜，按照道路建设和教育事业都是岳阳楼区重要民生实事，都要抓实办好的要求，洞庭项目建设须配建设规范学校，并经由市级专题会议研究形成纪要或决定后，再将学校拆除。鱼巷子项目一、二期消防通道建设项目。该项目涉及57个固定门面暂时歇业、75个固定摊位、15个搭建摊位和68个零散摊位需要拆除，根据市洞庭新城项目建设领导小组《关于鱼巷子改造工程三期项目建设专题会议备忘录》会议精神，洞庭新城工作部协同吕办和城管等部门将所有临摊清除、拆除所有搭建固定摊位，并对固定门面关门歇业实施补偿，同时积极对接市洞庭新城公司，迅速落实项目前期启动资金200万元，确保了改造工程顺利推进。恒大御景湾二期建设项目。该项目建设启动时因涉及周边群众要求解决遗留问题出现阻工情况，得知情况后，洞庭新城工作部立即组织力量到现场了解情况，与街道、社区一起做好维稳工作，并多次会同洞庭新城公司、枫办等相关责任单位到施工现场对青苗、临时建筑及道路补偿等情况进行摸底调查、组织评估，商量提出合理补偿方案，经由相关领导审定批准后，相关问题得以及时处理。多方协调尽力化解矛盾。鱼巷子门面置换问题。该项目有30户选择门面置换，共需置换门面1902.96平方米。近年来征拆户因按协议迟迟分不到门面，要求提高停产停业损失补偿，多次上访。而市洞庭新城公司则反映停产停业损失补偿标准过高，每年需支付停产停业损失补偿近300万元，在门面没有验收的情况下要求项目部尽快分配。洞庭新城工作部根据洞庭新城公司提供的门面多次研究调整分配方案，但因还建区域集中在鱼巷子市场负一楼，并且在2016年、2017年洞庭湖汛期涨水被淹，造成大多数征拆户不接受在此区域选门面。为此洞庭新城工作部与洞庭新城公司多次明确：一是鱼巷子消防通道改造后门面验收交付的时间；二是扩大区域选门面；三是不愿在还建区域选门面的可与公司协商回购；四是不变更停产停业损失补偿标准，且及时发放确保稳定。对此，征拆户认同并表示积极配合。颜氏楼层编号变换引发征拆户上访的问题。2018年初因恒大御景湾五号楼在市房产局备案的编号与颜氏征拆户置换选房编号出现变更，征拆户多次上访。洞庭新城工作部与恒大、洞庭新城公司多次沟通协调，最后要求恒大拿出部分预留房源让部分征拆户重新选房，化解了矛盾。颜氏和鱼巷子征拆户拒缴维修基金的问题。2018年来，颜氏燃烧器厂及鱼巷子征拆户共106户在办理安置房权证时，要求“以证换证”，相继出现拒缴房屋维修基金的问题，并到相关部门上访。按征收决定公告规定：被征收房屋维修基金凭征收协议和缴费存折到市房产部门进行退还，安置房屋维修基金按缴费政策由被征收人全部承担。但考虑以上两个项目被征拆房屋一个因年代久远没有缴纳房屋维修基金就办理了权证，一个通过单位个人免交了维修基金。而且当前办证与协议约定时间延期较长，影响了有些征拆户房源的交易等现实情况，洞庭新城工作部积极协调洞庭新城公司和相关职能部门，同意以上两个项目办证免交一半房屋维修基金，问题得以有效解决。

【抓实区委区政府部署的重点工作】 2018年我们进一步严格并规范管理，坚持集中学习常态化，着重学习年初区委经济工作会议精神，认真履行党风廉政建设主体责任，不定期开展作风督查，进一步强化了机关作风。深入开展“一线工作法”学习教育活动，结合工作实际，确保区委区政府安排部署的重点工作在洞庭新城工作部落到实处。积极配合环保督查问题整改工作。5月环保督查期间，群众举报因岳阳市志瑞云母粉厂厂区低洼积水，影响恒大南湖半岛周边居民生活环境。因该厂属洞庭新城项目范围，是洞庭新城工作部实施的征拆项目。收到环保督查部门协助督办函后，洞庭新城工作部多次到现场了解情况，主动向职能部门和各级领导报告情况，请相关领导现场办公，分清造成该厂低洼积水的主要原因及责任主体，并会同金办和环保分局约谈该厂业主积极配合，按环保督查要求实施了整改。抓实扶贫攻坚工作。按照区扶贫办部署，洞庭新城工作负责郭镇乡马鞍村 12 户村民的扶贫攻坚巩固工作。全年先后 5 次到结对帮扶巩固对象家中走访，了解实情，针对不同的致贫原因，研究不同的扶贫巩固对策，有帮助申请危房改造资金的，有帮助申请大病医疗救助资金的，有帮助解决就学困难的，同时全年共送达医疗保险和扶贫帮困物资合计 12000 多元。认真落实巡视整改工作。按照区委对中央和省委巡视整改工作的要求，成立专门班子，认真研究巡视反馈应按期整改和立行立改的 37 个问题，结合工作实际制定整改方案，对涉及的每个问题到岗、到人，认真建立整改台账，按整改方案及时整改到位，确保巡视整改工作在洞庭新城工作部落到实处。

政协岳阳楼区委员会

综述

【强化政治引领，提升思想站位】 坚持把政治建设摆在首位、抓在手上，树牢“四个意识”，增强“四个自信”，在推进社会主义协商民主和政协事业新发展的实践中找准时代坐标，明确努力方向。自觉维护党的领导。坚决维护习近平总书记核心地位，维护党中央权威和集中统一领导。认真贯彻落实中共中央《关于加强新时代人民政协党的建设若干意见》精神。主动融入区委工作大局，保持与区委同心同向、合力合拍，通过民主协商程序，把区委的决策部署转化为政协组织和广大政协委员的履职行动，实现党对政协的政治领导、思想领导和组织领导。履行管党治党责任。认真落实全市政协系统和区委党风廉政建设会议精神、党建工作会议精神，切实增强党组抓班子、带队伍、管党建的责任。严格落实党组班子专题民主生活会制度等，健全党内组织生活。落实党风廉政建设责任制要求，坚持抓在日常、严在经常，构筑政协系统风清气正的政治生态。增进委员思想认同。坚持以习近平新时代中国特色社会主义思想统揽政协工作，运用多种形式认真学习党的十九大精神和《习近平总书记关于加强和改进人民政协工作的重要思想专题摘编》读本，引领全体政协委员深刻认识习近平总书记治国理政的新理论、新目标、新要求，增进广大政协委员的政治认同、思想认同、理论认同、情感认同。

【紧贴中心大局，忠实履行职能】 围绕全区经济社会发展重大事项、民生问题，认真履行政治协商、民主监督、参政议政职能，助推核心引领区建设。抓好提案征集办理。举办了委员提案知识培训班，引导委员精准选题、深入调研，建睿智之言，献务实之策。办理区政协五届二次全会提案142件，重点提案10件，提案办结率和回复率均达到了100%，满意率达95%。紧扣重点难点协商。充分利用全会、常委会、主席会等，先后组织了“低洼渍水地段旧城改造”“东风湖水环境污染治理”等8个专题协商，促进解决了有关问题。鼓励支持基层民主协商，奇家岭街道政协工委和政协委员指导学院路等社区运用“群英断是非”形式解决了一批群众最关心最直接最现实的问题。精心组织课题调研。一年来，围绕“区商贸中心建设”“区金融中心建设”“岳阳黄茶产业现状及其发展前景”等深入开展调研，形成专题调研报告26篇，报送区政府及相关部门促进调研成果转化。积极开展民主监督。先后组织委员分别就商贸发展、棚改征拆、东风湖新区开发与环境治理、社会治理网格化管理、精准扶贫等工作开展专题视察监督活动，提出了许多意见建议，都得到有关方面的重视。组织委员走进区法院、区检察院积极探索政协民主监督与司法监督互融、互促机制。

【凝聚委员力量，倾心服务发展】 紧扣区委、区政府中心工作，利用政协人力资源优势，把协助项目建设、产业发展、扶贫攻坚作为政协组织和广大政协委员的责任担当，努力促进我区经济社会发展。助战项目建设。2018 年，区政协 4 名领导班子成员和 3 名政协干部参与项目建设，坚持到“一线”指挥，到“前沿”助战，“钉钉子”解难，实行清单管理、倒排工期，较好地解决了项目建设中的难点问题。同时，11 名街道政协工委主任参与项目建设，积极主动，敢于担当，较好地完成任务。助推产业发展。召开了经济界委员座谈会，引导经济界人士献计献策。鼓励与支持政协委员围绕经济发展提交提案 41 件，许多有价值的意见建议被区政府及有关部门采纳。坚持常态化联系走访经济界人士，倾听意见建议，帮助解决力所能及的问题，构建“亲清”政商关系，营造宽松、和谐的经济发展环境。助力扶贫攻坚。243 名政协委员全部与贫困家庭结成了帮扶对子，为贫困家庭新增就业岗位 106 个，为 98 名贫困学生提供就学援助，累计提供帮扶资金 200 余万元。各基层政协组织和一大批政协委员积极组织和参与其他社会公益行动，比如郭镇乡政协联络处开展的“关爱留守儿童”行动、吕仙亭街道政协工委开展的“诵读经典.情暖童心”活动等收到广大群众好评。

【加强自身建设，树立政协形象】 严字当头，实字托底，从提升能力、建好平台、健全机制入手，不断推进“五个政协”建设，政协形象得到进一步提升。提升委员履职能力。举办全体政协委员履职培训班，邀请省市政协理论专家和政协工作行家里手讲授履职业务知识。抓好基层政协组织和政协委员每半年一次的履职交流，认真总结履职成绩和经验，引导全体基层政协组织和政协委员“比、学、赶、超”，委员履职能力水平得到提升。用好委员履职平台。推进政协云的应用创新，与区公网中心实现数据对接。不断完善提案办理系统功能，实现了委员提案的网上提交、网上转办、网上答复。加强政协委员工作室建设，落实“五有”要求，实行政协委员定期轮流值班，委员工作室接待人民群众 1400 余人次，帮助居民群众解决了一批实际问题。完善委员履职管理。修订《政协工委（联络处）工作考核办法》《政协委员履职服务管理办法》《政协委员履职考核办法》，明确基层政协组织任务，强化委员履职管理，年终评选表彰基层政协工作先进单位 8 个，优秀政协委员 37 名。

重要会议

【区政协五届五次常委（扩大）会】 2018 年 3 月 29 日，区政协召开五届五次常委扩大会议，全体区政协常委出席，各街道乡（街道）政协联络处（工委）主任列席。会议传达学习了全国政协十三届一次会议精神；通报了 2017 年度委员履职考评情况和区政协五届二次会议委员参会情况；协商决定了 2018 年度重点提案；听取了两个专题调研相关情况的汇报。

【区政协五届六次常委（扩大）会】 2018 年 6 月 28 日，区政协召开五届六次常委（扩大）会议，全体区政协常委出席，各街道乡（街道）政协联络处（工委）主任列席。系统学习新修订的政协章程；传达学习

《中共湖南省委办公厅印发〈关于加强和改进人民政协民主监督工作的实施意见〉的通知》；现场审议通过《关于在全区政协系统全面推行“一线工作法”的实施方案》和《政协岳阳市岳阳楼区委员会“四联”工作办法（试行）》；研究决定委员异动有关事项。

【区政协五届七次常委（扩大）会】 2018年9月28日，区政协召开五届七次常委会议，全体区政协常委出席，区委常委、区政府常务副区长徐平，各重点提案办理单位负责人，重点提案提案人，政协委员代表，各基层政协组织负责同志和区政协机关相关人员参加会议。会议听取了五届二次会议提案办理情况汇报，协商通过了《政协岳阳市岳阳楼区委员会委员履职考核办法（修订稿）》，组织学习了《中共中央办公厅印发〈关于加强新时代人民政协党的建设的若干意见〉的通知》（中办发〔2018〕48号文件）。

【区政协五届八次常委（扩大）会】 2018年12月24日，区政协召开五届八次常委会议，全体区政协常委出席，各乡（街道）政协联络处（工委）主任列席。会议协商通过了《常委会工作报告》和《提案工作报告》，协商通过了区政协五届三次会议日程、议程、大会执行主席名单、大会秘书处负责人员名单和提案审查委员会组成人员名单，协商确定了2018年度政协工作先进单位和个人名单，协商通过了有关人事事项。

民主党派

【中国国民党革命委员会岳阳楼区总支】 2018年，民革岳阳楼区总支新发展4党员和3名预备党员。2月份与党员曾斐的蓓蕾教育机构联合举行了“缘定三生·聚力前行”年会，并上门看望慰问老党员。6月份组织党员和家属参观新墙河抗战纪念馆，进行爱国主义教育。重阳节上门看望慰问老党员。11月份与岳阳县支部开展了“基层支部”篮球友谊赛。总支联点奇家岭街道学院路社区，开展了党员律师进社区、“同心博爱·牵手留守儿童”等活动。党员曾斐通过跳蚤市场义卖募集捐款8000多元，全部捐赠到惠声关爱特殊儿童康复中心和湖滨特殊学校，用于给孩子们添置专业的听力康复玩教具。看望慰问花板桥社区和五里牌社区的部分孤寡老人，为老人们送上节目表演和3000多元物资。党员张翼代表民革岳阳市委参加岳阳市统战部举行的“岳阳市纪念中共中央发布‘五一口号’70周年暨改革开放40周年演讲比赛”荣获三等奖。党员张洁2018年开展80场家庭教育公益讲座，受邀参加了岳阳市教育体育局关工委组织的家庭教育讲师团公益巡讲，前往岳阳县、汨罗市、君山区、云溪区等偏远农村为留守儿童和家长做家庭教育讲座、心理辅导，被中国妇联评为“第二届家庭教育百名公益人物”。

【中国民主同盟岳阳楼区政府机关支部】 2018年，民盟岳阳楼区政府机关支部新发展1位预备盟员，盟员中有3位市、区人大代表，8位市、区政协委员。全年支部盟员就各单位的具体问题共提出建议25条，被采纳率100%。支部积极响应民盟市委和区委统战部的号召，在五里牌社区继续创建省级“同心社区”。支部发动广大盟员，继续为社区居民打造居家养老服务平台，打造社区居民日间照料中心，并辅以多种养老服务项目，为社区老人提供便利服务，深受社区老人欢迎。用“同心居家养老服务平台”为党派联系社区，服务社区搭建了一条统战“连心桥”。在五里牌社区创建的“盟员之家”，被盟省委和盟中央评为“优秀盟员之家”。2018年，支部全体盟员积极参与社会服务活动，11名人大代表、政协委员按照市、区人大、政协要求，积极参加“三个一”扶贫帮困活动，帮扶现金和物资共计30万元，其中盟员徐绍凯个人捐款达26万元。

【中国民主建国会岳阳楼区支部】 2018年，民建楼区支部认真参与党派组织和统战部门组织的各位政治理论学习，全年组织支部会员开展“十九大精神”及“参政议政及社情民意写作”、“同心社区创建”专题培训、研讨会共3次。支部进行了换届选举，产生一正两副三委员的支部新班子，会员陈静担任新一届的支部委员。进一步贯彻落实以主委、副主委及宣传委员、组织委员为代表的班子会议制度，定期研讨支部各项活动，开展会员联络。推荐2名机关事业单位工作人员加入民建组织，会员人数增加到23人。“两会”期间，支部共有4名政协委员、2名人大代表提交份6份建议提案。支部主委蔡莉撰写的理论调研文章《发挥支部堡垒作用，加强基层组织建设》被民建省委采用。支部会员全年报送高质量的社情民意稿件13篇，均被民建市委采用。2018年，支部积极组织开展社会服务活动。2月份在望城岭社区和奇家岭白家山敬老院开展“春节送温暖”活动，捐赠棉被、毛毯、奶粉、大米、食用油等价值5000元，入户慰问重症“五保户”1000元。4月份在望城岭社区开展同心书屋捐赠活动，捐赠书籍2000元。5月份在望城岭社区开展“劳动最光荣”文娱演出及志愿者慰问活动，捐赠空调被2000元。6月份在郭兴小学开展“关爱留守儿童”主题活动，捐赠凉鞋500双。10月份在望城岭社区开展“喜迎中秋”主题活动，支部会员彭成良向爱心超市捐赠面条、水杯等生活物资。12月份组织“送温暖进农村”主题活动，对郭镇乡郭兴小学、南方贝贝幼儿园捐赠儿童棉衣150件。

【中国民主促进会岳阳楼区总支】 2018年，民进岳阳楼区总支坚持以服务发展为新时代使命，在议政调研、政治协商、民主监督活动中，不断提高参政议政的能力和水平。一年来共向区委统战部和民进市委报送等信息70多条，向市、区政协及区人大递交了提案和议案40多件。区教育局机关支部的“关于中心城区教育精准扶贫工作的思考”课题成为会市委的中标课题。2018年，根据会市委的统一部署，岳阳楼区10个（总）支部严格按照程序和要求实施换届，一批综合素质高、热心会务工作的骨干会员充实到支委班子队伍中来。总支坚持以活动聚人心，以活动促活力，组织开展了重阳节老同志游南湖、“学习十九大”暨户外拓展活动、赴毛田进行乡村振兴战略调研、赴郭镇麻布进行脱贫攻坚调研等活动。医卫支部被民进中央授予“民进坚持和发展中国特色社会主义学习实践活动先进集体”荣誉称号，教育局机关支部、站前小学支部被会市委授予“先进支部”荣誉称号。民进中央机关刊物《民主》增刊，以《一位优秀的接棒者》为题，向全会推荐了医卫支部赵小青主委。岳阳楼区教育局机关支部副主委刘萍领衔成立了“岳阳刘萍少先队名师工作室”，在德育工作岗位上成绩突出，获得湖南青年五四奖章提名奖，成为全省表彰的50名奖章获得者和10名提名奖之一。总支积极响应精准扶贫号召，组织部分会员到岳阳楼区郭镇乡、岳阳县、平江县三墩乡开展扶贫帮困活动，共为100多户贫困户筹集扶贫经费70余万元，争取扶贫项目20多个，协助办理小额贷款300多万元，推荐就业50余人。

【中国农工党岳阳楼区总支】 2018年，农工党岳阳楼区总支组织党员观看了《中国农工民主党》影像史料，重温了农工民主党与中国共产党“肝胆相照，荣辱与共”的光辉历史。总支经常不定期组织党员参加各种培训学习，并积极参加市委会组织的报告会、座谈会、研讨会，参加中共岳阳楼区委统战部组织的大型调研活动2次，季度恳谈会4次。向农工党岳阳市委会及区委统战部报送各类信息10次。“两会”期间，党员提出提案议案共13件。6月份农工党岳阳楼区一支部开展了“我运动，我健康，我快乐”主题活动；组织开展“学洈水先进经验，建洞庭生态家园”主题考察活动，特邀农工党市委专职副主委周波一同前往视察。8月份组织党员进行红色教育，了解毛泽东、刘少奇、彭德怀等老一辈无产阶级革命家丰功伟绩。11月份农工党岳阳楼区法律支部开展“熔炼团队，挑战自我”趣味主题拓展活动；法律支部全年还组织了9次法律宣讲活动，将法律知识送入社区。口腔医院王珊珊举办6次义务“爱牙护牙”知识讲座。

【中国致公党岳阳楼区工委】 2018年，致公党岳阳楼区工委开展了形式多样的学习活动。3月8日，工委组织女党员观看电影《红海行动》，接受爱国主义教育；5月9日工委在王家河办事处东升社区召集全体党员学习“五一口号”，并组织党员参加“纪念‘五一口号’发布七十周年”征文活动。党员易果积极参加市委纪念“五一口号”发布70周年暨改革开放40周年演讲比赛，荣获优胜奖。全年发展新党员2名。工委党员结合自身实际积极开展社会服务活动。5月21日，工委在岳阳楼区洛王街道新天地商业广场举行资助脑瘫儿童活动，副主委苏正杰捐款5000元用于脑瘫儿童的康复训练。5月29日，工委联合湖南政和实业有限公司，岳阳市爱弥尔自闭症儿童训练中心，组织40多名自闭症儿童在岳阳楼区东方红小学举行趣味运动会。工委副主委、湖南政和实业有限公司董事长苏正杰资助2万多元。7月18日，开展侨法宣传活动，党员志愿者们通过现场免费发放宣传资料、提供政策咨询等方式向群众宣传介绍相关知识和政策法规。9月14日，参加2018年湖南（岳阳）“全国科普日”启动式主场活动，党员们在现场分发宣传资料，解答观众困惑。工委与王家河街道东升社区联合共建“同心美丽社区”，在社区开展健康、安全、急救培训等内容丰富的知识讲座，有效提升居民群众健康常识，组织东升小学学生开展实践教育活动，在王家河沿岸开展保护水资源志愿活动。2018年，工委一、二支部以并列第一名的好成绩同时获得“湖南省十大最具活力支部”荣誉称号。

【九三学社岳阳楼区支社】 2018年，九三学社岳阳楼区支社一是积极组织社员参与，将社市委安排的工作任务落到实处。1月份安排王纯、陈果两名社员参加社市委主办的“学习十九大精神，发挥参政党作用”演讲比赛，分别获得二等奖和三等奖。2月份发动社员积极参与“岳阳市统一战线学习党的十九大精神知识答题活动”。3月份社员王爽撰写题为《五四运动与九三学社初心》的论文，参加社省委组织的论文征集活动。4月份社员王纯、陈果参加社省委组织的纪念“五一口号”发布70周年纪念活动中的征文单元，其中王纯获三等奖。6月份社员高志琦参加岳阳市纪念中共中央发布“五一口号”70周年暨改革开放40周年征文比赛获三等奖。10月份积极组织发动社员，参加社中央“社员之家杯”社章社史知识竞赛，从参赛成绩和参与人数都名列全市各支社之首。二是规范社员管理，提升社员组织纪律观念。自3月份开始，支社启动寻找在册失联社员工作，经过近半年的努力，重新联系上3名社员，另有3人因各种原因离开岳阳多年，目前无法找到。5月份支社邀请社市委付萍主委一起参加走访新社员活动，先后到岳阳顺风名车、红绫舞蹈学校、名匠装饰等单位走访社员6人。三是开展主题社会服务活动，提升组织影响力和党派形象。6月13日，支社在岳阳楼区胥家桥小学开展以“让留守的花朵在阳光下绽放”为主题的关爱农村留守儿童活动，不仅为双亲外出务工的孩子们送上课外书籍，还组织趣味绘画，共同准备晚餐等亲子活动，受到孩子们和学校老师的热烈欢迎。支社成员中的人大代表、政协委员认真参与“三个一”扶贫工作，为帮扶对象提供助学金、慰问物资及就业岗位等，因在扶贫工作中有突出表现，社员谭艳平被评为“优秀市人大代表”

群众团体

岳阳楼区总工会

【概况】 区总工会坚持以党的十九大精神、习近平新时代特色社会主义思想为指导，紧紧围绕区委、区政府工作中心，把竭诚为职工群众服务作为工会一切工作的出发点和落脚点，始终坚定不移地贯彻“组织起来、切实维权”的工作方针，认真履行职责，开拓创新，真抓实干，使各项工作取得了新的突破。2018年获得全区绩效考核一类先进单位，全市工会工作目标管理考核先进单位。

【深化工会改革】 2018年，区总工会根据党中央、省委和市委关于推进党的群团改革任务要求，结合区情，切实推动工会专项改革工作，取得阶段性成果。一是坚持强“三性”、去“四化”；二是优化班子配备和机构设置；三是夯实基层基础，坚持眼睛向下、面向基层，将力量配备、服务资源向基层倾斜，更好适应基层和职工群众需要。四是创新改革工作方式，建立健全联系服务基层长效机制。

【工会组织建设】 始终坚持党建带工建，共建促发展的思想宗旨，做到哪里有职工，工会组织就建到哪里。依托街道、社区、行业等平台，通过联合、挂靠等方式，统一建立区域性、行业性党工组织，形成全方位、多层次、广覆盖的党工组织网络，在区域性、行业性工会，楼宇工会，特别是农民工入会等工会组织建设方面，积极探索，创新模式。2018年，工会组建406家，新增会员10017人，其中新增农民工会员7018人。8月16日，区总工会在奇康路建议工地举办“2018年农民工集中入会启动仪式”，为360名农民工兄弟办理集中入会。

【大力弘扬劳模精神】 2018年8月1日，召开“中国梦·劳动美”岳阳楼区第四届劳动模范表彰大会，通过实地考察、联审、祟选，经区委常委会讨论批准并经法定公示程序，评选出吴银熔等17名来自各行各业的先进个人，授予劳动模范荣誉。通过劳模评选在全区上下营造出崇尚劳模、宣传劳模、学习劳模的良好氛围，全区干部职工和劳动群众以劳模精神为引领，唱响主旋律，汇聚转型发展正能量，全力投身“核心引领区”的建设中。

【深入开展劳动竞赛】 2018年，区总工会紧扣区委“核心引领区”建设的各项目标任务，把劳动竞赛作为激发职工创造活力的重要载体，以“工人先锋号”创建为平台，广泛开展各类劳动竞赛，激发全区广大职工群众的主动性、积极性和创造活力，积极投身楼区建设。岳阳市洞庭密封材料有限公司荣获湖南省“安康杯”竞赛优胜单位荣誉，洞庭密封材料厂垫片车间荣获市级“工人先锋号”荣誉，同时创建申报了2018年度“市级工人先锋号”：民政局婚姻登记处、武商收银部。岳阳楼区吴银熔、周国防、刘利民三人荣获岳阳市“巴陵工匠”荣誉，申报熊萍、孙勇、戚国祥参评2018岳阳市“巴陵工匠”。

【实施素质提升工程】 2018年，全区特色社区建设明确13个社区为2018年建设重点，区总工会作为创建成员单位，负责承办对社区工作者的人员培训和素质提升。为此，区总工会组织举办了为期两个月的社会工作者培训班，吸引了全区392名街道、社区工作者报名参训，所有参加培训班的学员都参加了2018年6月份的全国社会工作者职业水平考试，有95人通过考试，取得中级和初级技术职称，提升了全区社区工作者服务工会工作和社会工作的能力和水平。

【加强经审财务建设】 从组织建设、审查审计、廉政建设和其他业务等方面入手，按照“三同时”原则，对所有工会组织配备经审工作人员，完善队伍建设；从年初预算把关，到接受上级审计，加强对下一级工作的审查审计和指导，再到帮扶资金和劳模资金等专项资金的审计监督，做到及时发现问题及时整改落实及时规范管理。2018年11月22—23日在泰和大酒店举办了为期一天半的岳阳楼区经审财务培训班，全区各级工会主席、经审财务人员、工会专干共180多人参加了培训，全面提升了全区工会经审财务工作水平，防范风险意识显著增强。

【开展困难帮扶工作】 区总工会积极发挥困难职工帮扶中心的职能作用，健全了帮扶工作制度，建立了完整、规范的全区困难职工电子档案。在坚持开展“两节”慰活动的同时，关爱困难职工子女上学送助学金、关爱职工健康做好医疗互助、关爱一线工人“夏送清凉”以及与冷水铺村对接持续开展精准扶贫等活动。经过逐年帮扶和入户核实注销，纳入全国帮扶系统的困难职工由2013年的2.1万人减少为2018年年底的41人；2018年“两节”送温暖活动共慰问困难职工900余人，发放慰问救济金66万元，另外发放大米22000千克，慰问困难职工2000余人；为39名困难职工子女发放金秋助学金17.7万元；“清凉一夏，关爱同行”主题活动共为炎炎夏日仍然工作在一线的环卫工、农民工送上清凉物资900份，共计7万余元；开展职工医疗互助活动，2018年第四期职工医疗互助活动参加单位120家，参加职工5058人，截至2018年年底已经为681名患病职工发放互助金共计61万元；累计对接冷水铺村贫困户40户，截至2018年年底40户贫困户已经全部脱贫。

共青团岳阳楼区委员会

【概况】 2018年，共青团岳阳楼区委以核心引领区建设为中心，以共青团改革为主线，积极推动各项工作，取得了一定成效。

【弘扬“主旋律”，引领青少年永远跟党走】 始终把思想引领放在工作首位，筑牢青少年思想政治基础。以总书记讲话和十九大精神鼓舞青少年。开展“青年大学习”活动，组织全区团干、青年代表学习了习近平总书记系列重要讲话精神、党的十九大精神和团的十八大精神，举办了系列宣讲座谈会，邀请团市委领导、市委讲师团教授到会宣讲，并开展讨论。以社会主义核心价值观教育青少年。指导区教育团工委、区少工委在全区中小学开展“红领巾相约中国梦”“青春建功‘十三五’、建设核心引领区”“你好，新时代”“追梦好少年，光荣少先队”等系列主题教育实践活动60多场次，积极引导广大青少年自觉培育和践行社会主义核心价值观。以团属新媒体平台引导青少年。认真抓好“网上共青团”建设和青少年网络舆论引导工作，发挥共青团官方微信、微博、“青年之声”等新媒体平台作用，抓住节假日和关键时间节点，组织开展网络正能量话题讨论，推送符合青少年口味的知识读物、文化产品两百多条。

【建功“主战场”，紧扣中心工作求作为】 始终坚持围绕中心、服务大局，为核心引领区建设添砖加瓦。融入经济社会发展主动作为。“五四”期间，举办全区“核心引领 青春建功”青年干部主题演讲比赛，通过各基层单位的初赛和区级复赛、决赛，为全区青年干部搭建了展示自我的平台，有力地鼓舞了各界青年积极投身“核心引领区”的建设。主动服务青年创新创业，指导建设洞庭三宜创客空间和融企众创空间，举办创业交流、培训活动16场次，联合区人社局开展了第二期岳阳楼区“十佳创业青年”评选。融入扶贫攻坚扎实肯为。在全区各级团、队组织中开展希望工程“一元捐”活动，募集善款9万多元，资助贫困学生70多人。联系城区30多家校外教育培训机构，发起成立岳阳楼区培萌青少年教育发展公益服务中心，启动了培萌公益课堂，已免费为500多名贫困中小学生进行了兴趣特长辅导。认真做好团区委机关联点胥家桥村的扶贫工作，积极帮助贫困户解决实际困难和问题。融入文明城市建设奋发有为。3月在炮台山社区启动了“争当志愿者 助推一三五”青年志愿社区行活动。“五一”、“十一”假期以及暑假期间组织8批次大学生志愿服务队开展社会实践活动，参与文明旅游劝导、社区便民服务、留守儿童关爱等工作。响应“共抓大保护 不搞大开发”的号召，联合南湖新区团委、岳阳楼区创业者协会于5月20日举办“洁美江湖·毅起同行”环南湖青春毅行公益活动，努力提升市民参与保护母亲河、母亲湖的意识，活动吸引上千名市民参加。同时，各基层团组织也积极开展各类志愿服务活动，通过常态化的青年志愿服务，有力推动了城市文明进步。

【夯实“主阵地”，切实加强基层团组织建设】 始终贯彻全面从严治党要求，扎实推进全面从严治团。以改进作风为重点，加强团干部队伍建设。始终坚持党建带团建，推行“一线工作法”，开展“走进青年、转变作风、改进工作”主题活动，建立“4+1”“1+100”等团干部直接联系青年制度。每周一召开机关例会，确定一周工作重点和调研目标，确保每周不少于一天到基层和青年集中的地方调研情况、推动工作。开展“青年清风”主题教育活动，组织团干部参观廉政教育中心，树牢廉洁自律意识。以巩固基层为导向，扩大团组织有效覆盖面。在非公企业、青年社会组织、新媒体等新兴领域新建基层团组织9个，在青少年聚集较多的社区中心、学校少年宫、创客空间、私营企业建立岳阳楼区“青年空间”5个，有效延伸了团的工作触角；以我区青联委员为主体成立岳阳楼区青年汇智团，让更多的团员青年更直接地参与到共青团工作和活动的设计、开展、评价中来，更好地汇集青年智慧、反映青年心声；主办青年奋进沙龙，启动了阳光运动沙龙、读书交友沙龙等子项目，成立了青年干部篮球队、足球队和巴陵青年读书会等青年社团。目前，各个社团充满活力，定期开展各类活动，在青年群体中倡导了新风尚和正能量，取得了较好反响。

【找准“主攻点”，大力推进共青团改革】 始终把“强三性”“去四化”和解决脱离青年的突出问题作为基本要求，着力推进岳阳楼区共青团改革。改革团区委领导机构。完善代表大会和委员会制度，1月份召开了区第四次团代会，进行了团区委换届，保证了团的代表大会、全委会、常委会中基层和一线代表的比例分别不低于70%、50%、25%。初步建立了全委会委员议事建言机制和定期召开团区委常委会的制度。进一步增强工作力量，通过努力争取，团区委机关已按改革要求增配到了5个编制，同时选配了团区委挂职、兼职副书记各一名。改革创新团的工作和活动。结合岳阳楼区社区网格化管理的实践推行网格化团建工作，建立“共青团+互联网+社区网格”、线上线下结合的工作架构，以社区网格员队伍为依托，建立针对网格内青年群体的信息采集、舆情收集、需求排摸、定期反馈、精准服务的工作机制，提升团组织联系服务青年的精准度和有效度。将推动建设与社区网格化管理数据平台互联互通的“智慧团建”平台，逐步实现岳阳楼区基层团青工作网络化操作、一盘棋管理；打造“楼区青年汇”工作品牌，以青年创新创业、青年志愿公益、社区青年活动、校地青年合作、青年干部发展5个不同主题、相互融合的板块统领全区共青团和青年主要工作。区委、区政府进一步加强了对团工作的支持。通过汇报沟通，区委组织部同意把团建工作纳入党建工作要点，与党建工作同部署、同考核，区政府也计划按照岳阳楼区青少年人口数，以每人每年不少于1元的标准预算青少年事业发展专项经费。区委、区政府的大力支持，为我们进一步做好全区团工作提供了坚强保障。

岳阳楼区妇女联合会

【概述】 2018年，岳阳楼区妇联在区委、区政府的坚强领导下，在市妇联的具体指导下，围绕区委“全面转型发展，创新创业的核心引领区建设”的发展目标，充分发挥妇联作为党和政府联系妇女群众的桥梁纽带作用，开拓创新，锐意进取、服务大局，圆满完成了市妇联和区委、区政府交办的各项工作任务。

【全面推进妇联组织改革工作】 2月28日，岳阳楼区第四次妇女代表大会顺利召开，大会选举产生了区妇联第四届执行委员会委员和第四届主席、专兼挂副主席，全面贯彻落实省、市妇联组织改革精神。4月，出台《岳阳楼区妇联组织改革方案》，进一步调整和完善妇联的职责职能，特别在拓展妇女工作者范围、增强执委服务意识等多方面提出新要求。6月，组织全区街道、乡妇联主席参加了全市妇联业务培训，强化和推进妇联区域化建设工作。市妇联领导亲自下到吕仙亭办事处指导“妇女之家”建设，并要求以点带面，示范带动，真正把“妇女儿童之家”建设成为让妇女群众认同、信赖、热爱的“温暖之家”，实现服务妇女零距离。目前，岳阳楼区已创建市级“妇女之家”8个。

【坚持开展各类创评活动】 “最美”家庭评选。2018年，区妇联积极推荐了柳志斌家庭、高辉家庭为全市“最美家庭”；陈燕子家庭、岳卓群家庭为全市“文明家庭”。同时，强化媒体宣传，集中宣传省、市、区已评选表彰的“五好文明家庭”“最美家庭”等先进典型。“平安家庭”创建。深入东升社区开展平安楼区创建宣传，发动积极深入开展“平安家庭”创建活动及相关政策宣讲，在社区、庭院广泛开展文明家庭创评活动，形成争当文明家庭的良好氛围。“三八”红旗集体创评。2018年，岳阳楼区共推荐市级巾帼文明岗单位3个，国家级“三八”红旗集体1个。其中岳阳市公安局岳阳楼分局人口与出入境管理大队获评为“全国三八红旗集体”。

【坚持开展各类法律宣传活动】 “六一”期间，区妇联联合区法院、市邮局深入岳阳楼区桥西小学，深入开展“手拉手践行法治、心连心共建小康”活动，邀请区法院余法官为小学生讲解制止校园暴力等各方面的法律知识，并请社区服务志愿者范嗲为他们宣讲了丰富的邮票知识。此次活动受到学校和学生的好评。9月，区妇联深入梅溪中学开展《法护童年 健康成长》法制宣传活动，邀请市检察院李检察长以《校园暴力的预防及自我保护》为题，为中学生上了一堂精彩的法律课。11月，按照全国、省、市妇联统一部署，我们在全区妇联系统开展“巾帼暖人心　普法宣传十日行动”，于30日在王家河街道枫树新村社区举行启动仪式。仪式上，邀请专家进行了如何预防毒品宣传和《反家庭暴力法》宣讲。全区妇联干部、巾帼禁毒志愿者60余人参加。

【有序开展妇女创新创业活动】 3月，区妇联联合区人力资源和社会保障局、区总工会等，在岳阳湘湘人才市场举行“春风行动”暨就业帮扶招聘会招聘会。区创业者协会向广大居民群众提供了家政服务、电子商务、美容健身、幼儿教育等10多个行业，共计500余个就业岗位，其中290余人现场达成了就业意向。同时，区妇联深入各乡街道、村社区开展走访摸底工作，特别关注农村富余劳动力和城区下岗失业女性的就业状况。11月，区妇联积极参加全区“双创”评选活动，先后推荐和评选“十佳创业巾帼”10名，进一步推进了女性创业热潮。

【迎接省妇联婚姻家庭纠纷调解机制调研】 5月24日，省妇联副主席曹薇薇、权益部副部长罗琼一行到岳阳楼区，专题调研婚姻家庭矛盾纠纷多元化解机制的工作情况。调研组一行充分肯定岳阳楼区妇联在充分发挥家庭、社区工作优势，联合区法院、区民政局建立了家庭婚姻矛盾调解中心、妇女儿童维权站，进一步健全集投诉受理、法律援助、咨询调解、心理疏导、特殊群体帮教于一体的妇女维权服务工作模式，打造了岳阳楼区多元化纠纷解决机制特色品牌，为创建幸福楼区提供了保障。

【开展系列关爱活动】 开展关爱孤儿活动。1月31日，区妇联邀请了岳阳市家庭教育导师张洁女士为22名孤儿和家长上了一堂轻松、愉悦的心理辅导课。张老师与孩子们一起温馨互动做游戏，教育孩子和家长们以阳光心态面对生活、学习和工作，迎接美好的将来。还为每位孤儿准备了压岁红包，鼓励她们好好学习、好好生活。开展贫困母亲慰问活动。1月初，区妇联工作人员深入王家河、康岳、奇家、良万等社区，走进20位身患“两癌”贫困母亲家中，为她们送去关爱与问候，使她们在精神上得到慰藉，生活上得到帮助，促进家庭与社会的和谐幸福。4月，组织全区贫困母亲“两癌”专项救助基金发放仪式，为15名身患“两癌”的贫困母亲发放救助资金15万元。

【开展金秋助学活动】 5年来，区妇联坚持开展“金秋助学”活动，发动社会各界爱心人士、女企业家等献爱心，为贫困家庭优秀学子提供帮助。8月，区妇联共募集爱心助学款36000元，为岳阳楼区12位优秀贫困大学生捐资助学。截至2018年年底，区妇联先后筹集爱心助学款52万元，为180多名贫困学生提供了援助。开展冬季物品捐赠活动。12月，区妇联组织巾帼志愿者、爱心女企业家对奇家白家山敬老院、郭镇敬老院进行冬季棉被募捐活动，其中捐赠给奇家白家山敬老院68床套、郭镇敬老院18床套、郭镇乡枣树村贫困家庭4床套，在严寒的冬季为孤寡老人和贫困家庭送去温暖。

【开展扶贫走访慰问活动】 2018年来，区妇联深入郭镇乡枣树村走访、慰问和帮扶巩固提升的8户贫困家庭，先后上门走访和慰问24人次，协助相关部门为贫困户购买城镇居民医疗保险近万元，并为贫困家庭送去米油、棉被等生活物资。通过数次走访和帮扶，赢得了巩固提升贫困家庭的一致好评。

岳阳楼区科学技术协会

【概况】 2018年，岳阳楼区科协在区委、区政府的正确领导下，认真贯彻落实党的十九大精神和习近平新时代中国特色社会主义思想，严格履行“四个服务”工作职责，紧紧围绕我区总体发展目标，团结引领广大科技工作者为楼区经济社会发展献计献策，各项工作都取得了新的进展。

【换届选举工作】 2018年1月10日，岳阳楼区科学技术协会第三次代表大会胜利召开，市科协党组书记陶沙岸，区委副书记廖星辉，区委常委、组织部部长朱彦翼，副区长李尧瑶出席会议。会议通报表彰在科协工作中涌现出的先进集体和先进个人，听取区科协二届全委会工作报告，选举产生区第三届科协委员会委员43名，常务委员13名，副主席6名，主席1名。李微微当选为区科协主席，李红燕、周勇、王德、付涛、周玉林、袁小月6人当选为副主席。会议还审议通过了《岳阳楼区科学技术协会事业发展“十三五”规划》。

【科协系统深化改革】 2018年6月，区科协编制完成了《岳阳楼区科协系统深化改革实施方案》（草案），后向市科协、区委组织部、区委改革办、区委编办和区财政局等有关部门充分征求了意见与建议，形成了《岳阳楼区科协系统深化改革实施方案》（送审稿）；6月11日，该方案通过了区委第五届第39次常委会议的审议;6月30日，区委办正式下发。

【提升基层科协组织力“3+1”试点工作】 2018年11月，区科协正式启动了提升基层科协组织力“3+1”试点工作，郭镇乡、奇家岭街道率先完成乡街科协换届选举和“3+1”试点工作。11月27日，郭镇乡科学技术协会召开第三次代表大会，选举产生委员15名，主席1名，副主席4名。11月28日，奇家岭街道科学技术协会召开第三次代表大会，选举产生委员15名，主席1名，副主席4名。

【基层科普行动计划】 2018年5月份，五里牌街道花板桥社区成功入选国家“基层科普行动计划”支持项目，获得奖补经费10万元。9月中旬，岳阳富安农业科技发展有限公司被省科协评为湖南省科普教育基地（2018—2022年度）。

【科普工作】 2018年3月22日，区文体新局、区科协、区卫计局、郭镇乡政府在麻布村联合开展“岳阳楼区2018文化科技卫生三下乡”活动；5月7—8日，区科协与东升小学在岳阳楼区凤凰山科普示范基地联合开展“筑梦航天 共同成长”主题活动；5月底，区科协组织乡街科协围绕“科技活动周”开展了系列科普活动；9月14日，湖南省（岳阳）“全国科普日”主场活动启动式在岳阳楼区巴陵广场举行，省、市、区各级多名领导出席活动，区科协认真做好了纲要成员单位和企业的参展布展、学生和社区居民的组织及相关事宜的联络工作，得到省科协的表彰；11—12月，区科协认真贯彻落实市纲要、市科协有关工作部署，积极动员辖区居民参与“第二届全省科学素质网络竞赛”活动，先后制定了工作方案、奖励办法，召开了专题动员部署会，通过多种宣传手段共动员6万余名“五类人群”参与竞赛答题活动。

【服务科技工作者】 2018年5月29日，为庆祝第二个“全国科技工作者日”，区科协联合区工信局开展了走访慰问科技工作者活动，看望慰问岳阳一站电子商务服务有限公司、凤凰山生态特种种养科普示范基地、群贤科普惠农示范基地等企业负责人和老年科技工作者，并向他们致以节日问候。七一期间，区科协走访慰问了老年科技工作者汪新华。

岳阳楼区工商联

【概况】 岳阳楼区工商联（总商会）于1996年由南、郊两区工商联合并而成，是中国共产党领导的以非公有制企业和非公有制经济人士为主体的人民团体和商会组织，是党和政府联系非公有制经济人士的桥梁纽带，是政府管理和服务非公有制经济的助手。

【围绕规范提升抓实非公党建】 在非公企业党员中深入开展了书记讲党课、座谈学习、先进表彰等主题党建活动，组织学习了《中国共产党章程》《中国共产党纪律处分条例》等相关文件精神，表彰了4个“先进基层党组织”和“10名优秀共产党员”。认真抓好党组织组建工作，新建了五里牌街道商会党支部。严把党员“入口关”，对入党对象进行了严格审查，2018年在非公企业新发展党员9名，培养入党积极份子14名。

【发挥商会优势积极建言献策】 紧紧围绕区委、区政府中心工作，充分运用直属商会以及会员中人大代表、政协委员的优势资源，向区委、区政府建言献策30多条。深入开展“抓重点、补短板、强弱项”调研活动，由副主席牵头成立了2个调研小组，发动经济界的政协委员重点围绕“非公经济法治环境建设的对策和建议”“中心城区打造金融中心现状及对策分析”课题，深入调研，得到区委、区政府主要领导的充分肯定。

【借力企业帮扶服务经济发展】 实行特派员制度，确定了由24名区级领导、24个责任单位结对帮扶24家重点民营企业，各区级领导及责任单位先后走访企业60多次，收到问题困难30多条，帮助协调解决凯美特项目申报、泰和集团项目融资、新长城建材市场整体搬迁等问题20多个。加强与新业银行、农商行等银行协调，推荐20多家企业参加了市、区的银企金融推介会，为湖南新泰和绿色农业集团有限公司、湖南洞庭山科技发展有限公司等6家中小企业争取贷款金额5000多万元。每季度组织会员企业参加区人社局召开的招聘会，提供就业岗位

800 多个。

【依托基层组织开展光彩事业】 通过“联爱”义工协会组织企业家参与公益活动 50 余次，参与人数近 1600 人次，募集善款 120 多万元。积极引导会员参与精准扶贫，参与帮扶企业 115 家，帮扶村 80 个，帮扶人数 563 人，帮助总金额 1815.15 万元。

【拓展商会活动激活会员活力】 区工商联副主席、副会长分 3 个小组带头深入基层商会和会员企业，开展“互看、互学、互促、互评、争创四好商会”活动，先后走访 7 家基层商会、60 余家非公企业。认真组织学习贯彻党的十九大精神和习近平重要讲话精神，发放学习读本 300 多本，举办了 2 期学习培训班，培训 500 多人次。举办了“2018 互联网浪潮下实体如何掘进新零售高峰论坛”，邀请经济学教授和权威与企业家进行对话交流、深入探讨。

岳阳楼区残疾人联合会

【概况】 2018 年，岳阳楼区残疾人联合会（简称区残联）以全面加强党的建设为总揽，注重加强思想政治引领，持续深入开展习近平新时代中国特色社会主义思想、党的十九大精神学习宣传，狠抓服务型残联创建活动，大力推进“两个体系”建设，着力兴办惠残实事，努力加强队伍建设，各项工作稳中有进。

【持续开展残疾人行业扶贫工作】 2018 年，区残联组织干部职工对楼区 4 个乡（街道），12 个村（社区）的 297 名建档立卡的残疾人享受政策情况进行核实和督查。印发《残疾人精准扶贫政策宣传手册》500 余本。实现了所有建档立卡残疾人惠残政策全覆盖，具备了脱贫出列的验收条件。同时，配合民政和财政做好了残疾人“两项补贴”发放工作，2018 年共发放困难残疾人生活补贴和重度残疾人护理补贴近 500 万元；为 34 名贫困残疾人家庭提供助学帮扶，发放助学金 7.9 万元。

【精准实施残疾人康复救助和托养服务】 2018 年，区残联共输送 141 名“0~6”岁残疾儿童和 21 名“7~17”岁残疾（少年）儿童到省市区定点机构参加康复训练；为贫困对象发放爱心轮椅、坐便椅、助听器、盲杖等各类辅助器具 1000 余件；确保了 4 个社区康复示范站的良性运转，为各类残疾人服务 3000 余次，培训社区康复协调员 35 名；对重度精神病患者住院救助 50 人，门诊服药救助 78 人。为 480 名重度肢体残疾人、轻度智力、精神残疾人开通一键帮服务平台，服务时间 50 小时 / 年，服务经费 1500 元 / 人；为 50 名智障残疾人提供日间照料。

【大力扶持残疾人就业创业】 2018 年共为 85 名有需求的残疾人提供实用技术和技能培训；组织 16 名自主创业的残疾人参加市残联举办的创业培训，并发放配套帮扶资金 16 万元；完成 15 名农村残疾人阳光增收培训，发放价值 2 万余元的养殖饲料等物资；对取得按摩资格证书的 11 名残疾人根据证书级别分别给予 1000 元 ~3000 元不等的补贴；共安排残疾人就业 221 人，征收残疾人就业保障金 729 万元。

【坚持抓好残疾人信访维权和残疾人家庭无障碍设施改造工作】 残疾人的诉求多、信访维权工作量大，楼区残联不断完善信访维稳工作责任制助力平安楼区的创建。2018 年共接待残疾人来访 300 余人次；受理“12345”公众服务热线工单10件，办结率100%；新办残疾证1034本；完成489名机动代步车燃油补贴申报工作，发放补贴12.7万元。通过全面摸底、精心筛选，选定10户符合改造要求的贫困残疾对象进行家庭无障碍设施改造，改造效果得到湖南省残联、岳阳市残联和残疾人高度评价；确保了“两会”等特护期残疾人群体的整体稳定。

【全力推进综合服务平台建设】 岳阳楼区已建成湘北地区服务功能最全面的残疾人综合服务平台。功能分区设置残疾人康复医院、残疾人托养中心、残疾人辅助器具中心、残疾人分类康复和疗养专业机构，是岳阳市中心城区服务功能齐全的残疾人综合配套服务平台，可满足辖区内老百姓基本医疗、基本康复服务需求，并将辐射周边县区，将打造成为湘北地区第一个县（区）级残疾人的康复服务示范平台。

【做好残疾预防综合试验区试点工作及残疾人信息数据动态更新工作】 岳阳楼区是全国残疾预防综合试验区，为抓好岳阳楼区全国残疾预防综合试验区重点干预项目工作，2018年产前筛查孕妇8350人；儿童筛查41300人，接受残疾儿童诊断人数285名，接受早期干预人数243人；疑似残疾人评定2635人，评定残疾人1380人。截至9月初区残联已完成108个村（社区）残疾人基本服务状况和需求信息数据录入工作，此次数据更新共完成了10817名持证残疾人基础信息的数据统计。岳阳楼区被评为2018年度全省动态更新工作综合评价十优县。

【加强学习提升队伍能力】 扎实开展中心组学习和干部培训，2018年共开展集中学习和各类业务培训10次，下发理论读本和畅销读物4本，组织参观岳阳县抗战纪念，平均每人写一本学习笔记，有力提升了干部职工的理论水平和业务素养。

【严格党组织生活制度】 严格落实党组学习、生活和工作制度。2018年先后两次组织全体党员召开组织生活会和民主生活会，重新通篇学习新党章和习总书记系列讲话、重温了入党誓词、集中缴纳了党费、进行了批评和自我批评。要求大家集中学习与个人自学相结合，确保以党的十九大精神为指引，结合个人岗位工作实际，认真履职。

岳阳楼区红十字会

【概况】 2018年来，岳阳楼区红十字会紧紧围绕区委、区政府中心工作，在上级红会的业务指导下，始终坚持红十字运动七项基本原则，全心致力于“三救、三献”红十字核心业务，大力开展公益宣传、志愿服务等工作，充分发挥政府人道工作领域的助手作用，努力提高红十字会服务社会、服务大局、服务易受损害群体的能力。全区共有1200人参加无偿献血，献血总量约42万毫升,超额完成市定目标任务。2018年成功协调实现造血干细胞捐献7例；人体器官捐献6人，共挽救17人。2018年开展应急救护知识普及培训37期，培训对象20500余人；开展红十字救护员培训13期，培训救护员650人；开展应急救护主题宣传活动4次；在重大活动中提供应急医疗保障7次；在岳阳楼区手机报发布应急救护知识19次，普及约38万人。

【第二届二次会员代表大会顺利召开】 5月11日，岳阳楼区召开红十字会第二届二次会员代表大会暨无偿献血工作会，区领导廖星辉、陈金星、李尧瑶出席，岳阳市红十字会、市中心血站、区红十字会等单位负责人、优秀代表参加。会议宣读《国际红十字运动七项基本原则》《关于2017年度无偿献血工作考评情况的通报》等文件。选举李尧瑶为岳阳楼区红十字会第二届理事会会长。成立了岳阳楼区红十字应急救护培训志愿服务队和岳阳楼区红十字医疗救援志愿服务队。

【岳阳楼区2018年无偿献血献髓活动】 为纪念第71个“世界红十字日”，5月14日至15日，岳阳楼区红十字会在区政府机关大院组织开展无偿献血公益活动。区领导廖星辉、李峰等与机关干部们积极参与献血，用实际行动弘扬“人道、博爱、奉献”的红十字精神。上午8时，区红十字会和市中心血站的工作人员就安置好献血车和咨询台。在区政府机关大院上班的干部职工们陆续来到现场，进行血压测量、血液检验、车内采血。大家参与的热情很高。两天时间，共有187名机关干部职工无偿献血，献血总量达65000毫升，展现了他们热心公益、奉献爱心的精神风貌和高尚品德。

【开展“5·8”世界红十字日纪念活动】 5月8日，是第71个“世界红十字日”，活动主题为“人道——为了你的微笑”。岳阳市红十字会在王家河街道办事处三楼网格中心以“志愿服务——我奉献、我快乐”为主题开展了纪念活动，并举行了岳阳市红十字志愿者工作委员会成立和红十字志愿者授旗宣誓仪式。岳阳市人民政府副市长、市红十字会会长李为，市人民政府副秘书长陈文亮，市卫计委党组书记、主任彭纲要，民革市委主委、市卫计委副主任任浩波，市委宣传部副部长、市文明办主任章宏平，共青团岳阳市委书记李乐，市中心血站站长、市红十字会副会长方奎明，市红十字会常务副会长刘玲，岳阳楼区人民政府副区长李尧瑶，湖南科伦制药有限公司岳阳分公司党委书记廖孝坤，湖南康普图医疗电子科技有限公司董事长廖云峰出席活动仪式。岳阳市红十字蓝天救援队、人体器官志愿服务队、医疗救援志愿服务队、新闻宣传志愿服务队、无偿献血志愿服务队、志愿服务组织联合会等十余个志愿者团队的一百多名志愿者齐聚一堂，隆重纪念第71个“世界红十字日”的到来。陈文亮副秘书长主持活动仪式。首先由红十字青少年宣读《国际红十字与红新月运动七项基本原则》，随后岳阳市卫计委党组书记、主任彭纲要宣读了《关于成立岳阳市红十字志愿服务工作委员会的通知》和《关于成立岳阳市红十字志愿服务队的通知》文件。仪式中，与会领导还代表市红十字为红十字蓝天救援队、人体器官志愿服务队、医疗救援志愿服务队、新闻宣传志愿服务队、无偿献血志愿服务队、造血干细胞志愿服务队、救护培训志愿服务队授旗，并为队长颁发了聘书。各服务队志愿者们高举旗帜，在市红十字会常务副会长刘玲带领下郑重宣誓：我是“红十字人”。李为副市长和陈文亮副秘书长还分别为近三年来为红十字事业捐赠款物100万元以上的科伦药业和康普图医疗公司颁发中国红十字总会“博爱”奖章。岳阳市肾佑医院为市红十字人体器官捐献志愿服务队定向捐赠2万元，志愿者代表和爱心企业还先后发表了感言。最后，岳阳市人民政府副市长、市红十字会会长李为发表了热情洋溢的讲话。他指出，长期以来，岳阳市各级红十字组织充分发扬扶贫济困、助人为乐的博爱奉献精神，在困难帮扶、文明劝导、应急救援等领域做出了积极贡献。7

支志愿服务队的成立，对于推动岳阳市红十字志愿服务精细化、规范化发展，进一步弘扬红十字精神，倡导文明和谐新风，具有十分重要的意义。他希望广大红十字工作者和志愿者要以习近平新时代中国特色社会主义思想为指导，聚焦市委市政府“一三五”发展思路，增强责任意识，坚持依法治会，推进改革创新，加强自身建设，规范化运作、精细化运行，创出特色，着力打造岳阳市志愿服务的金招牌，努力为红十字工作贡献智慧和力量。

【关爱弱势群体深入开展人道救助工作】 积极开展全省联动的“红十字博爱送万家”慰问活动，2018年2月7日，岳阳楼区启动了“红十字博爱送万家”活动，岳阳楼区红十字会筹集棉被、毛巾被、御寒衣服、红十字慰问箱、大米、床上用品、奶粉、洗发水等价值30万元的物资和73000元慰问款，深入社区特困家庭和敬老院进行慰问，掀起了红十字会送温暖的热潮，为困难群众送去党和政府及红十字会的关怀与温暖。积极为3名白血病儿童向中国红十字基金会申报“小天使基金”，通过省、市、区级红十字会对楼区25个重大疾病特困家庭进行了人道主义救助，累计申请和发放救助金14.6万元。大力开展社会捐赠活动，6月27日下午，岳阳楼区红十字联合岳阳市志愿服务组织联合会携手爱心人士向郭兴小学、君山区良心堡镇中心小学捐赠儿童凉拖鞋1500双；12月18日，岳阳楼区红十字会携手爱心人士向岳阳市儿童福利院、郭镇乡郭兴小学、郭镇乡蓝风铃幼儿园、花果畈村幼儿园捐赠棉衣500件。

【全面普及应急救护培训】 2018年5月至6月，岳阳楼区红十字会集中开展“生命健康安全教育——预防溺水”进校园主题活动，分别在东升小学、康岳小学、五里中学、朝阳小学、新路口小学、东风湖小学、桥西小学、民院附小等15所学校进行宣讲，使13000余名师生受益；7月、8月集中开展“应急救护培训进街道”活动，对12个乡、街道办事处开展了培训，共900余人参加。2018年共开展应急救护知识普及培训37期，培训对象20500余人；开展红十字救护员培训13期，培训救护员650人；开展应急救护主题宣传活动4次；在重大活动中提供应急医疗保障7次；在岳阳楼区手机报发布应急救护知识19次，普及约38万人。通过应急救护培训不断提高社区居民和学校师生的安全意识和自救互救技能。

【广泛开展红十字志愿服务】 2018年，区红十字会会充分汇聚爱心的力量，组织发动志愿者广泛开展公益宣传、医疗保障、特困帮扶、救护培训、筹资募集等志愿服务活动73次，志愿服务总时长达1658小时，志愿服务总人次达539人次。1月23日，组织红十字志愿者带着岳阳市宫廷框业总经理陈志刚捐赠的近2万元的全新棉袄，看望、慰问白羊田镇敬老院的老人们；1月25日，联合岳阳市爱心书屋志愿者协会、岳阳市星利社工服务中心的志愿者，携带温暖包到海军一级飞行员、2016年“感动中国”人物、烈士张超家里看望英雄的父母，用真心、真情温暖烈士家属；2月6日，组织红十字志愿者参加由岳阳市美术馆、岳阳市书画院、明华楼大酒店联办的迎新春书画公益笔会活动，活动旨在丰富民营企业的精神文化生活、为红十字会志愿者开展应急救护培训筹集经费；2月8日下午，在新步步高广场五楼，组织岳阳楼区红十字志愿者参加由岳阳市文明办、岳阳市志愿服务组织联合会主办：我们的春节“第十届萌娃写春联，红火过大年”

活动，为活动提供全程志愿服务；3月5日，组织红十字志愿者在炮台山社区广场参加“争当志愿者，助推‘一三五’”主题志愿服务活动，在活动中红十字志愿者为社区居民开展无偿献血、造血干细胞捐献、应急救护知识宣传，向社区居民发放宣传资料；5月7日为东升小学王家河毅行活动提供全程应急医疗保障服务；9月20日，作为协办单位组织红十字志愿者在站前路街道办事处望城岭社区开展的迎中秋度国庆“—打造一网五圈，共享平安社区”文艺会演活动中提供应急医疗保障服务；9月28日，组织红十字志愿者在东方红小学开展的湖南省2018年未成年人“向国旗敬礼”主题教育实践活动中提供应急医疗保障服务，进一步弘扬“人道、博爱、奉献”的红十字精神，传递社会正能量。

岳阳楼区文学艺术界联合会

【概况】 2018年，区文联认真贯彻落实党的十九大及十九届二中全会精神，以及习近平总书记在文艺工作座谈会上的重要讲话精神，在区委、区政府的坚强领导下，在市文联和区委宣传部的具体指导下，坚持以人民为中心的创作导向，开展丰富多彩的文艺活动，全力推动岳阳楼区文艺事业的繁荣发展，区文联被评为2018年度全省文联系统先进单位。

【加强干部队伍建设】 我们组织召开2018年党风廉政建设工作会议，传达学习市、区纪委相关文件会议精神，班子成员和股室负责人分别签订了党风廉政建设责任书。同时加强对协会的日常管理，召开区文联季度工作讲评会，每季评选出了3个“优秀协会”。同时，按照区委组织部统一部署，召开了党小组民主生活会，在职党员干部均认真查摆自身存在的问题，明确今后整改方向和措施，并以党小组为单位开展相互批评，通过开诚布公的沟通交流，达到消除隔阂，团结共事，促进工作的目的。

【推进文联深化改革】 根据上级关于加大群团改革推进力度的要求，我们出台了《岳阳楼区文联深化改革方案》，并在区委常委第39次会议上通过。明确了增设作协秘书办股室，把汴河街岳舞台“快乐周末”打造成岳阳楼区社区文化活动的一个品牌，并纳入2019年财政预算。出台了《岳阳楼区文学艺术奖评奖办法》。目前，正按照全面深化改革工作任务倒排表有序推进。

【开展系列文艺活动】 区文联与汴河街旅游文化公司联合承办了为期15天的“湖南岳阳汴河街第七届（2018）春节庙会”活动，组织文艺团队70个1000余名文艺骨干参演，内容涵盖岳阳花鼓戏、京剧、长乐故事会等300多个文艺节目；在国庆7天节假日期间，我们举办了“迎国庆·市民乐翻天”系列文艺活动，从市区65个社区文艺团队中，挑选了京剧、舞蹈、花鼓戏、小品等80余个节目，精心筹备了10个专场文艺会演，营造喜庆、欢乐、祥和的节日氛围，让广大市民享受精神文化“大餐”；依托岳阳楼景区汴河街岳舞台，坚持每个周六下午安排1场文艺公益活动，据统计，截至目前，岳阳楼区“快乐周末”文艺惠民专场演出共216场次，文化受益市民达20余万人次。岳阳楼区“快乐周末”是岳阳楼下的一道靓丽风景，也是岳阳广大市民的“精神文化的乐园”；根据“欢乐潇湘 幸福岳阳”“岳阳楼区纪念改革开放四十周年书画联展”活动要求，区美术、书法、摄影协会组织会员踊跃参与大赛征文活动，在第六届湖南艺术节美术书法摄影精品展活动中，我区文化馆张雯的《巴陵秋正清》（国画）荣获齐白石艺术奖；区摄协主席谢湘波的《戏迷》（摄影）成功入选精品展入展作品，其中《古城庙会》《社区网格化》列入“爱上湖南”全省最美摄影图片展入选作品。我们在芋头田社区成功主办了为期一周的“庆祝改革开放四十周年书画展”活动。

【文艺创作水平不断提高】我们切实加强各类业务培训，狠抓文学创作队伍后备力量培养工作，精心在各协会会员中，选准对象，着力培养。通过会员自学，区文联输送培训，市场历练等多样途径，提高会员的素质。先后推荐3名会员参加了毛泽东文学院学习，4名学员参加市作家协会举办的全市第五期中青年文学创作培训班，3名学员参加市文联举办的青年文学骨干文学创作培训班。为岳阳楼区会员积极搭建文学创作平台，不断推出精品力作，打下良好的基础；我们着力提升文学艺术素养，连续举办了5期“岳阳楼文艺大讲堂”讲座活动，每期都邀请全国知名的诗人、作家和文化名流担任主讲。2018年我们第五期岳阳楼文艺大讲堂邀请了主讲嘉宾著名青年诗人、《诗刊》编辑聂权，主讲《诗歌：渺小中的庞大和不可测度》；中国检察官文联常委、省检察官文联主席陈海波，主讲《湖湘文化特征与人文之美》。岳阳本土作家、诗人50多人及部分文学爱好者参与了此次活动。该活动先后被湖南新闻网、岳阳电视台、《长江信息报》等媒体进行了专题报道，点击量近3万人次；根据《巴陵人才工程实施方案》和《关于开展2017年“文艺岳家军”人才支持计划选拔工作的通知》的文件精神，我们积极配合上级部门，认真做好前期的宣传发动、推荐申报、资格审查、专家评审、实地考察等程序。通过共同努力，区文联副主席付雷鸣、区作协主席叶菊如、区作协副主席冯六一、朱开见4人列入2017年“文艺岳家军”人才支持计划入选对象，占全市16个名额的四分之一；区文联精心举办全区文艺创作大赛活动，全区广大文艺工作者踊跃参加，积极创作弘扬主旋律的文艺作品，活动共征集到各类文艺作品1057余篇（幅）。2018年1月份，我们召开全区职工文艺创作表彰大会，对文艺创作中荣获一、二、三等奖的115名优秀文艺工作者予以表彰，极大地激发了广大文艺爱好者的创作激情。

【文学创作硕果累累】2018年岳阳楼区文学创作成果丰硕，区作协在国家级刊物发表作品4件：宋北丽《麦子》在《诗刊》发表，黎孝民的《隐藏在时光深处的粽香》在《解放日报》发表，方欣来散文《故乡的路》在《人民日报》发表。叶菊如的《 正月初一：凌晨登衡山》入选《天天诗历》；李新文在《青年作家》《西部》《娘子关》等全国各知名刊物上发表散文9篇，其中发表在《解放日报》上的《杜甫的亭子》被山东省泰安市列入高三模拟试题后，又被《小品文选刊》选载。岳阳楼区作家王天明被聘为毛泽东文学院签约作家，成为湖南省“圆梦2020”的13个签约作家中岳阳市唯一一个。据不完全统计，省级以上刊物发表作品100余篇（首），市级刊物发表作品300余篇（首）。

【戏剧音乐淬炼精品】区剧协组织创作编排了花鼓戏《桃花岭上桃花开》《寿筵风波》参加了湖南省第六届艺术节岳阳市赛区的表演，其中《桃花岭上桃花开》于10月12日参加了由中国文联组织的中国桐乡精品剧目展演，并荣获中国文联戏剧艺术中心颁发的优秀剧目奖。同时还创作了一个特别具有湖湘特色的洞庭渔歌音乐剧《小女婿》，有望成为继《渔姑出嫁》后的又一精品力作，将搬上舞台对外公演。近期创作的渔鼓说唱《阳光处访“1+5”》入选全省纪委系统的巡演活动。

【巴陵戏斩获全省金奖】 区音协于5月22日组织岳阳楼小学巴陵戏班小学员参加在株洲举行的由中国戏剧家协会组办，湖南省戏剧协会承办的2018年度“中国戏曲小梅花荟萃湖南省选拔赛”，通过层层选拔，岳阳市黎佳冉、陈胡芳砚、廖彦蕾3位小选手从100多个节目中脱颖而出，代表岳阳市参赛，夺得金花一枚，银花2枚，其中黎佳冉参加了全国的小梅花奖的筛选。这是岳阳市第一次有个人参加小梅花奖的角逐。岳阳楼小学荣获“国家级非遗保护项目巴陵戏传承示范学校”。

【影视微电影再创佳绩】 区影协主席付雷鸣经过3个多月的精心筹备，拍摄制作的微电影《红包大红包小》，讲述了在乡村振兴建设中，树文明新风、反对铺张浪费的一个动人故事，微电影全长12分钟，已入选2018年第三届美丽乡村国际微电影艺术节，并荣获“2018·第三届美丽乡村国际微电影节”主单元优秀作品。区文联兼职副主席李海英的小戏剧本《告别》入选文化部孵化计划，在全国入选的30个小戏中排名第三。

【书画作品展喜获丰收】 根据“欢乐潇湘·幸福岳阳”活动要求，区美术、书法、摄影协会组织会员踊跃参与大赛征文活动。区美协、书协和摄协积极参加第六届湖南省艺术节美术、书法、摄影精品展活动，其中获一等奖1名，二等奖2名，三等奖6名，位居全市前列。区美协主席李功义在岳阳市美术馆流动展厅成功举办了“丹青之旅”花鸟画个展。在湖南省第七届书法篆刻展上，岳阳楼区书协徐驰、刘灿辉、伏景获优秀奖，史向琼作品入展。

【工艺美术再登高峰】 2018年10月10日至14日由中国工艺美术协会在福建省厦门市举办了全国第十九届工艺美术大师精品“百花奖”，中国工艺美术大师精品“百花奖”是全国工艺美术界的最高奖项，岳阳楼区民间艺术家协会获得一银一铜二优4个奖项，其中岳州古窑青瓷研发中心周国防大师的作品获得一个银奖和一个优胜奖，巴陵扇社刘正文、刘岳军二位大师的作品获得一铜奖一个优胜奖。

【省级以上会员入选增多】 2018年，全国民间文艺家协会在我省只发展了9名会员，岳阳楼区李海英、刘小庆、刘传兵、李家球4名文艺家光荣加入了中国民间文艺家协会，成为国家级会员；省文化厅确定的第四批省级非物质文化遗产代表性传承人名单中，岳阳楼区民协副主席、岳州扇制作技艺传承人刘正文和区剧协主席、岳阳楼区洞庭渔歌传承人陈岳林成功入选。

法 治

综述

【概况】 2018年，在市委、市政府的坚强领导和市委政法委的精心指导下，岳阳楼区政法工作坚持以服务改革发展，维护和谐稳定为目标，以深化平安楼区建设为抓手，创新发展新时代“枫桥经验”，逐步完善新型治安防控体系，编织多元矛盾化解网络，社会治安综合治理水平不断提升，全区治安环境稳步向好发展。其中警网一体化、矛盾纠纷多元化解、平安创建等多项工作已探索出初步经验，中央政法委先后三次到岳阳楼区调研相关工作。

【平安创建取得新成效】 平安楼区创建是区委、区政府历来高度重视的中心工作，2018年全区上下一心，抓实抓好了五个方面的工作。抓好市区联动。在市委、区委的高位推动下，由岳阳楼区牵头，协同南湖新区、经开区，持续巩固深化三个“一体化”（市区一体化、中心城区一体化、厂区校区一体化）工作格局。全区共开展平安创建督导30余次，下发督查通报20份，先后与市委办、市政府办、市发改局、市卫计局、市教育局等部门对接创建工作，共整治各类治安隐患问题360余个。抓好巡逻防控。推进实施“全天候、网格化、立体式”的巡防模式。定期开展集中清查和设岗盘查行动，全年共组织集中清查行动60次，设卡盘查专项行动48次，抓获各类违法犯罪人员186人，给犯罪分子造成了极大的震慑，全年岳阳楼区“两抢”发案量同比下降27%。抓好基础建设。在全区107个社区（村）依规范标准建设社区警务室，并在2017年的基础上，投入经费360余万元，针对全区背街小巷、治安敏感地区增设高清摄像头284个，设置城区Wifi监控栅栏，“探头站岗，鼠标巡逻”的智能化平安天网在岳阳楼区初步建成。抓好严打整治。坚持以扫黑除恶为牵引，对群众反映强烈的治安问题保持高压严打态势，共打击各类刑事犯罪案件3930起，查处行政案件5178起。抓获各类违法犯罪嫌疑人2265人，收治重症病违法人员165人，与2017年同期相比，群体性事件发生率下降了15.6%，刑事案件发案率下降了6.21%，特别是接处警量下降了14.81%，群众的获得感、安全感、幸福感明显增强。抓好社会面管控。坚持未雨绸缪抓防范，积极稳步处置各类群体性事件189起，先后主动应对涉军人员预谋“4·24”聚访事件，快速主动做好苹果装饰公司、名匠轩装饰公司非法集资受损人员上访等工作。以“衡东“9·12”恶性案件”为警示，对全区62名重点对象严格落实“五包一”管控措施，先后开展80余次涉军重点人员的查控工作，成功预警和处置了23起已购票

（含拟购）进京上访事件，实现了可控对象零上访，确保了重大会期、节日期间中心城区社会治安大局平稳。

【社会治理水平取得新提升】 全区坚持以落实推广“枫桥经验”为主题，不断探索社会治理服务新路子，全面实现“矛盾不上交、平安不出事、服务不缺位”的总体目标。创新社会治安防控体系。建立起以“社区民警 + 社区辅警 + 网格员”的“1+1+N”治安防控新体系，依照“一社区一民警一辅警”的整体框架，在全区配齐配强社区警务力量。强化警网、警综、警民互动，由社区民警召集网格员、综治专干、居民志愿者定期组织碰头会议，共同分析社区治安形势，维护辖区平安。建立矛盾纠纷多元化解机制。将社区网格打造成矛盾化解的第一防线，成立以“网格员 + 社区民警 + 人民调解员”的调委会模式，引导居民对社区内的矛盾纠纷自主裁定。建立起网格、社区、街道、全区四级调解网络。2018 年度，全区通过多元化纠纷解决机制化解矛盾 1754 件，调解成功达成协议 1675 起，调处成功率为 95.5%，各类涉诉信访占比明显减少。构建“一公里警务便民圈”。坚持“警务围着民意转、民警围着百姓转”理念，着力将社区警务工作向社会化管理转型。全区社区共配备专职社区民警 73 人、兼职 34 人，各社区至少配备了一名辅警力量，“一公里社区警务”推进以来，有力促进了社会治安良性提升。

【扫黑除恶专项斗争取得新战果】 自专项斗争开展以来，全区上下以对黑恶势力犯罪“零容忍”态度，持续加强打击整治力度，推动岳阳楼区专项斗争不断向纵深发展。政法机关打击有力。共立涉黑涉恶案件 114 起，打掉黑恶团伙 11 个，抓获团伙成员 345 人，刑事拘留 225 人，逮捕、移送起诉 176 人，行政拘留 98 人。同时，对近三年涉黑涉恶类案件进行梳理复审，从中追捕漏犯 7 人，追诉漏犯 13 人。与区纪检部门建立完善黑恶势力“保护伞”线索发现、移送机制，已向市、区纪委监委移送涉黑涉恶案件“保护伞”线索 3 件，打掉“保护伞”2 人。线索摸排有序开展。由行业主管部门负责，着重对敏感地区、重点部位进行滚动摸排，共收集举报线索 56 条。其中已收到办理单位反馈 31 条，其中确定为涉恶案件 2 条，已办结 15 条，其余线索均已进入侦办程序。职能部门配合紧密。区纪委监委成立了扫黑除恶专项斗争监督执纪监察工作领导小组，并会同区扫黑办开展对公、检、法机关扫黑除恶专项斗争督查三次。区委组织部坚持“三个纳入”，将扫黑除恶工作纳入全区组织重点工作，纳入基层党建重点任务，纳入“双述双评”重要内容。各责任单位立足职能，广泛开展线索排查与宣传发动工作，先后印发相关资料 40 余万份，通过新型媒体向群众推送各类报道 100 万余次。

【队伍建设迈上新台阶】 队伍建设是政法工作的稳固之本，2018 年度，岳阳楼区政法战线紧紧围绕建设过硬政法队伍这一主题，以习近平总新时代社会主义思想、政法思想为导向，全力铸造一支奋勇担当、忠诚干净的战斗队伍。狠抓政治建设。全区政法机关认真组织开展“不忘初心，牢记使命”主题教育，先后组织 7 次党的十九大精神专题学习活动，扎实落实“两会一课”制度，深入学习习近平新时代社会主义政法思想、习近平总书记对湖南发展重要讲话等相关内容。强化执法监督。坚决查处滥用职权、徇私舞弊、贪赃枉法、收钱捞人、充当黑恶势力和黄赌毒“保护伞”等问题。

妥善处置中央、省委巡视组交办的34起涉法涉诉信访案件，结合扫黑除恶专项斗争，进一步扎紧了干警自身反腐拒腐和纪律作风的制度笼子。突出正面宣传。在各级各类媒体上刊发“扫黑除恶”“平安创建”类专项稿件235篇。楼区检察院《保护长江之肾》新闻图片被长安网评为“年度照片二十强”，被国家博物馆永久收藏。中央及省级媒体多次就岳阳楼区“社区警务”工作进行专题报道。

公安工作

【概况】 岳阳市公安局岳阳楼分局（简称公安分局）是岳阳市的城市中心公安局，治安管辖岳阳楼区15个乡、办事处（其中乡1个，办事处14个）以及南湖新区（下辖南湖办事处、求索办事处、龙山办事处和湖滨办事处），面积80余平方千米，实有人口近100万人，治安管理点多，线长，面广，情况复杂。全局编制警力540人，实有警力524人，局党委班子成员6人（局长1人，副局长5人）。下辖内设室7个，业务大队6个，职能大队6个，派出所18个。2018年，公安分局高举习近平新时代中国特色社会主义思想，在岳阳楼区委、区政府和市公安局党委坚强领导下，以平安创建为主线，以政治建警为抓手，深入扫黑除恶，决胜集打斗争，攻坚百日会战，取得了不小的成效。

【维稳保安】 紧盯各类关键节点，突出“两会”、“两节”安保，延伸反恐情报触角，上报《岳阳楼公安情报》542期；重点人员一体化管控和关注人员管控到位，公安分局在市公安局反恐怖会议上作先进典型发言；查处了“耶和华见证会”非法组织，抓获境内外涉案人员8人；办理颜某煽动他人从事邪教活动案，收缴大量反宣资料。制定安保维稳“百日会战”20条措施，严格落实60余名重点人员“五包一”管控；主动应对涉军人员预谋“4·24”聚访中央首长事件，有效打散付某等为首的多起涉军聚会活动，严密实施涉军查控工作110余次；快速化解善林金融等非法集资受损人员规模上访，预警处置韩某等20余起购票进京非访事件。受理办结信访案件156起、12345市民热线2927件、市长信箱113件、领导签批督办件54件；稳妥处置塔吊司机非法聚集等各类群体性事件189起，圆满完成重大警保卫任务45次；开展“净网2018”专项行动，巡查监控互联网有害信息549条，稳妥处置涉警舆情146次（期）。城区政治大局稳定，实现省公安厅要求的“四个绝对不能发生”。

【扫黑除恶】 张贴发放宣传画册2万余份，制作公安局长扫黑除恶专项斗争电视讲话，利用“岳阳楼公安”等双微新媒体和报纸等传统阵地进行全方位宣传报道，做到扫黑家喻户晓、除恶人人喊打。发表举报公告，出台奖励制度，推出涉黑恶线索核查“四长责任制”，摸排受理涉黑恶线索20余条。打掉外来黑恶势力利用婚恋等为由实施诱骗、抢劫的暴力涉恶传销犯罪集团2个、犯罪团伙3个；端掉城区地下出警队恶势力犯罪集团2个、犯罪团伙4个，杜绝街头动辄喊打喊杀持械斗殴现象。共侦破涉恶类刑事案件183起，刑事拘留涉恶犯罪嫌疑人337人，侦破涉黑恶保护伞案件一起。“打外治内”工作受到省公安厅表扬并印发专刊宣传。

【集打斗争】 公安分局党委强化集打部署，出台方案措施、奖惩办法和保障机制，召开动员部署、讲评推进会7次；成立集打办专班，及时调配计划，督导工作进度；成立电诈、扫黄等专案组，突破多起大案要案。取得全市冬春攻势综合和打击涉毒、打击涉枪犯罪三项第一，荣获夏秋攻势综合和打击涉毒、打击涉枪、打击盗抢骗和打击涉黄犯罪五个第一。全年发命案6起破6起；先后破获“2018–4”和“8·22”利用网络传播淫秽物品牟利案等部省督涉毒涉黄目标案件8起，破获跨区域盗抢骗犯罪案件17起、重大网络贩枪案件2起、重大电信诈骗案件5起。共起诉盗抢骗276人，打击电诈公诉28人；起诉涉毒犯罪嫌疑人209人，强戒423人，缴毒12340克；起诉涉黄涉赌涉枪69人，收缴枪支184支；起诉经济犯罪、食药环犯罪嫌疑人101人。

【治安管控】　落实清查整治和设卡盘查长效机制，共组织清查行动61次，设卡行动48次，出动警力12000余人次，警车710多台次，盘查流动人口4800余人次，清查出租房屋2600余间，抓获违法犯罪人员186人，下达消防、治安整改通知书320余份，排查整改消防和治安隐患360多处。积极整改突出治安问题，对娱乐休闲场所进行为期一个月的集中整治，制定追责措施，开展大型专项行动5次、所队行动26次，查获黄赌违法犯罪人员47人，整改场所明码标价等问题450余处，处罚旅馆业26家、从业人员18人，场所治安风气明显好转。重大节日及敏感期，每天安排22台警车、50名警力在中心城区主干道上巡逻；落实武警公安联勤巡逻方案，加强街面反扒，遏制“两抢”发案；加强派出所以巡待警，组织开展综治巡逻与社区义务巡逻。提升了面见警率和巡逻管事率，全年接处警43697起，同比去年下降14.81%。

【执法水平】　开展每月一课法制讲座，鼓励民警积极参加执法资格考试；挂牌成立侦审指导办公室，增强办案民警证据意识、程序意识，提升刑事诉讼效率，年内起诉犯罪嫌疑人1020人，比上一年上升27.12%。执法监管中心定期网上巡查，召开执法质量讲评会6次，开展如实立案督导和取保候审回头看活动，下发督导通报16期；推行执法办案奖励积分制和以奖代拨法制考评工作机制，共发放奖励经费600余万元，扣发精细化管理经费10多万元。启动冷水铺执法办案区智能管理系统技术升级改造，全年接待办案人员及涉案人员12000余人次，审查嫌疑人及证人取证共4900余人次，做到安全无事故。

【服务发展】　配合各乡（街）开展棚改拆迁工作80余次，出动警力3500多人次，依法处置各类阻工事件60余起，排查化解矛盾纠纷180余起，依法拘留阻工南湖天灯咀重点项目的违法人员钟某等17人。严厉打击“三违三强”，认真贯彻市两办《关于服务企业优化环境的九条措施》，落实班子成员联点和派出所长负责制，对城区棚改项目和蒙华铁路等重点工程实行挂牌服务，派出警力长驻治安值勤室，共查处危害企业生产案件14起，刑事拘留11人，行政拘留24人。深入开展“云端2018”专项行动，侦破非法吸收公众存款案4起，移送起诉24人，涉案金额上亿元，为群众挽回经济损失近四千万元；侦破涉税犯罪案件34起，起诉16人，涉及虚开增值税发票票面金额近八亿元。

【基础工作】　在区委政府支持下，推进东茅岭、龙山所建设，将洛王、南湖等6所办公用房建设纳入棚改，完成金鹗山、湖滨所提质改造，启动梅溪所等所提质改造工作；全力打造“一公里社区警务”，规范重装90余个社区警务室，打造洪家洲等5个样板警务室；完善社区民（辅）警区乡考核机制，发放岗位补贴80余万元；“警网一体化”获得市局双微创新铜牌奖；推动楼区新建500个治安监控点，完成300个Wifi监测点位硬件建设试运行。投入500多万元为全局民警更换警务通应用终端，投入10万余元完成视频督察系统升级；精心发放55个品种共7103件服装，规范管理保障67台机动车安全运行；调配资金为各派出所建立标准化勤务指挥室，完善购置了一批新执法记录仪。投资200万元的合成作战中心实战运行，归集了城区监控卡口视频等多项数据，寄卖行治安管理信息系统获得市公安局双微创新银牌奖；旅馆业上传信息307万条，通过系统抓获网上逃犯29人；社区民警周履职有效提升，新增录入“一标三实”信息88655条；人境部门开展“只跑一次”便民服务，落实“八项出入境便利措施”，登记解决无户口人员726人，投入50万元启动户口电子档案推广工作，查处外国人非法就业4案9人；刑技人员共勘验现场2320起，采集指纹、足迹等4700余份（案），破案68起。

【队伍建设】 以学习习近平新时代中国特色社会主义思想为主要内容，提升政治站位；加强政治建警“1+5”意见规定的贯彻落实，“二十个不准”深入警心；扎实落实“三会一课”组织生活制度，开展党委（支部）书记上党课，召开了庆祝中国共产党成立97周年活动，隆重表彰了一批基层党支部、优秀共产党员和党务工作者。开展了巾帼、青春、军转和老民警建功主题教育活动，用身边的典型激励斗志；年度轮训民警147人，《盾牌攻防组合技能》课题获全市公安机关优秀实战训练专题和“微课程”评选活动二等奖；全面落实加班执勤津贴和工会福利政策，落实优抚慰问、保险购买等惠警举措，想方设法提升辅警待遇，队伍归属感明显增强；公安分局勇夺楼区第四届全区体育团体比赛篮球冠军、羽毛球第三名。严格落实党风廉洁建设两个责任，坚定执行两个办法，开展队伍教育整训，共出动督查警力200余人次，下发督察通报和违纪违规通报20余期；纪检、督查牵头积极整改巡视组交办问题，受理办结上级交办和群众来访信件40件，严肃查处11名民警违纪违规问题，辞退辅警1名。队伍清气激荡，士气高涨，正气满满，形成了谋事干事成事的良好氛围。

检察工作

【概况】 2018年，区检察院以习近平新时代中国特色社会主义思想为指导，坚持“讲政治、顾大局、谋发展、重自强”的工作要求，紧紧围绕全区改革发展稳定大局，认真落实区五届人大第二次会议决议，忠实履行法律监督职责，各项检察工作取得新进展。顺利通过了全国文明单位复检，再次获评“全国检察机关文明接待示范窗口”。

【服务经济社会发展】 设立了生态环境资源检察部，切实担负保护生态环境的检察职责。依法查办破坏生态环境资源案件5件21人。办理了吴湘等12名非法捕捞案，依此案举办“牢记嘱托，忠诚履职，守护好一江碧水”为主题的洞庭湖水产资源增殖放流活动，活动现场照片《保护长江之肾》被中央政法委评为“年度照片20强”，被国家博物馆永久收藏。依法批捕破坏经济发展环境、扰乱市场秩序犯罪267人，依法妥善办理了陈国强等3人非法吸收公众存款、朱剑扰乱快递行业经营秩序等敏感复杂案件。妥善处理群众来信来访110件。完善检察环节司法援助制度，为见义勇为身负重伤的姚驰峰及其他7名生活确有困难的老年人、残疾人、未成年人刑事被害人提供司法救助金13万元。健全未成年人社会化帮教体系建设，与湖南骏和欣实业有限公司联合成立了全市首个“阳光之家”未成年人观护基地。

【依法打击刑事犯罪】 受理提请批捕案件802件1120人，移送审查起诉案件960件1397人，批准逮捕640件889人，提起公诉772件1091人，突出打击重点，共批准逮捕涉黑涉恶犯罪案件7件24人、提起公诉11件94人，追捕漏犯8人，追诉漏犯13人。办理了公安部督办的王文学、侯正雄等20人抢劫、组织领导传销、非法拘禁涉恶案，将3条保护伞线索移送到纪委、监察委查办。在岳阳楼区公安分局设立了侦审指导办公室，制定了《员额制检察官约见案件主办侦查员制度》，依法办理“10·11”兴天茶楼一死一伤恶性杀人、谈明明等48人特大电信诈骗等重大复杂案件。成立了职务犯罪检察部，共办理职务犯罪案件10件10人，其中副处级以上干部犯罪要案2件2人。探索轻微刑事案件检察环节依法终结诉讼改革，依法决定不批捕229人，不起诉156人，建议人民法院从宽处罚49人。加强未成年人司法保护，对涉罪未成年依法不捕27人、附条件不起诉8人。

【全面加强诉讼监督】 严格防范冤假错案发生，对不构成犯罪的依法不批准逮捕22人、绝对不起诉9人，办理了朱超容留他人吸毒案、罗威顶包案。依法监督公安机关立案7件、撤案17件；追捕漏犯45人，追诉漏犯39人。加强常纠常违的普遍性问题类案监督，提出纠正意见57件。对判决裁定确有错误的案件，提出抗诉7件，法院已改判或发回重审5件。对延期审判不规范等情形，提出纠正意见7件次。办理各类民事行政监督案件118件，其中执行活动、审判活动违法监督等案件7件、督促履职案件26件。对监外执行和社区矫正监管活动中的违法行为发送检察建议书73份，对违反社区矫正管理规定或监外执行条件消失的对象，监督收监4人。联合区法院、市区两级公安机关制定《羁押必要性审查案件工作实施细则》，办理羁押必要性审查案件51件。

【突出公益诉讼】 受理公益诉讼线索129件，立案审查126件，发出诉前检察建议124件，提起刑事附带民事公益诉讼案件2件。召开岳阳楼区公益诉讼工作推进会，为南湖新区100余名党政干部宣讲公益诉讼，设立驻区环保分局检察联络室、驻区食药监局检察联络室，成立公益损害与诉讼违法举报中心，办理了金凤桥水库案，保障市民饮水安全，开展了“守护校园食品安全护苗行动”，督促市国土局追缴岳阳金碧置业有限公司拖欠的土地出让金7亿元，已追回2亿元。

【加强检察队伍建设】 深入学习习近平新时代中国特色社会主义思想和党的十九大精神，推动“两学一做”学习教育常态化制度化。严守政治纪律和政治规矩，制定《党组意识形态工作责任制实施细则》。扎实开展“创建学习型检察院，争做学习型检察官”活动，坚持每月一主题、每月一次集中学习。一年来，先后有2名干警被省检察院荣记二等功，4名干警被市检察院荣记三等功，1名干警入选全省检察业务专家候选人，1名干警被评为区劳动模范，1名干警被推选为区道德模范候选人，1名干警入选“文艺岳家军支持计划人选”。健全检察官选任、考核、监督机制，补充遴选员额检察官6人。入额院领导深入一线带头办理重大疑难复杂案件，人均办案30余件。

【自觉接受监督】 始终将检察工作置于党的绝对领导之下。自觉接受人大、政协和社会各方面的监督。聘请了1名人大代表、3名政协委员担任“特约监督员”。开展“政协委员走进检察院”专题视察活动，组织人大代表、政协委员、人民监督员和社会各界人士参加“庭审进校园”“法治进校园”“公开听证会”“关爱祖国未来、擦亮未检品牌”等检察开放活动120余人次。强化司法公开，优化便民利民，充分利用“12309”检察服务中心、“两微一端”，适时发布案件程序性信息1575条、重要案件信息57条，公开法律文书804份。

法院工作

【概况】 2018年以来，区法院全面贯彻落实党的十九大精神，深入学习贯彻习近平新时代中国特色社会主义思想，始终坚持党的领导，狠抓执法办案，深化改革创新，锻造过硬队伍，自觉接受监督，加强基础建设，各项工作实现了新的跨越，为确保市委“一三五”发展思路各项举措落地生根，提供了强有力的司法保障和全方位的司法服务。全年共受案18074件（含旧存3929件），办结15963件，结案率达88.32%。

【精准打击刑事犯罪】 共受理刑事案件886件，审结831件，判处罪犯1111人。积极开展扫黑除恶专项斗争。审结涉恶犯罪案件7件43人。10月30日，集中宣判的王文学等20人涉恶案、牛得草等8人涉恶案，两名主犯均被判处十年以上有期徒刑，其余罪犯均被判处实刑，社会反响强烈，各界评价很高；严厉打击各类暴力犯罪。审结强奸、绑架、故意伤害、聚众斗殴、寻衅滋事等暴力性犯罪案件129件174人，判处有期徒刑三年以上十年以下的34件47人、十年以上的5件8人；依法从严惩治贪腐犯罪。审理贪污、受贿、行贿、单位行贿等职务犯罪案件11件13人；严惩破坏环境资源犯罪。组织开展保护“母亲河”“母亲湖”集中审判“春雷行动”，审结破坏环境资源犯罪案件5件19人。依法审结的吴湘等12人非法捕捞水产品一案，首次适用“七人合议庭”依法进行了开庭审理，对所附带的民事公益诉讼率先适用先予执行措施，相关做法被《人民法院报》予以报道，被中国教育电视台《法治天下》栏目专题推介；坚持“宽严相济”和“教育、感化、挽救”的方针，审结未成年人犯罪案件22件，适用缓刑13人。

【高效办理民商案件】 共受理民商案件10212件，审结8922件。坚持调解优先原则。推进全程、全面、全员调解，全年诉前调解结案965件，庭前会议调解结案937件，开庭调解结案1697件，执行和解421件，其中人民陪审员、人民调解员、行业调解员和代理律师参与调解1536件，最大限度地实现“案结事了”，促进了社会和谐稳定；切实保障民生权益。坚决贯彻“立案登记制”，努力解决人民群众“告状难”的问题，全年当场立案13370件，上门立案7件，预约立案371件，远程立案397件，减缓免交诉讼费185万元，兑现了让困难群众打得起官司的承诺；坚决维护弱势群体的合法权益，及时审结劳动争议纠纷案件370件，侵权纠纷案件707件，医疗纠纷案件37件，婚姻家庭纠纷案件784件，共追回农民工工资1100余万元，判令给付侵权损害赔偿款1600余万元，发放司法救助金100余万元，发出人身安全保护令12份；着力优化营商环境。平等保护各类市场主体的合法权益，审结合同纠纷案件5925件，权属纠纷案件258件，股权纠纷案件138件，判令有效合同继续履行的2028件，判令违约者赔偿损失的1185件，赔偿违约金1200余万元，厘清1415宗产权、物权关系，维护了市场秩序，促进了公平交易；积极服务防范化解金融风险，全年审结金融借贷、融资担保、民间借贷案件2388件，及时追回贷款、借款2.8亿余元，保护了金融安全；持续加大知识产权保护力度，审结知识产权案件29件，判令21名侵权责任人停止侵权，并赔偿损失，为保护知识产权不受侵害提供了有力的司法保障。

【依法处理行政争议】 共受理行政诉讼案件198件，审结175件；审查非诉行政案件205件，办结190件。严格履行司法监督职能。判决行政机关履行法定职责、确认行政违法、撤销和变更行政行为10件；对行政相对人无理取闹、滥诉缠诉的，驳回起诉29件；审查非诉行政案件裁定准予执行190件；主动服务土地征收、棚户区改造和禁拆治违等项目建设和专项行动。共受理腾地征收案件47件，入户做工作近380余人次，召开协调会90余次，促使42个被征迁户自愿签约，强制搬迁5户，促进了项目建设的顺利推进，受到了社会各界的高度好评；推进行政首长出庭应诉，规范行政执法行为，发出司法建议5份。既依法监督行政机关依法行政，保护了行政相对人的合法权益，又维护了行政权威，促进了“官民和谐”。

【铸造联动格局】 区委成立了以区委常委、政法委书记为组长的开展“决胜执行难战役”专项活动领导小组，建立了执行工作联席会议制度和联动制裁机制，把执行工作作为平安建设考核评估的重要内容之一。“决胜执行难战役”打响以后，全院上下统一思想，形成合力，全力执行攻坚，执行干警由原来的14人增加到现在的17人，聘用制人员由原来的13人增加到了现在的21人，将目标、任务分解到具体的责任单位和责任人，按照执行攻坚所需配齐配足装备和设施，实行挂图作战，因案施策，排期推进。

【强化惩戒措施】 在“决胜执行难战役”中，将1668名失信被执行人纳入了“黑名单”，对3524名被执行人限制高消费，在岳阳电视台、岳阳日报等新闻媒体和大型广场、商场、主要路段的电子显示屏公布失信被执行人名单；拘留483人，拘传192人，强制腾空房屋184间，罚款43人；追究刑事责任1人，移送公安机关立案侦查8件；254件案件的被执行人迫于压力自动履行了义务。

【发起决胜攻势】 对2016年以来终结本次执行程序的案件逐案进行清查甄别，恢复执行979件，执结977件。加大强力攻坚力度。全体参战人员连续作战，日夜兼程，多次开展“凌晨执行”“假日执行”“24小时盯踪执行”“代表委员见证执行”等活动；充分发挥执行信息指挥中心的功能和作用。网上查询4352案6564人，采取强制措施，冻结、划拨存款1563笔1.37亿余元，扣押车辆56台；推行网络司法拍卖314件；利用“一案一账户”管理系统发放执行款3503笔3.3亿余元。

【建立长效机制】 在“决胜执行难战役”中，基本做到了规范执行、阳光执行。按照最高法院的要求，制定《案件流程管理规则》《强制措施适用实施规则》《财产评估、拍卖管理规则》《失信惩戒适用规则》，并对所有执行人员进行了岗位培训，明确要求全体人员必须熟练掌握和自如运用执行信息化管理系统。

【不断推进建立健全多元解纷机制】 在区委政法委的高度重视和领导下，紧紧依托多元化纠纷解决机制联席会议制度，以诉调对接中心为枢纽，全面发挥人民调解、行业调解、行政调解和司法调解的职能作用，各类矛盾纠纷投诉到我院后，有序分流、各司其职。全年人民调解342件，行业调解293件，行政调解281件，司法调解249件，产生了良好的社会效果。2018年6月，在全省立案登记制改革座谈会上，我院就多元解纷机制的创新做法作了典型发言，得到了各级领导及与会代表的充分肯定和高度赞扬。

【深入推进司法责任制改革】 完成了第二批员额法官遴选工作，全院共有员额法官61名。为了进一步落实司法责任制，根据我院实际，借鉴外地经验，依法制定了《员额法官权力清单和责任清单》，明确了院庭长的监管职责，严格考核评查，坚决落实错案责任追究制。同时，组建了法官权益保障委员会，保障法官依法独立公正行使职权。

【全面规范内部管理】 大力推行人员分类管理。为了最大限度加强办案力量，切实推行各类人员分类管理，区法院在编在职干警110人，司法行政人员压减到了14人，仅占12.7%，司法辅助人员35人，占31.8 %，员额法官61人，占55.5%，另有聘用制司法辅助人员97人；不断完善考核评价体系。制定了《三类人员和聘用制人员岗位目标管理责任制》，让各类人员各就其位、各司其责；修订了《工作绩效考核评估实施细则》，实行一月一讲评，一月一通报，半年一小结，全年总评估；严格执行工作责任制和责任追究制。结合实际，按照改革要求，制定了《三类人员评先评优、晋升晋级、问责追责实施细则》和《聘用制人员监督管理实施办法》，并严格执行到位。

【自觉接受各方监督】 接受人大及其常委会的权力监督。全面、客观、真实地向人大报告工作，并接受审议；专题向人大常委会汇报行政审判、执行工作和人民陪审员工作各1次，并认真接受评议，落实整改意见；接受政协的民主监督。邀请政协委员走进法院视察工作；邀请人大代表、政协委员听庭评庭、见证执行89人次，走访人大代表、政协委员180余人次，办理回复人大代表建议意见6件、政协委员提案1件；接受检察机关的法律监督。全年邀请检察长列席审委会2次，接受回复司法建议2份；接受新闻媒体的舆论监督和社会各界的广泛监督。全年召开新闻发布会2场，及时将法院重点工作、重要活动、重大部署通过各种主流媒体和楼区法院官网、微博、微信公众号向社会公开。

【全面规范司法行为】 规范流程管理。按照《案件流程管理规则》的规定，将审判和执行案件的各个流程节点及时录入数字法院系统，严格依法办理，严禁人为操作，对立、审、执各个环节流程全程公开。共登录审判和执行信息100万余条；严格时限管控。出台了《关于加强案件时限管理的规定》，要求各类案件必须在法定时限内办理，严禁久拖不决，对快超审限和执限的案件，在数字法院管理系统中亮黄灯予以警示，对已超审限和执限的案件，严格按规定处罚到位。全年共清理一年以上未结案件220件；加强考核评查。根据《案件质量评查规则》的规定，对各办案单位和各承办法官的案件按比例抽取评查，对评查结果按百分制折算成分后公布公开，同时，通过不同途径收集案件当事人、人民陪审员、人大代表、政协委员对办案法官的评价意见，按百分制折算成分后公布公开，最后将两项所得总分记入法官的个人业绩档案；依法行使职权。严格按照《员额法官权利清单和责任清单》的规定，依法行使职权，严禁插手和过问他人办理的案件；所有案件应公布的裁判文书必须在信息平台上公布公开，同时，我们还逐步推行了庭审同步直播，做到了规范运行，阳光操作。全年网上公布裁判文书13767篇，庭审直播338场次。

【加强队伍建设】 坚定正确政治方向。教育全院干警自觉用习近平新时代中国特色社会主义政法思想武装头脑，把法院工作置于党委的绝对领导下来谋划、来展开，主动向区委报告重要工作、重大事项和重点改革；不断改进工作作风。认真开展“作风纪律建设年”专项活动，按照活动方案，把全面查找自身作风纪律问题和整改落实摆在首要位置，扎实分步推进，召开党组会12次、院务会6次和全院干警大会4次；通过党组民主生活会、支部组织生活会以及谈心谈话、自清自查和向社会各界征求意见，共收集建议意见43条，已整改39条，4条正在整改之中；每周一名院领导带队督查作风纪律，共发出督查通报13份，对54人进行了提醒谈话，对21人进行了约谈，对25人进行了通报批评，对1名聘用制人员予以辞退处理。目前，“六难三案”和“慵、懒、散、慢”的现象基本消除；努力提高能力水平。全年分期分批选派53人到北京大学、国家法官学院及湖南分院参加各类业务培训，邀请专家教授到区法院授课3场次，组织开展办案竞赛和优秀裁判文书评选活动等等，不断提升干警专业素养，司法能力显著提高。全年办案超过400件的法官有3人，超300件的有18人，民二庭庭长陈昱被省高院推荐为全国法院系统的办案标兵；通过开展专项课题调研和司法宣传大比武等活动，讲好楼区法院故事，全年在各类报刊发表文章513篇次，被评为“全国法院司法宣传先进单位”；坚决遏制司法腐败。经常开展警示教育、法纪教育，让每一名干警心存敬畏；通过签订责任状，拓宽举报渠道，严格落实“一岗双责”和社会监督，构筑了全方位的防范体系；长期保持“零容忍”的高压态势，实行有报必查。全年接到举报3件3人，已全部向区纪委派驻纪检监察组移送，经调查核实，有2件2人确无钱权交易现象，已及时向举报当事人说明情况并书面回复，还有1件1人仍在进一步核实之中，将严格依纪依规做出处理，让全院干警“守住底线、不越红线、坚决不碰高压线”。

【加强文化建设】 铸就忠诚之魂。持续开展“为谁服务、为谁掌权”的定位讨论，经常开展先辈先烈先进事迹的宣讲学习，让全院干警时刻把组织的信任、群众的期盼放在心头，不断增强“四个意识”，不断激发全院干警对党和人民绝对忠诚的自觉；崇尚奉献精神。长期开展向白求恩、杨善洲、邹碧华等典型人物的学习讨论活动，组织干警进行“多做奉献，少记得失”的品味思考，在“人案矛盾”十分突出的严峻形势下，自觉全身心投入到执法办案竞赛活动中；不失时机的发掘、培养身边无私奉献的先进典型，以各种方式予以表彰和宣传。以办结的一起未成年人失足犯罪案件为蓝本，拍摄了微电影《妈吗》，引导全院干警服务民众、奉献社会，这部微电影引起了社会各界的强烈反响，获得了亚洲微电影艺术节“金海棠奖”。所有这些，让大家认识到人生的价值在于奉献；培养清廉操守。通过学习党的光辉历史、参观革命圣地、宣讲民族先贤的佳话美德，讲述身边清廉守规的动人事迹，组织演讲比赛，建设廉洁文化长廊，在全院上下烘托出浓厚的清廉气息，促使大家用谨慎之心对待权力，用淡泊之心对待名利，用警惕之心对待诱惑，把清廉作为永恒的职业操守；打造公正形象。我们的奋斗目标就是努力让人民群众在每一个司法案件中都感受到公平正义。所以，通过多种形式、不同方式，教育和鞭策全院干警慎独、慎微、慎言、慎行、慎德，把法院和法官锻造成公正的化身。

【加强基础建设】 根据工作需要，按程序报批，对院机关审判区、羁押室、停车坪、食堂和城陵矶法庭进行了翻修改造；在经开区、南湖新区党工委和管委会的重视支持下，新建康王人民法庭、南湖人民法庭的各项工作正在有序向前推进。

司法行政工作

【概况】 2018年，岳阳楼区司法行政工作紧紧围绕区委区政府中心工作，坚持政治引领，强化为民服务，严格队伍管理，各项工作取得新的进展和突破。岳阳楼区司法局荣获岳阳楼区综合绩效考评先进单位和综治先进单位，荣获岳阳市司法行政工作综合先进单位，荣获全国“人民调解宣传工作先进集体”。岳阳楼区交通调解委员委被评为“全国人民调解工作先进集体”和“湖南省优秀人民调解委员会”，芋头田社区人民调解委员会被评为“湖南省优秀人民调解委员会”，王家河社区被评为“全省民主法治示范社区”。

【提高公共法律服务质量】 优化法律服务环境。2018年，岳阳楼区司法局制定了“最多跑一次”改革方案，成功完成15项政务服务目录清单的线上公布、线下实施，优化了岳阳楼区法律服务环境。及时安排律师参与区委、区政府指派“5·13”大蒙古投毒案、“板桥福邸”产权纠纷、百盛柜台员工猝死案、海棠幼教拆迁纠纷等重大涉访涉诉案件，维护当事人的合法权益，缓解社会矛盾。继续扩大法律援助受案范围，降低法律援助门槛，切实提高办案补贴标准，2018年各类案件的办案补贴达25万元。建立了如法网前台接待管理和后台工作体系，通过网上办理业务，实现了岳阳楼区法律援助O2O线上线下办案模式。2018年，岳阳楼区共受理法律援助案件240件，其中受理民事法律援助案件108件、刑事法律援助案件131件，行政法律援助案件1件。完善公共法律服务体系。2018年，岳阳楼区司法局进一步推进服务点建设，依托基层司法所，在全区设立了16个公共法律服务站，服务站覆盖率达100%。依托社区服务中心，在全区107个社区（村）建立了107个公共法律服务点，实现了岳阳楼区公共法律服务站点全覆盖，打通了公共法律服务居民群众的“最后一公里”。切实发挥律师作用。下发了《关于派遣优秀律师担任村社区法律顾问实施方案调整的通知》等文件,9月实现了全区107个社区法律顾问全覆盖，法律顾问合同签约率达100%，为解决“法律服务最后一公里”搭起了桥梁。引导督促律师事务所依法履行代理、辩护等职能，积极参与扫黑除恶专项斗争。2018年，岳阳楼区律师共参与扫黑除恶专项斗争案66件。

【提升全面依法治区水平】抓好学法关键人。2018年，岳阳楼区网上学法用法总人数为7329人，考核合格6289人，学时完成率为98.1%，考试合格率为95.1%。处级干部采取集中笔试形式，参考率和及格率均为100%，全区领导干部和工作人员的法治思维、依法行政能力得到明显提升。2018年初，区委区政府下发实施意见、区委法治办下发考评办法，将“谁执法谁普法”责任制纳入全区绩效考核，并厘清了全区34家执法单位79项普法清单。7月10日至13日，开展了落实国家机关“谁执法谁普法”普法责任制的年中督查，针对检查出的问题，要求各单位加强查摆分析，并落实到位。做好普法实在事。岳阳楼区司法局积极整合资源，加强部门联动，以主题活动为契机加强普法宣传力度，营造法治氛围。6月14日，联合区委政法委、区农林水务局、郭镇乡政府在郭镇乡建忠村开展了以扫黑除恶和建设法治乡村为主题的农村法治宣传月活动。10月24—26日，联合区教育局、团区委在郭镇中学举办了以“学习宪法法律，做最美守法少年”为主题的青少年法治宣传教育周的启动仪式，近200名学生参加活动，发放《宪法》及各类法治书籍1000多本。12月4日，联合多家单位在巴陵广场开展大规模的集中宣传活动。创新宣传新方式。利用网格服务平台统一编印社区普法读本、法律宣传手册，分批次发放到各街道社区，提高居民对网格化便民服务的了解和基本各类法律常识的掌握。7月中旬，在岳阳电视台举办了岳阳楼区法律知识竞赛活动，全区43家单位参与角逐，进一步弘扬了宪法精神，掀起了全区各单位学法用法的热潮。

【推进社会综合治理工作】健全多元化纠纷解决机制。岳阳楼区司法局与区委政法委、区法院组成联合考察组，赴浙江参观学习，借鉴“枫桥经验”，结合岳阳楼区实际，制定了《进一步完善矛盾纠纷多元化解机制实施意见》。联合区法院对区民政局、市医调委、交调委进行调研，将婚姻家庭纠纷调解、医疗纠纷调解、交通事故调解纳入多元化纠纷解决机制中，补足“多元化”中的“元”。2018年，通过多元化纠纷解决机制化解矛盾1754件，调解成功达成协议1675起，调处成功率为95.5%，基本实现了“小事不出社区（村）、大事不出街道（乡）、实现矛盾不上交”的工作目标。通过发放调解案件补贴，全年“以奖代补”补贴经费共发放74100元，切实调动了办案人员的工作积极性。开展人民陪审员选任工作。2018年4月27日，十三届全国人大常委会第二次会议通过了《中华人民共和国人民陪审员法》，并公布施行，随后司法部、最高人民法院、公安部联合印发了《人民陪审员选任办法》。这“一法一办法”明确了人民陪审员选任工作由改革前的基层人民法院牵头负责变为司法行政机关牵头负责。岳阳楼区在区委区政府高度重视下，成立了由区委政法委牵头、区人大内司委、区司法局、区人民法院、岳阳楼公安分局为组成单位的岳阳楼区人民陪审员选任工作领导小组。自8月起，岳阳楼区司法局严格依法按程序开展人民陪审员选任工作，联合岳阳楼区人民法院、岳阳楼公安分局在全市中心城区范围内发布公告，并先后召开3次工作联席会，推动工作开展，在12月底前选任出了213名人民陪审员。

【强化特殊人群管理手段】规范管理社区矫正工作。2018

年，全区累计接收社区服刑人员501人，解除矫正人员154人，给予警告29人次，训诫45人次，撤缓收监4人。严格落实每日签到、每周汇报、每周召开审前调查评估局长办公会、每季度召开社区矫正安全监管会、每半年组织公检法司以及相关部门召开工作联席会议。2018年全省社区矫正信息化建设启动后，岳阳楼区司法局投入79万元，购买相应仪器设备，并新增社区矫正专干3名，现社区矫正信息管理平台已录入全部社区服刑人员，开通手机APP定位330人，电子腕带定位16人。每月组织全区内社区服刑人员进行集中教育学习活动，每季度分批组织社区服刑人员在郭镇乡公益劳动基地进行公益劳动。有序开展安置帮教工作。严格落实《关于社会组织参与帮教刑满释放人员工作的意见》，在郭镇乡麻布村建立了过渡性帮扶安置基地，组织社会力量参与安置帮教。教育引导刑释人员自食其力、重归社会，2018年，投入了10万元帮扶资金，为80多名困难、重病对象提供帮扶。完善收治中心管理机制。制定了严密管理制度，实行三档五级的分级计分考核管理办法，加强对解除收治人员实行跟踪回访。持续开展“拒绝毒品，珍爱生命，远离艾滋”疾控防疫、“唱响主旋律，感悟新人生”主题歌唱、学习《弟子规》专题教育等净化心灵活动，让收治人员得到更好的教育感化。针对中心医疗条件落后、医护人员力量不足，传染病疾控防预风险能力不强的问题，9月，在区委、区政府的重视关心下，决定由岳阳楼区人民医院承担收治中心的医疗服务工作。2018年，共收治各类涉毒重症病人179人次。

消防工作

【概况】 2018年，岳阳楼区消防大队在上级党委、政府的正确领导下，以党的十九大精神为指引，牢固树立科学发展观，团结奋进，真抓实干，圆满完成了以防火监督、灭火救援为中心的各项工作任务。2018年，楼区消防大队共接出警436次，出动车辆779台次，警力5310人次，抢救财产价值5000多万元，抢救人员21人，疏散人员226人。全年共检查单位2927家，发现火灾隐患6509处，整改火灾隐患6268处，填发责令改正通知书2511份，下达行政处罚决定书56份，临时查封63处，责令三停33家，行政强制2处，拘留8人。大队全年获荣誉奖励3项，3人荣立三等功，10人记嘉奖、先进个人等表彰。

【军事工作】 2018年，大队根据上级的统一部署，采取强有力的措施，在队伍正规化建设、实战化练兵、作战训练与执勤保卫等方面做了大量的工作，取得了明显的成效。全面落实“四个秩序”，正规化建设井然有序。大队根据实际，深入推进队伍正规化建设。建立大队、中队两级值班执勤制度，健全装备检查等各项制度，规范制度秩序；将所有的授课、体能、技能、战术训练均按照“作业准备、作业实施、作业讲评”的程序进行，规范训练秩序；健全各项工作的运行程序，明确了岗位责任制，坚持会议汇报、请示报告、总结讲评等工作制度，规范工作秩序；着重抓好一日生活制度的落实和警容风纪、言行举止、内务环境的规范，规范生活秩序。扎实开展岗位练兵，队伍战斗力稳步提升。大队遵循“统筹安排、科学施训、整体推进”的原则，找准练兵的着力点，及时进行了岗位练兵等活动动员，针对大队实际制定了大队练兵实施方案，对练兵活动进行了统一安排部署。在练兵过程中，普训广练，突出重点，科学安排训练时间和内容，切实提高大队的整体作战能力。三是加强单位熟悉演练，灭火行动力全面加强。结合楼区的实际，在辖区范围内大力开展情况“六熟悉”、水源的调查、装备性能测试、重点单位预案制作及演练工作。

【政治工作】 党委领导，主动作为，抢抓改革转隶先机。大队党委严格落实习总书记“对党忠诚、纪律严明、赴汤蹈火、竭诚为民”的训词要求，对标“党领导一切”标准要求，不断增强党组织领率能力，抢抓改革转隶主动权。面对改革，大队党委不等不靠、主动作为，以“三个不发生”为底线，创新开展党委重点工作常态化考核，实行“每月一考”，举办多次主题党日活动，全力推动大中队班子保持齐头并进、领先发展势头。问题导向、紧接地气，改革教育扎实有效。大队党委始终牢记习总书记训词，自觉提高政治站位，强化“四个意识”，大力狠抓改革宣传教育，切实引导官兵坚定改革信心，增强改革动力。大队通过党委会、中心组学习和“三会一课”等形式传达学习上级有关精神，严格做到“三个讲清”，切实引导广大官兵和政府专职消防员在这场政治大考中当好“考生”、投身“考场”、严守“考纪”，做到改革不改本色、转制不转红心。大队党委坚持每季度分析研判官兵思想形势，制定针对性帮扶指导措施。深入开展大排查大摸底和谈心谈话活动，聘请地方心理专家定期到队开展心理测查、心理辅导。大力激发队伍活力。始终坚持“以人为本、官兵至上”，大队党委就改革转隶期间优抚工作与当地相关部门进行协调对接，切实把暖心做到实处。在2018年官兵子女入学困难的大背景下，争取了多个入学指标；大力丰富警营文化生活，成功举办庆祝八一活动，出色完成区篮球比赛和市消防支队各项文体活动，并取得优异成绩，队伍更加凝心聚力、活力焕发。创新举措、较真碰硬，管党治党纵深推进。大队党委主动担当，扛起从严治党、从严管队主体责任，创新监管手段，敢于较真碰硬，从严执纪问责，确保队伍平安稳定。瞄准当前指战员思想活跃期、矛盾暴露期，坚持从点滴抓起、从具体管起。自主开展“四风”及“人、车、酒”以及涉赌问题专项整顿。坚持防微杜渐，抓早抓小，党委成员定期深入了解官兵反映的问题，及时开展提醒谈话，及时研判队伍风气，严肃查处官兵身边的“微腐败”和不正之风。

【后勤工作】 2018年，大队全面落实湖南省68号文件精神，财政预算经费增加26万元，达到452万元。争取器材装备专项经费39.9万元。为顺应消防部队改革发展需要，全力保障各项工作任务圆满完成，大队结合年初重点工作目标，根据实际财力情况，每月初统计经费收支情况，合理安排使用经费，各项经费开支按财政预算批复及综合预算执行，有效控制债务危机、规避财经风险。在装备管理环节上下功夫，不断建立健全各项管理制度，坚持建管并举，以管为主的方针，向管理要效益。认真实行“目标管理”制度，把器材装备的管理同使用者的自身利益挂起钩，谁使用，谁管理，谁负责，保证了装备器材的完整好用和灭火执勤工作的顺利开展。2018年，大队投入近80余万元用于食堂、值班室岗亭、训练塔、荣誉室等基础设施建设，极大地改善了消防员的工作生活环境。

【防火工作】 2018年，大队依托《消防安全责任制实施办法》宣贯，以全区消防工作会议为抓手，紧紧围绕“今冬明春火灾防控”“春夏火灾防控”两大专项行动，全面推进各项重点工作。大队充分发挥消防安全委员会职能，提请区安委会、综治办先后4次组织开展乡、街道办、派出所综合治理工作考评、消防工作年度考评和春节安保督查，各街道（乡）抓消防工作的意识进一步增强，部门职能进一步夯实。大队紧盯重点工作，严管严控“高低大化”重点单位和敏感场所，加大群租房、施工现场、电器线路三类突出问题治理；集中抓好了“重点单位和行业消防安全标准化管理”“重大火灾隐患整改清零”“智慧消防平台建设”三大活动。大队将辖区8处重大火灾隐患单位整改作为重点工作，多次联合安监、公安等部门对巴陵大桥市场群、巴陵尚都、泰和及周边市场、岳阳商业城等场所和单位负责人开展集中约谈会，逐一与隐患单位、主管部门签订任务交办书，明确隐患整改期限。

【宣传工作】 拓宽宣传渠道，充分利用传统媒体和新媒体两个阵地，深化消防宣传“七进”，开展精准宣传，组织实施“小小消防监督员学消防查隐患”“向弱势群体送消防关爱”“政府购买服务专项消防宣传”三大行动，提高城乡居民消防安全意识。大队紧紧围绕季节性特点，坚持“全媒体、全覆盖”，立体开展消防安全宣传教育，发送消防温馨提示2万余条次。制作冬防户外公益广告牌，在公共场所广泛开展消防安全“三提示”活动。发放张贴社区楼道消防安全提示等宣传资料2万余份，做到了手机有提醒，户外有广告，家门有提示。利用消防监督人员检查执法、消防志愿者公益服务契机，在全区乡、街道办组织集中宣传18次，营造铺天盖地的消防宣传攻势。

【年度表彰】 2018年，大队被湖南省消防总队评为“优秀基层党组织”、被岳阳市消防支队评为“2018年度工作目标考评先进单位”、被岳阳楼区委、区政府评为“2018年度全区安全生产先进单位”。大队指战员先后3人荣立三等功，10人记嘉奖、先进个人等荣誉。

军事

人民武装

【概况】 2018年，人武部在军分区和区委、区政府的坚强领导下，部队全面建设保持了稳步推进、有序攀升的良好局面。人武部被省军区表彰为军事训练先进单位、新闻报道先进单位、全面停止有偿服务先进单位，被军分区表彰为先进人武部。

【思想政治建设】 坚持把学习贯彻习主席系列重要讲话精神作为首要政治任务，探索总结党委中心组带机关集中辅导学、讨论交流学、推荐书目学、结合工作学的理论学习方法，先后组织8次党委集中学习、12次授课辅导、10次分组讨论、14次会议交流。严格落实《关于全面深入贯彻军委主席负责制的意见》，抓好专题学习教育，落实“三项机制”，强化“四个意识”，坚定“三个维护”，自觉服从习主席领导、听从习主席号令，一切工作向习主席负责，一切行动听习主席指挥；班子成员注重保持和发扬过去好的传统，接力强班子、带队伍、抓建设，带头讲使命、重实干、谋发展，心无旁骛干事业，认真落实党管武装原则，积极参加各类社会活动，以有为赢得有位，军地反响好；扎实开展“不忘初心、牢记使命”“传承红色基因、担当强军重任”主题教育，持续推进“两学一做”学习教育常态化制度化，严格对表“六个必须”要求，紧紧围绕自觉看齐追随、履行职责使命、严抓制度落实、维护和谐局面、发挥表率作用等重点，主题教育成效明显。

【战备训练】 坚决贯彻落实习主席训令，紧紧围绕主职主业，狠抓战备训练工作落实，切实提升应急应战水平。7月份组织人武部机关带应急连进行战备拉动演练；针对不同编成及不同任务，定人定岗定训练计划，年内完成首长机关在职训练，民兵交通运输分队、应急分队和防空分队的训练，圆满完成了年度军事训练任务，防空分队在军分区组织的考核中取得第一名。

【国防动员】 按照“边研究部署、边培训展开、边落实完善、边检查纠偏”的工作思路，集中会审方案计划，摸清“三个底数”，优化布局结构，细化专业编组，量化兵力编配，编实编精基干民兵与普通民兵。先后3次深入县直相关单位和乡镇开展国防动员潜力调查，搞好潜力数据采集、核查、录入和汇总工作，年内接受省军区、军分区关于民兵调整改革检查4次，均受到上级工作组一致好评；紧盯征兵“五率”量化考评，按照“两增加一提高一优化”目标要求，狠抓“双百双零两提高”，圆满完成了男女兵和直招士官征集任务，大学生入伍比例达到75%。

【党管武装】 区、乡两级党(工)委对武装工作始终高看一眼、厚爱一层，党管武装工作制度得到有效落实。将军事工作纳入年度工作统一筹划，形成了常态化议军机制，人武部党委第一书记陈阁辉多次到人武部现场办公、数次听取人武部主官工作汇报；坚持在年初安排乡（街）党（工）委书记参加人武部党委（扩大）会议，进行党管武装工作述职，年尾开展武装工作绩效考评，进一步增强了基层管武意识，提升了武装工作质效。推动党管武装“十个纳入”制度深入落实，协调军地有关部门单位务实开展相关工作，浓厚管武建武氛围。

【国防教育】 全民国防教育成效显著。邀请国防大学孙旭教授为同城3区党委中心组学习进行国防教育专题授课，进入党校为500余名党政干部学员辅导授课。开展了以“传承红色基因汇聚强军力量”为主题的第18个全民国防教育日宣传活动，共设立宣传点3个，发放宣传手册6000余份，进一步增强了全民国防观念。5—10月份，组织辖区内10所中小学校共1500余名师生开展进行了“军营开放日”活动，上好了青少年学生的国防启蒙课，有效促进了国防教育落实。

【双拥共建】 积极投身参建参治，按照“四个服务、四个积极作为”要求，组织部队和民兵预备役人员参加地方经济社会建设。圆满完成城市内涝救援任务，7月份出动民兵应急分队30余人次、橡皮艇10艘次，转移受困群众200余人，赢得了地方党委、政府和广大人民群众的一致好评。积极开展涉军维权工作，协调处理涉军纠纷案件5起，有效保障了军人军属合法权益，维护了社会大局稳定。

【安全管理】 坚持以军委国防动员部6个管理规定（细则）为指导，始终牢牢守住安全稳定这个底线。在抓好“经常性思想工作和经常性管理工作相结合”“言传和身教相结合”“解决干部职工思想问题与解决个人实际困难相结合”三个结合上下功夫，充分发挥了官兵的主体功能，激发全体人员主动抓安全的责任感，形成了安全工作人人抓、时时抓、处处抓、事事抓的良好氛围，年内接受上级5次不打招呼的安全工作检查，没有发现大的安全问题。

人民防空

【概况】 岳阳楼区人民防空办公室成立于1976年，承担岳阳市中心城区的人民防空各项工作。多年来，在岳阳楼区区委、区政府、区人武部、区国动委、岳阳市人防办的领导下，取得了令人满意的成绩。现有工作人员5人，设主任1名，副主任1名，科员3名，下有专业队伍7支，承担全区战时疏散、抢修、重点工程防护，平时抢险救灾等任务。全区现有人防警报器52台，覆盖率达到100%，中学开办了人防知识专业课程，人防法律法规知识教育得到了很大程度的普及，人防工程得到有效维护，全区人平拥有7平方米，全区人防工作已步入规范化、科学化、正规化的轨道。

【提升了人防工程维护管理】 人防办负责中心城区的早期人防工程的维护工作，人防办高度重视早期人防工程普查工作，制定了巡查制度，还将早期人防工程分为几个片区，每个片区明确指定责任人，不定时对工程进行普查，至11月初，已经对中心城区早期人防工程逐一进行检查，并填写了人防工程基本情况登记表。对早期人防工程反复清查摸底，并制定整改方案，主动上报上级部门。同时，还制作早期人防工程图片集，将每个工程的地点及口部房屋的具体位置做成图片资料，每次巡查有记录，装订成册，进一步完善了工程档案。

【全面提升人防应急能力】 认真搞好调研，科学修订人民防空应急行动方案。根据市人防办《修订城市人民防空袭方案实施计划》文件精神，区人防办坚持人民防空，城市防卫与区域防空相结合的原则，在认真调查研究、综合分析的基础上，着眼未来战时防空突袭的需要，按照市办的要求，牢固树立科学发展观，认真做好各项方案修订，进一步完善了《岳阳楼区防空袭方案》，将此防空袭方案作为战时防空袭的指导依据，以确保战时能迅速组织市民疏散、隐蔽等工作。着力协调争取，夯实加强人防指挥通信建设。按照省、市人防办要求，各县区必须配备卫星定位、抗干扰、多功能指挥通信机动车一台。为了确保车辆配备到位，人民防空办主动协调争取，已将指挥通信车辆配置到位。将于2019年安装军用电台等指挥通信装备，不断完善岳阳楼区人防指挥通信体系。结合警报试鸣，开展疏散演练提高应急能力。11月1日上午，随着空袭警报的响起，由市、区人防办联合在东方红小学举行的2016年防空袭疏散、防护演练。9时30分，东方红小学两幢教学楼近3000名学生在老师和志愿者的带领下，仅用时3分钟就按照既定撤离路线紧张有序撤离到操场。随后，专业人防队员讲解并示范个人防护动作，加强学生的理解和认识，强化师生安全意识，为创建“平安和谐校园”夯实基础。

【全面提升人防知识宣传】 人防宣传教育“五进”工作为了认真落实市人防办关于推进社会建设、创新社会管理的有关要求，推进人防宣传教育“五进”建设，切实抓好人防宣传教育“进机关、进社区、进学校、进企业、进网络”活动。6月15日人防办配合市人防办在岳阳楼区东方红小学开展了《人防小博士》赠书仪式。区人防办邀请了市人防办党组书记、主任、楼区区委常委、副区长、楼区教育局局长参加了赠书仪式。此次赠书活动面向中心城区所有小学捐赠《人防小博士》书籍14000套（合计145600元）。图书将趣味性和适用性相结合，讲授了最基本的人防应急避难知识、内容丰富、图文并茂、通熟易懂，人防安全知识技能教育从娃娃抓起、从小学生抓起，意义重大，捐赠图书，功在当下，惠泽千秋。通过这次活动让更多学生了解人民防空应急安全常识，掌握避险避难自我保护方法；通过学生向身边家人朋友宣传人防科普安全知识，进一步扩大宣传效果，共同构建和谐、幸福、美丽岳阳！

2018年7月至11月份，区人防办在3个社区制作悬挂人民防空宣传教育情况一览表、人民防空宣传教育管理制度和相关规定，添置配齐录像资料播放设备、人防宣传教育图板，收集整理年度人防宣传教育活动原始资料和档案等。还在这些社区建立10人以上能够胜任人防宣传教育工作的志愿者队伍，并组织一次人防宣传业务培训。至11月底所有重点社区圆满完成达标创建任务，有效地提高了社区工作人员依法履行人防义务，支持配合人防建设的积极性。

9月初区人防办选定在岳阳市中南化学工程建设公司进行人防宣传教育进企业活动，结合该企业实际情况、建立宣传阵地，制作大型宣传板，配备硬件设施（投影仪，采用电话教学形势布置，添置电脑34台，摄像头2个）还定期开展了活动，每次企业培训办班时都要播放人防宣教警示片，每个学员发放宣教知识手册一份，并且还组建一支人防宣传教育志愿者队伍。不断增强人民群众的国防观念和人防意识，推进岳阳楼区人民防空事业又好又快发展。2018年区人防办切实将人防宣传“五进”工作融入全区的经济社会发展，融入和谐社会建设，融入为民生服务。

【切实抓好各项工作任务】 根据习近平总书记一系列讲话精神，我们党要搞好自身建设，首要任务是加强思想政治建设，关键是教育管理好党员、干部。部署“两学一做”学习教育，就是要推动党内教育从“关键少数”向广大党员拓展，从集中性教育向经常性教育延伸，坚定广大党员的马克思主义立场，保证全党始终在思想上政治上行动上同党中央保持高度一致。5月20日下午，组织区人防办全体党员进行了题为“加强党性修养，争做优秀党员”的“两学一做”首次专题教育。此次教育主要传达学习了中央及省、市、区各级对“两学一做”活动总的要求，明确了“两学一做”学习教育的意义及任务，并结合岳阳楼区人防办自身实际，制定了有针对性的学习教育计划，按照“学什么”“怎么学”“如何做”的步骤进行逐项细化落实。区人防办扎实深入推进精准扶贫工作，为圆满完成区下达的年度脱贫目标任务，切实把区党委的关怀和温暖送到自然村贫困群众中去，让人民群众感受到了党的关心。区人防办在梅溪乡花果畈村深入开展“一对一”结对工作，区人防办工作人员采取一人负责一户贫困户的帮扶形式，深入贫困村、困难户认真了解情况，根据实际情况，解决他们眼前的困难，制定长期有效的脱困措施和帮扶制度，尽力帮助他们解决生活和生活中的实际困难，逐步使集体经济稳步增长、贫困户基本脱贫解困。

经济管理与监督

宏观经济管理

【概况】 2018年，岳阳楼区地区生产总值完成659.79亿元，同比增长8.2%，占全市比重达19%；社会固定资产投资完成228亿元，同比增长12%；社会消费品零售总额完成455亿元，同比增长10.1%，占全市比重35%；财政总收入突破30亿元，同比增长15%，其中税收收入26.5亿元，税收占比达88%；城镇居民人均可支配收入35716元，同比增长8.5%；农村居民人均可支配收入19395元，同比增长8.6%。岳阳楼区经济总量、收入质量继续稳居全市前列。

【经济发展】 有效防范债务风险。出台《防范政府性债务管理办法》《关于进一步加强政府投资项目管理的补充意见》，停、缓、调、撤项目27个，回笼资金3.5亿元，全年成功向上争取各类项目资金25亿元。完成2019年争项争资储备项目库编制，共收录项目61个，总投资76.51亿元。政府性债务只减不增，综合债务率全市最优，债务风险持续保持在绿色安全区域。

【项目推进】 2018年岳阳楼区共实施重大项目95个，计划总投资720.64亿元，年计划投资162亿元，其中新建项目30个，项目总投资129.2亿元，目前累计投资27.68亿元，竣工项目8个，完成投资38.41亿元；亿元以上项目87个，年计划投资157.14亿元，完成投资139.86亿元。全区大力开展“产业项目建设年”活动，全力推进4个列入市“双百工程”重大建设项目，其中：岳阳友谊阿波罗商业综合体目前C、D栋公寓已封顶即将验收，德赛广场拆迁已完成，建筑体量完成26万平方米；中华时代广场商铺招商与销售火热，商业综合体的业态布局基本完成；天正金海岸经济适用房完成工程进度50%；上海复星岳阳广济医院新医疗综合大楼项目初步设计已获审批，基础施工已启动。列入市“双百工程”重大前期项目3个：岳阳建筑材料大市场（物流园）已完成用地征拆摸底调查、确权和成本概算工作；洞庭国际环球中心已经完成概念性规划设计方案，征地拆除已启动；洞庭国际实验学校项目完成国土报批程序，征拆工作基本完成。

【民生价格】 1.价格监督检查。春运期间，价格监督所受理春运票价咨询、投诉、举报100余起，共检查客车70余辆，的士车10余辆，查处违法涨价车辆30余辆，责令违价车主以当场现金或微信红包形式退还乘客多收票价2000余元，并对5台违价客运车主和8台的士车主处以共计18000元的罚款，全力维护春运票价秩序，保障市民新年出行顺利。2.价格举报工作是价格检查工作的窗口，对广大人民群众反映的衣、食、住、行收费等热点、难点问题，按照价格举报规定程序办理，做到了“受理、处理、回复”三个百分百，确保人民利益落到实处。2018年度共受理“12358”及市政府公众热线“12345”价格投诉举报案件423起，查处违价金额5.6万余元，清退多收价款1万余元，受益群众达200人次，对减负治乱、维护社会稳定发挥了应有作用，赢得了群众的广泛赞誉。3. 价格公共服务。对区内部分中小学的早（中）餐、校车、校服和部分殡葬行业的服务性收费先期进行成本调查，根据上级政策及成本调查结论核定重新定、调价，确保人民群众基本利益不受侵害。

【队伍建设】 全年组织党组中心组学习、集中学习活动30余次，提升政治修养。牢固树立“围绕发展抓党建，抓好党建促发展”理念，确定各支部年度党建工作主题。以十九大精神、新党章、习近平总书记系列重要讲话精神和《中国共产党廉洁自律准则》、《中国共产党纪律处分条例》等内容为重点，坚定干部职工理想信念。组织干部职工对《中华人民共和国行政许可法》《中华人民共和国价格法》《中华人民共和国招投标法》《中华人民共和国公务员法》等法律法规进行了学习培训，提高干部职工的法律意识。开展“雁过拔毛”式腐败、“纠四风、治陋习”专项整治行动，制定了专项整治方案，对查摆出来的问题跟踪督办，坚决整改到位；一方面继续加大作风督查治庸、治懒、治散；另一方面强化工作督查，时查找和发现问题，对责任人进行警示教育，并责令其迅速整改。努力提高党员干部的政治素质和业务水平。

审计管理

【概况】 2018年，我局在区委、区政府和上级审计机关的正确领导下，共完成审计项目165个，其中财政财务收支审计、经济责任审计61个，及时查处违规金额922万元，管理不规范金额5.58亿元，上缴区财政277.09万元，向区纪委监委及相关部门移送案件线索8条；政府投资审计项目104个，送审金额1.69亿元，在有关部门初审、复审的基础上，再次核减工程造价688.47万元。2018年，区审计局被评为全市审计系统目标管理考核先进单位、全区综合绩效考核先进单位、落实党风廉政建设主体责任优胜单位、大宣传工作先进单位和综治（平安建设）工作先进单位等。

【财政审计】 2018年3月，区审计局局派出审计组，对岳阳楼区2017年度本级财政预算执行和其他财政收支情况进行审计，对区地税部门税收征管情况进行了延伸审计，并对区人社局、区农林水务局、区卫计局、区信访局等单位部门预算执行情况进行了审计。2018年，对区发改局、区信访局等19个行政事业单位及九华山、白水磨子山、青年东路北侧等19个项目部财政财务收支情况进行了审计。财政预算执行情况审计和其他财政收支审计共出具审计报告20个，上区人大会评议报告3个。

【经济责任审计】 认真贯彻落实中办、国办关于《党政主要领导干部和国有企业领导人员经济责任审计规定》和《岳阳市规范领导干部任期经济责任审计工作“五项制度”》，积极开展经济责任审计。2018年，区审计局局共完成区管领导干部经济责任审计22个（含郭镇乡自然资源资产离任审计），共查处违规问题金额763万元，其中：应负直接责任28万元，领导责任735万元；

查处管理不规范问题金额363万元，其中：应负直接责任38万元，领导责任325万元。上缴区财政165万元，提交审计结果报告22篇，提出审计建议42条，采纳34条。

【政府投资审计】 加强对政府固定资产投资项目的审计监督，加大政府投资效益审计力度，对全区政府投资项目工程审计进行归口管理，由固定资产投资审计中心集中管理、统一调度、全程跟踪。2018年，区审计局对南辅道片区旧城改造、麻布山森林公园停车场公厕等104个政府投资项目进行审计，送审金额1.69亿元，在有关部门初审、复审的基础上，再次核减工程造价688.47万元。

【政策执行跟踪审计】 2018年，区审计局积极配合上级审计机关，开展“稳增长、促改革、惠民生”政策措施落实情况进行了跟踪审计，收缴财政38.6万元。为切实维护好农民合法权益，确保耕地地力保护补贴、粮食适度规模经营补贴等两项惠农补贴专款专用，通过跟踪审计，核定七类不享受耕地地力保护补贴的土地，收缴违规金额2.52万元。

【民生资金审计】 改善民生是审计的本质要求和审计机关的责任。2018年，区审计局从民生资金分配、管理和使用入手，对岳阳楼区公共卫生服务专项资金、扶贫专项资金及机关养老保险基金等管理、使用情况进行了审计调查。通过民生资金审计，极大程度上维护了广大人民群众的根本利益，在促进全面建成转型发展、创新创业的核心引领区新局面发挥了积极作用。

【重点领域重大项目审计】 根据上级审计机关统一安排部署，区审计局派出审计组对君山区2017年度保障性安居工程项目进行了跟踪审计，并出具了审计报告。根据区委、区政府的安排部署，先后对区审计区九大棚改18个项目及东风湖新区建设工作部原2018年挂牌棚改12个项目部的工作经费、不可预见费等进行了审计。一年来，岳阳楼局派出审计组，对岳阳楼区住房扶贫、医疗扶贫、教育扶贫、社保兜底扶贫、产业扶贫等6个领域扶贫资金进行了审计，揭示风险隐患和突出问题4个，制定完善管理制度2项，向纪检监察部门移送问题线索1起。

【全面落实意识形态工作】 以党组中心组学习为阵地，通过班子成员轮流主讲，开展党的新理论、新要求、新标准等学习，用党的创新理论武装头脑，切实增强政治意识、大局意识、核心意识、看齐意识，担负起政治责任和领导责任。一年来，区审计局中心组学习12次，参加上级审计机关培训、学习9次，参加审计署、省审计厅集中轮训2次，并在区审计区第三季度大宣传工作中评为创建学习型党组织先进单位。2018年，区审计局在各级媒体上发稿92篇，其中，国家级1篇、省级9篇、市级39篇、区级43篇。

【全心推进基层党建工作】 以党建工作为统领，深入推进基层党组织“五化”建设，坚持落实“三会一课”制度，开展主题党日活动12次。扎实开展“不忘初心、牢记使命”主题教育活动，大力践行“一线工作法”，引导党员干部沉入一线发挥先锋模范作用，在文明创建、综治民调、脱贫攻坚等工作中圆满完成工作任务；引导党员干部沉入一线专题调研，形成调研报告和理论探讨文章8篇。

【全员抓好党风廉政建设】 坚持把党风廉政建设作为审计工作的生命线，着力“明责任、重教育、严约束、强监督”，开展防范廉政风险专项整治，针对“该审不审”“该报不报”“相互勾连”等廉政风险点全面排查，将现场审计作为风险防范的重点环节，坚持审前廉政谈话、领导现场检查、廉政回访等制度，做好审计全过程的监督。2018年，对一线审计组开展作风纪律督查和廉政回访12次，对一些苗头性、倾向性问题及时提醒谈话28人次，未发生一起违反廉政建设、作风建设相关规定问题以及违法违纪案件，并荣获岳阳楼区2018年度落实党风廉政建设主体责任优胜单位。

【全力推动机关作风建设】转变工作作风，提升执行能力，建立机关作风督查机制，让制度约束成为一种新常态。对照十八大以来出台的相关规章制度，对廉政建设、工作作风等方面的制度进行全面梳理，通过“立、改、废”等对现行制度进一步完善，持续推动中央八项规定精神的贯彻落实。2018年，清理制度2个，新建制度6个，对《财务管理制度》《公务用车管理》等12个制度28条进行了修订和完善。

【全程抓好审计队伍建设】认真贯彻落实省、市、区纪委全会精神，狠抓领导班子和审计队伍的廉政建设，强化纪律建设。从落实党风廉政建设责任制入手，落实两个主体责任；将审计局权力运行流程图、审计行政处罚自由裁量权细化标准、审计“八不准”工作纪律在宣传栏予以公布，自觉接受群众监督；从“纠‘四风’、治陋习、树新风”入手，建立机关作风督查机制，强化了干部作风建设；从加强民主管理入手，制定了党组议事规则制度，对党务、政务、财务和重大事项决议等内容实施了“阳光工程”。一年来，区审计局未发现一起干部不作为、违反“四风”和损害群众利益的行为。

【全身投入中心工作】 大力开展文明建设。领导班子高度重视精神文明建设，组织开展社会主义核心价值观系列宣讲活动，扎实推进精神文明建设，在学雷锋志愿服务活动中，区审计局在职干部全部已注册。在志愿服务活动中，多次上门为贫困家庭送去食用油、大米等物质，为残疾人送去轮椅等。积极推进文明社会风尚行动，开展文明用餐、光盘行动。2018年，在全国文明城市测评复查活动中，区审计局领导高度重视，召开专题部署会，全体领导干部多次深入到联点社区、联点路段，认真落实迎检工作。助推平安楼区建设。为切实加强社会治安综合治理工作，区审计局成立以局长为组长的领导小组，制定《岳阳楼区审计局平安单位、平安院落、平安家庭创建工作方案》，制定《岳阳楼区审计局保密制度》《岳阳楼区审计局重大事项决策风险评估制度》《岳阳楼区审计局舆情风险评估制度》《岳阳楼区审计局突发事件应急处置工作预案》等，签订《2018年度平安岳阳楼区建设工作责任书》，开展安全防火防爆防盗安全检查、矛盾纠纷排查等工作。按照扫黑除恶专项斗争的安排部署，召开专题会，成立以局长为组长的领导小组，制定实施方案，及时报送涉黑涉恶违法犯罪线索摸排情况。扎实推进精准扶贫。为了扎实深入推进精准扶贫工作，根据区扶贫办工作安排，圆满完成省、市、区下达的年度脱贫目标任务。2018年以来，区审计局领导干部先后8次深入郭镇乡马安4户贫困家庭，开展精准扶贫活动，并完成脱贫任务。大力开展“七一走基层 慰问老党员”“重阳节送温暖”等活动，领导班子带领办公室工作人员多次深入到南津港、螺丝港社区，与社区居委会负责人一起上门亲切慰问了近20名优秀老党员、困难群众。2018年，区审计局在南津港、螺丝港2个联点社区开展扶贫和文明创建工作，积极为居民解决实际困难，共为社区赞助经费5万元。

工商行政管理

【概况】 在区委、区政府和市工商局的坚强领导下，岳阳楼分局新一届党委紧扣市场监管一个主题，推动商事登记、网格管理两项改革，增强服务发展、消费维权、自身建设三大效能，以“四新”促“四大”，全力助推岳阳楼区经济社会全面发展，各项工作取得了显著成效。分别被市工商局和区委区政府评为“综合绩效考核先进单位”“综治（平安建设）工作先进单位”，被区委、区政府评为“宣传思想工作先进单位”。分局“工商监管与社区网格化管理深度融合”工作，作为商事制度改革中的经验做法，在全省工商和市场监管系统深化商事制度改革工作现场会获得高度赞誉，省委深改办通过《改革简报》（2018年第28期）向全省推介，并荣获首届全国市场监管领域社会共治高峰论坛“政府类优秀案例奖”。

【服务发展】 商事改革再发力。将企业设立登记办理时间压缩至2.5个工作日，将个体工商户营业执照下放至社区代办。一年来，全区新发展个体工商户6809户，有限公司1605户，个人独资企业85户，合伙企业23户，农民专业合作社5户。社区代办个体工商户营业执照1025份。通过社区网格监管平台帮助指导1100户企业和4319户个体工商户进行年报公示；处理与工商有关的网格事件1745起，公共服务事项3219起；下发《责令改正通知书》420份；受理消费投诉409起，为消费者挽回损失21.9万元；参加环保整治、安全生产、打击传销等专项行动95次，立案查处各类违法案件35起，罚没入库47.5万元。优化服务添助力。解决企业融资困难。一年来，分局共办理动产抵押备案登记12件，为中小企业融资备案18997万元；股权质押2件，为企业股权登记168.317万元。帮扶企业健康发展。开展小微企业的扶持奖励申报工作，上报符合条件的小微企业42家，上报市创新创业项目扶持奖励评审委员会审批26家；举办小微企业创新创业培训班，提升创新创业能力，完成“个转企”75户。指导企业合法经营。分局充分利用各登记窗口，采取电话、短信、微信以及向企业印发宣传资料等方式，通知、提醒和指导市场主体进行年报，有效提升年报的知晓率和成功率。2017年度，企业年报6262户，年报率92.06%；农民专业合作社年报36户，年报率94.74%；个体工商户年报35878户，年报率93.54%。同时，组织业务机构到相关企业开展新《中华人民共和国广告法》宣传和电商平台建设培训等活动，对142家企业进行了行政指导，助推产业经济发展，取得良好成效。

【监管执法】 紧密结合“社区治理和服务创新”平台，围绕热点、难点问题，强化事中事后监管，实现社区共治和工商监管执法全覆盖。一年来，分局共立案查处各类违法案件323起，一般程序案件结案253起，同比增长14.55%；罚没入库268万元，同比增长52.57%。开展打击传销行动15次，查处取缔传销窝点11个，遣返劝返传销人员75人，办结传销案件4起，移送公安机关11人。

【消费维权】 2018年，分局共受理消费者投诉举报4423件，同比增长115%，为消费者挽回经济损失320.17万元。区消委被评为“全省消委系统宣传工作先进单位”；周昕波获评“湖南省2017年度最美消费维权人物”。

【宣传教育】 向市工商局和区政府办、督查室、经研室、政研室、区编办等单位上报汇报材料、经验典型材料等8次12篇，为国务院大督查、市人大调研以及区委、区政府和市工商局了解分局商事制度改革和监管服务工作提供了政务信息，为宣传分局工作亮点做了努力。在《中国工商报》《湖南市场监督管理》《改革简报》上刊登商事制度改革成效和先进典型经验各1篇；湖南红盾网、新湖南、市工商局内网、岳阳网、红网及区属十大媒体等报道154篇；《中国工商报》《岳阳日报》《长江信息报》等媒体报道63篇；岳阳电视台报道9次，更新分局微信公众号动态信息27条。分局首张由社区发出的个体工商户营业执照，被《中国工商报》。《岳阳日报》、《长江信息报》、岳阳电视台、岳阳网、红网等众多媒体竞相报道；《岳阳日报》分别以《“跑”在前列谋新篇》和《把服务送到群众家门口》为题，专题深入报道了工商局局“最多跑一次”和商事制度改革的经验做法，有力地展示了分局的良好形象和改革成效。

【队伍管理】 强化培训。分局在认真组织参加国家总局网络培训学习的同时，还自行组织各类培训4期10场11堂课，参训人员达到430余人（次），人员素质和业务技能有了显著提升。严格管理。严格落实“两个责任”，抓好党风廉政建设和作风纪律建设，全年共开展作风纪律和业务工作督查32次，印发督查通报13期，通报批评55人次，对3个单位违规使用公车、行政不作为等行为进行了通报批评。

统计管理

【概况】 岳阳楼区统计局成立于2012年5月，是主管全区统计和国民经济核算工作的正科级行政事业单位。全局干部职工25人，区局内设局办公室、综合研究室、服务业统计股、人口社会统计股、法规股、商贸投资统计股、普查中心、城乡社会经济调查队，负责制定并组织实施全区统计改革和统计现代化建设规划及统计调查计划；建立健全全区国民经济核算体系和统计指标体系。指导和协调全区统计业务工作，组织开展全区性的区情区力普查及有关专项调查；审核区直各有关部门的统计调查计划及其调查方案，为区委、区人民政府制订政策、编制国民经济和社会发展规划提供统计资料，并对全区国民经济、科技进步和社会发展等情况进行统计分析、统计预测、统计检查和监督，向区委、区人民政府及其有关部门提供统计信息和咨询建议。统一核定、管理、公布全区经济、社会、科技的基本统计资料，定期发布全区国民经济和社会发展统计公报以及有关普查和专项调查公报；发布社会经济统计信息。管理或代为管理城市、农村、企业调查队，组织协调全区城市、农村和企业调查工作。

【夯实统计各项数据】 全面完成“四上”单位申报工作。2018年我区市定“四上”单位54家，通过部门和各乡街的努力，完成新增入库83家，超额完成市定任务29家。截至目前，全区共有“四上”单位477家，其中工业27家、商贸134家、房地产139家、建筑91家、服务业86家。全力抓好第四次全国经济普查工作。按市定时间节点，完成了第四次经济普查清查工作任务。清查录入15649家法人及产业活动单位、76429家个体户（有证的32887家、无证的43891家），总量分别占全市的23%和19%；与“三经普”数据相比，单位增加了7831家、个体户增加了27209家，分别增长了100%、56%。按程序采购500台PAD和16台电脑、打印机等普查设备，发放到各乡街经普办，并向各乡街拨付工作经费共计220万元，确保普查工作正常运转。目前，已启动经济普查宣传月活动和正式普查登记前的业务培训。认真做好年度1%人口抽样调查。根据国家随机抽样选定吕办的吕仙亭社区和望办的鹰山社区作为我区1%人口抽样调查点，对这两个社区的164户居民中的人口变动情况进行调查。2018年是首次采用PAD入户登记，通过狠抓样本核查、人员选配、业务培训、调查试点、宣传动员、质量控制等重点环节，全面完成了调查任务。做好主要经济指标的监测。对全区经济运行情况进行统计分析后，每月提请区政府召开全区经济运行调度会议，对短板指标进行专门调度和督办；及时向行业主管部门和乡街发布经济指标预警信息，编发了《经济动态手册》，为领导决策提供依据；通过监测预警，2018年全区经济运行延续稳中向好态势。全年实现地区生产总值完成659.79亿元，增长8.2%；固定资产投资227.12亿元，增长10.9%；社会消费零售总额451.72亿元，增长9.7%；财政收入30.09亿元，增长14.9%；城镇居民人均可支配收入35681元，增长8.4%；农村居民人均可支配收入20048元，增长8.9%，经济总量和质量稳居全市前列。做好民生实事项目的评估。2018年的重点民生实事涉及教育、交建、卫计、民政、文体、棚改等7个单位的13个项目。区统计局安排专人负责，多次会同区实事办到责任单位进行指导，对存在的问题及时进行预警。目前根据各承办单位的申请和公示，完成了13个项目的评估认定。做好小康建设指标的监测。全区全面建成小康社会指标体系26项36个指标中，区统计局负责监测的有7个指标。区统计局主动对接各责任部门，指导上报相关统计指标，对完成难度较大的4个指标，协调市统计局和市城调队进行专门调度。做好城居住户抽样调查。国家调查队抽样确定岳阳楼区6个街道所属6个社区的60户住户收支情况进行调查。每月召开一次集中培训，组织全体记账员、辅导员进行业务学习，对调查中遇到的问题作专题辅导讲解，确保填报数据真实准确。全年城镇居民人均可支配收入完成35681元，增长8.5%。

【组织管理不放松】 加强理论学习。全年组织党员干部集中学习12次，系统学习党的十九大精神、习近平同志系列讲话、习近平新时代中国特色社会主义思想、中央领导关于统计工作的重要讲话指示批示精神及党纪条规等，认真贯彻“两个维护”，切实增强“四个意识”，进一步坚定理想信念。加强组织建设。加强班子建设。局党组始终抓好干好工作和管好队伍两项职责。坚持“三重一大”制度，完善党组议事制度；坚持开好民生生活会、积极开展批评与自我批评；坚持谈心谈话制度，严格落实“一岗双责”，增强了班子的凝聚力和战斗力。加强支部建设。全局18名党员，设立一个党支部。10月份，按要求完成机关支部换届选举工作。先后召开支委会、党员大会开展12次，党组书记和支部书记上党课4次，2名党员如期转正，1名入党积极分子加入组织，全员参加了党的十九大精神和习近平新时代中国特色社会主义思想学习考试。开展党建活动。开展“七一”系列党建活动，组织全体党员到洪湖红色教育基地进行学习教育。根据区委统一部署要求，选派了一名年轻骨干滨湖村驻点扶贫，局班子成员对结对帮扶的6名帮扶对象进行定期走访，及时了解生产生活情况。抓好巡视整改。根据中央第八巡视组反馈6个方面的17个问题、省委第五巡视组的反馈21个问题，局党组高度重视，对认真进行梳理排查，制定了整改方案，明确责任，明确整改时间，建立整改台账和督查台账，逐条对照，逐一整改，立行立改。加强机关建设。改善办公环境。因局原办公场地面临拆迁，在区委、区政府高度重视和关心下，2018年7月9日正式搬迁至区规划分局办公楼5楼、6楼办公，改善了办公条件，提高机关工作效能。规范制度建设。进一步完善了党组议事、机关考勤、学习、财务、办文发文等15项规章制度，强化日常监督，规范内部管理，营造干事创业的氛围。抓好廉洁从政。全局上下严格执行党员干部廉洁自律的各项规定，认真落实党风廉政责任制。2018年，局领导班子没有发生违反政治纪律、滥用职权、贪污贿赂、腐化堕落、失职渎职的案件，也没有发生公款吃喝、旅游、送礼、违反发放津贴补贴等有关行为。

【依法治统严标准】 将《防范和惩治统计造、弄虚作假督察工作规定》纳入区委中心组学习，开展统计开放日等专项宣传活动。会同市统计局对全区8家企业开展了执法检查，发现企业违法统计行为2次，并责令其在规定时间内整改到位。2018年9月，区统计局组织3名统计执法人员参加了全省统计执法培训。严格按区“跑改办”要求，发布行政处理6项、行政检查3项、行政奖励1项和公共服务事项1项，共14项，简化了办事流程。

【机关作风建设常抓不懈】 坚持十九大精神及新时代中国特色社会主义理论体系的学习每月一次，并号召全体职工干部撰写心得体会。积极参加区宣传部组织新时代中国特色社会主义思想“天天见”“天天新”“天天深”活动，并积极投稿。进一步完善了党员信息化管理，保证党员登记率、党员信息正确率100%。三月份，区统计局召开了民主生活会和组织生活会，积极进行批评与自我批评，在全局范围内统一了思想，成效显著。

纪检工作方面，优化了监督管理制度。健全了办公室考勤制度，做到一周一通报、一月一讲评、一年一考核。“五一”、端午节期间，区统计局进行了纠“四风”专项监督检查，局机关针对“四风”问题专门召开了会议进行研究学习，定期向纪检组报送“四风”问题情况表。

【“大统计”格局换新颜】 将统计工作格局从“独角戏”向“大统计”转变。坚持每月召开经济运行联席会议，联动部门定期分析经济运行情况、存在的问题及预警，实行动态跟踪、形成推进合力。会同行业主管部门深入16个乡街，共同分析经济发展存在问题，确保数据上报质量。

国土资源管理

【概况】 1996年，岳阳市国土资源局楼区分局由原南区、郊区国土局合并成立。今分局设置九个股室（办公室、财务室、规划股、用地股、地产股、地籍股、测绘股、矿管股、法规股）、一个国土资源执法监察大队、三个国土资源中心所（城区中心所、奇家岭中心所和冷水铺中心所），一个事务所（国土资源事务所），共有干部职工30人。

【荣誉档案】 区委、区政府2018年度综合绩效考核先进单位，2018年度党建考核中被评为基层党建示范单位,2018年度综治（平安建设）工作区级先进单位。

【土地地籍管理】 配合法规股、执法大队一同处理完成2017年度卫片暨土地变更调查图斑上报及核查复核工作，监测图斑87个。在土地确权方面，全力配合市政府棚改项目，以最快的速度完成棚改16地块的确权，全年共完成各类土地确权55宗。积极处理土地纠纷信访或市长信箱、“12345”信访件，处理建设项目用地范围内土地权属纠纷25起。对历年以来的地籍档案进行了重新整理，归档、统计。配合市不动产登记中心工作，完成确权、处理纠纷20多宗。

【测绘管理】 积极配合市局测绘科做好地理国情普查工作，确保地理国情普查成果汇交。认真参与市局组织的地图市场大检查，加强地图市场监管，查处问题地图等活动。结合全省乡镇区划调整，加快各级各类地图的编制工作，配合相关部门编制完成新的县级行政区划地图和经济社会发展规划地图。

【国土资源利用管理】 区政府2018年专门成立土地出让专门协调机构，主要配合市级消化增量、盘活存量储备土地。理顺和协调各种关系，集中解决储备土地的各类遗留问题。分局配合做好土地出让前期基础性工作，提高岳阳楼区土地出让挂牌成交几率，推动我区产业发展。摸清了土地储备库的家底。分局组织对岳阳楼区辖区内储备土地进行了到图斑摸底。据摸底统计，共有储备土地98宗，总面积7193亩，由市局储备土地，平台公司地块和岳阳楼区投融资地块组成。

【国土资源经济管理】 坚持以科学发展观为统领，以服务楼区经济建设为中心。在区政府牵头领导下，积极协同区土地出让办、规划、征收安置、招商、财政审计、监察等部门，形成合力，共同推进。配合对土地征拆成本过高，与宗地规划条件有机结合，寻求最优化土地挂牌方案。2018年，全区已上会通过土地20宗，征地面积2035.48亩，起始总价103.785亿元。四化建棚改A地块、农校旧改二期、木鱼山棚改片区、蔡家安置房二期、青年中路南侧低洼渍水地段等12宗土地已摘牌，出让净用地面积651.1亩，成交价款31.33亿元。

【国土资源法制管理】 配合区综合执法部门，查办严办违法案件成为常态化，有效遏制违法用地行为发生，分局对处于县乡交界地的郭镇乡，实施重点监管，与乡签订了《动态巡查工作责任书》，明确乡级属地主体责任，将日常动态巡查、发现及时予以制止。截至目前，岳阳楼区已整改到位四大类问题。按武汉局验收标准，2017年以来违法问题已整改61个问题，到位比率达到了规定的90%，2016年、2017年未整改到位图斑问题3个都已拿出明确的整改措施，并在向市人民政府报告，恳请市政府拿出具体的解决办法。认真查办严办违法典型案件，分别向南湖驾校和青年堤社区下达《行政处罚意见书》，土地已分别退还原集体经济组织。针对地上建筑物及附属设施签订《协商处置意见书》，并报市局及枫桥湖办事处备案，区国土分局土地涉案涉诉移送机制得到市中院土房庭、区检察法院的充分认可。

【用地规划】 按时编制完成2018年《岳阳楼区国有建设土地供应计划和土地储备计划》；配合市局土地利用科做好辖区

内的土地供应前期工作。全年通过招、拍、挂方式供地20宗2035亩，成交12宗635.56亩，成交价款31.33亿元，做到了具备条件的宗地及时供地。进一步理顺了区国土分局、区规划分局、区征收安置局、区棚改办、招商等区直部门，在土地收储出让工作中相互支持和缺一不可的关系。进一步加强对项目部相关业务指导，配合上形成合力促使项目部快速准确的报送相关资料，积极把区领导调动起来促成土地收储出让。

【强化执法监管力度】 顺利完成2017年度土地卫片执法工作，配合地籍完成2017年度土地变更调查工作。按照省、市卫片执法工作方案要求，土地变更调查与土地卫片执法工作同步开展，针对岳阳楼区233个图斑大队与地籍人员一道逐一进行了实地核查。5月，在技术单位的支持下，完成了233个图斑的系统填报工作，通过了市级验收。2018年5月国家土地督察武汉局完成了对岳阳楼区两个阶段的驻点督察，并下发了70个问题清单。

【耕地保护】 目前，岳阳楼区现有耕地16498亩，其中水田8155亩、旱地8343亩，划定基本农田9283亩，高于市政府《耕地保护目标管理责任书》（2017—2020年）下达的耕地保护量11265亩，基本农田面积保持9150亩不减少的考核指标，已完成基本农田的划定工作。建设项目在市级统筹下耕地实现占补平衡，未发现违法用地占用耕地，政府领导干部离任审计制度得到了落实。17年向省国土厅申报高标准农田建设项目，位于楼区郭镇乡麻布等5个村，初步建设规模3694.2亩，初步投资估算576.81万元。目前，项目通过省国土厅项目审核，按照上级机构改革的要求，2019年楼区郭镇高标准农田建设（土地整治）项目将移交农业部门管理实施。

【法规宣传】 2018年，在“6·25”土地日、“8·29”测绘日等主题日，开展了形式多样的宣传活动，采用进社区、进学校、上街头，悬挂标语横幅、布置宣传展台、电子屏幕展示宣传语、媒体新闻发布等形式，做到报纸上有文字、电视上有图像、路上有横幅、墙上有标语，深层次、全方位宣传。

【队伍建设】 深入学习贯彻党的十九大精神，坚持用习近平新时代中国特色社会主义思想武装头脑、指导实践、推动工作，牢固树立政治意识、大局意识、核心意识、看齐意识。定期召开党员大会、局长办公会，学习上级文件精神和工作要求。将中心工作与党风廉政建设同部署、同安排、同考核，严格落实中央“八项规定”精神，始终把纪律和规矩挺在前面，严肃财经纪律。尤其拆迁工作中要实行阳光拆迁，群众监督，集体决策。党员干部进一步深入基层办实事，先后组织党员开展联点帮扶社区“一帮一”活动，慰问特困户活动，实实在在解决了社区难题。2018年，分局支部被市直机关评为“基层党建示范单位”。

食品药品监督管理

【概况】 岳阳楼区食品药品监督管理局，加挂区食品安全委员会办公室牌子，正科级，为区人民政府工作部门。设置了综合办公室、政策法规和行政许可股、食品生产监管股、食品流通监管股、餐饮食品安全监管股、保健食品和化妆品监管股、政工人事股7个股室和药品不良反应监测中心、食品药品稽查大队、药品市场监管所、酒类产销管理办公室、16个乡街监管所等5类20个直属机构。成立了党总支部、工会、督查室。

【真抓实干，全面加强食药监管】 强化许可工作。严把资料审查、现场检查、证件发放三关，优化办事流程，全面规范食品经营行为。推进“最多跑一次”改革工作，提升许可服务效率和质量。2018年，新发食品生产加工小作坊许可证23个，食品经营许可证1876个，小餐饮经营许可证1167个，药品经营许可证43个。加强日常监管。推进食品药品安全分级分类监管，经营门店日常监管频次达到每月1次以上。重点突出对学校幼儿园食堂的食品安全监管。落实总局《食品生产经营日常监督检查管理办法》要求，实行全覆盖、全过程、全纪录监管。出台《岳阳楼区重大活动餐饮服务食品安全保障工作方案》，保障了春节、“三考”（高考、中考、会考）考点等重大活动和节日食品安全。做好药械不良反应监测。截至目前，岳阳楼区共上报药品不良反应报告214例（其中严重不良反应报告27例），医疗器械不良反应事件61例，药物滥用276例，化妆品不良反应53例。强化监督抽检。针对高风险的食品药品进行重点抽样。2018年，已完成食品类抽检1520批次，其中农产品494批次、网络食品76批次、销售生产经营环节890批次，不合格产品60批次。检查结果在《岳阳日报》公示。食用农产品快速检测3960批次，其检测结果均在各农集贸市场张贴公示。

【严控风险，全力抓好专项整治】 深入开展食品安全“护苗”“护老”行动。着力保障学校师生食品安全，以学校、幼儿园、午托机构食堂及校园周边食品经营门店为重点。先后入户检查辖区学校、幼儿园286家，实现监督覆盖率100%。积极推动透明可视厨房建设，要求学校、幼儿园食堂必须安装摄像头，实时监控。及时落实检察建议书整改要求，督促辖区35所因棚改工作未受理其许可的学校幼儿园食堂按要求申报办理“食品经营许可证”。对缺乏基本办园条件，存在严重安全隐患的1所食堂进行查封关停。继续大力开展“护老”行动，取缔非法会议销售场所3家、驱散会议销售场所11家，查扣没收55个种类违法物品2000余千克。扎实开展食品小作坊专项整治。2018年来，小作坊专项整治工作中，已取缔黑作坊60家。其中熏鱼棚56家、豆制品小作坊2家、酱板小作坊1家、绿豆沙小作坊1家。全面落实安全生产相关文件精神，在辖区开展食品生产加工环节安全生产大检查，积极宣传有限空间规范作业相关内容，与单位负责人签订《岳阳楼区食品生产企业安全生产承诺书》，坚持“两个安全”一齐抓，坚决杜绝行业安全事故。严格落实其它整治工作。食品方面：开展有毒野生蘑菇中毒事故防控宣传整治工作。检查餐饮单位1390户。开展农产品、畜禽水产品专项整治，着力查处滥用抗生素、产品来源不明、检疫检验证明不全、监督抽检不合格、非法添加、掺假掺杂等突出问题，查处1起非法添加瘦肉精案，现已移送公安机关。酒类专项整治行动中，查获假茅台、五粮液、劣质红酒等829瓶，罚款8万余元，取缔关停小作坊6家。药品方面：加强疫苗购销与流通专项检查，严查药品非法渠道购进，立案查处1起。对28家医院的大型医疗器械进行摸底及全面检查；开展“体外诊断试剂”的专项整治。

【重拳惩处，严厉打击违法行为】 坚持一手抓严管，一手抓重罚。始终保持严打食品药品违法犯罪的高压态势。2018

年来，共查处各类违法案件187件，罚款186.2万元。收到国家食总局、省食药监局、岳阳市局转办的投诉及各监管所移交的职业投诉举报案件共132起。吊销（撤回）食品经营许可证2起。

【打造亮点，不断提升监管水平】 强化队伍建设。加强党建工作，强化班子建设。注重交心沟通，全面收集意见，召开领导班子民主生活会，并加强整改工作，增强领导班子团队凝聚力、号召力、战斗力。加强党风廉政建设，多形式开展宣传教育活动，主动配合纪委派驻组开展好作风建设工作，组织观看廉政电影；严控风险点，使干部不想腐、不能腐、不敢腐。组织党员干部，严格按照要求，做好了平江县汇龙村65户贫困户的结对扶贫工作。加强队伍能力建设，落实书记的特别关心，2018年，再次组织了50名食药执法人员在湖南理工学院开设食药专班，脱产学习了3个月，收获良多。强化行业诚信建设。对全区所有餐饮门店实行食品安全量化分级，结合分级情况推广寻找笑脸就餐活动。与食品、药品经营单位签订诚信经营承诺书。树立一批诚信典型，发布“诚信红榜”，建立“黑名单”制度。形成市场倒逼企业守法经营的机制。强化午托机构监管。针对午托机构的监管，法律有盲点、监管难到位的现状。区食安办牵头，联合教育、卫计、消防等部门，对全区267家午托机构实行全面监管。推行“五个一”标准，强化食品安全。即统一食品安全管理制度、统一食品记录台账、统一食品安全监管档案、统一标牌标识和统一食品安全信息公示。得到省局充分肯定，并将予以推广。着力营造社会共治氛围。继续加大抽检和案件公示力度，开展好食品安全宣传周活动。多形式开展宣教，2018年3月31日，在巴陵广场承办“岳阳市食品药品投诉举报主题宣传日活动”，对查处的近40万元的假劣食品和过期失效药品予以集中销毁。通过《岳阳日报》、政府门户网站、微信、手机短信（岳阳城区65万手机用户）等平台，向社会公开承诺食品药品“有假必打，有案必查，违法必惩。”同时畅通投诉举报渠道，2018年以来，及时妥善处置了783起群众投诉举报。定期开展“3·15”消费者权益保护日、食品安全“四进”（进学校、进社区、进机关、进家庭）等宣传活动。

安全生产监管工作

【概况】 2018年，岳阳楼区安全生产监督管理局认真开展打非治违、隐患治理“一单四制”“强执法、防事故”等工作，全面落实各项工作任务。烟花爆竹领域，坚持开展“日巡查、周清剿、月行动”，结合春节、清明和中元节重点时段开展全面禁炮，实现了全区零销售；危险化学品领域，共检查24家加油站、6家生产经营单位，发现隐患30处，下达限期整改指令18份；重点项目工程安全领域，定期开展棚改项目、重点工程项目排查整治，做到每周一督查、每月一通报，共排查隐患125处，已整改到位121处。确保了全区安全生产形势持续稳定，全年未发生一起较大及以上生产安全事故，事故发生率较2017年下降91.6%。一年以来，区安全生产监督管理局安全生产行政执法、危化综合治理、宣教工作、公共安全隐患治理等工作走在全市前列，在历史上首次获评全省安全生产工作优秀单位、全省“安全生产月”先进单位、全市禁炮工作先进单位，全区综合绩效先进单位。

【落实“一单四制”，推进隐患治理】 2018年，岳阳楼区共有5处隐患列入重大事故“一单四制”台账，其中市级挂牌1处，为“郭镇中学周边山体滑坡隐患”。该处隐患主要是由于山体结构为风化石与泥土结构，每年雨季均有不同程度滑坡与塌方，对此，组织协调专家实地踏勘后，投入100万元修筑了山体护坡进行加固，目前该处隐患已整治完成，并通过市安办验收销号。市安办交办隐患3处，分别是“巴陵大桥市场群消防隐患”“步步高岳阳新天地（步行街店）安全隐患”“岳阳市一人民医院安全隐患”，“巴陵大桥市场群隐患”于2016年8月被省人民政府列为区域性火灾隐患进行挂牌督办，共有三期整治工程，目前一期已铺设市场群消防管道并纳入市政管网，设置500多个烟气报警装置，工程基本完成，二期电气改造已全面启动；“步步高岳阳新天地（步行街店）安全隐患”和“岳阳市一人民医院安全隐患”已按要求督促相关企业和单位完成整改任务，目前已经销号。工作排查发现隐患1处，为“老巴陵水产设备陈旧管道安全隐患”，该隐患经由安全生产网格员日常排查发现，由于涉氨制冷设备陈旧老化，极易泄漏，对此，区安委办迅速组织安监、公安等职能部门对库制冷装置实施关停，目前该隐患已整治完成，市安委会专题下发通报予以表彰。同时，按区公共安全隐患报送制度与公共安全隐患整治原则将全区17处隐患列入2018区级公共安全隐患整治项目中，目前所有的隐患均完成整治验收销号工作；各乡办和各负有安全生产责任的部门不等不靠，积极协调，完成了道路护坡坍塌、健身设施损毁、危旧房屋电气线路老化等中心城区36处重点隐患整改任务。

【强化执法检查，提升监管质量】 结合“落实企业主体责任年”活动，聚焦“强执法防事故”行动，进一步加强安全生产执法和专项整治，明确监管重点，强化工作措施，加强刚性执法，推动安全生产监管方式由行政管理模式向依法治理机制转变，由运动式集中整治向常态化监管执法转变，由代替企业排查隐患向督促企业排查隐患转变，有效防范了各类安全生产责任事故发生。督促企业落实责任。全面推行企业主要负责人法定职责公示承诺制度、“班前安全会”和全员安全教育培训工作，常态化开展企业负责人安全知识测试，对安全生产履职不到位的企业负责人实行约谈制度，推动企业负责人自觉抓安全。督促全区所有行业、所有企业建立事故隐患全员排查、登记报告、分级治理、整改销号制度，对排查出的事故隐患实施登记管理，逐一落实整改方案、责任人员、整改资金、整改期限和应急预案，达到事故隐患排查治理闭环管理要求。截至目前，共开展自查企业累计4568家次，自查隐患382条，全部整改到位。认真组织专项检查。按照“企业自主查隐患，部门强力抓监督”的工作机制要求，全区组织工作人员对辖区、行业领域的企业特别是事故易发、频发、多发的企业主体责任落实情况进行了全面检查，共开展专项检查30次，排查安全隐患156条，已整改151条，其余5条已按照“五落实”（资金、预案、人员、措施、期限）要求稳步推进整改。扎实开展计划执法。建立安全生产领域执法联动协助机制，完善安全生产行政执法与刑事司法的衔接制度，构建区、乡（办）、村三级联动执法协调指挥格局，形成无漏洞、无死角的立体化执法体系。2018年共对全区151家重点企业制定了执法计划，并按照时间节点要求开展执法检查，共立案查处16家企业，关停2家企业。严格落实综合督查。组织区安办、区委督查室和区政府督查室开展了5轮“四不两直”督查，督促乡办、部门和企业认真开展好安全生产监管工作，协助解决在安全生产工作中存在的突出问题。截至目前，全区“强执法、防事故”行动累计出动执法人员3334人次，检查各类生产经营单位2430家次，立案调查9起，责令停产停业整改36家，行政拘留5人，罚款44.31万。

【强化宣教结合，营造社会氛围】 不断加强安全生产宣传教育，认真开展安全培训，把“安全生产、人人有责”转化为每一名干部职工、每一名从业人员、每一名居民群众的价值理念。开展安全知识“七进”活动。结合“安全生产月”活动，充分运用报刊、广播、电视、互联网等媒介，大力宣传安全生产方针政策和法律法规，编印习近平总书记关于安全发展的重要论述、《地方党政领导干部安全生产责任制规定》等相关资料手册5000余份下发至全区各级党员干部，向全区居民群众发放安全生产法律法规、安全知识等各类资料、手册8万多份，在省、市主要新闻媒体刊登安全生产报道300多篇。在步步高、天伦城、王家河、南湖大型电子显示屏刊登安全生产公益广告循环播出，在岳阳电视台”“新闻综合”频道设置安全提醒和安全小贴士栏目每月更换内容，每日按时播出。同时，针对重大节假日防火、用气、出行以及假期下水游泳、乘车等内容，向领导干部、市民和学生家长共发送安全短信24万多条，全面营造全区“我要安全、我会安全”的“大氛围”，提高了全民安全意识，被评为全省“安全生产月”先进单位。加大安全培训力度。开展街道（乡）、社区（村）安监员、企业安全管理、操作常识、职业危害、特殊工种等专题培训15场次，参训人员达4000多人。同时，督促企业落实安全生产“三级教育”责任，要求企业重点抓好单位主要负责人和安全管理人员的培训教育工作、班组长培训、新进员工培训。将培训情况作为监管的重要内容，严厉查处相关人员尤其是特种作业人员无证上岗的违法行为，努力提高企业各类从业人员安全素质。完善应急救援机制。一方面，严格按照相关标准，要求各部门对本单位、本行业应急救援预案进行了重新修订，规模企业应急预案备案28家。常态开展应急演练，2018年来在学校、企业、商业综合体等重点单位开展应急演练活动68次，有效提升社会公众对安全事故的防范能力和应急处置能力。

【创新方式方法，打造特色亮点】 探索网格化安全监管。在16个街道（乡）的107个村（社区）均设立安全生产信息员，并在村（社区）中划分652个网格，每个网格均配备1名网格员，充分发挥社区网格化管理平台作用，将烟花爆竹、危险化学品、特种设备、公共安全隐患整治等安全监管工作纳入其中，制定网格事件分类指引，明确事项概述、具体处理流程，在奇家岭街道探索开展网格化安全监管，对辖区内企业全面摸底编号建档，安全监管员分网格负责日常巡查监管，每一个企业均安排联点信息员，实行打桩定位，实时监管，联动处置，形成了安全监管“奇家岭模式”，被市政府常务会议推介。创建安全生产示范社区。望城岭社区、新站社区、奇西社区等9个社区创建区级示范社区并验收合格，设置了微型消防站，配备了专用执法摩托、执法记录仪、水枪、消防服、灭火器等设备，并派专人24小时值守，有效确保了火灾事故“救早、灭小”。

质量技术监管

【概况】 2018年，岳阳市质量技术监督局岳阳楼区分局积极应对经济转型调整、全面深化改革、等形势和影响，以“提升大质量、助推大产业、服务大市场”为目标，真抓实干，务求实效，各项工作取得了明显成效。2018年度，区质监分局被区委、区政府评为“综治(平安建设)工作先进单位”、“安全生产工作先进单位”被市质监局评为“综合绩效考核先进单位”“特种设备监管工作先进单位”，被区政府评为先进单位。

【抓标准引领，强质量基础】 以新的《中华人民共和国标准化法》实施为契机，抓好宣传贯彻，引导企业开展标准化良好行为创建。按照岳阳楼区政府《关于做好2018年度物流千亿产业发展目标任务》的要求，组织引导辖区企业申报标准化示范试点，走访10余家规模物流企业，了解标准化工作开展情况，协调推进标准化建设过程中存在的问题，提升物流企业服务质量和水平；引导辖区内生产企业实行标准自我公示。2018年，楼区企业上网公示企业标准达208项；帮助辖区君辉食品相关产品企业做好3个企业标准；推动养老院服务质量标准体系建设，促进服务质量提升。沟通对接敬老院2项地方标准制定，完善企业标准体系，争取省财政补贴10万元。

【抓特种设备，保运转安全】 进一步完善特种设备应急救援体系，有针对性地组织开展了人员密集场所的花板桥步步高商场和东茅岭步步高商场以及第十四中学、东方红小学、康星百货商场5场次特种设备联合应急救援演练，有效检验和锻炼了应急救援队伍能力；深入开展“三大行动”和“打非治违”工作，加强特种设备使用单位特别是重点场所(医院、学校、大型商场超市、宾馆、车站码头等)日常巡查和安全监管，截至目前，分局共组织对辖区160家特种设备使用单位进行了现场安全检查，开具136份现场检查记录，85份监察指令书，行政立案数9起，移交市局稽查局3起，封停特种设备38台；接“12345”、“12365”、市长信箱投诉事件43起，处理43起，处置完成率100%；推进电梯网格化进社区。分局积极与区公网管理中心对接，完成了电梯进社区网格化管理。初步统计由各乡街、社区报我局网格化事件中电梯年检标志、运行故障事件已达210起，处置完成率100%，有效促进电梯定检率提升，改善了辖区内电梯安全使用状况。

【抓计量惠民，促贸易诚信】 利用春节、“两会”和国庆期间开展计量监督专项检查，共出动执法人员50余人次，检查农贸市场15家，大型超市3家，累计检查各种计量器具837台(件)，检查合格率达97.9%。联合市场管理方收缴销毁作弊计量器具17台(件)，有效打击了计量作弊违法行为；贯彻市局《开展“5·20”世界计量日宣传活动》的通知要求，分局组织开展了围绕人民群众关注的“民用眼镜”计量监督检查，共检查辖区内眼镜店11家，发现4家眼镜店强检计量器具超期未检、7家眼镜店不规范等问题。检查人员对上述11家眼镜店提出了限期整改要求，确保眼镜配制质量，维护消费者的视力健康；文明城市复查期间，分局组织对辖区25家农贸市场1215台件衡器进行了免费检定，按要求为每家市场公平秤进行了免费校准，并督促摆放市场显著位置，便于消费者复秤，确保诚信交易。

【抓质量提升，促品牌创建】加大产品质量监管力度。按照上级要求，组织开展辖区发证企业专项整治、农资执法打假专项整治和消费品打假“质监利剑”行动，累计出动执法人数70余人次，检查企业29家次，以“制售假冒伪劣产品”和“质监利剑行动”为主线，对辖区内危化品企业、辉博电器和鑫强钢棒制造等3家发证企业进行了现场巡查，发现不符合项提出整改要求，有效地维护了企业产品质量安全。截至目前，分局共受理“12345”、“12365”热线和市长信箱的计量纠纷、汽车产品质量、产品标注标识等举报投诉共94件，全部及时处理并回复；推动企业开展品牌创建。一直以来，分局把品牌培育、名牌带动作为质量工作的一条主线，在连续两年获得9个省名牌产品和4个市名牌产品的基础上，加快培育一批高端“主打”品牌，推动企业从产品竞争、价格竞争向质量竞争、品牌竞争转变。2018年，分局又组织2家企业申报湖南名牌和1家企业申报岳阳市名牌产品，名牌创建评定工作在区一级政府单位名列前茅。推动质量诚信建设，引导企业开展质量信用等级申报。截至目前，根据GB/T23791-2009《企业质量信用等级划分通则》及《湖南省企业质量信用等级评定管理办法》的要求，经省市场监管局综合评定，湖南海泰食品有限公司获评湖南省质量信用AAA级企业，湖南岳阳三湘化工有限公司获评湖南省质量信用AA级企业。

【抓党建工作，强化队伍建设】 明确职责，扎实推进党建工作。分局党支部始终坚持把党建工作与全局中心工作同研究、同部署、同落实。2018年，先后组织召开6次支部会议，开展“两学一做”系列教育和十九大精神以及区委经济工作会议精神，深入践行“一三五”基本思路。为确保党建工作落到实处，支部建立完善了《党员学习制度》《民主评议党员制度》等各项党建工作制度，进一步强化了党建工作职责，并严格按照各项制度进行督促检查，确保党建工作层层落实，取得实效；加强队伍建设，提升党员先锋模范作用。分局支部严格落实“三会一课”制度，集中专题学习6次，支部书记上党课1次，全年召开2次民主生活会，班子成员和每位党员写学习心得体会2篇，支部班子先后与股室负责人和党员交心谈话10次。通过支部书记带头学，全体党员认真学，教育基地现场学，多种形式专题学等一系列活动，有效提高了支部党员干部的党性修养和综合素质，队伍能力建设得到加强。

财政·税务·金融

财政

【概况】 2018年10月被省财政厅评为全省县市区预算绩效管理A级获奖单位、财政税政法制工作绩效评价被省厅评为获奖单位、领导班子成员李华锋被省委组织部认定为“在三大攻坚战中积极担当作为的优秀党员干部”并在全省通报表扬。此外，被区委、区政府评为2018年度综合绩效考评先进单位一等奖，2018年度落实党风廉政建设“优胜单位”，综治（平安建设）工作区级“先进单位”，人口和计划生育工作考评“优秀单位”，安全生产工作考评“优秀成员单位”，争项争资工作“优秀单位”，资产处置、资金回笼工作“先进单位”，债务管理工作“先进单位”。

【财政收入】 2018年，岳阳楼区完成一般公共预算收入30.1亿元，占预算任务29.35亿元的102.5%，同比增长15.0%，其中：税收收入完成26.4亿元，占预算任务24.5亿元的107.8%，同比增长23.9%；非税收入完成3.7亿元，占预算任务4.85亿元的76.2%，同比下降24.6%。区级地方收入11.84亿元，占预算的93.9%，同比增长1.7%。其中，税收收入8.14亿元，比年初预算增加3877万元，比上年增加1.4亿元；非税收入3.7亿元，比年初预算压减1.15亿元。通过增加税收收入和压减非税收入，岳阳楼区财政收入质量大幅提升，税收收入占财政总收入的比重达到87.7%，比上年提高6.4个百分点，圆满完成了区委区政府确定财税收入突破30亿元大关的任务。

【财政支出】 2018年，一般公共预算支出25.87亿元，同比增长2.74%。岳阳楼区教育基本建设投入2.55亿元，其中白杨坡小学当年投入1.25亿元，偿还教育历年基建欠款6053万元；污染防治投入6710万元，其中黑臭水整治1390万元，生猪禁养4500万元；平安楼区创建投入2000万元，其中电子眼防控工程1500万元；城市基础建设投入7302万元，其中安全隐患整治1012万元，城市道路治堵保畅1755万元；便民服务中心建设投入3000万元，其中社区便民服务用房建设1750万元。通过加强国库资金调度，盘活财政存量资金，优化财政支出结构，把该花的钱花好，能少花的钱不多花，不该花的坚决不花，确保财政资金用在“刀刃”上，财政资金供给能力进一步彰显，确保全区工资与福利的正常发放，确保部门单位的正常运转，确保民生领域政策性保障的投入需求，确保区委、区政府重大决策部署的落实。

【债务管理】 2018年，岳阳楼区地方政府性债务总额为24.2亿元，比2014年年底国家审计锁定的债务余额27.1亿元，减少2.9亿元，降低10.7%。经测算，2017年岳阳楼区综合债务率为71.05%，比2015年、2016年的综合债务率分别下降了36.25%、16.15%。综合债务率在全市排名最低，是全省综合债务率处于绿色安全区域的极少数县区之一。依据省财政厅风险预警划分办法，岳阳楼区现已步入绿色安全区域。在区委区政府的统筹安排下，各部门认真履行职责、密切配合、齐心协力积极化债，深入研究国家宏观政策变化、积极争取债券资金，盘活可用财力，确保政府债务只减不增。与此同时，全区各乡街部门通力配合，债务数据报送一直优质高效，准确及时，在省市的历次报送中都处于优秀行列，债务管理工作态势良好，成效明显。

【财政管理工作】 创新股室工作管理模式，年初由各股室、中心（局）自行制定本年工作目标和工作要点，在研讨会上提出并公示，年末收集工作完成情况后进行相应考核，进一步激发了干部的工作热情；严格执行部门预算单位实名制预算管理，健全全口径政府预算管理体系，不断推进财政预决算公开全覆盖；国库集中支付电子化管理系统正式上线，免去了打印纸质单据、人工盖章送单、人工核单等步骤，大大缩短了资金支付周期，最大限度地加快财政资金支付到账速度，提高财政资金运行效率，实现业务办理足不出户，织密资金安全的“防护网”；进一步加强财政票据管理和非税收入收缴管理风险防控，构建规范、科学的财政票据和非税收入收缴电子一体化管理体系，实现所有财政票据使用单位和非税收入执收单位、代收银行、财政部门电子信息互通同享，提高业务协同能力，提升收缴管理效能；全面推进财政信息公开，稳步推进“互联网 + 监督”平台建设，梳理民生资金指标信息，审核把关相关部门民生资金项目公开目录及信息要素清单，不断将打造透明财政向纵深推进；以财政投资评审为关口，强化政府投资项目预算管理，聘请的资深专职注册造价师，对项目严把质量关，全面提升评审结果质量。

【队伍建设】 深入学习贯彻习近平新时代中国特色社会主义思想，做到融会贯通、深学笃用、知行合一。创新“党建 +”模式，舞活党建龙头，不断提升全局党的建设工作成效和水平。建立楼区财政局和郭镇乡磨刀村的共建责任机制，建立机关党员干部结对帮扶到户花名册，全村抽查抽检所有项目均无扣分项，顺利通过省市扶贫专项检查，圆满完成区委提出的2018年磨刀村巩固提升精准扶贫任务。狠抓党风廉政建设，教育引领财政干部职工筑牢理想信念的堤坝，树立正确的世界观、人生观、价值观，增强政治定力、纪律定力、道德定力、拒腐定力、保持昂扬奋进的精神状态。明确各股室、二级机构职责、廉政风险点、防范措施。严格项目申报、资金分配、资金监管等方面的管理制度。通过将评审中介机构纳入政府采购流程、国库集中支付电子化系统刚性控制、进一步规范关键岗位、廉政节点的权力运行，有效防范业务风险和廉政风险。把财政文化建设与创先争优结合起来，积极弘扬理财为公、服务为民的财政价值观，不断优化工作质量、提高工作效率、增强服务效能、提升队伍形象，着力打造一流团队，建设一流机关。通过开展各类文体活动，强化财政干部职工的团队执行力和协作精神，彰显财政干部追求卓越、团结拼搏、永攀高峰的精神风貌。

税务

【概况】 国家税务总局岳阳市岳阳楼区税务局于2018年7月20日正式挂牌成立，现设内设机构13个、派出机构8个、事业单位2个，有在职干部职工397人(含4名合同制工人)，离退休干部170人，平均年龄48岁，其中，区局党委委员15人，主要负责19091户纳税人的税收征管，其中企业10014户，个体9077户，2018年累计入库各项税收23.07亿元，为年计划的103.1%，同比增收4.41亿元，增长23.6%；完成费金收入1.05亿元，同比增长31.1 %,为国家和地方经济建设做出了积极贡献。

【机构改革顺利推进】 按照中央省市机构改革要求，紧扣“四个确保”，严守“六项纪律”，坚持挂图作战，对表推进，督导问效，到点验收，确保改革统一要求、统一标准、统一步调顺利推进。全局干部职工团结一心，坚决服从改革，真诚拥护改革，积极投身改革，坚持不懈抓收入、优服务、保稳定、守纪律，实现了改革和各项税收工作“两不误、两促进”。彰显了新时代楼区税务人的大境界和真本色。

【收入任务圆满完成】 积极应对实体经济下行、增值税税率调低、特殊企业留抵税款退税等严峻挑战，始终将“依法征收、应收尽收”贯彻于组织收入的全过程，竭尽全力抓收入，千方百计稳增长，实现了税收收入的高质量增长，圆满完成了任务，呈现“总量超收、增幅平稳、进度均衡、质量提升”的可喜局面。

【税收征管亮点纷呈】 着力打造优化清税注销升级版，个体户办结时间缩短1天，企业缩短5天，得到总局督查组肯定；清理“金三”基础数据56000多条，推送处理风险任务386户次，入库税款4920万元。实施纳税评估1532户次，入库税款1725万元，加收滞纳金359万元；打击虚开虚抵卓有成效，成功端掉一起虚开虚抵窝案，涉及企业43户，涉嫌金额4.5亿元，追缴税款586万元，各征收单位立足实际，探索推出了一些促收、提质、增效的征管举措。

【税收政策落地有声】 打好个税改革攻坚战，个税过渡期政策执行期间累计减税974万元，减税幅度30%以上，减税面达到100%,减税红利实现全覆盖。环保税平稳交接如期开征，年内新增大气污染建安项目48个，征收环保税64万元。突破对船舶征收车船税流动性强、征收难度大的征管瓶颈，率先在全省委托海事部门代征船舶车船税220万余元。加强增值税和土地增值税申报数据比对，强化土地增值税预征管理，入库土地增值税1.75亿元，同比增长43%。减税降费落地有声，为23户纳税人实施房土两税困难减免694.8万元，对6282户小型微利企业减征企业所得税1582.7万元，促进小微企业发展，为14857户小规模纳税人减免增值税2997万元。

【税务形象不断提升】 推出了“一厅通办、一键咨询、一网通办、最多跑一次、新办企业套餐式服务”等个性举措；突出办税服务厅规范化管理，抓好了首问责任、延时服务、领导值班、自助办税终端、“12366”、“12345”热线回复转办，服务效能持续提升；精心开展税收宣传进校园、新个税改革宣传辅导活动，举办纳税人培训27场次，解答纳税咨询16000余人次。党委委员分组带队走访纳税人1300多户，邀请20户重点行业纳税人代表召开“问需求，查短板，帮发展”民营企业座谈会，梳理整改难点堵点问题25个，为企业减免税费9.77亿元，纳税人的获得感和满意度全面提升。

【干部队伍严管善待】 建立了党委领导、分级管理、层层负责的队伍管理机制，出台了《党委议事规则》《作风纪律考核办法》等八项“强内控、转作风”管理制度，抓好了干部业务培训、学习标兵树立、上下班考勤、作风巡查、绩效考核、数字人事和财务规范管理，组织业务专训35场次，骨干培训35期。区局班子分成7组，与200余名党员干部面对面恳谈，疏导解决实际困难28个；全年开展作风督查25次，执法监察11次，下发通报13期，问责39人次；坚持党委承诺，倾情服务，抓好了职级待遇并行、健康体检、重大疾病救助、食堂就餐，办公楼水改、派出机构办公办税场所改造升级、老干慰问等8件实事，干部队伍的归属感和向心力得到增强，区局顺利通过了“湖南省文明单位”验收，荣获区委、区政府“综合治理先进单位”。

【党组织建设全面加强】 建立“党委领导、支部负责、党员落实”的党建机制，选举产生了第一届机关党委委员、机关纪委委员和工会委员、团委委员、妇委会，组建了16个党支部和3个离退休老干支部，层层签订党建责任承诺书，抓好了支部“五化”建设，打造了五里牌、东茅岭两个税务所党支部示范窗口，抓好了“三会一课”、谈心谈话、民主评议等工作，规范了党内政治生活；高质量抓好中心组学习、“四合”大讨论、主题党日等党建实践活动，积极开展扶贫帮困、捐资助学、文明劝导志愿者活动，走访慰问困难群众120多人次；开展了“国学书香，智慧分享”读书会、“巾帼心向党，建功新时代”专题讲座，党建活力持续增强，工青妇作用充分发挥。

金融

【概况】 2018年，区金融办在区委、区政府的坚强领导下，在各相关部门单位的大力支持和密切配合下，不断深化金融体制创新，切实加强金融服务体系建设，积极引进金融机构，拓宽企业上市渠道，有效化解金融风险，强力处置非法集资案件，金融生态环境持续优化，为全区经济社会发展作出了积极贡献。

【完善金融市场体制，大力引进金融机构】 努力向上争，积极对外引，大力开展招商引行，全区金融行业得到迅速发展，2018年度金融行业创造税收突破4亿元。银行业金融机构。目前，落户岳阳楼区市级银行金融机构16家，其中近3年引进的股份制银行有6家，特别是平安银行区金融办已进行多次对接，现已落户岳阳楼区，2019年4月17日正式挂牌营业。保险公司。目前，落户岳阳楼区的保险公司及代理机构40家，其中近3年来引进保险公司6家。2018年区金融办与中国人寿财产保险岳阳楼支公司和建信人寿保险公司进行多次对接，建信人寿保险公司落户岳阳楼区开业，中国人寿财产保险岳阳楼支公司落户我区试营业。证券、期货公司。借办理区政协提案的机会区金融办组织专门人员对驻区25家证券期货公司从业人数、A.B股交易额、基金交易额、开户数及税收缴纳等经营情况进行了一次全面的走访调研，为岳阳楼区是否成立行业协会提供了有力依据。

【促进银企合作，服务实体经济】 为引导信贷增长，搭建银企合作桥梁。我们组织辖区多家企业参加市政府举办的2018年金融服务实体经济银企对接会，现场签订了意向贷款合同，签订意向性贷款金额40多亿元。

【组织企业参与资本市场运作学习，引导培育特色企业上市】 积极引导和促进企业进入资本市场总结融资，年初按省、市要求我区华南石化等五家企业调整进入省重点上市后备企业资源库。安排企业参加省、市举办的企业上市挂牌知识培训会并邀请省股交所和保荐机构来我区对接清明面业、富农农业等中小微企业，利用资本市场进入进行股改融资。与天风证券签订战略合作框架协议，为岳阳楼区中小企业进入资本市场提供优质服务。

【全面协调金融扶贫小额信贷发放及清收工作】 为确保金融扶贫工作有序开展，2018年5月8日，区金融办联合区扶贫办组织岳阳农商行、区财政局及涉及扶贫工作的乡、街道办事处召开了金融扶贫既扶贫小额信贷发放及清收工作专题会，会上组织学习了省扶贫办下发的相关文件，并根据省扶贫办文件要求对下一步金融扶贫工作进行了部署，确保年底金融行业扶贫工作完成考核目标任务。全面完成2018年扶贫小额信贷发放及清收工作。

【打击和处置非法集资工作】 岳阳楼区现有投融资类公司239家，根据区委、区政府安排，自2013年以来，区金融办作为全区打击和处置非法集资领导小组办公室，协调区公安、检察、法院、工商等职能部门，累计立案查处投融资公司36家、涉案群众近3万人。特别是在上级和区委、区政府正确领导下，在相关部门积极支持下，区金融办严格按照国家法律法规，通过艰苦努力挽回损失近1.3亿元，兑付债权人近3000人，并通过申请大病救助、特困慰问等方式为200多名债权人解决实际困难，尽职做好了债权人群体的稳控工作，切实维护了社会稳定。近几年来，全市打击和处置非法集资工作评比中，岳阳楼区均为全市第一名。通过高度重视打击和处置非法集资工作，做到主要领导亲自抓，尽最大努力做好工作，进一步消除影响群众利益和社会稳定的因素，目前岳阳楼区非法集资形势基本可控。同时按照严格规范一批、大力打击一批、全力帮扶一批、协调处理一批的分类处置方针予以执行，岳阳楼区打击和处置非法集资工作取得了信访量明显下降、挽损成效明显、群众满意度逐步提高的显著成效。针对小康指标防范非法集资指数，大楼区含经开区、南湖新区非法集资陈案5起均已化解，陈案化解率达到100%，远超绩效考核要求。

工　业

工业和科技信息化

【概况】 2018年，区工信局坚持以习近平新时代中国特色社会主义思想和党的十九大精神为指导，深入贯彻落实区委、区政府重大决策部署，紧紧围绕区委“一年转型打基础、三年转换见成效、五年转化上台阶”工作思路，用一线工作法推进各项工作。全区规模以上工业企业26家，比上年年末净减5户。全年实现规模工业总产值80亿元，实现规模以上增加值18.7亿元。

【积极向上争资争项】 通过开展“抓重点、补短板、强弱项”大调研、企业大帮扶等活动，针对企业生产经营和项目建设中遇到难题，切实发挥协调服务职能，积极组织企业向上争取政策性项目扶持资金，先后帮助万力机械、新宏饲料、凯美特等企业申报了中小企业发展、工业转型升级等项目35个，争取资金700多万元，相比去年增长21%。

【深入推进重点项目建设】 湖南华升洞庭麻业有限公司投资4亿元的功能性水刺无纺材料及其配套医卫产品创新与应用项目已纳入湖南省“五个一百”重点项目，目前正在前期准备中。凯美特投资3.1亿元的电子特种气项目分二期建设，该项目一期已在市发改委立项，目前已投资1亿元采购设备，基础建设已开工建设。洞庭山科技年产1000吨新型工艺黄茶加工建设、万力机械汽车中央控制门锁技术创新等项目建设正稳步推进。

【强力推进环保整治工作】 以高度的政治责任感推进环境污染整治工作，积极协调上级部门，对环保违法企业，依法采取停电、断电等强制措施，督促其整改。大力淘汰落后产能，保持地条钢整治高压态势，开展沿江化工企业治理、危化品生产企业搬迁和造纸企业关停等工作。

【稳步推进“四上”工作】 为推动互联网、大数据与实体经济深度融合，区工信局针对企业上云关注的共性问题，召开了3场专题培训会，组织100多家中小微企业参加，2018年岳阳楼区新增上云企业900家，目前企业上云工作呈现良好的势头。

【扎实开展科技扶贫】 紧紧围绕提升贫困村产业技术支撑能力，在加强贫困群众脱贫致富能力等方面实施精准扶贫科技助力工程。在科技扶贫方面，制定了2018—2020年科技扶贫工作实施方案，聘请了3位科技专家对贫困村进行农业技术服务指导，组织开展了农业知识讲课。着力培育了特色产业“百果园”，建设了科技平台项目食用菌星创天地。协调建立了新泰和科技型扶贫示范点，推荐解决了20多名农民就业问题。

【全面完成企业改制任务】按照区委、区政府加快推进区直企业改制的统一部署和总体要求，根据“依法依规、公平公正、积极稳妥”的原则，精心组织，认真谋划，克服重重困难，多次召开专题会议，统筹部署和协调解决改制工作中的重大问题，成功对石英滤料厂、砂石公司两家未改制企业实施企业改制，圆满顺利完成了区直企业改制任务。

【积极化解企业矛盾】妥善处理了原三生铝业经济纠纷、颜氏燃烧器厂改制后职工权益诉讼问题、石英滤料厂办公楼产权纠纷及棚改拆迁引发的大量上访等社会矛盾。

【认真办好民生实事】认真落实省人社厅103号文件精神，为下岗未参保职工1000余人办理了参保手续；为解决已改制企业无房职工的住房问题，积极配合相关部门，成立专门工作小组，完成了396户职工的天正金海岸经适房项目资格审查工作，使下岗职工无房问题得到有效解决。

【深入加强党建工作】认真组织学习党的十九大精神和习近平新时代中国特色社会主义思想，以集中学习，专题讨论，辅导讲座等形式组织机关党员干部进行了4次轮训学习，党员干部“四个意识”更加增强。全面夯实基层党建基础，健全完善党建制度，选派6名党建工作指导员，对应系统6个支部进行逐一督促指导，支部规范化建设稳步推进。严格按照有关规定，做好党员发展工作，2018年来共发展新党员2名。多次组织开展了“弘扬革命精神，坚定理想信念”“不忘初心、牢记使命”等主题教育，不断增强党员的党性修养。

【强化机关作风建设】“正人先正己”，我们始终坚持班子带头示范作用，坚持问题导向，强化监督执纪问责。特别是2018年来，不定期地对机关工作人员慵懒散现象进行了10次督查，4人受到通报批评，3人被提醒谈话。

工业园工作

【概况】2018年，岳阳楼区工业园坚决贯彻落实区委经济工作总思路与总方向，坚持绿色发展理念，加快工业转型发展，紧紧围绕核心引领区建设目标，始终以项目招商和建设为工作抓手，不断调整更新工作思路，在吉家湖七里山片区积极探索建设创新创业湾、总部经济区、小试产业园区，谋求产业转型升级，着力产业结构调整，积极引导生产性服务业入园入区发展，取得较好成效。体现在：一是工业生产转型升级，技术改造力度加快，一线生产设施设备搬迁重建计划形成初步；二是片区工业总量得到规模控制，质量得到提升；三是节能减排工作成效明显，各项环保排放控制指标达标，2018年七里山工业基地顺利通过中央环保督查。

【谋划产业与项目发展】2018年，为进一步优化工业存量资源，淘汰减量落后产能，我们充分改造了一批传统工业项目、重点建设了一批绿色环保高科技型项目、延伸发展了一批科研中心项目。根据七里山聚集区生态恢复与重建的紧迫形势，客观分析七里山老工业基地的环境容量，严格控制化工上下游产业链关联项目上马。对不符合产业发展方向和环保要求的招商项目，与市、区发改、建设、环保等部门齐抓共管，严把立项关、选址关和环境评估可行性论证关，建立门槛意识。按照去产能要求，积极探索绿色生态发展模式，围绕七里山产业转型升级，展开节能减排、淘汰落后产能政策宣传，配合有关部门关停搬迁砖厂、铁厂等一批高能耗、高污染、高投入、低产出的生产单位，优化片区环境生态，积极盘活土地存量，着力优化产业结构，提升产业层级，谋划前期项目，加大新型产业项目及生产性服务业项目的招商引资力度。建立腾笼换鸟观念，推动产业转型升级。鼓励引导高污染高耗能生产企业制定搬迁、转型、转产计划，动员骨干民营企业启动产业升级计划，延伸下游产业链发展生产服务型产业项目，逐步推动生产性服务业入园入区发展。建立后工业时期工作发展思维，与重点企业共同探讨逐步剥离生产设施，发展总部经济中心、科技研发中心、教育培训中心、后勤服务中心、员工生活基地的设想。倡导企业走绿色环保路子，大力开展节能减排工作，加大七里山老工业区环保宣传，督促工业“三废”控制排放，特别是禁止填埋工业废渣、破坏内湖湖泊水体丘岗植被的行为。

【项目建设与服务】 配合有关部门，加大内湖湖泊和沿湖生态环境保护，禁止破坏性开发工程，注重生态性修复。加大项目续建与新建推进力度。坚决打好产业保卫战与转型升级战，依靠项目带动，全力培育经济亮点和财税增长点，杜绝税收流失。加大企业新建项目的建设施工安全、质量安全教育，促进七里山工业基地平安建设。严把七里山工业区新上规模工业项目立项审批关与项目立项阶段的安全生产风险评估与论证，强化企业主体责任，强调招商新建项目上马前必须落实安评入口关责任，要求举一反三，规范项目建设手续流程，坚决杜绝未批先建行为，加强园区项目建设发展环境治理，努力营造和谐稳定的经济发展环境。加强协调在建项目，积极督促新上项目上马前环评环节工作的到位，2018年4—5月，抓好新上项目环保可研，组织开展申报审批；同时严格落实新上项目建设运营“环保三同时”制度，引导企业项目开展自查自纠，采取得力措施，加大环保设施设备投入运用，积极迎接中央环保督察“回头看”与省环保督察检查。切实加强在建项目的服务协调。在市、区各级各部门支持下，计划投资6.2亿元的电子及特种气混配生产项目已全面铺开建设，我们努力提供高效务实、服务经济的制度“软”环境，加强规范外国专家管理，积极解决9名美国专家进入七里山服务项目的有关困难问题。简化项目办事程序、缩短办结时限、规范行政行为，加大项目续建与新建推进力度，坚决打好产业保卫战与转型升级战，依靠项目带动，全力培育经济亮点和财税增长点，杜绝税收流失。2018年会同财政、国土等部门着力解决湖南气体研发中心项目的土地遗留问题，加强核算，严格把关，落实工业项目税费有关优惠政策，解决企业发展难题。2018年5—8月针对七里山环境保护建设的形势，做好电子特种气新上项目环保评估与公示，做好项目建设规划调整，组织协调进口生产设备报关。2018年9月，配合金融、银行等有关单位做好企业金融服务，防范金融风险，切实为企业项目解决面临融资难、融资贵和股权质押资金运转方面的困难；2018年11月与市、区发改积极为有关项目开展节能减排评估，协调制定评估方案，争取资金落实优惠政策。2018年支持空分项目投入500万元顺利进行技术设施改造，解决产业升级硬件环境。

【把好关口 强化稳中求进的经济发展意识】 根据省市会议精神，积极宣传发动，配合区经信局作好危化企业搬迁的调研，深入走访七里山招商新建、续建项目，通报安全生产形势，强化企业主体责任，强调招商新建项目上马前必须落实安评入口关责任，要求举一反三，规范项目建设手续流程，坚决杜绝未批先建行为。坚决支持市、区、街道安监部门对安全生产的全天候、无死角监管，加强园区项目建设发展环境治理。2018 年 6 月会同区政府办、安监及相关街道处理七里山“4·30”自然灾害，把减灾防灾工作责任进一步落实，对灾害赔偿处理形成科学严格的处理意见，尊重群众利益诉求，认真听取群众上访意见，妥善化解遗留问题。切实协调企业纠纷冲突，理顺关系，解决氩气、气体研发中心等新上项目堵门堵路有关问题，确保事态不升级恶化，努力营造和谐稳定的经济发展环境。在氩气项目槽罐车运输与延寿村修路困堵问题协调处置中，充分认识到氩气项目压力罐运输不畅，加之上游生产不能停产，可能引发年末安全生产的重大隐患，多次介入协调，有效化解问题，避免企业与村组工程队出现矛盾升级，引发更大冲突和群访事件，引导企业调整生产工序，争取壳牌公司支持，最终稳妥解决问题。

【调整产业结构 实现创新发展】 以创新驱动转型发展，依托高校和国有大型企业调整经济结构，优化城市功能，从“工业老区”向“创新智城”迈进，积极融入长江经济带和洞庭湖经济生态圈，加快节能减排与去落后产能，充分谋划发展“后工业”的环境景观设计，以七里山、吉家湖公园建设为核心，加快传统工业片区的环保改造与生态恢复，建立产业发展的“门槛门禁”，以商招商、以商选商，借商发力，布局安排产业项目，发展总部科研产业、发展物流产业，构建铁路公路、内河港口配套的新型物流业、高新科技创新创业型新型工业、企业总部经济区为核心的业态体系。通过构建丰富的业态体系和宜居生态区，充分发挥产业吸附人流与物流的功能作用，把老工业基地所涵盖的人口牢牢锁定在七里山，充分挖掘利用好多年以来积淀的产业资源，进一步打造七里山产业高地，走环境优化、可持续的发展之路。

商 贸

商务粮食

【概况】 2018年，区商务粮食局党组始终坚持紧扣区委、区政府全面建成“转型发展、创新创业的核心引领区”的工作目标，凝心聚力、砥砺前行，以落实意识形态工作责任制为抓手，全力推进招商求效、外贸增速、内贸提质等重点中心工作。班子队伍凝聚力、战斗力不断增强，“以党促工”作用不断提升，工作成效逐步显现，较好地完成了年初确定的各项工作目标任务。

【招商引资】 优服务，招商引资精准发力。全年续建和新引进项目42个，协议引资398亿元，到位资金40.8亿元。其中：新引进10亿元以上的500强企业项目4个：荣盛·金鹗御府、北控·岳州府、碧桂园·时代城、中建·嘉和城。中心城区区位、资源、产业和环境等优势进一步凸显，发展势头强劲。夯实工作基础。积极与棚改办、土地出让办等单位对接，建立并实时更新招商项目库，编写了《岳阳楼区投资促进项目手册》，印制了《岳阳楼区投资指南》，制作了招商微信公众号。同时，建立健全岳阳楼区重点对接企业名单、来访客商联系表，利用网络平台、电话、上门等途径，加强与客商的联系，与客商建立畅通、便捷的沟通联系渠道；加大推介力度。按照征地拆迁、产业规划、招商引资、土地出让和项目服务的工作流程，岳阳楼局着力做好项目推介工作，并通过商会、网络、节会等方式，向国内外500强企业、行业龙头企业推介岳阳楼区重点招商项目。特别是区领导百忙之中抽空带队开展招商活动，接待来访企业，大力推动了岳阳楼区项目落地；做好跟踪对接。抓住“以建为主”的发展关键期，为意向投资企业提供投资所需地块的相关经济指标数据等信息，并为其协调对接各相关职能部门，为项目落地做好服务。2018年，雪松控股、万达、实地、碧桂园等多家企业表达了投资意向，并邀请区领导到企业实地考察，共商发展蓝图；精心组织产业招商月活动。按照区委、区政府统一部署，区商务粮食局精选符合产业规划和投资意愿强的优质企业，由四大家主要领导率队，先后前往北京、上海、广州、深圳、天津等经济发达地区，实地考察了雪松控股集团、上海山峰教育集团、河北天山集团、实地地产集团、万达集团、中梁地产集团、杭州颐高集团等多家知名企业，与企业负责人就意向项目进行深入探讨和交流，截至2018年12月底，共出让四化建、洛王02~08、中闽电机等地块，相关项目建设有序推进。产业招商月期间，项目履约率、资金到位率和“三新”项目等考核指标均名列全市前列，圆满完成各项目标任务。

【社零统计】 扩内需，社零总额稳中有升。以落实2017年9月18日区委书记陈阁辉调研全区统计工作的讲话精神为契机，构建商贸行业“大统计”格局。走访督导。常态化走访110家直报企业，对中石化、泰和集团等重点限上企业做到一月一走访，及时帮助企业解决工作中遇到的实际困难，提升业务员技能，督促指导企业直报工作，做到应报尽报，真实反映出企业实际销售情况；新增直报企业。2017年，国家统计局执法检查后，岳阳楼区清理出库直报企业16家，保留基数企业20家（数据报送至2018年12月份）。面对严峻的工作局面，区商务粮食局主动出击，采取寻求工商、税务等有关部门信息支持、召开相关行业协会会议、上门实地走访等多途径、多渠道工作方式，全力推进“四上企业”新增工作。截至2018年12月底，向市主管部门申报岳阳高乐商业管理有限公司（步行街步步高新天地）、岳阳巴陵全鱼席餐饮有限公司等限上企业30家，为完成年度社零统计工作目标任务奠定了扎实的工作基础；举办工作推进及业务培训会议。2018年分别举办了年度和半年度工作推进及业务培训会议，进一步明确入统企业法定义务，提升直报员业务技能；争取市主管部门支持。根据岳阳楼区实际情况，请求调整岳阳楼区商贸统计基数。截至2018年11月底，岳阳楼区累计完成社会消费品零售总额404亿元，同比增长9.5%，增速高于全市平均水平0.3个百分点、增幅第5（区级第3），总量全市第一。

【开放型经济】 促外贸，各项指标再创新高。2018年，区商务粮食局一直把开放型经济作为重点工作来抓，以大项目招商为中心。全市开放型经济工作会议召开后，区商务粮食局迅速组织有关单位对“1+2”政策进行深入细致的学习讨论，狠抓开放型经济发展，区域开放型经济再创新高度。贸易额和新备案企业持续增长。全年完成外贸进出口总额2550万美元，同比增长15%。新增备案企业5家，备案企业总数达到186家，有6家企业实现业绩“破零”，7家企业实现业绩“倍增”；龙头企业持续增加。新增2家外贸进出口额达100万美元的企业，分别为岳阳洞天石化有限公司和岳阳德鸿化工有限公司；外资利用持续扩大。积极做好外资企业服务，主动加强落户企业的跟踪服务，充分挖掘投资潜力和招商资源。全年完成外资到位9947万美元，完成全年目标任务3920万美元的254%，实际利用外资和外商直接投资在全市各县市区中均排名第一，岳阳楼区利用外资工作拉升到新高度；外经合作持续升温。以“稳外贸、保增长、促转型”为抓手，推动企业转方式调结构，引导支持发达地区外贸企业与岳阳楼区企业进行战略合作。全年完成外经贸合作2341万美元，完成全年目标任务2136万美元的110%。

【市场监管】 强监督，市场面貌焕然一新。通过近几年努力，岳阳楼区基本建立了商务粮食牵头负责，市场主体、街道（乡）履行第一责任和属地管理职责，职能部门各司其职的农集贸市场迎检工作机制。2018年，根据市、区政府文明创建工作部署，稳妥实施市场文明创建工作。制定方案，组织起草并认真组织实施《岳阳楼区2018年农（集）贸市场整治工作方案》；细化责任，细化职能部门、乡（街道）、社区（村）、市场主管单位、市场管理主体责任，制定《岳阳楼区农（集）贸市场文明创建责任人明细表》；打桩定位，将机关及二级机构党员干部责任到市场，38个农（集）贸市场都有班子成员负责，有1~3名党员干部为直接责任人，形成“党组统一领导，股室二级机构齐抓共管，党员干部积极参与”的市场文明创建工作机制；加大投入，对照城市公共文明指数测评农集贸市场15项标准要求，投入迎检资金100余万元，悬挂社会主义核心价值观等公益宣传标牌1000余块，完成24家菜市场公平秤、灭火器、禁烟标识的统一配置，完成20家菜市场监控维修，发放文明创建宣传资料2万余份；严格督查。文明创建迎检期间，会同工商、城管、消防等单位开展市场整治36次，对大桥、图书城、巨基摩托车等市场出店经营、堵塞消防通道等现象进行集中整治，解决出店经营、道路维修、车辆停放等各类问题80余个，共投入相关资金60余万元，确保区属市场顺利通过全国文明城市测评验收，市场面貌焕然一新。

【保繁荣，市场体系逐步完善】 认真贯彻落实《岳阳市城市商业网点规划》，进一步完善城市市场体系建设。全年新建标准化农贸市场1家，即大桥湖农贸市场，市场位于洛王街道办事处大桥湖社区潘家组，市场占地3000平方米，总建筑面积2800平方米，总投资580万元。其中：市场经营面积1100平方米，市场装饰装修投入150万元，是一家按标准化市场要求建设的综合性农贸市场，目前该市场已建成营业，为方便当地群众生活发挥了积极作用。同时，重点抓实站东菜市场等一批基础设施差、安全隐患大的市场提质改造。站东菜市场场位于铁路社区龙湾巷，市场营业面积600平方米，产权单位为湖南泰和集团。目前该市场已完成全面提质改造，并于2018年9月重新开业。骆家坡社区菜市场位于城陵矶桂花园路，由于市场年久失修，屋顶多处破损，屋面钢架顶棚大面积锈蚀，存在重大安全隐患。为消除市场安全隐患且不影响经营户正常营业，会同城陵矶街道办事处在市场邻近的空地搭建了临时疏导区。骆家坡市场的顶棚已拆除换新，安全隐患已消除。枫树新村菜店位于枫树岭社区，是枫树新村片区唯一的菜市场，但因年久失修，菜店出现立柱移位、断裂，顶棚破损，梁架锈蚀，墙体裂缝等重大安全隐患。区商务粮食局已于2018年8月督促市场完成提质改造，消除了安全隐患，给市民提供一个安全舒适的购物环境。

【党建工作】 提效能，党建工作凝心聚力。2018年，区商务粮食局以建设学习型、服务型、创新型党组织为工作目标，认真履行党建主体责任，按照“抓责任、抓短板、抓考核”的指导方针，把党建工作抓在日常、严在经常，全面推进党建工作，为促进商务粮食工作全面发展提供了坚强有力的组织保证。加强党组织建设。选派精干力量，配齐配优局总支及所属支部委员，根据商务粮食局退休党员多的特点，成立了离退休支部，全面加强党组织建设。进一步完善了党支部各项工作职责，建立健全局总支统一指导，支部书记负总责，相关责任人具体落实的工作机制，形成一级抓一级，层层抓落实的党建工作格局，为党支部开展党建工作提供有力保障。落实组织生活制度。落实好“三会一课”制度，围绕习总书记系列重要讲话精神，中央、省、市、区重大会议精神等采取集中学习、听取汇报、专题研讨等多种形式，有计划地开展学习活动，全年组织开展专题党课活动5次，专题学习活动12次，让党员干部在学习中更新观念，树立正确的世界观、人生观、价值观、党员观，不断提升政治思想水平和政策法规水平；开好民主生活会，根据区机关党委统一部署，

6月和12月分别召开了党组民主生活会，通过征求意见，查找问题，开展批评与自我批评，落实整改措施，努力促进党组班子成员综合素质的提高。务实开展党建活动。扎实开展党的十九大报告宣讲学习、党组书记讲党课、巴陵先锋党员活动日、平江县三墩乡汇龙村党员献爱心、瞿家湾党员教育、关怀特困老党员、纪念建军91周年“全国双拥模范城”主题活动和“一线工作法”等重要文件会议精神学习活动。通过活动开展，党员干部思想政治觉悟不断提高，遵纪守规意识明显增强，工作作风明显好转，基层党组织战斗堡垒作用不断夯实，有力地促进了商务粮食各项事业的发展。

【党风廉政】 抓廉洁，主体责任落到实处。认真履行党风廉政建设党组主体责任，严格贯彻执行《中国共产党自律准则》和上级纪委有关工作要求，推动党风廉政建设与商务粮食事业同步发展。基于这一基础，在整体工作部署上，始终把党风廉政建设当作商务粮食局工作的一个重要环节、一同部署、一同督办检查，在具体操作上，力求做到党组带头守纪，党员干部以《廉洁自律准则》约束自己，做到三个“自律”。以“准则”自律。规定不准做的坚决不做，要求做到的一定做到，不违章，不违纪，更不违法，紧绷自律这根高压线。组织开展了《中国共产党章程》《关于党内政治生活的若干准则》《中国共产党自律准则》《中国共产党纪律处分条例》党员警示教育成果展等集中学习讨论活动，帮助党员干部以《准则》自律，引导党员干部遵行可见可及的理想情操——“道德倡导”，以条例为戒尺，牢记不可触碰的现实纪律“底线”——“负面清单”，筑牢思想防线。以“制度”自律。严格按区委、区政府及局机关规章制度办事，在“三重一大”问题上都经局党组会议研究同意后实施，较好的保障了决策的科学性和正确性。2018年，重点加强了财务开支、日常考勤等方面监督。进一步完善了财务管理制度，对财务开支实行了全程监控，坚决杜绝公款送礼、公款大吃大喝、奢侈浪费等现象，“三公经费”开支与去年同期明显下降。严格执行各项纪律，开展考勤督查45次，印发考勤通报4期，6名工作人员受到通报批评和诫勉谈话处理，2名党员干部按规定程序办理了婚宴申报，2名党员干部准备举行的父亲大寿寿宴被及时发现制止，改为家宴。党员干部遵纪守规意识明显增强，工作作风明显好转。以“监督检查”自律。副科级以上干部和股室、二级机构负责人都签订了廉洁自律承诺书，自觉接受监督。认真落实省委、省政府《关于开展违反中央八项规定精神突出问题专项治理的工作方案》、市纪委九个严禁和党组廉政建设主体责任、《关于领导干部报告个人重大事项的规定》和国家公职人员因公私出国（境）证件集中管理等工作自查自纠和清理。督促班子成员、股室及二级机构负责人带头遵守廉洁从政、作风建设相关规定，营造了风清气正的良好工作氛围。

贸易促进工作

【概况】 2018年，在岳阳区委、区政府的正确领导和各部门单位的大力支持下，岳阳楼区贸促会紧紧围绕全面建设“转型发展、创新创业的核心引领区”的奋斗目标，积极应对金融经济下行压力增大，城区产业招商引资形势严峻的实际困难。岳阳楼区贸促会干部职工统一思想、振奋精神、知难而上、迎难而进，着力抓好重大项目精准招商和优质服务，努力做好区域性贸易促进工作，切实做好宣传、基层党建和机关作风建设，全面完成了岳阳楼区委、区政府交办的各项工作任务。

【招商引资，努力推动项目入区】 2018年初，岳阳楼区委、区政府将重大项目（尤其是棚改片区土地）招商引资任务交给区贸促会，此时正值中央刚性调控政策出台，大多数规模企业面临金融紧缩压力，中央对地方政府债务性控制，世界贸易战持续恶化，以及企业资金回笼加速等严峻形势，招商引资压力巨大。在困难和压力面前，岳阳楼区贸促会反复统一思想，视任务为天职，把责任当使命。按照岳阳楼区委区政府领导的指示和要求，岳阳楼区贸促会狠抓客商库建设，主动开展与企业的对接和联络工作，先后多次牵头或参加组织招商小分队赴上海、浙江、广州、武汉、安徽、河北等地考察招商，采取“走出去”、“请进来”或利用各种招商节会等办法，制作各种招商图册、影像资料大力宣传、推介楼区，先后与中海地产、东方小镇、广州天河、红星美凯龙、万达集团、中建集团、美好置业、天山集团、祥源控股、中梁地产、王府井集团、中建信和、广州敏捷、宝能集团、中泰恒昌、隆基泰和、富川地产、颐高集团、新城控股、融创集团等20多家全国500强和全国百强等地产企业进行多轮次、多层次的对接洽谈。截至2018年年底，岳阳楼区贸促会引进了香港立创教育培训机构，入区投资1.2亿元；引进华都置业有限公司投资5亿元建设深蓝时代广场项目，该项目总建筑面积11万平方米；岳阳楼区贸促会成功引进北控置业与四化建达成合作并正式签订合同，现已开工建设，第一期投资10亿元；中梁地产以总价1.86亿元竞拍新桥南路以东、农工商路南的（2018）04号地块，该地块总面积37.5亩。荣盛金鹗御府、碧桂园时代城等项目都开工建设。同时，按照市、区领导的指示，岳阳楼区贸促会加大对棚改腾空土地的招商引资工作，抽派人员组成专门精干的招商队伍，集中力量推动棚改片区招商和土地出让工作。目前一些国内知名百强企业，如万达集团、融创集团、王府井集团、祥源控股、中建信和对岳阳楼区棚改腾空土地杨树塘片区和青年东路北侧地块表示了投资意愿，并按照岳阳楼区制定的产业规划方案分别进行了项目经济分析和概念性方案设计，并初步议定了投资合作协议，两个项目投资总额150亿元，现已进入实际操作运行阶段，只等岳阳市委市政府决定后进行土地出让和项目建设程序。

【贸促带动，努力助推经济发展】 世界经济正在发生历史性变化，经济全球化是不可阻挡的时代大潮，岳阳楼区贸促会按湖南省、岳阳市贸促会把属地企业“推出去、扶出去、带出去、走出去”的总体思路，按照服务“一带一路”“创新引领、开放崛起”的战略，在岳阳市贸促系统争先争位。2018年，岳阳楼区贸促会围绕岳阳楼区经济发展总目标，全力落实“一三五”发展战略，积极应对经济发展新形势新常态，努力提升服务经济工作的联动能力，在转变职能上下功夫，在提升服务上做文章，把“请进来”推动岳阳楼区企业发展变“走出去”推销楼区企业产品，把实体站点销售变店点电商网络一体化销售，先后组织企业参加了“东亚食博会”“中国科博会”“广州食品食材展览会”“亚洲农产品展览会”“中越经济贸易交易会”等。并充分发挥贸促职能，推介宣传岳阳楼区优势企业和名牌产品，助推区域经济发展。2018年，岳阳楼区贸促会通过多方联络，邀请湖南三湘集团驻香港高层到岳阳楼区考察湘菌研究所、洞庭山科技发展有限公司、湖南新泰和绿色农业集团三家企业，为企业产品进入港澳市场并通过港澳市场走向世界牵线搭桥、借风助力，岳阳楼区共有10多家企业参加各种贸促活动近20多次，产品交易额近亿元。同时，岳阳楼区贸促会还贯彻落实省市贸促会“四个一百”活动要求，选择3家农产品加工企业接受香港市场考察，超额完成了6家企业的名优特产品企业的信息报送，组织10多家企业参加了“一带一路”倡议解读和法律风险防范（岳阳）培训，以及（长沙）出国展览知识产权培训。湖南省、岳阳市贸促会领导对岳阳楼区贸促会组织的贸促活动均表示满意，参会参展企业也给予高度评价。

【作风建设，努力提升服务水平】 2018年，岳阳楼区贸促会在承担贸促工作任务之外，还承担招商引资和产业规划编制的完善、承接和实施，工作任务十分繁重，因此，岳阳楼区贸促会把锤练好干部队伍，建设好机关作风，作为练好内功的第一课，要求全会干部把担当作为一种能力、一种品格来修炼，自觉担当起职责使命，担当起困难风险，从担当看作风，从担当看效率。2018年年初，岳阳楼区贸促会成立了党建宣传工作领导小组，进一步明确一把手为基层党建宣传工作第一责任人，把抓作风建设，提升服务水平为重要环节，进一步落实“三会一课”、民主生活会、民主评议党员、书记讲党课、中心组学习以及各项规章制度。将《关于开展党支部“三会一课”纪实管理的意见》《关于试行党员积分管理制度的意见》、《关于进一步规范党员支部书记“双述双评”工作的意见》三个文件精神结合起来，认真学习贯彻《中国共产党党内监督条例》《中国共产党廉洁自律准则》《中国共产党纪律处分条例》等法律法规和区委有关党建工作的文件精神，强化和巩固党的群众路线教育活动，“三严三实”专题教育成果，通过开展“两学一做”教育活动，引导全会党员增强政治意识、大局意识、核心意识、看齐意识，以“学习新思想，研究新举措，开创新局面”为抓手，强化机关作风和干部队伍建设，按照岳阳楼区委关于宣传思想工作的考核要求，岳阳楼区贸促会利用网络形式开展“学习新思想，宣讲正能量”主题政治学习活动，安排专人进行“每周一学”辅导讲座，利用板墙开辟了《学习与实践》专栏，及时宣传为民“办实事，办难事，办好事”等工作动态，关注民生、民情等热点难点问题，并作为全会干部年终考核的重要依据。并在岳阳楼区贸促会全会推行了“日考勤、周汇总、月分析、季讲评”作风建设模式管理，干部服务水平不断提高，服务质量明显改善。岳阳楼区贸促会按照落实党风廉政建设责任制的要求，认真履行“一岗双责”，认真落实“党要管党、从严治党”要求，岳阳楼区贸促会领导班子始终保持清醒头脑，切实把党风廉政建设当成分内之事、应尽之责，内化于心、外化于行。建立了党风廉政责任制；健全完善了机关管理制度，从源头上遏制腐败；开展了谈心谈话活动，及时发现、提醒、纠正苗头性、倾向性问题。4月19日，岳阳楼区贸促会和岳阳市贸促会联合赴韶山开展了“不忘初心、牢记使命”为主题的党员教育活动；9月20日，岳阳楼区贸促会组织全体干部参观了岳阳楼区廉政警示教育中心图片展，并请岳阳楼区纪委驻人社局纪检组长上了一堂“党风廉政教育党课”，不断增强领导班子成员的廉政意识，加强法纪法规和警示教育，筑牢拒腐防变的思想防线。

农 业

综述

【概况】 2018年，农林水务系统全体党员干部不忘初心、团结奋进，紧紧围绕市委“一三五”发展思路和区委核心引领区建设总目标，全面践行“一线工作法”，开创了谋事成事新局面。农村居民人均可支配收入达到19395元，同比增长8.6%。全年累计争取项目资金3491万元，超额完成争资争项任务1000余万元。整合资金2000余万元投入乡村振兴，成功申报创建郭镇“田园小镇”。“岳阳黄茶”申报为“湖南十大农业区域公用品牌”，百果园成功创建省四星级休闲农庄，指导“汪师傅”公司成功申报农业产业化省级龙头企业，新增农业产业化市级龙头企业4家；组织开展2018年全国黄茶斗茶大赛暨岳阳茶业博览会“楼区活动日”，推介岳阳楼区4家黄茶企业品牌，展会现场完成销售额和达成交易签约额累计近2000万元。大力发展休闲旅游，建设观光油菜基地3000亩，指导麻布村、磨刀村分别成功创建省级、市级“美丽乡村示范村”。认真推进“最多跑一次”改革，梳理优化行政权力清单552项、下沉到社区的公共服务事项4项，完成“互联网+政务服务”办事大厅建设，方便群众办事。获评全省动物产地检疫推进年活动工作突出单位、全市动物疫病防控工作先进单位、全市动物卫生监督执法规范年工作先进单位、全市病死畜禽无害化处理体系建设工作先进单位、全市生猪屠宰管理先进单位等荣誉称号；麻布山省级森林公园获评市年度森林防火优胜公园；农村安全饮水工作在全市县市区综合排名中为第一名，河长制工作在全市河长制工作考核县市区排名中为第二名，林地变更调查、农药经营许可证专项检查等工作受省、市通报表扬。在全区三级负责干部会议上，荣获2018年综合绩效考评先进单位、项目财源建设先进单位、安全生产优秀成员单位、计划生育综合治理优秀部门等荣誉。

农业

【基层农技推广】 开展送科技下乡活动，3月12日至14日在郭镇乡的建中村、磨刀村、麻布村连续3天开展了送农业科技、放心农资、农业法律“三下乡”活动。建立了一支18人的农业科技指导员队伍，确定了100户农业科技示范户。推广水稻品种Y两优9918、两优121。郭镇乡建中、磨刀两个村建设100亩集中连片的水稻新品种示范基地，磨刀种植大户章小保示范Y两优9918品种50亩，建中种植大户汪新洋示范两优121品种50亩。四是在郭镇乡麻布村、磨刀村、建中村的油菜基地举办了12期农民田间学校培训，培训内容为油菜菌核病的防治。五是完成生产经营型新型职业农民培育任务100人，楼区农广校，岳阳市卓为职业培训学校各承担50人的培训任务。

【农业面源污染防治】 抓好绿色防控工作，在郭镇、奇办、服务城陵矶新港区工作组开展安全用药技术培训3次，印发绿色植保技术宣传资料12000份，加强田间预测预报，构建病虫监测预警体系，全区推广绿色防控技术面积5000亩。在麻布、建中、磨刀村推广科学施肥0.5万亩，其中粮食作物0.2万亩、蔬菜0.3万亩，测土配方施肥技术覆盖率达到50%以上。做好农作物病虫害防治工作。印发《病虫情报》4期，7月21日至8月30日区农林水务局牵头组织专业机构岳阳市永乐农业发展有限公司对郭镇乡的麻布、建中、磨刀、枣树4个村的水稻开展专业化统防统治工作，共出动14架次无人飞机作业，统防统治面积2850亩。

【第二次全国农业污染源普查】 选聘污染源普查指导员5名，普查员21名，组织365人次的培训工作。根据实施方案从种植业源、畜禽养殖业源、水产养殖业源等普查内容开展工作，种植业完成了40个的典型地块的抽样调查任务，畜禽养殖业完成了27家规模养殖户的抽样调查任务。

【耕地土壤与农产品重金属污染加密调查】 根据《岳阳市耕地土壤与农产品重金属污染加密调查实施方案》的通知，全区主要任务是对设定的取样点位进行核查，11月底全部完成了140个点位的核查工作。

【专业蔬菜基地认定】 根据《湖南省城镇蔬菜基地管理条例》《岳阳市人民政府关于加强“菜篮子”工程建设确保市场供应的通知》（岳政发【2011】 14号）文件精神，组织各街道（乡）对专业蔬菜基地摸底申报，经区人民政府研究同意，对奇家岭街道办事处1289.4亩、服务城陵矶新港区工作组547亩、城陵矶办事处189.68亩、洛王街道办事处73亩，全区2099.08亩专业蔬菜基地予以重新认定。

【农机工作】 全面落实《全市农机安全生产检查整治工作实施方案》《2018年全区安全生产“打非治违”工作方案》等文件精神，开展2018年度拖拉机、联合收割机及其驾驶员年度检审工作，共检验拖拉机300余台，与600余名拖拉机驾驶员签订了农机安全生产责任状。积极探索和建立与公安交警联合执法的工作新机制，组织开展联合执法行动9次，查处无牌、无证、酒后驾驶、违法载人等违法行为共60余起，扣押农机车辆9台。严把拖拉机办理业务关口，办理新车上户32台，转籍、转入、过户车辆14台，期满换证27人，补正10人。组织4期农机驾驶员培训，考试培训合格驾驶员34人。开展对存量拖拉机报废、灭失、脱检等安全隐患排查，共清查隐患农机1300余台，依法公告，拟注销农机600余台。2018年以来，妥善处理农机事故3起，及时协调解决2起农机具因售后服务引起的投诉事件。

【农产品质量安全监管】 主要承担全区无公害蔬菜、水果、稻米种植基地的生产源头监测任务。定期对全区蔬菜生产基地和市场农产品进行例行抽样检测，全年共累计抽样1698个，抽样合格率达99.11%。

【农资市场净化】 全年出动执法人员163人次；检查城区乡镇农资经营单位50次；整顿农资市场35次；立案查处农资违法案件1起。

畜牧水产业

【概况】 全年共产地检疫生猪2.92万头、禽类0.42万羽；屠宰检疫生猪20.91万头、牛羊1.15万头，无害化处理畜禽0.019万头、动物产品4.24万千克。严格落实宰前检疫与"瘦肉精"监测同步实施制度，查处各类违法案件10余起。

【重大动物疫病防控】 8月3日，辽宁省发生了全国首例非洲猪瘟疫情，到2018年底全省发生7起非洲猪瘟疫情（全部解封），省重大动物疫病防控指挥部启动疫情1级应急响应。为切实做好全区非洲猪瘟防控工作，动物卫生监督所按照省、市、区非洲猪瘟防控系列会议精神和区重大动物疫病防治工作指挥部要求，与有防疫任务的街道（乡）签订了《岳阳楼区非洲猪瘟防控工作责任状》，下发《关于加强非洲猪瘟防控工作的紧急通知》，制定《岳阳楼区非洲猪瘟紧急排查工作方案》《非洲猪瘟可疑情况应急处置指南》。对辖区内生猪养殖场（户）、屠宰场、交易市场、无害化处理场等重点场所和高风险区调入的生猪开展全面排查。共排查生猪养殖场（户）、屠宰场、生猪交易（包括仔猪交易）1105次、生猪18.8万头，冷库经营场所346家次、冷库生猪产品1600余吨，送检猪产品样45批次，检测结果呈阴性。加强生猪移动监管力度。重点做好生猪运输车辆的查验备案，备案车辆3台。对养殖户发放禁止泔水饲喂生猪明白纸，并签订《禁止泔水饲喂生猪承诺书》。对非洲猪瘟防控工作进行全方位宣传，在显著位置张贴防控知识宣传挂图1000余份，发放非洲猪瘟防控明白纸3000余份、防控手册500余份，提高群众认识，避免造成社会恐慌。印发《致广大养殖户、生猪经纪人、生猪屠宰企业的一封信》，发放消毒药品2000余千克。对枫桥湖蛋禽批发市场开展H7N9、H5N6流感采样监测工作。共采集环境拭子70份、口腔拭子70份、泄殖腔拭子280份，并督促市场执行查证验物、清洗消毒等工作。所有拭子实验室检测均呈阴性。

【病死畜禽无害化收集贮存转运中心】 根据《岳阳楼区人民政府办公室关于做好岳阳楼区建立病死畜禽无害化收集贮存转运中心建设的通知》，为了加快病死畜禽无害化处理收集基础设施建设，通过项目建设招标，于2018年10月底，在海泰路建成了一个病死畜禽无害化收集贮存转运中心。11月30日通过市级专家组初审，并向省局申请验收。12月8日通过省局专家组验收合格，已经正式运行。

【私屠滥宰打击】 全年共出动日常稽查人员3180人次、专项稽查410人次、机动稽查340人次；办理屠宰行业违规案件145件、教育涉案人员151人次；取缔私屠滥宰窝点11个、没收违规屠宰工具5套；没收白板肉5840千克、违禁（病害）肉品60千克、违规跨区域倾销肉品1270千克；移送公安机关案件1起、行政强制留滞1人；错案率为零，未引发一起行政复议；涉企检查18次，提出改进意见和措施9条、下发整改通知3份。开展小型联合整治21次，大型联合整治4次，共出动整治人员875人次，车辆76台次，捣毁私宰窝点5个，销毁私宰工具3套，现场查缴私宰白板肉578千克。

【禁渔工作】 3月9日，召开了春季禁渔工作动员部署会，下发了《岳阳楼区禁渔工作实施方案》。禁渔期间，组织人员进社区入户，登上渔民船与渔民进行面对面的宣传，召开渔民代表座谈会2次，在渔业社区、港口、码头以及渔船上张贴禁渔标语20余条，悬挂横幅6条，发放禁渔告示800多份。

【渔业船舶年度检验】 岳阳楼区373户渔民在渔业船舶检验和渔业捕捞许可证做到档案管理到位，一渔民一档、一船一档，纸质档案和电子档案双存档，年审工作在全市率先完成。

【渔业资源增殖放流】 5月20日，岳阳楼区渔业资源增殖放流活动在渔都码头举行，投放经济鱼类春片700万尾，全部在10公分，价值达33万元。

【渔业生产发展生态健康养殖】 全区养殖水域总面积14200亩。湖泊3座，面积8760亩；水库7座（其中：小Ⅰ型水库1座、小Ⅱ型水库6座，面积920亩）；池塘面积4520亩；6月份由区政府发文颁布了《岳阳市岳阳楼区水域滩涂养殖规划（2018—2030年）》《岳阳楼区天然水域退出精养专项行动实施方案》并实施。完成东风湖、芭蕉湖、7座水库和19个池塘等水面退养工作；对标对表中央环保督察要求，拆除芭蕉湖、东风湖养殖网箱3万余平方米。

【生猪禁养】 区政府下发了《关于全区范围内禁止饲养生猪的通告》和《岳阳楼区2018年生猪禁养工作实施方案》，部署全面实施生猪禁养工作。区财政积极筹措生猪退养资金3500万元，退养养殖场（户）1090户（其中：芭蕉湖沿岸一公里范围内337户、奇家岭办事处422户、郭镇乡21户、洛王办事处10户、望岳路办事处30户、城陵矶办事处270户），清运生猪5.6万头，拆除功能性栏舍近16.8万平方米。

林业

【城乡绿化建设工作】 坚持“绿水青山就是金山银山”的绿色发展理念，高度重视增绿造林工作，积极推动绿色生态建设根据全市方案，结合工作实际制订了《岳阳楼区2018年度城乡绿化和乔木进城建设任务及责任分解》，明确各责任单位2018年工作目标任务和工作完成时间节点。3月13日，组织召开了全区城乡绿化三年行动工作部署会，全面动员部署城乡绿化工作。加快绿化进度。我区投入资金500万元，抢抓宜植季节，积极推动城乡绿化。上半年完成了麻布山上山游步道绿化和麻布山林荫大道绿化，共栽植樟树、红叶石楠等景观树木4000余株，种植绿化草皮12000多平方米。下半年完成了郭镇乡马安、枣树、建中3个村的沟、港、渠及休闲小广场绿化，栽植柳树、樱花、桂花等苗木2000余株。积极开展义务植树。3月11日，组织区领导和区直部门干部职工280余人在麻布山森林公园义务植树近1000株。2018年共组织全区机关、企事业单位、中小学师生和个人志愿者近20万人次通过多种形式开展义务植树活动，累计完成义务植树50万株。实施宜林地造林。根据市局下达的任务要求，积极落实宜地造林工作，全年完成造林700亩。

【森林生态效益补偿基金】 2018年，岳阳楼区省级森林生态公益林保护建设为1.2027万亩，省级财政森林生态效益补偿基金为20.15万元，补偿标准为16.75元/亩·年。岳阳楼区对生态公益林补偿基金实行专项管理，制定生态效益补偿基金到户花名册，区财政和林业部门在省财政厅下达补偿基金60个工作日内，将应发给公益林所有者或经营者的补偿基金通过财政“一卡通”存折发放到了林农，对其他单位的生态公益林补偿基金由财政部门直接拨付，确保财政补偿资金及时足额拨付，专款专用。

【野生动植物保护】 全年多次开展市场非法贩卖野生动物专项整治行动，重点针对五里牌、梅溪桥、南岳坡、兴盛、花板桥等农贸市场，共计查获没收乌梢蛇100余千克、青蛙150余千克，并将查扣的野生动物全部放生。

【林地林政管理】 2018年办理占用林地建设项目3宗，占用林地面积10.3738公顷，收缴森林植被恢复费278.718万元。岳阳市交建投的赶山东路弃土场项目临时占用林地使用完毕，已完成了弃土场的复绿工作。查处破坏林地案件14起，破坏林地面积10936平方米，共计罚款10.33万元，合格率100%。

【国家森林督查】 6月上旬，根据省厅《湖南省森林督查实施方案的通知》文件要求以及国家林业和草原局下发的114个遥感判读图斑，开展2018年度岳阳楼区森林督查工作，对违法占用图斑的违法行为已立案调查10起，其中4起达到刑事立案标准，移送森林公安2起。

【麻布山省级森林公园】 修订《麻布山省级森林公园总体规划》，编制《麻布山景区水系规划》，实施麻布山提水工程建设，不断完善景区基础建设，提升景区吸引力，2018年累计接待游客10万余人次。

【森林防火】 落实“五包”责任制，与农户签订森林防火承诺书12000余份；全方位开展防火宣传，进行宣传车机动宣传20余台次，发放宣传资料15000余份，张贴标语、“禁火通告”1500余块；加强应急能力建设，制订森林防火应急预案，聘用专职护林员10人，组建扑火应急队伍13支260人；防火重点期实行领导带班值班和24小时值班制度，严格管理野外用火，实现“零火灾、零伤亡”目标。

水务工作

【水利建设】 完成莲花塘电排站更新改造项目、柘林水库除险加固项目、麻布山水系规划项目、小型农田水利建设项目（郭镇乡磨刀村芭蕉支渠、服务临港新港区工作组延寿寺村三组沟渠清淤）等水利建设项目。完成麻布、磨刀、建中、枣树4个村的集中供水提质改造，惠及农村居民6700余人。实施洞庭湖重点部位排涝能力建设，疏浚沟渠9条35千米，清淤塘坝37口。

【防汛抗旱】 中心城区先后遭受5次较强降雨天气过程，面上平均降雨633毫米，较多年平均降雨631毫米偏多0.36%。其中入汛以来面上平均降雨399毫米，较多年平均降雨371毫米偏多7.74%，河湖水势总体平稳。4月22日、4月30日、5月26日三次强降雨导致五里牌街道下王组、三眼桥街道淌丘湾、枫桥湖街道枫桥湖社区、金鹗山街道湘都港、吕仙亭街道大鄢家冲等地不同程度受渍。3月中旬，联合岳阳楼街道对南岳坡旅游码头2处娱乐场所阻洪设施进行强制拆除。新建柘林水库遥测站点，安装遥测设施。全区现有防汛会商系统1套，预警平台1个，气象、水位、雨量遥测站点共计23处，系统平台及雨水情遥测站点已委托湖南中水、福建四创、岳阳水文等专业单位进行日常维护，确保监测系统正常运转。5月中下旬区人武部组织区民兵应急连100余名民兵在南湖水域，开展了水上操舟、水上抢险救生、紧急医疗救护等应急救援培训。根据省、市防指要求，区防汛办严格落实防汛物资储备工作，其中在城陵矶莲花塘电排站砂石场代储砂卵石2500立方米，在东风湖电排站储备12方钢筋笼2个，6方钢筋笼2个，桩木50立方米，防汛物资仓库储备移动式排污泵3台64千瓦，水带800米，电缆60米，编织袋11000条，彩条布600平方米，雨具200套，救生衣50件等，并在黄洋水库储备砂卵石50方，编织袋9000条，彩条布300平方米，抢险工具100套，建中及其他5座水库卵石100立方米、编织袋2000只。

【水资源保护】 加大水法律法规宣传力度，落实最严格的水资源管理制度，开展38个入江入湖排污口核查和长江干流岸线保护利用专项检查，完成4个排污口整改销号和长江经济带固体废物点位复核销号，加强东风湖等水域蓝藻和劣Ⅴ类水治理，积极推进“清四乱”专项整治，严厉打击芭蕉湖天鹅岛侵占水域等违法行为7起。

【河长制】 区、街道（乡）、社区（村）三级65名河长累计巡河巡湖2000余次。印发《岳阳楼区实施湖长制工作方案》（岳楼办发〔2018〕15号），明确了岳阳楼区三级湖长名单，修订完善了岳阳楼区河长制湖长制六项基本制度。编制完成了区管河流黄梅港、磨刀港、羊角山河、胥家桥—石板堰—滨湖港四条河港“一河一策”方案。印发《关于创建我区河长制湖长制“示范区”“样板河”活动的通知》《岳阳楼区创建磨刀港“样板河”实施方案》。在20余所中小学开展了《岳阳市岳阳楼区中小学生“小手牵大手，共建美好家园”暨河（湖）长制宣传活动》、在花板桥小学和8个街道（乡）开展了《岳阳楼区河长制专题宣传活动之“世界水日”“中国水周”暨全面推行“河长制”》、在12个街道（乡）多次开展了《岳阳楼区河湖长制“六进”宣传》，发放宣传资料3万2千余份，张贴标语、横幅1050条，在王家河岸线沿路制作了19块生态环保宣传牌。

农村经营管理

【概况】 2018年，区经营管理局紧紧围绕全区工作大局，认真履行岗位职责，在工作中踏实干事、力求作为，土地确权、集体产权制度改革、惠农减负、财务检查、合作社建设等各项工作稳步推进。2018年，获授予岳阳市农村经营管理工作先进单位、岳阳市农村集体产权制度改革工作先进单位、岳阳市农民权益维护和农民负担监督管理工作先进单位、岳阳市农民专业合作组织建设工作先进单位、岳阳市村级集体经济发展工作先进单位、岳阳市农村集体“三资”管理工作先进单位、全区大宣传工作先进单位、综治（平安建设）工作考核区级先进单位、2018年度资产处置和资金回笼工作先进单位等多项荣誉。

【产权改革】 2018年8月，以区委、区政府名义成立农村集体产权制度改革工作领导小组，办公室设在区经营管理局，出台了《岳阳楼区农村集体产权制度改革工作实施方案》。10月，召开了岳阳楼区农村集体产权制度改革动员大会及培训会。12月，全区有改革任务的12个社区（村）、157个组全面完成了清产核资任务。各社区（村）完成账面资产清查总额33892万元，核实资产总额33076万元，清查集体土地总面积3.14万亩。

【“三资”管理】 3月，区经营管理局制定了《2018年岳阳楼区社区（村）及财务监督管理工作实施方案》，对全区社区（村）财务审计工作方式进行调整和优化，改变过去一年一普查为每年抽查30%的社区（村）。规范审计流程，审计完成后在2个工作日内出具审计报告并及时通报，对查出的问题、整改不力的单位及时移交区纪委监委处理。12月底，区经营管理局已完成了对8个乡街30个社区（村）的财务审计工作，发现各类问题共计150余条并提出相应整改意见。实行数据监督，对全区16个街道（乡）107个社区（村）2017年度财务账套进行了年度结转，及时督促各单位将2017年1月份之后的财务数据上传至“互联网+监督”管理平台，推进数据共享，扩大公众参与。

【土地管理】 截至2018年12月底，全区涉及农村土地确权登记颁证的3个街道（乡）的13个社区（村）共完成承包耕地确权面积（实测面积）9394.76亩，占应确权面积的100%，全区耕地承包农户5241户全部完成土地承包合同签订，所有确权数据已汇总通过检测并上报农业部。

【惠农减负】 2018年年初，以区政府名义调整了区农民权益维护和农民负担监督管理领导小组成员，由区委副书记、区政府区长任组长，分管副区长任副组长，各相关部门主要负责人为成员。领导小组办公室设在区经营管理局。4月，召开了区惠农减负政策落实推进会，下发了《岳阳楼区2018年农民权益维护和农民负担监督管理工作要点》《岳阳楼区农民权益维护和农民负担监督管理相关单位职责》《岳阳楼区2018年度惠农减负工作专项检查实施方案》。9月，区经营管理局将楼区1万份《农民负担与补贴监督卡》全部发放到农户手中，入户率达到100%。截至12月，全区通过“一卡通”由财政、农林等部门发放的强农惠农补贴项目达15项，共发放38323人次，打卡资金合计1247.6万余元。2018年，全区完成“一事一议”建设项目10个，收到一事一议及美丽乡村建设财政奖补资金455万元。

【合作社帮扶】 2018年，区经营管理局对全区的重点合作社进行调研和指导，12月，推荐的蔬香乐园农作物种植专业合作社、凤凰山生态农业专业合作社两家合作社荣获2018年岳阳市市级示范合作社；推荐的岳阳楼区环湖捕捞渔业专业合作社荣获2018年湖南省省级示范合作社。

【资产处置】 2018年3月，区政府成立岳阳楼区胥家桥安置房资产处置工作领导小组，办公室设在区经营管理局。区经营管理局与全区各拆迁项目部对接，开展促销活动，发放宣传册20000份，针对区内拆迁户发送短信15000条，通过微信、58同城、向全区干部职工发放购房意向表进行了多种形式的宣传。全年，整个项目完成销售高层安置房383套，一户一基10套，回笼资金16117万元。

城区建设与管理

综述

【概况】 2018年，区交通建设局坚持以习近平新时代中国特色社会主义思想为指导，以贯彻落实党的十九大精神和市委“一三五”发展思路及区委“五个转换”为主线，坚持“一线工作法”，围绕中心，服务大局，稳步推进各项工作。先后获得区综合绩效考评先进单位二等奖、争资争项工作先进单位、安全生产优秀成员单位、生态环境保护工作先进单位、五个“一公里公共服务圈”先进单位、信访工作优胜单位、提案承办先进单位、计划生育优秀综治部门等荣誉，共有17人次获得区级表彰奖励。

【重大项目】 棚改工作：区交通建设局调派精干力量积极服务全区棚改项目，依法依规快速推动棚改工作。2016年九大片区棚改项目全部清零腾地；2017年棚改项目完成签约12127户；2018年棚改项目完成签约3029户。交通建设大会战：湖东路、S211岳兴公路至枣树段建成通车；奇康路、汴河园路、北港北路、求索西路巡伸段、学院路(湘北大道)、金凤桥北路、G353洞庭湖大桥—岳阳东站（北环线）完成征拆任务，正在逐步逐条建设，望岳路延伸段市城投集团正在办理前期手续；2018年交通综合整治项目炮台山路（东段）、枫树坡路、新胜巷、富民街、鲤鱼嘴路全部竣工通车。城建项目建设：2018年市城建项目德胜北路延伸段、马壕东路、易家路完成全部征拆任务，花果畈西路及城北路市城投集团正在办理前期手续。低洼渍水房屋整治：佘家垅、金东门地段完成签约清零；下王巷地段完成签约260户；龙腾华府周边所有住户与办事处签订了承诺书，一致同意按照制定的方案实施；老陇坡异地联建房屋完成装修，正在进行分房。

【环境整治】 黑臭水体整治：完成了望岳水库（潘家鱼塘）、大桥水塘黑臭水体整治，并通过了中央环保督查验收；按照中央环保督查要求高家组排水明沟安装了一台10000吨/日移动式污水处理设备；按照生态环境部办公厅要求，冷水铺村鱼塘完成了截污管网铺设，安装了1000吨/日移动式污水处理设备。两台设备均正式运行，黑臭水体整治任务全部完成，共投入资金3348万元。污水管网整治：完成新胜巷、富民街、炮台山路、枫树坡路、环宇路等五条道路的污水支管网提质改造，新建污水支管网1813米；完成港口社区海关路华容超市、高山坡社区五星小区、雷锋山社区新村组等老旧污水管网整治项目15个，疏通、扩容管网4486米，共投入资金约3786万元。污水直排口整治：对涉南湖流域的奇家办事处奇西片区和涉芭蕉湖的胥家桥片区，区交通建设局因地制宜的采取分散式四格式化粪池和集中式小型污水处理设备两种方式对居民生活污水进行净化处理，奇西片区安装四格式化粪池455座、安装20吨/日小型污水处理设备一台；胥家桥片区安装四格式化粪池180座、安装40吨/日小型污水处理设备和45吨/日小型污水处理设备各一台，共投入资金603万元。王家河面源污染整治：对涉王家河、南湖流域范围内的无物业、无单位管理小区化粪池和市政雨污支管网进行了两次集中清理整治，共计清理化粪池3015个，吸粪655车3275吨，清理排污支管8977米；完成了王家河沿线鲁家坡木桥、洛王社区潘家组、尚书桃花源、梅溪乡王家河段4处排污口截污网安装及郭镇黄梅港清淤工作，共投入资金180余万元。建筑工地扬尘治理：全区所有棚改项目涉及建筑物或构筑物拆除，均采取分段作业、择时施工、隔离、洒水抑尘、冲洗等有效措施降噪降尘。烧结砖（瓦）厂整治：完成岳龙页岩砖厂、仁惠页岩环保砖厂、泰安页岩空心砖厂、双峰页岩砖厂4家企业的摸底调查和约谈，将按照上级相关部门规定和要求完成整改。

城区规划

【概况】 岳阳市规划局岳阳楼区分局在区委、区政府和市规划局的坚强领导下，深入贯彻党的十九大会议精神，全力服务楼区重点工程建设，重点抓好规范权力运行，紧紧围绕楼区全面建成转型发展、创新创业的核心引领区的奋斗目标，精心谋划，周密部署，攻坚克难，着力完善规划体系，提升城市品位，推进项目建设，让城乡面貌焕然一新。

【规划编制】 2018年—2019年拟完成奇西、奇家、马鞍、枣树、胥家桥、滨湖六个乡村规划编制。6月中旬完成了郭镇乡约5.33平方千米、梅溪乡约11平方千米、奇家岭办事处3.2平方千米，合计19.53平方千米1∶1000地形图测绘。规划设计单位已经做好乡村规划编制的前期调研工作，准备启动方案编制。

【服务楼区棚改工作】 为配合楼区政府尽快启动东风湖新区棚户改造，加班加点完成了洞庭湖大桥东引北侧、枫桥湖周边、七里山周边A地块、七里山周边B地块、栖凤亭、青龙嘴6个地块征拆红线图。分局工作人员下派棚改项目部，积极和项目部联系，入户摸底，查阅资料，2018年共完成4722户拆迁房屋的性质认定，为棚改工作顺利推进提供了有力的依据。11月14日湖南日报以《喜看巴陵今胜昔》为题报道了区规划分局服务楼区经济社会发展的工作实绩。

【规划审批】 完成了“洛王街道便民服务中心”用地性质及相关控规指标调整论证报告、兴润液化气站、电信局冷水铺支局机房方案等评审；完成了“岳阳福寿木业”、开明微波能项目总平面图审批及乡村建设规划许可证发放；完成了岳阳市2018年第八批次建设项目1~13号地块报批红线图及建设用地规划许可证；完成了岳阳市2018年第十四批次建设项目（1~7号地块）用地报批红线及用地规划许可证；完成了金电花园、南湖·领御、金隧花园等项目规划许可。

【民生建房】 全面保障民生实事，始终牢记全心全意为人民服务的宗旨，关注民生实事，规范村（居）民建房，中心城区坚决实行拆旧建新，严控零散建房，杜绝占用基本农田建房。对2017年报批的民生建房户进行现场放线83户；对已建成房屋进行了验收；对洛王、王家河、奇家岭、金鹗山共40户遗留问题进行了现场踏勘；对2018年申报的民生建房现场放线27户。

【规划执法】 全年共接待群众来访和“12345”、市长信箱信访督办单25起，做到了件件有回音、事事都落实。立案调查行政处罚案件5起，结案4起。下达责令停止违法建设通知书398份；组织和参与大型拆违行动4次；对已经审批的民生建房，进行跟踪监管，发现问题及时督促整改，确保民生建房按标准竣工验收。对金遂花园、湘北市场等项目的违法行为进行了控制和处理；配合楼区纪委调查处理奇家社区违法建房事件；对枫桥湖办事处违法建设的认定；对周群、何青良项目的违法行为进行了控制和处理；对东腾花园、向阳水岸、邹源综合楼、新柴巷小区居民、东湖名门上访事件深入一线巡查和接访处访，多次召开协调会，及时进行书面告知，积极化解矛盾，维护社会稳定。

城区管理

【概况】 2018年，区城市管理和综合执法局紧紧围绕年初制定的目标任务，抓改革、强管理、促发展、树形象，城市管理水平实现全新飞跃。

【常态管理长抓不懈】 区城管局通过错时管理、延时管理等多种形式，探索建立科学有效的常态管理机制。严控出店占道经营。按照主干道严禁、次干道严控、背街小巷规范的要求，把沿街门面的出店占道经营行为作为日常执法工作重点，摩托车、电瓶车等执勤车辆采用机动巡查的方式分路段不间断进行巡逻，全面加强对城市公共区域的巡查和管控力度；同时，采取错时制管理办法，在城区相对繁华、复杂的地方设置22处执法岗亭，实行无休日上班执勤，保持管理时间的连续性，防止出现管理“真空”。2018年共规范出店经营行为5300余起，处置无照流动经营行为2960余起，制止和劝导各类违章行为7400余起，让城市管理始终处于严格监控之下。抓好夜市油烟治理。转变以往夜市管理经验，既严管出店占道经营，又向露天烧烤和油烟扰民开刀。“世界杯”球赛期间，组织历年来力度最大的夜市整治，要求餐饮店必须安装并使用油烟净化器；所有夜市烧烤必须采用环保净化烧烤炉具，操作台一律进店操作。对不符合要求的，一律停业整改，验收合格后才能申请重新营业。共计发放整改通知8000余份，取缔无证占道、油烟扰民夜宵摊点2795处，规范占道经营夜市门4928处，收缴夜市占道灯箱563个。禁炮工作常态推进。坚持日巡查、周清缴、月行动的炮源清缴常态工作模式，每日对严管路段沿线的门店进行巡查；每周联合安监等部门对辖区内进行炮源清缴；每月主动对接各街道（乡）开展炮源清缴行动。2018年共出动宣传车50台/天、配合开展“打非治违”宣传行动3次，组织清缴行动200余次，清缴雷鸣炮10000余个，鞭炮30000余挂，查找违规门店5128家，取缔存炮仓库46个。基本实现全区零炮情的目标。户外广告全面加强。进一步严格破占道、户外广告审批制度，执法人员主动上路，关口前移，及早发现问题、处理问题。共对站前路、白杨坡北路、花板湖路、李家冲路、连云街等25条街巷的户外广告牌进行了586次巡查整治，共拆除违规破损户外广告牌386块。同时，将全局4项（户外广告、破道、占道、燃气）审批权限全部集中至行政审批窗口，推行一窗式受理，一清单公开，全面落实“最多跑一次”改革工作。

【综合执法持续出击】 区城市管理和综合执法局在各乡街和各部门支持下，横向加大对接联系，纵向借力“大城管”，对重难点问题实施综合执法整治，以持续不断的强制执法，保障常态管理成果和成效。多措并举整治马路市场。主动对接街道（乡）成立5个便民疏导区，进一步加强对马路市场的管控力度；同时，对纺城东路、藕塘坡等有市场拒不入内经营的马路市场，制定《岳阳楼区马路市场整治方案》，坚决予以取缔；此外，对整治已取成效的马路市场，加大针对性考评督查力度，发现问题立即联系属地中队进行整治，坚决防止出现反弹。全年共开展马路市场联合执法行动155次，整治出店经营门店1750余家，暂扣机动三轮车185辆，手推车215辆，水果1300余千克，取缔流动摊点、占道经营行为2830余处，引导3695处摊点入市经营。全面整治重点难点路段。年终岁末，对全区48条重点、难点路段临街门店出店乱摆设、占道摆摊乱叫卖、乱挂晒乱堆物、广告招牌乱设置、乱搭乱建乱粘贴等行为进行攻坚式整治，由乡（街道、工作组）牵头，工商、公安、禁违、环卫等部门配合参与的大兵团作战模式，联合出动执法力量1160余人次，拆除违规棚亭44个，处罚违规占道经营业主15人，暂扣物品35车，拆除面积1120余平方米，规范出店经营门面1356家，制止和劝导各类违章行为3312起。积极配合各项综合执法整治。积极配合乡、街和部门进行综合治理。针对107国道两侧、花果畈竹木市场、湘北大道、南岳坡鱼巷子、捕捞社区的违规游船等交办任务，出动人员570人次共拆除道路两旁的户外广告招牌84块，垃圾屋4座，建筑垃圾28处，板房4个，棚亭54个，清理临时摊位70个，处理占道等门店85家，暂扣机动三轮车16辆次。

【重点服务中心工作】 下半年，区城市管理和综合执法局以文明指数测评为工作重点，借中央环保督查平台，为市容常态化管理奠定扎实基础。全力以赴，为文明城市复检保驾护航。分层面先后4次召开班子、中队长、队员的动员、再动员、部署和推进会议，多措并举，抓好落实；同时，对照去年深化文明城市建设测评体系标准，提前安排部署，组织开展了秋季市容秩序集中整治行动，对照问题采取挂号销号制的方式对市容秩序问题进行集中整改；此外，迎检期间发动全系统所有力量全员上路，严防死守，在出店、占道、破损门头等常规性市容秩序问题已达标的前提下，对接市停车管理办，以拖车和派人在重点地段盯守的方法，全面遏制车辆占压盲道行为。全面履职，确保完成中央环保督查工作。高度重视中央环保督查工作，多次专题召开中央环保督查工作推进会，研究制定实施方案，建立24小时值班制度，在接到中央环保督查派单后，第一时间赶赴现场进行处理并回复处理情况，确定迅速反应，稳妥处置。共出动执法力量2000余人次参与环保督查工作，拆除洞庭湖沿岸大型违规棚亭18处，清理乱堆物废弃物3000余平方米，僵尸车辆3台、废弃舢板船3艘；处理油烟污染问题32件，下发限期改正（停止）违法行为通知书50余份，整治门店50余家；清理菜地35余亩、养鸡棚10余处、地棚30余处、圈地护栏40余处，清理废弃物80余车。全力配合，做好中心工作服务保障。在抓好执法工作的同时，区城市管理和综合执法局始终心怀大局，精心组织，全力支持，配合参加司法强拆、控违、大型安保等各类活动40余次，出动执法力量2300余人次，配合各类活动时，执法人员能够令行禁止，加班加点毫无怨言，得到各级领导一致好评，中心工作保障高效有力。

环境卫生

【概况】 2018年，在区委区政府的正确领导和高度关怀下，全局干部职工履职尽责，不断创新环卫工作管理，楼区环境卫生质量是在逐年逐月稳步提升，在2018年岳阳市五区考评中，楼区环卫单项获得全年11个月排名第一和1个第二，为全国文明城市创建、全国卫生城市复审、中央环保督察、河湖环境整治、拆迁降尘、城区人居环境整治等工作方面做出了贡献，单位荣获“市级文明单位”“综合绩效先进单位”等光荣称号。

【日常作业】 2018年，区环卫局狠抓楼区环境卫生质量，环卫工人做到早上四点半到岗，七点半前完成普扫，在完成每天两次普扫后，环卫工人不间断在路上巡回保洁，所有垃圾落地停留时间不超过15分钟。坚持每日早、中、晚、上、下午五督查，每周一通报、每旬一评比、每月一讲评。重点对环卫工人的早班普扫、晚班及交接班情况进行重点考评，确保普扫效果和无空档现象。坚持每周四晚上夜巡制度，发现问题及时整改，确保城区无卫生死角。班子成员及所有股室人员不定时、不定点地全员参与考评，确保考评的公正性与严肃性，提高整体工作效率及环境卫生质量。

【设施管理】 2018年，区环卫局对现有环卫设施设备实行“四及时”管理，即及时配、及时洗、及时修、及时换。2018年以来共安装垃圾屋门314扇，新建、重建垃圾屋75座，维修果皮桶1240个，新装果皮箱185个、垃圾桶1253个，并对作业所停车坪进行硬化加改造。安排专人和专业车辆对辖区所有环卫设施进行清洗，确保环卫设施干净美观。

【机械作业】 2018年，区环卫局加大机械化作业力度，合理摆放移动式垃圾箱，每天安排机械车辆进行清运，确保垃圾即产即清，杜绝满溢现象。在郭镇乡开展农村垃圾分类工作，在每户门口摆放分类垃圾桶，共发放垃圾桶1800套（3600个），将垃圾分类投放，再安排专业机械作业车辆，定时上门收集垃圾，并运送到垃圾中转站，初步实现分类投放、上门收集、清扫清运分离。2018年全区共清运处置各类垃圾69000余立方米、破旧家具2164车次。不断摸索机械清洗作业模式，不断调整作业时间与车辆，白天安排1台大型水车、4台小型水车及夜间4台大型水车不间断的进行轮回清洗，确保10条样板路见本色。

【队伍建设】 2018年，坚持把党的政治建设摆在首位，扎实开展“不忘初心、牢记使命”主题教育，持续推进“两学一做”学习教育常态化、制度化。认真履行党风廉政建设主体责任，把严规矩、守纪律放到重要位置来抓，认真贯彻落实《岳阳楼区进一步严格党员管理的暂行办法》，坚决履行“一岗双责”职能，明确责任分工，用人所长，全局干部队伍能力得到逐步提升。楼区环卫工人聘用全面施行劳务派遣制度，对新聘环卫工人实行上岗前培训制度，对作业安全、交通安全做到勤讲、勤查，全面清退高龄、高危环卫工人，2018年没有发生一起重大伤亡事故。

【为民服务】 2018年，区环卫局深入学习贯彻党的十九大精神，践行全心全意为人民服务的根本宗旨，积极为符合条件的环卫工人申请办理社会养老保险手续，开展慰问环卫工人活动12次，并动员社会团体组织与爱心企业关爱环卫工人。严寒酷暑提前为环卫工人配齐各种防寒降暑物资，认真落实上级关于扶贫开发工作的指示要求，安排一名副科级干部驻城陵矶村帮扶，有计划、有步骤推进扶贫开发工作，确保脱贫成效得到巩固提升。对辖区内的水域、盲区、学校周边、市场周边、车站周围、破产改制企业、无物业管理小区、城中村以及房前屋后开展集中整治行动332次，为居民营造干净整洁的人居环境。

环境保护

【概况】 岳阳市环境保护局岳阳楼区分局（以下简称岳阳楼区分局），现有在编干部职工31人，本科以上学历12人，办公大院座落在岳阳市岳阳大道金鹗东路33号。岳阳楼区分局为正科级行政支持类事业单位，隶属市环境保护局。分局下设机构为办公室、水污染防治股、大气污染防治股、土壤污染防治股、法制宣教股、环境监察大队。2018年，先后获得区委区政府综合绩效考评先进单位、信访工作考评优胜单位、生态环境保护工作考评先进单位、项目财源建设工作考评突出贡献单位等荣誉。

【环境整治】 中央环保督察反馈问题整改工作有序推进。全力以赴迎接中央环保督察“回头看”，制定《岳阳楼区配合中央环境保护督察“回头看”总体工作方案》，加强部门联动协作，积极办理督察组交办信访件，在进驻期间，岳阳楼区共受理中央生态环境保护督察组交办信访件22.65件。确保整改成效，严防污染反弹，对2017年中央环保督察组交办的38.4个信访件和12个反馈问题整改工作开展回头看，针对污染反弹情况，采取强力措施，依法关停废塑加工、涂料加工、豆腐加工等“小、散、乱、污”企业9家，严厉查处群众反映强烈的岳泰饲料废气扰民、月山号餐饮船污染问题。开展工业企业大排查、大整治专项行动，对辖区内32家工业企业的规划环评、环保设施运行及管理情况等进行全面排查，不留死角，强力整治。多措并举推进反馈问题整改，督促相关单位完成高家组排水明沟、冷水铺村水塘黑臭水体污水处理设施的安装、调试，监督设施运行情况，定期采样检测，确保设施出水水质稳定达标。开展内湖水环境治理，督促属地街道及时清理沿湖垃圾，打捞水面漂浮物等。加强企业监管，定期开展双随机监督检查，抓好企业污染整治。强化督查督办，形成强力有效的定期督查机制，在迎接省级环保督察及中央环保督察“回头看”期间，区环委会办公室督查突出环境问题整改工作近50次，对属地乡街及相关部门下达督办函28份，有效地促进了各项突出问题整改工作的推进。污染防治攻坚成效明显。全力抓好水环境治理，有序推进洞庭湖生态环境专项整治行动和污染防治攻坚战，对南湖黄梅港上游岳阳楼区范围内的岳阳康利农生物科技有限公司等5家生产企业开展了现场突击检查和采样监测，并下达了整治文书，督促企业整改。王家河面源污染有序推进，完成沿河岸线62家大型餐饮门店及3家加油站摸底调查和整改工作。排污口摸底调查工作全面完成，核实岳阳楼区范围内排污口41个。突出抓好大气污染防治，严格控制工业企业项目环保审批，对城陵矶监测站点周边企业进行全面摸底调查，将重点污染企业纳入重点监控企业名单，印发《2018年度岳阳楼区大气污染防治特护期实施方案》《2018年度岳阳市大气污染防治实施方案》，明确了工作重点及各职能部门的工作任务。完成益海嘉里（岳阳）粮油工业有限公司VOCs气体治理。完成云梦、岳阳大酒店等20多家餐饮油烟整治，下达《餐饮行业油烟整治通知》50多份，并与区城管局对接，将楼区辖区范围小街小巷餐饮油烟整治工作移交城管部门负责。切实抓好土壤污染防治，对辖区内涉及重金属的4家重点企业进行了全口径清查和资料填报。组织第三方公司对辖区内的39个重点行业企业地块进行了筛选，最终确定疑似污染地块26个。督促岳阳万力机械制造有限责任公司完成污染因子土壤环境重点监管企业自行监测。积极抓好辐射安全监管，对辖区内24家企业辐射安全和防护公众进行了现场检查，下达现场监督检查表，并将检查情况上传至国家核技术利用辐射安全监管系统。大力抓好危废管理，制定了《岳阳楼区2018年危险废物规范化管理专项整改工作方案》，对全区64家危废产生单位进行了全面排查，签订危险废物规范化管理承诺书。并组织危废产生单位进行培训，完成网上申报。监察执法有力，信访办理及时。大力强化监察执法，采取"双随机"的方式对65家企业的污染防治、环保法律法规落实等方面进行全面检查。2018年，岳阳楼区分局共执法检查企业200多家次，立案22起，下达行政处罚决定书21件，其中限制生产3起、停产整治2起、查封扣押3起，移送公安机关行政拘留和刑事拘留各1起。及时办理信访投诉，积极调处因环境问题产生的矛盾纠纷，及时处理群众信访件,2018年，岳阳楼区分局共处理群众信访件793件，其中12345投诉件666件，市长信箱27件，网上投诉53件，来访来电47件，所有信访件均已办结，做到了件件有着落，事事有回音。

【污染源普查】 加强组织领导，成立了岳阳楼区第二次污染源普查工作领导小组，印发了《岳阳楼区第二次全国污染源普查实施方案》（岳楼政办发〔2018〕2号），严格选聘普查人员87人，并组织参加普查技术培训和考试。广泛宣传发动，召开动员大会，在辖区企事业单位、街道办事处、社区等地悬挂宣传标语40余条，累计向市民发放《致全体污染源普查对象的一封公开信》及宣传手册万余份。扎实推进普查工作，认真对照《岳阳楼区污染源普查名录库》，清查工业企业3852家，其中纳入普查对象的104家企业已全部完成入户调查表填报工作，40个农业源已全部完成调查任务。

【节能减排】 减排任务全面完成，完成上级下达年度目标管理任务，二氧化硫消减1100吨、氮氧化物消减740吨、化学需氧量消减2573吨、氨氮消减254吨。地表水、空气质量明显改善，2018年度地表水水质达到III类或优于III类的达标率达97%，优良以上空气质量达标率73.7%。

房地产业

【概况】 岳阳市房地产管理局岳阳楼区分局成立于1998年10月，系岳阳市房地产管理局下属正科级事业单位。主要负责保障房管理相关工作；负责宣传贯彻房地产管理政策法规；负责本区住宅建设发展规划及产业政策实施计划的拟订和实施；指导物业管理。2017年9月，全市机构改革试点，将市房地产管理承担的职责整体划入市住房和城乡建设局，不再保留市房地产管理局。将市房地产管理局岳阳楼区分局等7个单位整合，组建副处级公益一类财政全额拨款事业单位，单位全称是岳阳市保障性住房服务中心，楼区分局机构名称正式变更为岳阳市保障性住房服务中心岳阳楼区分中心。

【党建工作】 分中心党支部依据市局党委的统一部署，将基层党建工作作为分中心的头等大事来抓，通过党建聚人心、稳军心，提信心。首先，确立了党建工作的重要地位。在改革人事未定，人心不稳的情况下如何保证分中心一如既往，按照市局党委的要求继续扎实做好本职工作，全力完成考核目标任务这一课题摆在了分中心党支部班子和每名工作人员面前。其次，依据“五化”要求，加强了制度建设。根据工作制度化的要求，2018年分中心在党支部委员会制度、请示报告制度、“三会一课”制度、党员公开承诺等制度上进行了进一步的细化延伸。最后，利用活动牵引，分中心采取了活动组织为主，理论灌输学习为辅的工作思路，通过开展参观见学感知变化、精准扶贫主动作为、业务工作深入一线、红色基地内心洗礼等一系列配套党建活动，使分中心党建工作在完成日常工作中得以浸化，在主题党日中得到升华。

【本职服务】 2018年省定棚改计划任务涉及岳阳楼区项目16个，需动迁居民5479户、房屋建筑总面积843135平方米，总投资623430万元，争取中央城市棚改专项资金14245.4万元，目前专项资金已拨付到位12893万元，为快速推进棚改进度起到了积极作用。截至12月，16个项目共计完成签约4981户、708742平方米，完成进度91%。其中，九华山片区二期、德胜北路延伸线两侧、知青场路周边、汴河园路两侧、枫桥湖道路两侧、易家路周边、王家河流域综合治理周边、北港北路延伸线两侧、佘家垅低洼渍水地段、临港滨湖村10个棚改项目已完成清零；临港海关路与城陵矶路交汇处东南角棚改项目基本清零；余下甘塘坡周边、原经编厂周边、建设北路中段、工人文化宫周边、白水及磨子山片区二期5个棚改项目正在全力推进。

【保障民生】 2018年，楼区分中心不断创新工作模式，积极践行“一线工作法”，分中心分管副局长组织住房保障股相关人员深入一线，调查走访低保户和乡街办事处对以往工作情况群众满意度反馈，为满足群众需求，经分中心协调楼区财政局积极筹措资金和各乡街办事处研究论证可行性后，分中心改变了以往公租房租赁补贴一年审核发放一次的工作模式，结合工作实际改为一年分上下半年度各组织分开发放两次的工作方式，虽然增加了自身及相关部门的业务工作量，但却收获了群众的认同感和满意度。2018年分中心共争取中央财政租赁补贴专项资金500万元，上半年共审核合格公租住房租赁补贴低保对象2962户，已发放补贴资金2775960元；下半年共审核合格公租住房租赁补贴对象2724户，发放补贴资金2551680元，临时救助对象43户，发放补贴资金45720元，全年共计发放5373360元。经济适用房补贴情况：2018年度经济适用住房购房货币补贴工作于3月5日开始实施，至4月30日结束，前后历时两个月，共审批发放申请表1000余份，接待来访群众1600余人次，收到有效申报表522份，经分中心工作人员上门调查、信息核实比对，初审合格补贴对象140户，按照要求将初审合格人员基本情况经政府信息网面向全社会进行了公示，接受了社会各界的监督，确保了权力在阳光下运行，后经市房改办最终审核合格116户，共计发放补贴资金

696万元。同时，为高效便民，服务前置和延伸，2018年楼区分中心还积极协调区公网中心，积极探索将经济适用房货币补贴申报和廉租住房租赁补贴申报工作初审登记下沉至社区和办事处，尽最大努力减少群众来回奔波的时间，让群众实现在家门口就可完成申报工作的愿望，助力楼区“五个一公里”工程早日实现。房屋租赁登记备案：为认真贯彻落实市委市政府《服务企业优化环境的九条措施》和“一线工作法”，分中心在办理商品房屋租赁登记备案过程中努力推行“最多跑一次”和“一次性告知”服务，深得办事群众一致好评。截止11月份分中心共办理房屋租赁登记备案7宗，为规范楼区房屋出租市场管理，促进楼区经济发展做出了积极贡献。小区物业管理：为切实将问题矛盾发现在一线、解决在一线，分中心物业办建立了定期巡视检查小区制度，结合平安创建督导相关人员每周固定两天下到物业小区了解实情及时解决和化解矛盾。2018年以来分中心共协调处置小区物业纠纷10起，对比2017年同期下降了27%。共办结小区业主委员会登记备案管理35宗，接待来访群众200余人次，发放备案程序告知书41份，对于促进小区规范管理，提升居民宜居指数起到了积极作用。王家河水体面源污染治理：为做好住建领域的环保问题整改，打赢环保问题保卫战，于5月份开始分中心抽调专人进驻王家河水体面源污染集中整治指挥部，全程参与了王家河水体面源污染集中整治工作。分中心班子副职作为督导组长在参与王家河水体面源污染治理一线身先士卒，督导组实地勘察、现场督办、下发督办函，给整个王家河水体面源污染整治赢得了主动，也得到了市级领导的肯定，王家河街道的整治工作还在岳阳新闻频道得到了宣传报道。通过整治，王家河沿线臭味基本消除，整治工作取得了实质性成效，也体现了我们落实习主席“绿水青山 就是金山银山”的坚定决心。黏土砖瓦行业关取缔：分中心负责人亲自带队深入一线对2017年已取缔关停的岳阳市“千里马”等10家黏土砖厂进行了回头看，逐一确认了是否彻底关停取缔，防止出现死灰复燃现象。同时分别约谈了已转型升级的4家页岩环保企业负责人，查看了企业证照手续和生产情况，摸清了底数，确保了企业依法依规从事生产。

建筑工地扬尘污染整治：按照市统一要求落实的“5个100%、3个加强”，分中心督促楼区交建局对岳阳楼区范围内的所有建筑施工现场都100%安装了围挡、场地路面实现了100%硬化、裸土材料堆放100%覆盖、工地车辆100%清洗、拆除施工100%湿法作业，同时对建筑垃圾、土方和渣土清运、预拌商品混凝土搅拌站和预拌砂浆、施工现场扬尘技防加强了管理，截至2018年年底已全面整治到位。

【廉洁从政】 2018年，分中心秉承教育在先，预防为主的原则，通过上党课、看视频、出展板等形式将廉政建设融入到日常工作之中，将新时期反腐防变贯穿始终，做到了防腐无死角、执纪无外人。坚持以十九大和习近平新时代中国特色社会主义思想为指导，以市委、市政府“一三五”发展战略思想为统揽，以支部“五化”建设和综合绩效考评工作目标任务为抓手，突出党建引领，着眼民生热点，坚持了内强素质、外树形象总体工作思路。

【舆论宣传】 2018年，分中心支部班子始终牢固树立“四个意识”，切实把握“五位一体”总体布局和“四个全面”战略布局，全面落实党支部意识形态工作责任制，进一步强化政治意识，提高政治站位，为加快推进保障性住房建设高质量发展提供坚强理论指导、舆论支持。分中心及时对接楼区新闻中心和《岳阳日报》等部门，2018年共在《岳阳日报》和楼区手机报刊发业务类宣传报道7篇，党建类宣传报道2篇，积极推介单位工作特色。做实对内宣传制作了文明创建、小康知识、十九大等宣传标语横幅20余条悬挂在办公大厅和所在小区，同时拓展宣传阵地，利用网上支部、微信工作群等媒体及时发布和宣传新形势、新成果，让干部职工时刻感受教育，营造争先创优的良好政治生态。分中心成立了舆情监控领导小组，明确了责任划分，指定了专人管理，建立了工作台账。同时根据楼区政府要求，每月及时报送舆情管控基本情况。

【年度业绩】 2018年度，市保障性住房楼区分中心获岳阳楼区2018年度项目财源建设工作先进单位，主要负责人被评为先进个人；在综治（平安建设）工作中考评为区级合格单位。

城市建设投资

【概况】 2018年城建投资公司以盘活资产，清收资金为重点，以争项争资为突破口，全面规范项目建设资金管理，全力以赴推进落实区委、区政府交办的工作目标任务，为全市经济建设作出了较大贡。

【城建工作开展情况】 依规有序，确保棚改资金安全运行。按照区委“棚改兴区”的战略目标，公司作为全区棚改项目的业围绕创新、协调、服务的理念，参与棚改项目管理、协调项目资金、核算项目资金。涉及全区37个棚户区改造项目，63个项目部，制定了2018年棚改资金支付流程，全年共协调筹集、调度棚改资金61.3亿元，支付棚改资金60.83亿元，其中：征拆资金54.61亿元，不可预见费4.36亿元，工作经费1.86亿元。确保了全区棚改征拆和项目部的资金支付安全有序运行。争先创优，抓好资产处置、资金回笼工作。资产处置、资金回笼是一项艰巨而重大的工作。按照《2018年政府性投融资项目资产处置、资金回笼工作目标管理考核实施方案》（岳楼办发〔2018〕 1号）文件精神，做到了加快回收政府性投融资项目成本。 经过艰难的谈判，签述了公司退出岳阳光大房地产开发有限公司的协议，已收回经区财政、审计部门按2017年5月14日第6次区长办公会议纪要精神审定的借款利息1497.38万元，投资回报540万元，股本金3000万元，共计5037.38万元。 收回了历经几年作为实物资本注入洞庭新城的114亩土地权证，解决了区政府向市国土局承诺的已出让新辉公司168.35亩和剩余111.73万亩土地办理权证问题，2018年8月，该宗出让土地在历时5年之后，终于与市财政办理了结算，共结算资金18133万元，扣除原作为暂借款1亿元，实际到账资金8133万元。配合区安置局做好芭蕉湖安置房处置工作，委派1名工作人员负责收取购房款，确保了购房款的顺利收回，同时让物业公司提前介入，为芭蕉湖安置小区后续管理打下了良好的基础，保障安置小区后续管理不为区委、区政府添乱。优质服务，切实加强项目财务核算管理。做好城建项目的财务与资金管理，服务于全区项目财务核算，是公司的基础性工作。自2014年全区城建项目财务与资金纳入公司统一管理后，截至2018年年底在公司核算的各类项目现有100个,其中:已完工项目42个,停工项目17个,在建项目41个。2018年公司主要采取以下3项措施规范管理: 凡属政府性投融资项目,按照年初已审定的城建支出计划,先由各项目部申报,区经建投初审,区财政局复核,报区政府审批拨付,严格执行财政“双控”审核、审批模式规范资金管理。规范项目报账流程,各项目部报账员在报账时,公司严把四道审核关,即:出纳初审、主办会计复审、分管财务的副总审定、总经理审批支付,严格落实中央八项规定精神,从而有效地控制了财务报账的随意性。加强对重大项目的资金管理,对项目资金做到专款专用、专项专用。四是规范管理及时将项目移交,完成了蒙华铁路项目、青年东路北侧棚改项目、南辅道项目审计结论的对接及整改;按照项目管理的调整,及时移交了新蛋禽市场、工人文化宫、仓田蔬菜市场和木鱼山北路地段棚改等项目的财务核算工作。精心组织城建专项迎检工作,确保专项审检顺利过关。2018年以来,城建投资公司共迎接城建口专项审计检查工作20余次,分别为:1月,市审计局委托临湘审计局对岳阳楼区2017年保障房建设的专项配套资金及棚改拨款资金审计;财政部门对2017年棚改项目绩效评估。2月,泓源交建投资产清理、财务移交;棚改账务清理移交;省财政厅政府性债务、融资平台等企事业单位债务及中长期债务清理填报。3月,关于2017年稳增长政策落实情况跟踪审计;中央驻省财政厅专员办关于2017年债务置换专项检查。4月,省财政厅关于核减项目及投资数据上报及专项报告;四化建项目收支清理。5月,迎接省委巡视组关于违反中央八项规定检查,自2014年至2018年5月招待费办公费等支出清理,自查自纠,拿出整改方案及措施;清理规范政府融资平台管理;协助区财政局出台政府性债务风险应急预案。6月,省财政厅关于8000万元新增债券专项检查报送资料;泓源交建投税收问题检查及回复。7月,2015—2017年中央预算内投资项目专项稽查。从2015—2017年下达的投资项目指标文到资金下拨银行回单,到资金使用明细,进行了全面疏理,查漏补缺,自查问题及时汇报,及时纠正,准备工作充分。8月底,国务院棚改专项资金大督查,岳阳楼区九华山二期棚改项目被抽到,从指标文、财政拨款到项目的支付明细,资料齐全、精准,有条不紊,一目了然,且得到了省住建厅的高度评价,迎检顺利。9月,国务院审计署特派组驻湖南办事处对岳阳市隐性债务专项审计,涉及岳阳楼区7个垫资项目所形成的隐性债务进行全面清理、核查、审计。我们及时提供垫资协议,和市财政对账,数据表格填报工作及相关情况说明。10月,市城投对2016年至2017年棚改专项审计工作,11月,省委巡视组对2016年至2018年棚改项目资金收支检查。12月,省委巡视组对安置房建设及洛王新天地项目情况回复。澄清债务底子,明晰债务关系,算好债务账,化解债务风险。至12月底累计约还本付息4524.73万元,其中:贷款本金27486万元,基金2740万元,利息2637.3万元,计算2019—2020年应还本付息1.96亿元,做到心中有数,早做安排,未雨绸缪。建立地方政府融资平台债务和政府中长期支出事项监测平台,债务得到了有效控制,合理化债期限,明确化债路径,建立逐年化债目标。通过预算偿还一部分、出让土地、处理资产、延期贷款期限(建行7700万元、交行7000万元已转贷)等方式偿还债务,化解债务压力。加强债务管理,明确债务责任人，完善债务管理系统，按规定严格做好债券置换工作。针对湘财债管函〔2018〕13号通报的政府置换债务资金使用违规问题相关情况，涉及岳阳楼区的有3个项目的债券置换资金回补问题，金额为8426.1万元，制定了切实可行的整改方案，并在规定的时间内，整改到位，整改到位资金为9500万元。及时清理融资平台及整改，以绝后患。岳阳楼区融资平台共3家，即岳阳市岳阳楼经济建设投资有限公司、岳阳市泓源交通建设投资有限公司、岳阳市和兴置业有限公司。已消化1家，合并1家，目前只保留了经建投1家。主要负责楼区债务的清理、偿还、棚户改造资金管理及在建工程项目的管理及核算工作。

【加强理论学习】 2018年以来，城建投资公司（中心）党支部坚持党建与党风廉政工作“两手抓、两促进”，做好“三个结合”文章，有力促进了班子和队伍建设。结合党建工作实际，把党建工作与党风廉政工作有机结合，坚持“两手抓、两促进”。抓党建促廉政。通过定期组织政治学习、观看警示教育片、典型案例分析方式，提高廉政教育的针对性和实效性，不断增强大家的廉洁自律意识，自觉抵制各种不正之风。抓党风促廉明。完善反腐倡廉“一把手”负责制和“一岗双责”制，健全党政领导落实党风廉政责任制述职述廉制度，进一步抓好对落实党风廉政建设责任制的督查、考核工作，严格贯彻执行中央八项规定，不断改进工作作风，并着力完善公司制度，建立了廉政承诺制、廉政公示制等一系列行之有效的制度，确保了工程安全、资金使用安全。结合十九大学习教育活动的开展，切实抓好班子自身建设。2018年，公司按照区委学教办的统一部署，精心组织，周密安排，各项学教活动有条不紊展开。教育引导党员自觉按照党员标准规范言行，进一步坚定理想信念，提高党性觉悟；进一步增强政治意识、大局意识、核心意识、看齐意识，坚定正确政治方向；进一步树立风清气正，严守政治纪律政治规矩；进一步强化宗旨观念，勇于担当作为。结合区委党建工作要求，积极开展支部党建有关活动。公司根据区委组织部和区直机关党委的总体安排，主要开展了以下党建活动：开展学法用法活动。7月中旬，公司选派3名工作人员积极参加了全区“弘扬宪法精神、建设法治楼区”法律知识竞赛活动，并取得了二等奖的好成绩。支部班子成员带头学法用法，公司其他员工结合自身工作实际学法用法，公司全体员工于9月27日上午统一参加了全区普法考试并全部考试合格；带领支部党员积极参与联点社区文明创建活动。2018年，公司（中心）组织党员干部到重湖社区参与文明创建活动，走访特困居民，慰问帮扶居民，并送去慰问金；坚持宣传工作与城建工作并重，坚持宣传党的路线方针政策，以项目建设为抓手，发挥好舆论阵地的作用，时刻做好宣传工作。

交通·邮政·通信

交通运输

【概况】 2018年，区交通建设局坚持以习近平新时代中国特色社会主义思想为指导，以贯彻落实党的十九大精神和市委“一三五”发展思路及区委“五个转换”为主线，坚持“一线工作法”，围绕中心，服务大局，稳步推进各项工作。先后获得区综合绩效考评先进单位二等奖、争资争项工作先进单位、安全生产优秀成员单位、生态环境保护工作先进单位、五个“一公里公共服务圈”先进单位、信访工作优胜单位、提案承办先进单位、计划生育优秀综治部门等荣誉，共有17人次获得区级表彰奖励。

【重大项目】 棚改工作：区交通建设局调派精干力量积极服务全区棚改项目，依法依规快速推动棚改工作。2016年九大片区棚改项目全部清零腾地；2017年棚改项目完成签约12127户；2018年棚改项目完成签约3029户。交通建设大会战：湖东路、S211岳兴公路至枣树段建成通车；奇康路、汴河园路、北港北路、求索西路巡伸段、学院路(湘北大道)、金凤桥北路、G353洞庭湖大桥—岳阳东站（北环线）完成征拆任务，正在逐步逐条建设，望岳路延伸段市城投集团正在办理前期手续；2018年交通综合整治项目炮台山路（东段）、枫树坡路、新胜巷、富民街、鲤鱼嘴路全部竣工通车。城建项目建设：2018年市城建项目德胜北路延伸段、马壕东路、易家路完成全部征拆任务，花果畈西路及城北路市城投集团正在办理前期手续。低洼渍水房屋整治：佘家垅、金东门地段完成签约清零；下王巷地段完成签约260户；龙腾华府周边所有住户与办事处签订了承诺书，一致同意按照制定的方案实施；老陇坡异地联建房屋完成装修，正在进行分房。

【中心工作】 农村公路建设：完成了农村公路自然村通水泥（沥青）路、窄路加宽、安保和养护等工程，共建设养护里程40千米，共投入资金620万元。小街巷建设：完成了小街巷提质改造项目项目18个；共受理“12345”公众热线、“12319”城管热线及网格化督办单6000余份，实施小型应急工程900个；完成路灯节能改造910盏，维修路灯3650起，更换路灯线路12000余米；完成“一公里健身休闲文化广场”建设项目共10个，共投入资金1888万元。综治维稳：深入开展“扫黑除恶专项斗争”、“平安创建”和信访等工作，共办理各类信访件30件，接待湘北水运公司、月山船厂等信访群众50余次300余人，筹集民政救济款13万元，救助改制企业困难职工200余户，解决了一批多年信访积案，稳控了一批赴省进京信访人员。安全生产：加强农村公路日常巡查、治超治限和水上交通安全整治，保障公路和水上交通安全，未发生一起安全生产事故。脱贫攻坚：安排一名专干脱产驻村扶贫，8名班子与花果畈村16户脱贫户结成帮扶对子，采取助学帮扶、医疗帮扶、就业帮扶、住房帮扶等措施，开展结对帮扶；完成了郭镇乡扶贫道路曾庄路道路提质改造工程建设，共投入资金880万元。争资争项：2018年，区交通建设局按照区政府年度工作目标，积极争取各项专项资金，全年争资争项5878.6万元。

邮政

【概况】 2018年，中国邮政集团公司岳阳市分公司（以下简称市邮政分公司）坚持以习近平新时代中国特色社会主义思想为指导，认真贯彻落实集团公司战略部署和省公司工作安排，在全市邮政广大干部职工的共同努力下，全年实现业务收入5.73亿元，增幅10.97%，超省公司下达确保目标549万元；实现经营利润8328万元，超省公司计划1536万元。2018年，市邮政分公司获得由全国总工会颁发的“全国五一劳动奖状”，荣膺先进集体最高荣誉奖。

【全面从严治党持续发力】 2018年，市邮政分公司坚定不移践行“两个维护”，深入开展学习贯彻习近平新时代中国特色社会主义思想和党的十九大精神系列活动，各级党组织和广大党员干部在思想、政治、行动上，同以习近平同志为核心的党中央保持了高度一致。全市新增20个党支部、市本部建成标准化党员活动室、岳阳县新墙支局党建示范点，围绕“党旗领航”开展“党建促发展，创新增活力”等活动，全面夯实基层党组织建设。开展学习十九大精神读书活动。全年共收到党员干部读书心得219篇，党员干部的政治素养和专业能力得到提高。驰而不息纠治“四风”。重点加强了对企业四级副以上领导人员“四风”问题的监督和重要时间节点的警示提醒。强化对党员干部的纪律教育、日常监督，深入推进反腐败斗争。全年对四级干部当面提醒27人次、诫勉谈话5人次，提高了党员干部讲规矩、守纪律的底线意识。

【金融业务转型效果明显】 2018年，市邮政分公司坚持以余额为核心的总资产全面发展理念，固化六大客群经营管理模式，不断推广线上支付结算方式，推动经营效益不断提升。全年储汇收入3.8亿元，增幅12.05%，高于全省平均水平2.97个百分点，排名全省第1位。保险业务完成收入3520万元，进度128%，提前4个月完成省公司收入计划。中邮期缴快速发展，完成新单保费9242万元，长期期缴1320万元，圆满完成省公司下达的计划。

【寄递业务改革成效显著】 2018年8月底，市邮政分公司完成寄递事业部组建，组建后每月收入较成立前增长249万元，增幅达35%，11月、12月份年终收官完成2091万元，超计划186万元，助力寄递翼全年实现收入9656万元。通过强化管理、看齐标杆，降低委办邮路运营价格，岳阳—广州邮路，一年节约7.3万元；一频邮路适时调整车型吨位，一年节约32.19万元，降本增效显著。质量管控能力提升，通过进一步融合资源、强化队伍，场地、人员全面整合，投递段道、投递区域实现全覆盖，切实提高了服务水平，各项质控指标全部达标。

【专业融合联动格局形成】 2018年，市邮政分公司打破专业壁垒，有效促进产品资源、客户资源、营销资源等方面融合。“渠道+金融”助力“开门红”取得实效。“开门红”期间共开展“渠道＋金融”主题活动565场，累计揽收存款2.08亿元，保险188.4万元，收集客户信息1.19万户，推广邮乐小店2006户，实现批销额152.4万元，销售车险131台等。“集邮＋金融”活动保持文创品牌优势地位。共组织举办了网点微沙龙84场，创收100万余元，实现以“邮”吸“储”的联动效果。整合产品，实现邮品内涵转型。开发了华能建厂30周年、华容芥菜节等项目，政务、企业、旅游市场得到进一步开拓。长炼邮文化进企业项目，在全省“冬日暖阳”项目营销竞赛活动中被作为亮点推介。同时，渠道平台县、乡、村三级电商公共服务体系，畅通双向物流渠道，为专业之间的融合发展打下了坚实基础。

【战略合作协同持续深入】2018年，市邮政分公司与快乐老人大学建立合作。自5月开校以来，已开设课程16门，全年吸纳会员595人，与老年大学每月联合开展会员活动达16场，揽收金融总资产600万余元。同时，与移动、联通等公司在多领域签订了战略合作协议，市场协同能力得到进一步增强。

【强化人力资源管理】2018年，市邮政分公司平稳推进经营组织架构改革。8月底完成市、县寄递事业部组建工作，改革、发展两不误。优化人员配置。全市金融和综合网点支行长（支局长）、综合柜员、理财经理、大堂经理和普柜均按编制配齐，提升金融网点经营、服务能力。规范用工管理。严格系统审批、规范退出程序、实施合同清查、清理不规范用工、加强外包管控，有效规避了用工风险，同时降低了人工成本。注重素质提升。全年共开办各类培训班109个，培训4700多人次；组织7个邮政特有工种349人参加技能鉴定。全省第十一届技能比武中，岳阳获得团体第2名；个人全能第3名、7名、11名；单项第1名、2名。

【提升行业竞争优势】2018年，市邮政分公司装修改造网点14个，新建邮件处理中心1个，改造面积4269平方米。加快华容、汨罗、湘阴处理中心皮带机设备改造，购置22台邮运生产车辆、280台PDA扫描枪等。加大信息化能力提升。实施金融网扩容改造，可满足未来8~10年业务发展对IP地址的需求；开发“小快灵”团队管理查询系统，提高营销体系工作效率。抓实安全运行年活动，综合指标排名全省第2。

【强化“平安邮政”建设】2018年，市邮政分公司以年度安全生产、综合治理考评暨创建“平安邮政”实施办法为主线，将安全保卫、金融稽查、服务质量三支队伍归口安全与服务质量稽查部统一管理，开展了一系列安全督查和隐患整改。积极组织全员学习《湖南邮政安全禁言》《代理金融从业人员十一条禁令》，公布了五种举报渠道，开展了制度学习网络考试，让各项安全制度深入人心。风控、质量、安全的闭环管理体系，实现安全生产常态，被市委、市政府评为综合治理“合格单位”。

【切实履行国企职能】普遍服务通过营业网点、农村投递网的建设和优化，以及200台私车公助投入使用，全市农村投递“周五班”以上覆盖率达100%；实施平信条码化，提升客户满意度；县城以上党政机关《人民日报》《湖南日报》等主要党报实现当日见报；普遍服务客户综合满意度为87.1分，高于全省平均水平1.1分，继续保持全省先进水平。机要通信连续25年未发生国家秘密载体失泄密事故。服务质量水平通过完善履职，规范操作，强化管控，得到全面提升，实现行政零处罚目标。

【积极响应脱贫攻坚大会战】 2018年，在市委、市政府的统一部署下，市邮政分公司派驻专人到平江县柘庄村开展驻村扶贫，全村建档立卡户104户360人，已脱贫93户328人，得到了市委、市政府的高度肯定。

【落实员工关爱】 2018年，市邮政分公司累计支出52.8万元用于一线员工配发防暑降温物资、旺季邮运慰问、“双节”慰问、困难帮扶、助学帮扶等方面。加快职工小家提质升级达标。临湘詹桥支局获得湖南省总工会授予的“省级模范职工小家”；坚持为员工办好“十件实事”。为员工购买了大病保险和补充医疗保险，将投保前未治愈疾病报销比例提高到70%；组织了职工健康体检等。以“主人杯”为主线开展了各类劳动竞赛，员工参与面达到了100%，涌现了一批先进事迹和个人，湘阴杨林寨支局投递员李庆获评“全国邮政系统先进个人”。常态化开展了文化体育活动，在湖南邮政系统羽毛球、乒乓球比赛中取得了团体第2的优异成绩。

电信通信

【概况】 2018年，中国电信岳阳分公司深入贯彻落实省公司工作部署，以加强党建为全局统领，切实做到发展是第一要务，人才是第一资源，创新是第一动力，较为圆满地完成了年度目标任务，竞争力进一步增强。企业变中求新、变中求进、变中突破，风清气正，和谐稳定。分公司荣获LTE无线网一期工程2018年度集团优质工程三等奖，省公司“2018年度业绩考核达标奖”。

【党建引领】 2018年，分公司以党的建设引领，正风肃纪扎实践行。“党建质量提升年”取得成效。持续深入学习宣传贯彻习近平新时代中国特色社会主义思想和党十九大精神，宣讲3场次，党委书记亲自讲党课2次，先后组织4批292人次开展“党员先锋行”营销活动。全力推进“党建质量提升年”重点工作，支部标准化建设省级示范支部4个，市级示范支部20个，17个支部开展“党建翼联”活动，走在全省前列。执纪监督实现突破。签订党风廉政建设责任书232份，集体廉洁约谈、任前廉洁谈话等221人次．主体责任全面落实。圆满完成湖南电信公司党委第一特派员巡察组对岳阳分公司的巡察与整改工作，拟定61条整改工作任务和136条整改措施。员工幸福指数提升。三大专业16个项目劳动（技能）竞赛获得团体优胜奖及以上5个、个人优胜奖至一等奖55个，2人授予“湖南电信技术能手”称号。四是积极履行社会责任担当。筹措扶贫资金，扶贫现金支出76万元，投资2800万元，通信产品优惠240万元。成功中标第四批电信普遍服务试点项目和贫困村光网延伸项目，争取政府补助资金1554万元。“三供一业”分离移交供水1536户、供电1697户、物业1032户，费用2745万元。

【业务提升】 2018年，分公司规模突破加速，决胜格局进中向好。完成收预算101.10%，排全省第5位，同比增幅排全省第3位，业务收入连续3年超额完成预算。收入市场份额提升幅度排全省第6位，移动过网份额提升幅度排全省第4位。移动期末出账用户突破百万户大关，净增移动用户排全省第1位；4G占移动用户比排全省第3位，光网用户占比达到了97.5%；发展宽带用户排全省第6位；净增ITV用户排全省第5位。2018年，分公司网络转型升级，发展根基全面筑牢。光网端口利用率提升4.41%，排全省第1位。新开通4G基站330个，LTE室分系统120套，1.8G基站达1463个，2.1G基站达119个，800M基站达1609个，移动网络覆盖岳阳全境（除偏远山区农村外）。开展双网双提升专项行动，移动网和光网指标均保持在全省前列。夯实网络运营基础管理，完成21个标准班组创建，60%班组完成标准化建设目标。加强网络资源管理，运维资源管理9大考核指标21项小指标排全省第2位。提升客户服务能力，推进光网宽带电视六项服务承诺，开展移动网络啄木鸟行动，网络质量类客户投诉逐月下降。

【推陈革新】 2018年，分公司推进变革创新，凝心聚智活力迸发。持续推进划小承包，划小承包单元数达到353个，收入覆盖率达到72.61 %，目标达成率达到85.37%。有效控制用工总量，用工总量较上年减少122人，中层管理人员较上年减少7人。2018年，分公司深化精确管理，经营效益明显提升。加强价值管理与风险防控，按月对预算追加整理发文并及时公示，每月进行预算执行情况分析与示警。规范管理控制重点领域风险，特别是针对巡察暴露的问题进行整改，规范各类台账模版和内控流程，划出红线，严禁突破，突破必究。完成临湘电杆厂房屋、君山五星村机房拆迁、城陵矶闲置土地、东茅岭闲置机房盘活。

移动通信

【概况】 2018年，中国移动通信集团湖南有限公司岳阳分公司（简称岳阳移动）持续推进“大连接”战略，坚持“以客户为根、服务为本”理念，深化融合发展，着力推动创新变革。至年底，拥有通话客户近300万户，上缴税收2.27亿元。

【推进网络精品建设】 2018年，岳阳移动以优感知、强能力、筑基础为目标，持续推进精品网络建设，网络能力不断增强。4G网络规模进一步扩大，全年新建4G站点1600个。有线网络能力快速提升，全年共完成500个小区、200个行政村、2000个自然村覆盖。传输网络能力进一步夯实，2018年新建光缆线路1800皮长千米，管道220余千米，投入运营的光缆里程超3.3万皮长千米。

【聚焦服务水平提升】 2018年，岳阳移动聚焦服务品质再提升，切实打造网络品质及服务品质领先优势。巩固覆盖优势，城区LTE MR覆盖率同比提升3.09个百分点，弱覆盖小区占比同比压降0.97个百分点。巩固语音优势，深入开展专题网络优化，VoLTE全程呼叫成功率达到99.54%、VoLTE语音质量均达到99.17%，竭诚为用户提供最优体验。持续提升客户服务效能，以提感知、提品质、提价值、降抱怨“三提一降”为工作主线，以客户触点感知评价为工作指南，建立“主动修复不满客户”和“投诉工单闭环”的双循环机制。

【加快“宽带中国”战略落地】 2018年，岳阳移动积极响应“宽带中国”建设号召，大力推进“光纤到户”工程，建设高速光纤宽带网络，通过优化资费结构、强化支撑能力等，不断提升用户感知。加强“魔百和”电视应用和推广，丰富农村内容资源，以专业视频资源提供老百姓内容致富之路。丰富线上渠道，优化“10086”热线、网厅、微厅宽带受理等支撑方式，让百姓体验便民宽带服务。进一步落实国家“降费”要求，通过资源整合、提升效益、降低成本，实现网络资费的合理下降，让百姓用得起宽带服务。坚持融合为主的发展思路，让客户以更低的价格享受更优质的服务，以移动网络广覆盖、高渗透的优势，实现“宽带+手机+电视+智能家居”的融合发展。

【致力“智慧岳阳”战略执行】 2018年，岳阳移动主动把自身的发展纳入全市经济建设大局，切实助力地方经济，深入拓展行业信息化应用，为地方经济的快速发展作出积极贡献。以优势连接服务和基础设施资源为依托，以物联网、云产品及大数据为抓手，推动智慧政务、智慧企业和智慧家庭的快速发展。积极拓展通信行业外延价值，已建成多个IDC机房，主要提供岳阳市各级政府、企业等属地化服务，机架租赁、内容资源引入等业务。持续提升信息技术应用价值，打造无线有线无缝的立体化政务专属基础网络，建设面向市民的个人基础应用统一门户“综合信息服务平台”，将医疗社保、公积金、水电煤气、交通违章等信息资源逐步迁移上云，市民使用城市APP即可实现足不出户的体验便捷城市服务。

【着力服务地方发展】 2018年，岳阳移动以客户为中心，扎实履行社会责任。积极响应国家“提速降费”号召，推动业务从“传统语音”向“信息消费”升级，流量资费单价大幅下调，以提速降费实效惠及地方民生。扎实推进精准扶贫工作，共计投入专项扶贫捐赠资金60万元、网络建设费用200多万元。圆满完成各类重要政经活动保障43次，妥善应对雨雪冰冻等极端恶劣天气，确保网络运行平稳。

联通通信

【概况】 2018年，中国联合网络通信有限公司岳阳市分公司（简称岳阳联通）在市委、市政府统一领导下，积极服务于“一三五”发展战略，充分发挥3G、4G网络优势和云计算、大数据、物联网等产业互联网优势，助力互联网与实体经济深度融合，在便民、富企、强政上取得了一定成绩，得到了广大市民、企业、政府的一致好评。同时中国联通作为央企混改第一股，借混改之势，不断深化发展模式转型，公司综合实力也得到明显提升，成为岳阳最具互联网基因的通信运营商。2018年年底岳阳联通用户规模达到160万户，年收入规模达到7亿元。累计投资20亿元，年缴税额达到6000万元。全市共有合作渠道1000余家，带动就业近万余人。3G/4G人口覆盖率已达98%以上，有线宽带覆盖公众住宅100万套以上，基本实现无线、有线高速宽带接入的无缝覆盖。

【湘北地区最大云数据中心建设】 岳阳联通在临港新区投资5000万元，建设“中国联通岳阳云数据中心”。一期建设完成了数据中心机房约2000平方米，可安装200个设备机柜。已引入阿里云、腾讯云、蓝汛等多家国内知名互联网企业本地服务器托管业务，为本地中小企业提供上云服务。后期将根据服务“一三五”战略发展需要，进一步增加规划投资。

【企业信息化建设】 2016年、2017年、2018年岳阳联通连续三年联合市经信委、网信办召开全市“两化融合企企通峰会”。借助企企通平台，岳阳联通在中小企业大力推进“钉钉”办公、“企业上云”等信息化应用，累计为800余家企业单位提供支撑服务，为企业节省大量信息化开支成本。2018年4月，经过联盟理事会投票表决，一致通过中国联通岳阳市分公司当选“两化融合联盟”理事会会长单位。岳阳联通积极利用“两化融合联盟”成员单位自身资源和技术支撑能力，实现云网端一体化，帮助企业转型升级。服务巴陵石化公司，共同推进“幸福巴陵”项目，为巴陵公司搭建私有云系统；服务际华3517临港园区信息化一揽子项目，让传统制造业焕发出新活力。为将企业信息化可视化，岳阳联通建成的行业应用展示厅。自展厅投入使用以来，期间接待参观100余次以及各级领导和企事业单位近1000余人。

【创新服务建设】 2018年，岳阳联通建成了“岳阳市电子政务内网”、岳阳楼区人社项目、岳阳楼区公安局“WiFi探侦项目”、云溪、汨罗、屈原等地政法委的“雪亮工程项目”等一系列政府便民信息化项目。

【“互联网+雪亮乡村”建设】 岳阳联通联合岳阳市政法委在全省首创“互联网+雪亮乡村”概念，解决了农村的群防群治的难题。云溪区桃李村建成“互联网+雪亮乡村”项目后，桃李村成为全市综治工作先进标杆村，同时，该项目还被评为省政法综治工作创新项目，云溪区被评为全省平安先进单位。目前该模式已在全市覆盖100余个村组，用户规模达到8万户，覆盖人口27万人。

【“互联网+教育”建设】 岳阳联通联合岳阳市教体局推出了“互联网+教育”项目，解决了教学资源的均衡难题。目前，此项目已覆盖80余所学校，45000余名师生，通过云端学习资料、移动互联网教学设备、大数据分析平台，三网一体融合打造智慧校园。

【“智慧+医疗”建设】 在服务医疗方面，岳阳联通推出了“智慧+医疗”项目，极大提升了医疗效率。2018年2月岳阳联通与华容县卫计局及华容县人民医院签订湖南省首家影像云业务及区域影像平台项目，3月份完成乡镇卫生院和华容县人民医院的平台建设，并将22家乡镇卫生院纳入信息化系统。2018年3月岳阳联通与岳纸医院签订了湖南省第一家“互联网+智慧医疗”医院云HIS项目。全面整合国内“智慧+”项目实施成果多方信息资源，以央企的政治使命和社会责任，为项目做好长期保障与支撑。

教育·文化·体育

教育

【概况】 2018年，全区共有中小学53所，其中初中6所，九年一贯制学校1所，公办小学43所，民办小学3所。在校学生47058人，其中小学41842人，初中5216人。幼儿园203所，在园幼儿23072人。在职教职工2736人，离退休教师1478人。

【教育项目建设】 无偿划拨土地38亩，投入资金1.5亿元，建成现代化、精品学校白杨坡小学；为化解大班额工作，投入1687.8万元，完成花板桥学校、枫树小学、康岳小学等8所学校配套建设；为强化学校健康运行，投入3808.2万元，完成学院路中学、望岳小学、花果畈小学等40余所学校提质改造建设；抢占教育信息化高地，继续投入1000万元，率先在全市布局教育城域网建设。

【争资化债】 认真把握国家、省、市政策调控方向，瞄准财政资金投向重点，精心筛选上报项目，努力争取上级专款资金2.13亿元，整合资金实施学校大型建设项目10余个。教育历史负债全部清零。

【教师队伍建设】 2018年，共补员教师120名。公开招聘报名人数创新高。招聘报名人数为1642人，较2017年增加600余人。学历层次高。2018年报考考生均为全日制本科及以上学历，其中硕士研究生58人。学历含金量高。重点大学毕业生和境外留学生均有报名参加考试。最后录取的90人中，有33人为外县区在编优秀教师。着眼锤炼一流教师队伍，创新开办“梧桐花开”青年教师学习成长班，打造“梧桐教育”系列品牌，量身定制培训“菜单”。2018年，共286人参加国培项目、650人参加远程研修、414人参加信息技术提升工程培训，教育发展“骨架”不断壮实。

【深入学习党的十九大和全国教育大会精神】 先后举办党的十九大精神轮训班2期，书记讲党课共计56课时，共有891人接受了党课培训，组织800余人次参加十九大理论考试，局机关刘华良在区委组织部、宣传部举行的“五讲一演一图”“机关干部讲政策”比赛活动中获二等奖，东方红小学党支部书记徐辉在“千名书记讲党课”比赛活动中取得第一名的好成绩。区教育局结合机关干部会、校长会等宣讲教育大会精神10余次，学校充分利用教师例会、班团课等上教育大会专题课50余堂，组织观看学习《榜样3》600余人次。

【党建工作】 制发了《岳阳楼区教育系统2018年党建工作要点》《岳阳楼区教育系统2018年党建工作考评办法》，建立了党建工作述职考核、定期听取党建汇报、定期召开组织生活会、星期五理论学习、机关干部联系点制度等一系列制度机制，以制度保障党建责任落实。把深入开展党支部“五化”建设活动作为抓手，完成相关基层党组织补选工作，配齐配强 60 个基层党组织的书记、委员；理顺党员组织关系，做好失联党员排查工作。对系统内 1437 名党员信息进一步清理核查，完善党员信息管理系统。

【消除“大班额”】 确定总体目标和年度任务，有步骤、分阶段推进化解工作。通过“建学位，化解一批；补师资，扩班一批；促均衡，分流一批；强管理，规范一批”四大举措，扩大学位供给，有效化解存量。小学一年级按 45 人，初中七年级按 50 人的国家标准班额招生，65 人以上“大班额”全部消除，55 人以上“大班额”消除 216 个。2018 年，岳阳楼区消除“大班额”任务圆满完成，并得到省、市领导充分肯定。

【教育质量】 探索家校共建新举措，实现学校教育与家庭教育的有效整合，成立了“家校共育名师工作室”。组织开展 2018 年“一师一优课，一课一名师”活动，全区晒课 2320 节，推送优课 33 节，晒课率和推优率均在全市前列。10 名教师参加全市金鹗杯教学竞赛，7 人获一等奖，2 人获二等奖，1 人获三等奖。在全市基础教育教学工作会上，岳阳楼区近年来首次荣获“教育教学工作先进县市区”称号。

【校园文化建设】 围绕“一校一品牌，一校一特色”校园文化建设的任务要求，指导全区各学校对未来的发展愿景、办学理念、文化定位、特色项目、育人目标等进行全面设计，以“文化引领,内涵发展”为目标，不断擦亮“校园文化名片”。全区已有不少学校形成了各自的教育特色和办学亮点，如岳阳楼小学的巴陵戏、九华山小学的洞庭渔歌、枫桥湖学校的鼓文化、枫树小学的剪纸、岳城小学的经典诵读、东升小学的航天特色等等，特色办学赢得了家长的口碑、社会的肯定。目前，岳阳楼区“全国校园足球特色学校”已增加至 8 所，4 所学校成功挂牌“全国啦啦操示范校”，东方红小学获评全国文明校园等国家级金字招牌。

【艺体教育】 下发了《岳阳楼区中小学体育艺术特色学校创建方案》，组织学校积极进行体艺特色项目创建。洞庭湖小学、岳城小学通过足球特色学校评估验收，被确认为 2018 年度“全国校园足球特色学校”。截至目前，岳阳楼区有 10 所学校成功挂牌“全国校园足球特色学校”。积极参与湖南省第六届中小学生艺术展演活动，其中东方红小学的陶艺工作坊被评为全省一等奖，并推荐参加全国的展演。局机关朱勇志和岳阳楼小学丁怡老师的案例获省一等奖，并参加全国的艺术改革创新案例汇报会。

【教育扶贫】 加大行业扶贫力度，落实“两免一补”政策，发放免费教科书、教辅资料 485 万元；落实困难学生资助政策，发放建档立卡、家庭困难学生等补助 400 万元；落实生源地贷款政策，办理大学生贷款 228.57 万元，全区没有一名学生因贫失学。扎实开展驻村扶贫，对平江县汇龙村贫困户的家庭收入、健康、教育等支出建立了“明白账”，有针对性地开展了帮扶工作。2018 年，岳阳楼区教育系统结对贫困户 76 户 276 人已全部脱贫。

【教育阳光服务平台建设】 2018 年，共接到各类投诉举报、咨询求助受理事项 652 件，其中湖南信访信息系统平台 4 件、“12345”公众热线 547 件、来电来访记录单 12 件、市（区）长信箱 83 件，省教育阳光服务与监察系统 6 件，接待来电咨询 420 余个，来访 200 余人次，回复率100%，群众满意率达到98%。

【教育宣传工作】 2018年，共向市、区报送信息800余条，在各级媒体、报纸、杂志刊发报道510多篇次。岳阳电视台，《岳阳日报》等多家媒体对岳阳楼区教育工作给予了高度关注。

【"一公里就近入学"】 全面调整教育布局，科学划定招生范围，严格实行阳光招生，努力实现教育均等化。全面优化师资配置，实行城乡之间、校际学校领导和一线教师双向流动，妥善化解"大班额""择校热""不均衡"等入学热点问题，实现"一公里就近入学"。

【学前教育】 启动了省实事项目园奇乐幼儿园的建设，重新认定126家普惠性民办幼儿园，较上年增加21家。全面推进两个国有企业幼儿园（鹰山幼儿园、长炼童之梦幼儿园）移交岳阳楼区，作为公办幼儿园办学工作。制定《岳阳楼区教育局支持社会力量办学实施办法》，不断优化民办和学前教育发展环境，真正做到"担当担负、提高提升、安定安全、管制管好"。结合"我是幼儿园教师"主题，组织开展"用身边事教育身边人"系列教育活动，通过征文、演讲比赛、表彰和事迹报告会，树立了典型，弘扬正能量。华夏幼儿园在2018"张謇杯"全国优秀自制玩教具比赛中荣获三等奖，洞氮幼儿园李国庆老师被评为市级优秀幼儿教师。组织开展三次幼儿园园长培训会和幼儿园园长法规和安全常识考核。组织了80余名园长和幼师参加国家级培训，800余名幼师在区级教研基地园开展专题教研活动。

【校园安全】 保障条件更加完善。不断加大投入力度，投入1100万元，强化技防、人防、物防措施，改善安保设施设备，保障能力进一步提升。宣传教育更加有效。采取多种形式进行安全常识教育、心理健康教育、法制教育，开展"小手拉大手、平安你我他"宣传活动，把平安教育拓展、延伸到学生家庭和社会，增强了广大师生、家长安全意识。周边环境更加改善。主动作为，联合相关部门，多次开展校园周边环境综合整治，加强了上学、放学高峰时段，学校区域交通管制等举措，为学校的教育教学创造了良好的周边环境。岳阳楼区教育局被评为"全市'十大平安'创建示范单位"。

文化

【基础建设】 争取中央和省级项目资金9项，实际到位资金478.5万元，其中资金466.5万元，设备12万元。指导16个乡街文化站全部达到三级文化站标准，上等级率达100%。社区（村）综合文化服务中心覆盖率达到100%，并进行了"七个一"（即一个文化活动广场，一个文化活动室，一个简易戏台，一个宣传栏，一套文化器材，一套广播器材，一套体育设施器材）达标改造，圆满完成省市重点民生实事工程建设，中心城区"一公里健身休闲服务圈"基本形成。

【群众文化】 共开展"送戏下乡"活动24场次；美术、书法、摄影作品展览7场次；组织开展文艺类公益培训活动20场次，"流动图书进社区"、"岳州讲坛"等读书活动8场次。其中"三送三进"文化志愿服务系列活动、"非遗文化·欢度元宵"活动、全国广场舞展演岳阳楼区基层展演等创意新颖，反响强烈。文化志愿服务荣获市级"最佳志愿服务项目"，樊文胜荣获省级"星级文化志愿者"称号；区图书馆在2018年岳阳市少儿读书活动中荣获"优秀组织奖"；

▲ 2018 年 1 月 18 日“我们的中国梦——湖湘文化进万家文化志愿服务、送书画、送歌舞”活动

▲ 2018 年 3 月 22 日文化科技卫生三下乡暨“油菜花海——美丽乡村”百名艺术家下基层文艺采风活动

▲ 2018 年 3 月 22 日“天下洞庭·乐在岳阳”春节文化活动

▲ 2018 年 7 月 11 日奇家岭街道“世界人口日”活动

▲ 2018 年 7 月 16 日王家河街道办“真情暖人”文化活动

▲ 2018 年 8 月 14 日“欢乐潇湘——核心楼区”岳阳楼区美术、书法、摄影活动

▲ 2018 年区级非遗项目“巴陵剪纸”、“二两香豆皮大王”活动。

鲤鱼嘴社区、望岳社区、洪家洲社区农家书屋荣获“全省示范农家书屋”称号。

【文化遗产保护】 文物保护网格化监管和一对一蹲守的管理模式进一步细化，对辖区范围的 48 处文物保护点进行了季度排查和重点整治，为省级文物保护单位“三眼桥”“岳阳粤汉铁路英国专家楼”树立了保护标志牌；成功推选“岳阳楼”成为湖南十大文化地标之一。传统文化（“非遗”）进校园活动在九华山小学等地蓬勃开展，洞庭渔歌成为进校园的核心文化品牌。岳阳市非遗丛书——国家级非物质文化遗产《洞庭渔歌》分册编写完成，洞庭渔歌的传承保护工作 2018 年 7 月在湖南经视《非遗湖南》专题播出。同时，区文体新局大力开展“文化和自然遗产日”宣传活动、“多彩非遗，最美岳阳”非遗保护项目展演及“巴陵剪纸”等公益学习活动，全面提升了岳阳楼区文化遗产的传播力、影响力，使文化遗产传承更加深入人心。

▲ 2018 年 5 月 31 日庆“六一”传统文化进校园暨“洞庭渔歌”传承基地挂牌仪式活动

【小康社会建设】 依据 2018 年年初小康指标的调整，制定有针对性的攻坚方案，积极对接经开区、南湖新区，进一步完善大楼区公共文体基础设施台账，做好新增设施数据的上报统计工作。至 2018 年 12 月中旬，大楼区 2018 年新增公共文化体育设施 80 个，新增面积 8.49 万平方米，“人均拥有公共文化体育设施面积”达到湖南省定标准。

【市场管理】 加快“互联网 + 行政审批”一体化建设，积极推进文化、体育、新闻出版、文物行业的深化改革工作，编制“最多跑一次”责任清单，简化行政审批程序。组织安全生产联合检查 4 次，开展行业培训讲座 2 次。为加强校园周边环境和“无证经营”综合治理，严密排查违禁境外出版物，2018

年3月至6月，联合市文广新局、市工商局等单位，重点开展了“网络书店清查”“校园周边整治”“出版物市场整治”等专项行动。期间共检查经营单位200余家次，取缔游商地摊1处，责令整改超范围经营出版物场所6家，确保了文化、出版物市场的安全有序和健康发展。

【脱贫攻坚】 积极开展“一对一”巩固帮扶，通过各项帮扶措施的落实，结对帮扶的延寿村17户贫困家庭全部实现稳定脱贫。扎实开展行业扶贫，结合岳阳楼区开展的特色社区创建工作，将全区12个行政村的综合性文化服务中心建设和农家书屋管理工作列入年度工作重点。按“七个一”标准，全面排查各村存在的问题和不足，向各村共投入文化行业扶贫建设资金50万元，用于相关欠缺设施设备建设、农家书屋书籍更新及管理员培训工作。同时，利用部门优势，开展“送文化进村”、“送电影进村”活动，不断提高贫困群众的生活幸福指数。

体育

【全民健身】 “走进新时代，建设引领区”登山活动和干部职工乒乓球、羽毛球、篮球、拔河四项比赛组织严密，取得圆满成功；3月份组织了一次“社会体育指导员”培训，4月份组织了一次“岳阳楼区广场舞社会体育指导员”培训工作，组织近200人参加培训。岳阳楼区代表队参加湖南省老年人广场舞健身操比赛，荣获一等奖。在省十三届全运会中，组队参赛，荣获2枚金牌、3个第五名、2个第六名、2个第七名、2个第八名，总分70分，创省运会历史最好成绩。

▲2018年参加湖南省第十三届运动会的岳阳楼区代表队

▲2018年3月17日“走进新时代，建设核心区”登山健步活动

▲2018年岳阳楼区干部职工“羽毛球、乒乓球、篮球、拔河”比赛活动现场

卫生和计划生育

综述

【概况】 岳阳楼区共有区属医疗卫生计生单位28家，其中公立、专科医院4家（区人民医院、岳阳市口腔医院、区妇幼保健计划生育服务中心、岳阳肛肠医院），专业公共卫生机构2家（疾病预防控制中心、血防站），执法机构1家（卫生计生综合监督执法局），基层医疗卫生机构16家，其他事业单位5家。全系统核定编制993人，目前，在编人员589人，离退休人员370人。

【工作成效】 成功创建“全国健康促进区”，荣获“全国流动人口动态监测调查优秀单位”，顺利通过“国家慢性病综合防控示范区”复评，岳阳楼区疾控中心被国家癌症中心授予2017年肿瘤登记工作先进单位；获全省健康教育、湖南省心血管高危人群筛查和干预项目省级先进单位、湖南省艾滋病性病丙肝综合防治工作先进单位等10项省级荣誉。宋雄辉获得2018年度全国血防卫士荣誉，阮小水、赵益星等5人分别获湖南好医生、省级卫生计生工作先进个人等荣誉。

机构建设

【项目建设】 争取棚户区改造基础配套设施项目中央预算资金600万元，岳阳楼区妇幼保健计划生育服务中心目前处于装修设计招标阶段，预计2019年年底全部完工并投入使用。王家河街道社区卫生服务中心重新启动改造装修；洛王街道社区卫生服务中心已完成规划、国土的红线圈定，正进入建筑设计阶段；枫桥湖街道社区卫生服务中心已确定选址，由市城建投划拨3.8亩土地，与其他2个单位统一规划设计的A、B方案送规划预审；金鹗山、洞庭街道社区卫生服务中心建设已分别纳入2020—2022年洞庭新城和东风湖新区整体规划。

健康服务

【“一公里就近诊疗”】 与1家省级医院、5家市级医院、3家民营医院签订了服务协议；18名市级专家定期到各街道社区卫生服务中心进行查房、会诊、带教，建立了绿色通道，实行上下转诊无缝连接；联合市卫生计生委巡回开展110多场次“相约周六——赶健康集”。岳阳市二人民医院对已签约的家庭实行检查绿色通道，检查费用减免20%等多种措施助力家庭医生签约服务。遴选了40家民营医院和个体诊所，确定为“一公里医疗服务定点机构”，实行挂牌服务。

【家庭医生】 16家街道社区卫生服务中心（乡卫院）已组建“3+2+1”式家庭医生服

务团队53个，开展家庭医生签约服务和基本公共卫生服务“进机关、进社区、经农村、进学校、进家庭”的“五进”活动，落实十四大类55项基本公共卫生服务，2018年共签约11.9万人，其中建档立卡贫困人口、计生特殊家庭和城乡低保户、“五保户”等人群签约率均达到了100%。

【妇幼健康服务】 岳阳楼区免费产前筛查完成3588人，完成全年目标任务的100.79%；为2515名农村适龄妇女提供免费两癌筛查服务。

【计生惠民服务】 加大生育关怀力度,2018年度农村奖扶对象155人、发放奖励金22.32万元，计生特殊困难家庭对象821人、发放特扶金670.44万元，为特殊困难家庭开通了就医“绿色通道”，凭“计划生育家庭特别扶助证”享受优先咨询、挂号、检查、住院、治疗、转诊等医疗服务。全面落实二孩政策，全区符合政策生育率97.22%，出生人口性别比117.30,共审查部门单位116个、个人3269人。充分发挥区“三合一”工作平台和卫生计生系统信息互联互通优势，年内共清理档卡信息71892条、27616人。加强流动人口区域协作、网络协作和动态监测工作，奇家岭街道成功创建湖南省第二批流动人口基本公共卫生计生服务均等化示范街道，岳阳楼区卫生和计划生育局获评“全国流动人口动态监测调查优秀单位”；组织开展“把健康带回家”流动人口卫生计生关怀关爱专项行动,为留守儿童健康体检150人次，为留守儿童心理辅导135人次。

【中医药服务】 16家街道社区卫生服务中心（乡卫生院）均能开展10种以上中医适宜技术。2018年对辖区内26638名老年人进行了中医体质辨识测定，向辖区内11575名0~3岁儿童从饮食、起居、运动、按摩保健等方面进行了中医调养指导服务。将高血压、糖尿病慢病人群均已纳入规范化管理，向辖区内居民提供中医药养生保健、食疗、药膳、药茶、运动等中医药知识的宣教和健康干预服务。

【协会工作】 充分发挥计生协会车之“两轮”和鸟之“两翼”作用，岳阳楼区共投入81.56万元，2018年共关怀各类计生特困家庭521户、关怀人数724人，共发放慰问金66.3万元，为计生家庭购买590560元计生系列保险。“金秋助学”活动中为64名计生贫困学子发放助学金128000元，“爱心助孕”已施行助孕手术的有121对，成功受孕的有105人，为7对失独夫妇实施了“计划生育爱心助孕”援助。创建了2个省级计划生育基层群众自治示范乡（街道），4个省级示范村（居），打造2个流动人口市场（或高校）协会，创建流动人口示范点和计划生育特殊家庭重病大病住院护理补贴两项工作在湖南省计生协会工作经验交流会上进行了典型发言。

公共卫生

【疾病防控】 响应接报疑似异常信息244起次，共督促、指导、参与辖区内83起涉及学校、托幼机构传染病疫情现场流行病学调查及规范处置。认真进行传染病疫情网络巡查，核实处置96起传染病预警信息。完成学校直饮水样品的检测64份和41份二次供水的检测，2018年共对岳阳楼区辖区内所有中小学约5万人开展预防性健康体检，辖区内中小学校覆盖率达到100%。完善应急装备添置和应急物资储备工作，对应急库房和应急物品、药品实行了动态管理和维护。以居民健康为重点，积极落实“四免一关怀”政策，构建高效率广覆盖的艾滋病、结核病防治体系，做好重点传染病结核病防控以及高危人群干预工作。全面完成省血防计划工作任务，2018年未发生一例急感病例。

健康促进

【健康楼区】 岳阳楼区以健康细胞工程为抓手，构建全方位健康支持环境。完成创建健康社区46家、健康单位11家、健康学校11家、健康食堂（餐厅）30家、健康主题公园3家、健康步道3条和高标准的健康自测点5家。充分利用主流大众媒体，以倡导健康生活方式为主线，设置健康专栏，开展媒体宣传，宣传动员督导全面推进健康社区、健康单位、健康餐厅（食堂）等健康细胞工作建设，各健康单元中“三减三健”“合理膳食”“活力楼区”等活动开展有声有色。先后迎接了国家艾滋病防控示范区终期评估、国家慢性病综合防控示范区复评和创建国家健康促进区评估验收。

脱贫攻坚

【行业扶贫】 2018年8月1日，岳阳楼区正式启动“一站式”结算平台。岳阳楼区建档立卡贫困人口2042名，患病人数761人，其中患大病119人、慢性病642人。区人民医院派专家上门完成566人健康扶贫对象的体检，确保健康扶贫对象“三个一批”等各项指标达标到位。区医保协议64家医疗机构作为定点医院均设立了一站式结算窗口，有25名大病患者在区级定点医院接受住院治疗，财政共减免医疗费用3.89万元，有240名大病对象享受了财政兜底保障，共减免31.19万元的个人医疗支出。在结对帮扶活动中，按照“1+2”“1+1”的模式赴平江汇龙村开展帮扶活动6次，送去产业启动资金共计20多万元，为贫困家庭每名成员购买了2019年医疗保险。

行业监管

【监督执法】 2018年，组织开展专项整治行动23次，出动执法人员360人次，督查全区各医疗机构、中小学、接种单位、公共场所等1100多家，开展非法行医整治行动8次，向公安机关移送涉嫌非法行医罪案件4例，查处“两非”案件5起，督促岳阳楼区316家医疗单位与方向固废公司签订医疗废物处置协议，清理群众和企业到政府部门“最多跑一次”事项29项。

【医政医管】 加强医疗机构管理，全年新办9家、注销9家、停业2家医疗机构。完成医师定期考核和医护电子化注册工作。参加岳阳楼区拆迁、应急、救灾以及棚改、德赛广场爆破和岳阳楼区政府四大赛事大型活动中的应急救援和国家征兵体检工作任务，共完成了41次医疗救援活动，出动救护车220台次，参与救护医护人员550余人次。

党建工作

【党风廉政】 结合卫生计生行业特点，局党委与区卫生计生系统310名党员签订了党风廉政承诺书，下发了《岳阳楼区卫计局党委领导班子成员2018年度党风廉政建设责任分解》。创新不同形式载体开展党建活动，举办“积分制管理讲评会及快乐会议”，开展“乐享乡村美景、倡导健康生活”

三湘农民健康行等特色活动。同时，全面落实中央巡视组反馈意见和区委第三巡察组反馈意见整改工作，营造了风清气正发展环境。

爱卫工作

【概况】 2018年，岳阳楼区爱国卫生工作在区委、区政府的正确领导和市爱卫会的指导下，依靠各委员部门和社会各界的大力支持与广大群众的积极参与，认真贯彻“以人民健康为中心，政府主导，跨部门协作，全社会动员，预防为主，群防群控，依法科学治理，全民共建共享”的新时期爱国卫生工作方针，以习近平新时代中国特色社会主义思想为指导，以巩固国家卫生城市成果为中心，进一步加大工作力度，强化工作措施，主动作为，积极开展城乡环境卫生综合整治，病媒生物防制、农村改厕、健康教育等中心工作取得了明显成效，城市形象和品位得到进一步提升。

【扎实推进新一轮城乡环境整治工作】 2018年来，岳阳楼区以垃圾清理、污水处理为重点，继续扎实推进新一轮城乡环境整治工作。狠抓基础设施建设。全区投入资金近2000万元，共改造人行道1200米，改造道路1920米，改造下水道1300米，安装护栏460米。同时，共维修路灯3000余盏，新安装路灯978盏，制作路灯标示牌11000块，维修、更换下水道井盖680块，维护更新环卫设施510处，有效改善居民生活、出行条件。加强环境卫生整治。对梅溪桥文化用品市场、盖一市场等20家农贸市场及其周边的环境卫生开展集中整治；对学校周边和中心城区无人管理区、破产改制企业及铁路沿线老居民区等卫生死角死面加大了整治力度，取得了良好的效果。全区共处理各类垃圾16130立方米，清除生活垃圾近73000吨。2018年6月，省爱卫会对全省城乡环境卫生整洁行动（2015—2020年）开展了中期评估。为做好迎检工作，区爱卫办年初就着手进行了安排部署。3月初，对全区各乡、街城乡环境卫生整洁行动开展了一次督导检查，发现了不少问题，主要是基础设施建设滞后，市容环境卫生管理力度不强，群众普遍关心、与生活生产息息相关的环境卫生问题仍然突出存在。7月份，根据中央环保督查发现的城乡环境问题，区爱卫办配合环保、农林等部门，积极开展水体治理和农村环境卫生整治，督促各相关街道清理沟渠，清除垃圾污物，投放除“四害”药物，联合相关职能部门对农贸市场、学校周边、城乡结合部、城中村、五小门店等方面存在的问题开展整治行动，进一步优化城乡环境。

【积极做好健康教育和促进工作】 充分利用健康教育网络资源，结合卫生宣传日，通过各种群众喜闻乐见的形式，大力宣传普及卫生保健知识，切实提高群众健康知识知晓率和行为形成率，累计编发音像资料模版3种、健康知识讲座核心课件5种，宣传栏模版4块，发放宣传资料36000余份，向4.8万余人发送健康短信约28万条。以慢病防控、健康生活知识为主要内容，在城区主干道及文明路段的569个门店、单位LED电子显示屏上，广泛深入开展慢病防控宣传活动，不断提高全区居民健康素养及慢病防控能力。2018年以来，区爱卫办加强阵地建设，继续在全区增设健康教育宣传栏，并对已建立的健康教育宣传栏进行加固、维护，每一季度统一更换宣传内容。目前，健教宣传栏已全面覆盖16个乡、街道办事处及社区，取得了良好的社会反响，居民健康素养得到进一步提升。

【大力开展病媒生物防制工作】 以环境卫生整治为重点，以保障居民群众身体健康为目的，大力开展以除“四害”为主的病媒生物防制工作，共投放灭鼠药6370千克，灭蚊、蝇药10500瓶，灭蟑药23800盒。2018年以来，为有效控制“四害”密度，召开了春秋两季除“四害”专题工作会议，通过对“四害”密度的监测和分析，有重点、有层次地部署了科学除害防病工作。7月底8月初组织全区迎接省爱卫专家对岳阳市灭鼠、灭蟑C级达标检查验收，积极动员各乡、街及辖区单位开展除“四害”活动。购置了灭鼠、灭蚊蝇药物3吨、6000瓶，并组织专业技术人员对农贸市场、环卫设施和城乡接合部的病媒生物孳生地定期开展消杀施药。

【继续开展好农村改厕工作】 响应“厕所革命”号召，根据《岳阳楼区“十三五”血防规划实施方案》，努力补齐影响群众生活品质的短板，助力农村人居环境改善，2018年区爱卫办在郭镇、梅溪、奇家岭三个乡、街道开展农村改厕项目工作。年初，区爱卫办与区疾控中心联合开展农村改厕情况摸底调查，澄清全区户厕底数，制定2018年岳阳区农村改厕方案，并结合区全面深化改革任务和麻布山乡村旅游度假区建设以及环南湖截污环保任务，选定改厕项目地点，组织专业技术人员在郭镇乡麻布、磨刀、建中3个村和奇家岭街道、梅溪乡等地开展农村户厕改造。同时，区爱卫办整合区血防办、区交建局、区疾控中心等项目单位，有效使用改厕资金。截至年底，共完成400座农村卫生厕所新建、改建，受益农户达700多户。

【认真组织第30个爱国卫生月活动】 2018年4月是全国第30个爱国卫生月，活动主题是：关注小环境，共享大健康。按照全国爱卫会及省、市爱卫会的统一部署，区爱卫办于3月30日召开全区爱卫工作会议，下发了《关于开展第30个爱国卫生月活动的通知》（岳楼爱卫字〔2018〕5号），就全区开展爱卫月活动的有关事项和要求进行了部署和明确，并于4月18日上午在金鹗公园东广场集中开展了第30个爱卫月宣传咨询活动，大力宣传病媒生物防制、农村改厕、健康教育、卫生创建等爱国卫生知识。对全区各社区健教宣传栏内容进行了统一更新，并着力推进“厕所革命”，开展春季病媒生物防制，关注你我身边健康环境，积极倡导垃圾分类，为广大居民创造舒适的生活环境。

乡、街道、工作组概况

郭镇乡

【概况】 郭镇乡地处市区南部，东南与岳阳县新开镇接壤，西南与岳阳县麻塘镇为邻，西连南湖新区龙山管理处，北接奇家岭街道办事处，距中心城区约7千米。辖区面积20.5平方千米，其中耕地面积4307亩。辖麻布、磨刀、建中、枣树、马安5个村民委员会，65个村民小组。总人口约3.4万人，其中常住人口9255人，院校师生约2.45万人，常住人口全部为汉族。基层党支部20个，党员432人。辖区有岳阳职院、湖南民院两所高校，有1所初级中学、2所小学。

【党的建设】 2018年，坚持党建统揽，强班子，固基层，优作风，凝聚推动各项工作顺利开展的强大贯彻力、执行力。全年组织党委中心组学习13次，进一步提升班子成员的党性修养和理论素养；加强党建阵地建设，以“和乐”文化为主旋律，以“五化”建设为主要内容，打造麻布村党建示范点，受到区委组织部充分肯定。抓实党员学习教育，开展全乡性集中讲党课活动2次，听课人数达460人次，以支部为单位讲党课80余堂次。创新党建主题活动，开展“七一”主题党员活动，组织120名党员到任弼时、杨开慧故居瞻仰参观；开展“党员先锋护碧水”主题活动，引导广大党员带头保护生态环境；开展书记讲党课竞赛活动，21名支部书记全员参加，在全乡范围内掀起了“不忘初心、牢记使命”主题教育的新一轮热潮。同时，强化意识形态工作，着重抓好网络宣传报道，向区政府网站、新闻中心等平台媒体报送工作动态信息120余条次，配合区网宣办正面宣传转帖、跟帖260余条次。

【重点项目】 2018年，9月份启动田园小镇创建，将旅游产业发展与创建工作相融合，快速制定创建方案，推进新一轮的产业调整和布局，计划全资注入民间资本，对麻布村枫树组实行整体搬迁，腾地开发农家客栈和书吧、咖啡屋等项目；引进稻虾混养基地2个，建中庄上体育公园已开工建设，曾庄路和麻布山山顶提水工程顺利完工，麻布盆景根雕艺术博览园、磨刀千旗山植物园等项目也在紧锣密鼓筹备之中；坚决落实中央环保督察和“回头看”问题整改，完成全域生猪禁养，退养生猪3965头，拆除栏舍10066平方米。严格落实河长制，对黄梅港进行机械清淤和人工除杂，定期打捞水面漂浮物，禁止投饵喂养，水面养殖实现人放天养。关停塑料加工厂、沙场等污染企业5家，整改1家。

【社会稳定】 2018年，积极推进平安创建活动，加强对吸毒、安置帮教、社区矫正人员的动态监管，严厉打击各类违法犯罪行为。新建了乡综治中心，落实班子成员轮流接访制度，办理回复“12345”热线工单196个，调解纠纷矛盾30余起，群众信访诉求得到及时回应；长年开展夜间巡逻和扫黑除恶行动，辖区治安环境更加好转。强化安全生产监管，持续开展安全隐患大排查大整治行动，整治公共安全隐患5处，拆除砖厂烟囱5个，关停烟花爆竹储存仓库1个，安全生产形势整体平稳，全年无安全责任事故发生。坚持铁腕控违，开展大型拆违行动22次，拆除存量违法建设14处1800多平方米、新增违法建设8处730平方米，为城市发展预留了广阔空间。坚持挺纪在前，开展作风督查15次，通报批评26人次；查处违纪问题线索10条，立案3起，党内警告以上处分3人，起到了良好的正风肃纪作用。

【民生实事】 2018年，按照五个“一公里服务圈”建设要求，打通了服务群众“最后一公里”，村级便民服务平台全部建成投入使用，村级“警网一体化”、网格化同步开通运行，实行“一站式”服务；完善民生基础设施，妥善化解民生建房矛盾，全年审批正屋43户、偏杂屋和屋顶改造42户，另有43户也已上报，正在审核中。同时，加快村民集中建房点建设，已出台实施方案，完成选址等工作，正在制定设计规划和协调土地调规。

【精准扶贫】 2018年，按照“脱贫不脱帮扶，脱贫不脱政策”的要求开展脱贫巩固提升行动，向两个非贫困村增派了扶贫工作队，安排273名区乡干部与399户脱贫巩固对象进行结对帮扶，入户走访均在三次以上，实现驻村、结对帮扶全覆盖，成效更明显；继续落实各项扶贫政策，实施健康扶贫458人次、教育助学178户、临时困难救助9户；举办各类扶贫技能培训班3期，培训260余人次，协调安置贫困户劳动力再就业18人，脱贫户持续增收，无返贫现象发生。

【社会保障】 2018年，大力发展社保事业，完成了1237名困难企业职工、47名失地农民及63名离任、现任村干部的养老保险补缴工作，并全面完成了2019年城乡居民养老保险、基本医疗保险征缴工作；精准落实民政救助政策，低保保障227户358人，发放临时困难救助资金40万元、残疾人两项补贴20万元。严格实行人口计生国策，计生政策内生育148人，符合政策生育率96.1%，实施计生奖扶37户。

枫桥湖街道

【概况】 枫桥湖街道办事处地处岳阳市区东北部，总面积7.53平方千米，辖新胜、大屋湾、康岳、枫桥湖、湘爱园、琵琶王、青年堤、甘塘坡8个社区，常住人口31000人，暂住人口约27000人。2018年，枫桥湖街道紧紧围绕区委、区政府工作部署，立足“满意街道、平安街道、活力街道、幸福街道”的奋斗目标，坚定不移抓项目促发展，持之以恒惠民生强事业，圆满完成了年初确定的各项目标任务。

【党的建设】 学习教育常态化。深入开展十九大精神学习、“不忘初心、牢记使命”、学习“黄群、宋月才、姜开斌、王继才、张超”先进事迹等主题教育活动。组织生活正常化。各党（总）支部认真落实“三会一课”，扎实开展组织生活会和民主评议党员工作。转正纳新17人，走访慰问辖区老党员20名，困难党员20名。主题党日丰富化。积极开展“巴陵先锋党员活动日”“植树护绿”“情系光荣院”等主题和“爱心速递”“爱心超市”等特色品牌，激发了党员先锋活力，提升了居民群众对党组织的信任感和满意度。进一步加强和规范“两新”组织管理。已撤销9家“空壳”支部“两新”党组织。

【项目建设】 枫桥湖街道地处东风湖新区核心区域，共有续建新建项目12个，总征地面积约1240亩，总征拆房屋602栋3284户53878.3平方米，已完成签约3055户，腾房2554户，拆除2409户。在完成拆迁的同时街道积极推动项目建设，其中岳阳市中医院项目土地面积为13000平方米，建筑面积为6000平方米，规划建24层，目前已经建至10层，预计2020年6月完工。恒大御景湾项目目前4栋、5栋、6栋已建成，9栋、10栋、11栋、12栋、13栋已封顶，现正在装修外墙。枫桥绿洲项目占地19亩，目前1楼已建12层，2.3栋已建8层。新蛋禽市场项目占地约57亩，现已完成土地设施的征拆。

【民生建设】 2018年，新增低保27户41人，清退185户227人，提标1054余人次，为130户困难家庭申请医疗救助金47.3万元，为81户困难家庭发放救济款14.05万元，救助和慰问特困户1511户70.18万元，为特困优抚对象发放救助和慰问金8.56万元，办理发放困难残疾生活补贴334人220440元，为80多名残疾对象办理了残疾证，16名残疾对象申报了辅助器材。为16名退役人员提供就业援助。发放基本养老服务补贴50人共6万元，发放高龄补贴108人共80950元。

【社区治理】 维护民安，打击违法犯罪。在全区率先完成社区警务室建设验收，打造警网一体化。开展涉黄专项清查行动12次，抓获涉黄嫌疑人员6名，整治“三超”麻将馆4家，销毁电游赌博机35台，织打击传销行动4次，刑拘9人，解救21人。尿检171人次，强戒1人，社戒1人，构建了平安祥和的治安局面。倾听民声，化解信访积案。受理群众来信来访149件，已办结144件，5件（来访）正在办理。有效化解积案6件，解决琵琶王佘家垅及甘塘坡农科组常年积水问题，化解影响较大的付翠华和黄岳平积案。做到了赴省进京上访“零”指标，各重点工程无重大矛盾纠纷，创造了和谐稳定的发展环境。顺应民心，营造法治氛围。深入加强社区矫正、社区戒毒、人民调解、普法宣传、安置帮教等工作，2018年共开展20人次审前调查，入矫20人，组织开展427人次公益劳动，484人次集中学习，个别谈话108次，心理评估10人次，开展集中劳动11次，行为规范教育11次，成功调处各类纠纷132起，复杂纠纷7起，征拆纠纷18起。

【城市管理】 2018年街道共组织拆违行动160余次，拆除违法建设451处54540平方米，拆除存量违法建设25处3090平方米，其中拆除东风湖新区抢建违建315处37550平方米，全力保障了东风湖新区建设。全面推行“路长制”，取缔占道经营300余家，流动摊贩260余人次，清理辖区的违章物料30处，规范出店经营行为420多人次，规范管理辖区内马路市场4个，清除辖区内乱拉条幅40条等。联合多部门强力整治，彻底解决了许家坡、云山街“马路市场”扰民问题。全面落实“河长制”，每月二级“河长”不少于4次巡河，积极开展河湖整治工作，出动工作人员，志愿者500多人次对东风湖岸线垃圾，漂浮物等进行清理，清理垃圾50多吨，对沿线36处私种菜地进行现场拆除，覆盖密目网面达8638.45平方米。

【环保整治】 2018年对辖区内11处燃煤锅炉进行了整改和关停，整改“散乱污”小作坊24处，对辖区内6家建筑工地重要区域铺设密目网16787.23平方米，清理各类垃圾42余吨。投入60余万元对蛋禽市场设施设备进行更新，对市场周边进行专项环境卫生整治，出动挖机19台次、清运车辆103台次，共清运各类垃圾30余吨。现在，蛋禽市场环保问题已彻底整改，站北箱涵黑臭水体已全面整治，东风湖水域突出问题已得到有效改善。

【安全生产】 全年开展烟花爆竹清剿行动30余次，收缴销毁各类烟花爆竹200多个，与经营门店签订承诺书400多份。制作安全生产展板35块、横幅100余条，举办消防知识讲座10次；排查危房43栋，各类企事业单位136家，发现较大安全隐患10个，取缔3家液化气门店，工业气体门店1家，关停故障电梯12台、豆腐作坊1家，行政拘留2人。

奇家岭街道

【概况】 奇家岭街道地处城乡结合部，历经两次区划调整后，现下辖学院路、奇家、奇西、蔡家4个社区和仓田1个行政村，30个居（村）民小组，辖区面积14.69平方千米，总人口约5.6万人，辖区内有湖南理工学院、岳阳市第十三中学、岳阳市第一职业中专等单位9家。现有班子成员9人，内设股室6个、事业站所7个，在编在岗人员87人，退休人员48人。2018年，街道党工委、办事处认真贯彻落实区委、区政府各项决策部署，攻坚克难、务实求为。在街道上下的共同努力下，街道本级获评岳阳楼区2018年度综合绩效考评二等奖、乡街排名第三。2018年，安全生产工作获市级优秀乡街、棚改工作获市级先进征拆集体。

【党的建设不断加强】 常态化开展“三会一课”“两学一做”等活动，开展学习十九大精神系列活动31次，组织党员集中学习476人次，强化了党员先进性教育。加强党员管理，从严发展党员，集中培训入党积极分子13名，发展党员4名，增强了基层组织力量。组织春季登山、“三八”妇女节拓展训练、家属答谢会等活动，搭建“青年论坛”平台，组织青年干部定期开展读书会、演讲比赛、知识竞赛等活动，丰富了干部文化生活。加强建章立制，规范干部行为，引导街道上下，同心同向、共谋发展。在征收拆迁、全域禁违等中心工作中，党员干部坚持政策不突破、红线不触碰，做到了面对诱惑不迷糊，坚定立场守底线。扎实开展“治陋习、树新风”专项工作，倡导“婚事新办、丧事简办、其他事不办”的健康文明操办方式，发挥了党员干部示范引领作用。扎实开展党风党纪教育和廉洁警示教育，开展廉政警示教育12次，发布作风督查通报11期，通报批评71人次，筑牢了党员干部拒腐防变的思想防线。

【项目建设有效推进】 木鱼山北路、湘北大道、奇康路项目建设顺利完成；建设北路完成征拆任务291户42栋，清零在即；湘北大道东侧土地收储正式启动，仓田教育储备用地征拆强力推进；岳兴加油站、蔡家安置房二期项目土地正式出让。2018年12月30日，奇康路顺利竣工通车。

【基础设施日臻完善】 提质升级奇西社区廖家组、蔡家社区万家组等5条村组道路，方便了居民，完善了路网。完成奇西社区、学院路社区、仓田村便民服务中心的新建和改造，进一步提升了服务功能。认真落实“路长制”，推动辖区背街小巷、村组道路管理精细化、制度化。

【投资环境持续优化】 湘北大道、奇康路、赶山东路3条发展“脉络”顺利拉通，湘北大道两侧立面改造靓丽呈现，项目的快速推进，优化了辖区发展环境，带动了区域经济快速发展。全面推进第四次全国经济普查法人和产业活动单位、个体经营户的清查工作，录入法人和产业活动单位549家、个体经营户4697家，全年固定投资增长11%，达到13.3亿元。

【社会大局平安稳定】 深入开展“平安楼区”建设，持续推进专兼职巡逻防控，推进网格+警务一体化，加大治安巡逻防控力度，严厉打击黄赌毒等违法犯罪行为，共处理各类违法犯罪人员121人，其中刑拘29人、行政处罚91人，居民群众安全感显著提升。综治工作荣获区级先进。积极接访处访，化解矛盾纠纷，共排查纠纷36起，调解纠纷35起，引导诉讼4起，理工学院二期安置房等一批历史性遗留信访问题妥善解决，群体性上访“零发生”。信访工作获区级先进。积极开展食品安全“护苗”“护老”行动，加大保健品营销违法行为排查，提升了居民食药安全感。

【安全生产成效明显】 健全“党政同责、一岗双责”的责任体系，建立“横向到边、纵向到底”的监管机制，织牢织密了安全生产防控网。加强门店、企业安全隐患日常排查整治，常态化开展烟花爆竹清缴行动，全年没有发生一起重特大安全生产事故。安全生产“奇家岭模式”被市安委办发文推广，市政府第18次常务会议明确在全市总结推广，街道被评为市级安全生产示范乡街、优秀乡街。

【发展底板更加牢固】 着力推进“三大攻坚战”，加强债务化解，积极向上争资，向下监管，确保了债务只减不增。蔡家安置房顺利完成分房到户，回收资金2055.6万元。严格监督“三公”经费、村（居）级财务和项目财务管理，严明财经纪律，财务管理进一步制度化和规范化。扎实推进农村农业面源污染治理、湖河治理、清洁家园行动，攻坚环境保护，不断实现天蓝山青水绿。高标准推进脱贫攻坚工作，加强结对帮扶、驻村帮扶、行业扶贫，稳定脱贫81户159人，仓田村建档立卡贫困户全部脱贫，顺利通过省市脱贫验收。

【公共服务创新有为】 深入推进社区治理“三合一”工程，以网格化管理为依托，优化民生服务，全年累计办理居民服务事项7473条、处理网格事件662件、上门登记25440条，代表楼区接受“全国社区治理和服务创新实验区”结项验收顺利通过。以“群英断是非”为抓手，做实居民自治，有效解决违建拆除、路灯安装、阳光低保等27个复杂问题，“群英断是非”被人民网、《湖南日报》等媒体广泛推介。扎实推进五个“一公里公共服务圈”建设，完善了各社区（村）服务平台、警务室、医务室、图书室、休闲小广场的配套建设，创建了学院路“党群自治先锋”、仓田“党建示范村”特色社区，两个特色社区（村）代表楼区接受各级参观视察60余次。创新“奇家岭微动态+网格化”宣传模式，建立工作信息公开平台，吸收居民2262人，发布各类资讯1534条，引领导向，凝聚了民心。

【惠民实事扎实有效】 全力做好民政救助、社会保障、卫生计生等民生实事，扶助困难群众1300余人，完成413名失地农民养老保险缴纳，组织3场就业指导招聘会，解决636人的就业问题，完成医疗保险缴费21000余人，开展上门看诊1000余人次，保障了群众基本生活需求。卫计工作获评省级流动人口均等化服务示范乡街、区级优秀单位。深入开展“讲文明、树新风”、文明创建、志愿服务、文艺进社区等活动，弘扬文明风尚，丰富了居民文化生活。严格执行《阳光低保》、《民生建房阳光操作》等办法，通过阳光民主评议会，清退不符合低保保障户227户，新增低保户87户；66户新增拟建户、35户遗留拟建户进入民生建房申报审核程序，解决群众切身利益问题，彰显了公平正义。

【人居环境不断改善】 认真落实中央环保督查和反馈意见要求进行环境整改工作，深入推进河长制，针对辖区水体面源污染开展“六大”整治，完成大赵组污水沉淀池新建、奇西社区、蔡家社区化粪池改造、生猪禁养任务，保护水体环境。结合“大城管”模式，持续开展城市清洁提质行动，占道经营、“脏乱差”等问题得到有效整治。加大环卫基础设施投入力度，加强卫生管理，街道清扫保洁走在全区前列。坚持“零容忍”治理违法建设，强力推进“全域禁违、铁腕拆违、重典治违”行动，全年共依法拆除违建360处、4.3万平方米，确保了新增违法建设即时拆除，维护了城市规划建设秩序。禁违拆违治违工作获市级先进。

洛王街道

【概况】 洛王街道办事处位于楼区东北面，巴陵东路以北，王家河水系以西，长动医院以南，京广铁路线、康岳社区以东。辖区面积约7.56平方千米，总人口7.1万人。街道于2002年11月由原知青场改制而成，现辖洛王、大桥湖、藕塘坡、瑶塘坡、花园坡、雷锋山6个社区12个党（总）支部（其中非公支部3个），直管党员701人。2018年，是贯彻党的十九大精神开局之年，洛王街道办事处在区委区政府的坚强领导下，坚持以习近平新时代中国特色社会主义思想为指导，践行“一三五”基本思路和“一线工作法”，围绕“全面建成转型发展、创新创业的核心引领区”奋斗目标，凝心聚力，忠诚担当，真抓实干，全力实施“美丽、祥和、幸福、品质”四个洛王品牌建设。

【党建引领，固本强基激活力】 街道党工委坚持以党建为总抓手，强化政治担当意识、强化党建引领作用、强化阵地建设，深入开展中央第八巡视组反馈意见的整改，问题整改完成率达90.1%。认真对待省委第七巡视组信访交办件的办理，涉及街道4起已全部办结回复。按照“七室一厅”和“三统一”标准，完成了6个社区党建阵地和综合服务平台规范化建设工作。开展廉政警示教育1次，集中廉政党课3次；在各单位督查16次，下发通报12次；开展集体谈话3次，个人谈话14人次；办理信访案件6起，办结4件；查处案件4起（自办2件，区办2件），结案3件，为街道大发展格局提供了坚实的组织和队伍保障。

【攻坚克难，凝神聚力促发展】 2016年来，街道共承担洛王片区、青年东路北侧第四片区、王家河流域综合治理洛王片区、知青场路周边、北港北路周边等5个棚改约550亩棚改拆迁腾地任务，拆迁总户数2300余户。截至2018年年底，洛王片区、青年东路北侧第四片区已全面清零交地；北港北路周边已签约清零，正在加速腾地；王家河综合治理洛王片区共768户，已签约750户，18户未签约；知青场路周边共738户，已签约705户，33户未签约。对于未签约对象，街道将加劲加力、想尽办法，力争以最快的速度签约清零。

【筑牢基础，多措并举保稳定】 通过综合施策保稳定，加速推进信访积案清零工作，先后化解了刘衍明、施凤关、费雷亮、李水、王玉英等市、区交办的5起信访积案，调处本级矛盾27起，实现了信访总量明显下降，进京非访零登记。对春和家园开展涉毒联合整治行动；积极构建视频监控、社区警务室、综治巡逻“三位一体”综治平安建设体系；开展联合整治行动11次，整治违规门店31家，捣毁传销点6个，治安环境明显好转。

【不忘初心，真抓实干惠民生】 积极争取或自筹资金，完成知青组下水道改造、桃花山组驳岸维修、望岳鱼塘护栏安装、汀澜路提质改造、藕塘坡C区环境综合整治等民生实事工程。定期巡河巡塘，对辖区王家河周边19.6亩菜地全部清退、移除；联合交建部门对潘家鱼塘、大桥水塘、望岳鱼塘三处黑臭水体进行了根治，清理、消毒化粪池600余个。开展联合行动，依法关停康洛街油漆污染门店12家，关停印刷厂1家，同时进一步巩固生猪禁养成效，避免反弹。组织对辖区所有棚改项目修建围墙、排水沟，铺设防尘网2.2万余平方米。

洞庭街道

【概况】 洞庭街道地处岳阳市西北端，紧挨岳阳楼，毗邻洞庭湖，因洞庭湖而得名，辖区总面积8.6平方千米，人口2.7万人。2018年，街道全体机关干部、社区工作人员在区委、区政府的坚强领导下，紧紧围绕“视使命为生命，争当干事创业的前锋、尖锋、主峰、先锋，扎实推进街道政治、经济、文化、生态、社会五位一体建设”的工作思路，举全街之力谋发展、建机制、抓项目、优环境，各项工作呈现良好的发展态势。洞庭渔歌获得全国艺术节十佳剧目和“欢乐潇湘”艺术节金奖，同时先后获得市级文明标兵单位、市安全生产工作先进街道、市计划生育模范街道、全区综合绩效二等奖等一系列荣誉。

【突出主业主责，党建引领更全面】 牢固树立“抓党建就是抓主业”的思想，扎实抓好“两学一做”常态化教育。以“党支部建设年”“巴陵先锋先行”“智慧党建”等活动为契机，全面推行“党建+”工作理念，围绕安全、方便、解难3个方面构建“智慧党建”，把党建工作融入中心工作、重点工作和日常工作。全面开展党员积分制管理、“星级党支部”创建和“星级党员”评比活动，探索工委班子成员牵头、社区干部分片负责、党小组长联系管理党员、党员设岗定责的“网格化”管理模式，确保了服务范围全覆盖。开展“送学上渔船”“我为渔民当义工”“保护洞庭水资源、留住江豚的微笑”等活动，让广大渔民和党员时刻感受到党的温暖，实现了党组织服务党员、党员服务群众的平台前移和拓展延伸。

【突出重点重抓，项目推动更强力】 街道上下以“咬定青山不放松”的韧劲和干劲，分片包干，压实责任，项目征拆工作快速推进。截至2018年年底，国家级重点项目杭瑞高速洞庭湖特大桥和蒙华铁路洞庭湖特大桥在我辖区的部分已接近完工，杭瑞高速洞庭湖特大桥已在2018年春节前通车；市级重点项目开发中路一期已完工，第二期正在按时间节点稳步有序推进；棚户（旧城）区改造项目中，街道所负责的九华山一期和白水磨子山棚改项目征拆任务全部按期完成拆除腾地工作；九华山棚改二期项目和洞庭大桥东引桥北侧棚改项目采取分片包干、责任到人、“挂图作战”“事件倒逼”“工作清单”等刚性办法压实责任，一天一总结，一周一调度，确保如期完成任务。

【突出精细精致，城市管理更优化】 抓长效机制。坚持“每月一主题，每周一行动”，召开联席会21次，开展禁炮、关停小作坊、环卫清扫等行动27次，形成了处处有人守、时时有人抓、事事有人管的长效机制。抓禁拆治违。按照“清除存量违建不动摇、拆除新增违建不动摇”的方针，做到及时发现、及时报告、及时制止、及时拆除，全年共拆除新增违建135处，面积22255平方米，存量违建8处，面积3330平方米，对违法建设起到了很好的震慑作用。抓文明创建。以样板路、文明店铺及示范小区创建为抓手，扎实开展六大突出问题专项整治，引导居民积极参与志愿行动；制作宣传栏137块、版画420幅，入户宣传1200次，以“洞庭渔歌”文化底蕴为基础，不断创新文明社区创建和志愿者服务活动，形成了全街道全员参与和支持文明创建的良好局面。

【突出实事实办，服务群众更满意】 充分运用“社区治理和服务创新”“三合一”工作平台，实行以积分制管理社区干部、流水线办理公共服务、联席会解决难点问题的新机制，加快渔民休渔期补贴、油差补贴发放，加速小区、社区和主干道监控设施建设、居民小区路灯亮化、水域综合环境治理，办理居民服务和公共服务5844件、网格事件上报295件，解决群众反映的实际困难问题656个，实现了社会服务“零距离”、社会管理“全覆盖”、居民诉求“全响应”。特别是在抗洪救灾工作中，第一时间转移安置内涝被淹房屋居民191人次，第一时间抓好灾后卫生防疫、路面清洗等工作，确保了群众情绪稳定、街道卫生整洁、灾后无疫情发生。

【突出严抓严管，底线工作更稳定】 环保问题整改落实。按照责任落实到位、人员安排到位、限期整改到位的要求，狠抓环保督察反馈问题整改，强力推进东风湖、吉家湖水环境综合整治，联合开展执法行动43次，取缔废品收购门店11家，关停熏鱼棚17家；在沿岸安装护栏2900米，清运湖岸水域周边建筑垃圾和生活垃圾925吨，打捞清理大湖水面漂浮物和白色垃圾5000多吨，退养9户945头生猪。平安创建再上台阶。投入35万元，高标准建成街道综治中心，同时坚持运用法治思维化解矛盾纠纷和处理信访问题，共处置化解矛盾纠纷59起，实现无越级上访现象。开展“打击整治集中月行动”，加强重点人群的防治帮教工作，加大“黄、赌、毒”等违法犯罪打击处理力度，侦破刑事案件18起，刑拘20人，行政处罚45人，强制戒毒31人，移送起诉各类犯罪人员16人。安全生产持续向好。严格落实党政同责、一岗双责，建立安全网格机制，定岗、定职、定人，将责任落实到网格、到单位、到小区、到门店。积极推进“三大行动”“安全生产月”活动，抓好社区居民楼、齿轮箱厂和水边、湖边、路边安全隐患排查整治，加强项目建设工地和渔都市场安全生产管理，全年整改安全隐患47起，开展消防安全演练2次，实现了安全生产零事故。廉政建设风清气正。切实履行“一岗双责”，建立廉情监督预警机制，自编自导《廉政文化兴洞庭》《渔歌争当宣传员》《后妈亲娘》等多个廉政建设渔歌节目，下发督查通报12期，诫勉谈话7人，通报批评干部职工27名，立案查处1人，种好党风廉政建设“责任田”。

金鹗山街道

【概况】 金鹗山街道地处岳阳市中心城区西南区域，东接迎宾路，西抵京广铁路线，南濒临南湖水，北临青年路，辖区面积14平方千米。常住人口10.8万人，流动人口16140余人，辖区单位37家，企业824家。下设太子庙、螺丝港、南津港、万家坡、金鹗山、夏万路、新桥巷、鹗西路、岳荣、重湖、良万社区居委会11个。金鹗山街道区位优势得天独厚，京广铁路、南湖水系和云梦路、青年路、求索路、得胜路、岳阳大道、南湖大道等城市主干道构成的立体化交通网络四通八达。辖区布局开阔合理，植被茂密，山青、水秀、人杰、地灵、文厚，其中金鹗公园既是洞庭湖风景名胜区的主要景点，又是岳阳市的市级文化休息娱乐乐园，规划面积为58公顷，属低山丘陵地形，最高峰海拔97米，登上其顶，可俯览全城，主要景点有望岳亭、玉兔亭、翠谷亭、荷香楼、古炮台、念悦亭、城南亭、听涛亭、碧山寺等，成为市区目前唯一的森林公园。辖区内以得胜路为中心形成了一条美食与休闲娱乐的经济圈，以云峰财富广场、和顺商业广场、湖景花园、湘天国际、恒大名都、恒大南湖半岛等房地产开发带的经济圈。2018年街道被评为市级“安全生产示范街道”、市级“文明劝导志愿活动先进单位”、市级“最美公益团队”、区级“献血先进单位”、区级“政协工作先进单位”、街道武装工作全区综合排名第一、街道太子庙社区被评为省级“和谐社区”、区级“特色社区”、街道夏万路社区被评为区级“安全生产示范社区”。

【党建工作】 金鹗山街道党工委2018年扎实推行“党建+”工程，坚持“一体四驱”工作。在2018年共组织开展“十九大精神”系列学习6次，班子成员讲党课18次。开展先锋护碧水、同心战冰雪等“金鹗党旗红”系列党建活动23次。重点打造太子庙等党建示范社区，构建“三环”全域化党建模式。从严预审、联审发展新党员，新增尿检把关。联点调研61次、走访居民店铺83户、接待群众59批次，督办解决具体问题37个。开展党支部“五化”建设交流4次，解决党建问题30余个，处置不合格党员6人。

【党风廉政】 金鹗山街道党工委为进一步加强党员干部廉洁自律教育，加大执纪力度。2018年共开展廉政警示教育3次，工作纪律和纠“四风”专项整治11次，下发督查通报16期，通报批评和约谈91人次。收到区纪委交办件和群众举报信访件21起，立案7起，开除党籍、撤职1人，开除党籍、降低岗位等级2人，党内警告3人，行政记过1人，诫勉谈话11人，警示谈话1人，函询5人，辞退1人，进一步加大正风肃纪、严明纪律的力度。全力配合区委第三轮巡察工作，认真接受“政治体检”，对查摆的问题做到即知即改、立行立改，对巡察反馈问题已基本整改完成。从严规范队伍管理，出台《金鹗山街道内务管理制度》，在全街道实行手机智能考勤，队伍作风持续提升。

【项目建设】 2018年金鹗山街道办事处以解扣子精神，化解棚（旧）改遗留问题，紧抓棚（旧）改项目推进。2018年年底白水一期已进入成本结算、净地出让阶段。中闽电机厂东生活区及朱家咀地段完成净地挂牌出让，现正施工建设。恒立经适房二期项目征拆工作已完成摸底。担实担子，主动做好项目服务。开展“金鹗党旗红，项目促发展”活动，对街道10个在建项目协调服务责任分解到班子成员、联点领导、社区干部，做到件件工作有时间表，人人身上有任务单，为街道项目发展提供了一流的环境保障。不断优化施工环境，对项目建设实行“一对一”服务，项目施工遇到的问题，街道第一时间介入协调，主动做好矛盾化解稳控工作，坚决做到“三个绝不允许”。2018年中建 湖山一号、荣盛 金鹗御府、中梁首府、名门世家、恒大南湖半岛三期、公园大邸、金隧花园及良万社区办公楼建设等项目进展顺利。同时，坚持拆存量、禁增量，严防死守，铁腕拆违。2018年，街道开展拆违行动46次，劝阻制止违建抢建行为80余起，拆除各类违法建设11551多平方米，现场销毁抢建电机、工具40多件。在棚改区域及项目周边更新、悬挂宣传横幅30余条，张贴通知通告1500余份。

【综治维稳】 金鹗山街道2018年共走访困难群众、下岗职工、企业军转干部、参战老兵、拆迁户等510余人，收集问题420余条，化解矛盾纠纷110余起，落实解决国家、省、市、区来信12件，办理中央巡视组交办件3起，办理省委巡视组交办件6起，接待来访73起，完成息访息诉4起，积案化解4起，街道全年无一起群访、非访、越级上访事件，无一起赴省进京上访事件，圆满实现“零上访、零非访”的工作目标。开展“平安楼区”宣传，制作“平安家庭”、“平安店铺”公示牌16500份，下发民调宣传资料5000份，利用宣传栏、横幅、宣传资料、微信等媒介广泛宣传，确保辖区公共安全“五个不发生”。推进社区警务与网格一体化建设，街道综治中心、派出所、社区开展夜间联合巡逻137次，走访居民7000余户。选派11名街道工作人员任社区辅警，每周定期走访，居民见警率明显提升。精心打造金鹗山街道戒毒（康复）工作站，并多次接待省、市、区调研工作，开展禁毒宣传活动2次，分发禁毒宣传资料5000多份，悬挂横幅27条，张贴标语30份。

【城管环卫】 2018年金鹗山街道办事处围绕文明创建迎检测评，集中开展三大整治行动，共开展环境卫生整治行动110余次，集中力量整治新桥巷、韶峰路两个马路市场，劝导占道经营摊位440余处，乱停车辆260余台，刷除牛皮癣1700余处，清理废旧家具等杂物340余车，建筑垃圾、撒漏渣土等污物400余吨，改建疏通下水道700余米，有效改善居民生活居住环境。

【民生保障】 2018年金鹗山街道办事处充分发挥“网格管理+‘12345’”工作的作用，深化居民服务。2018年街道完成居民服务11641起，上报处置事件1791起，各类证件手续办理2815起，受理“12345”公共服务热线473条。扎实推进“最多跑一次”改革，率先在全区范围内实现了“一孩准生证”“二孩准生证”办理和“城镇独生子女父母奖励”“计划生育家庭特别扶助金”发放网上办理。积极开展“打非治违百日行动”，与辖区单位、企业签订责任状120余份，承诺书200份。开展安全生产检查40次，出动385人次，检查单位120家，排查安全隐患100余条。“两节”期间，张贴禁炮通告1000多份，开展烟花爆竹换生活用品，同心守护“岳阳蓝”活动，回收清剿各类烟花爆竹1600盘，确保了全街道平安有序。完善最低生活保障制度，全年新增低保73户，发放基本养老补贴123人，共计147600元，办理大病救助180户、残疾人两项补贴520人，申请廉租房货币补贴318户，采集退役军人进行信息1800余条，走访慰问特困优抚对象158户，发放慰问金13万余元。慰问辖区困难群众2373户，送去慰问金107万元。深入开展计生优质服务，申报独生子女特别扶助6户，申报独生子女父母奖励320户，联合辖区医疗机构等职能部门开展各项活动8起，发放“金秋助学金”10人。组织困难就业对象150人次参加招聘会，新增就业650人。

岳阳楼街道

【概况】 岳阳楼街道办事处地处岳阳市中心城区西北部，面积5.76平方千米，总人口4.8万人，下辖7个社区居委会，党员923人。辖区境内人文资源丰富，岳阳楼、三国鲁肃墓、岳州文庙、洞庭湖等一大批历史遗产和自然风景带座落期间；教育资源丰富，拥有百年历史的岳阳市一中、岳阳楼小学、岳阳市二中，在岳阳教育界享有盛誉；交通便利，南岳坡码头、岳阳楼客运码头、枫桥湖路是岳阳重要的客货码头和城市重要主干道。街道围绕“依托名楼优势，加快经济发展；弘扬忧乐情怀，构建和谐社区；力保高位态势、争创示范街道”的工作目标，各项社会事业得到全面发展。街道先后荣获全国先进基层党组织、全国百家示范乡镇（街道）工会、全国人口和计划生育依法行政示范街道、全国社区教育示范街道、全国模范职工之家、湖南省创建和谐社区先进街道、湖南省社区党建和社区建设先进单位、湖南省理论宣讲先进集体、湖南省文明单位、湖南省标准化财政所、湖南省规范化司法所、全市十大平安乡镇（街道）、岳阳市学习型党组织建设示范点、岳阳市三年禁毒大行动先进集体、岳阳市安全生产示范乡镇等荣誉称号，连续十年被评为全区绩效考核红旗单位。

【抓党建总揽，提升班子凝聚力】 突出抓方向、强重点。注重意识形态领域教育，提高政治站位，把思想统一到工委的决策部署中来。学习引导。采取邀请专家授课和干部轮流讲课相结合，通过观看宣传片和深入社区宣讲等多种形式，利用道德讲堂、市民学校等多种载体，将十九大及上级文件精神全面渗透。2018年，共开展各类学习活动32场次，营造健康良性的政治生态；示范引领。发挥班子桥头垒作用，按照“一个工委成员、一套班子、一抓到底”的工作机制抓项目建设、抓民生实事、抓积案化解；班子成员带班值周，带头履行一岗双责，切实担负第一书记联点社区职责。2018年，七里山棚改等3大项目平稳推进，高纯等3起陈年积案成功化解，累计开展“书记讲党课”8次，班子彰显团结向上的生机活力。重点引路。按照“重点工作统筹抓、日常工作反复抓、中心工作重点抓”的工作理念，定期开展调度讲评，强化过程管理和督查考核，在确保日常工作正常运转的同时，顺利通过中央环保督察、全国文明城市复查、省纪委“1＋5”文件精神落实检查，有力确保了街道工作方向不偏、重心不移。突出抓基层、打基础。围绕党支部五化建设要求，创新党员管理方式，力争进入全区第一方阵。优化支部结构。将党支部触角延伸到社区网格、党小组和楼栋，构建43支“1+1+X”的党群服务队伍，调整社区两委班子成员8名，因棚改拆迁撤并两新组织党支部5个，新发展党员4名；丰富组织生活。落实“三会一课”、民主评议等规定动作，开展巴陵先锋党员主题活动82场次，利用三句半、快板等形式宣传十九大及纪检信访“1+5”精神30场次；开展“新时代新担当新作为·干在一线，走在前列”系列活动，评选优秀党员6名，组织老党员喜看城市新变化，畅谈感悟、共谋发展。挖掘亮点特色。运用掌上党支部、网格微信群、公众服务号搭建党群联心桥；打造“红色家风、温馨郭亮”党建示范点，围绕“服务360，大美岳阳楼”打造特色社区。突出抓队伍、树导向。大力推行“一线工作法”，把干部队伍建设摆在事业发展的突出位置。动态管理。将党员进行分类管理，量化积分，全面核查党员信息，完善党员电子档案。2018年严肃处理不合格党员4人，其中除名2人，限期整改1人，劝退1人。加强培训。组织社区书记、党建专干开展培训6次，鼓励社区在职工作人员参加社会工作者和“农民大学生”培养。2018年2名社区干部获社区工作者资格。激励干部。重点抓好机关中层干部调整，引入竞争上岗机制，打破“凭学历、凭资历”选拔干部的固有印象，建立在一线工作中发现干部、选拔干部的办法，使一批优秀干部在干事创业中得到提拔重用。2018年，街道综治办主任提拔进入班子任职，街道3名、社区9名年轻职位晋升，不断激发基层干部干事创业的积极性、主动性、创造性。

【抓项目推进，提升发展能动力】 强劲推进清零腾地。街道工委靠前指挥，全面实施棚改项目清零攻坚行动，抽调精干力量破解难题，定期召开联席会、推进会、讲评会，实行“日通报、周调度、月讲评”、末位表态约谈等工作机制，确保了工作高效推进。截至目前，九华山一期966户、九华山二期715户全面完成签约腾房拆除清零及成本概算工作，为后期土地出让奠定了坚实基础。强势推进棚改项目。东风湖新区七里山及周边棚改项目自2018年1月4日启动以来，街道运用“摸底、分析、评估、研判”工作机制预防风险，建立任务倒逼、时间倒排、责任倒追工作机制，采取“公职优先、以拆促签、司法助拆”精准施策。截至2018年年底，七里山周边棚改项目已完成300户签约，签约率为93%；腾房258户，腾房率为88.66%。强力推进项目服务。充分保障交通大会战道路项目，妥善处理3517公产、名楼驾校征拆难题，协调解决迎奥小区临路36户住户诉求，汴河园路成功拆迁265户34587平方米，提前十大全线通车，为城投集团节约资金近4000万元，为东风湖上湖景观带、汴河园路和九华山路建设提供良好的营商环境。

【抓综合治理，提升管理执行力】 加大环境治理。按照区“大城管”工作模式，将常态管理和部门联动紧密结合，针对环境整治中的重点难点和中央环境督察中存在的突出问题，街道不定期召开部门联席会和工作推进会，市容秩序和湖域环境得到明显改善。2018年，共开展联合整治行动80余次，清除沿湖垃圾180吨，制止东风湖、洞庭湖沿线违法填土、乱倒乱排现象8起，依法取缔5家排污码头、1家生猪中转站，从源头治理环境污染。严控违法建设。采取上门入户宣传先行、化解矛盾政策先行、自行拆除保障先行的方式，实行常态管理。整合应急分队、环卫工人、网格员力量，为扎实开展控违行动提供有力保障。2018年，组织拆违行动16次，拆除违法建设24处2490平方米。实现航拍图斑核查准确率100%、违法建设处置率100%、挂号销号完成率100%、存量片区清零完成率100%的工作目标。深化平安创建。将公安与公共网络服务平台有机融合，全面实现人员、信息、事件处置互通互动，形成网格员与社区民警联合的“1＋1＋N”的治安防控新模式，打造一公里警务圈。累计采集人口、治安等信息8544条，处置网格事件186件，化解矛盾258起，接处警率、治安发案率与2017年同比下降30%，破案率上升25%；按照“四到位一处理”工作机制，强势推进信访维稳工作。整合综治、信访、司法、辖区单位、社区多方力量，成功处理了船厂222家经适房住户与开发商产权落户纠纷、枫桥苑房产纠纷、天润化工384户企业改制等集体纠纷8起，按时办结“12345”公众服务热线、市长信箱、网上投诉等信访件86个，回复率达100%；运用街道、社区、网格员与和谐宣讲团“和事佬”四级处置机制化解邻里纠纷，帮助剪刀池社区65名居民调解遗产分配、离婚纠纷等37起，调处成功率达100%，真正实现纠纷在一线调解、矛盾在基层化解、小事不出社区、大事不出街道的工作目标。筑牢安全防线。通过宣传宣讲，提升安全意识。在醒目地段设立安全标牌20余块，张贴安全标语30余条，发放宣传资料1000余份，全年开展安全知识讲座和应急演练5次；建立“日巡查、周整治、月讲评”的安全生产常态管理机制，大力开展安全生产“大排查大管控大整治”综合行动，突出危房、五小门店、拆迁区域、烟花爆竹的排查监管。全年开展集中整治行动10次，下达整改通知书8份，排查安全隐患10处；加大重要会议和重大活动期间的布控盯防和突发事件的处置力度，确保全国“两会”及重宾接待时期的平安稳定，成功处理了九华山市场30多名租赁经营户阻工砌墙事件，给无理闹事者极大震慑。

【抓优化服务，提高群众满意率】 巩固“三合一”成果。加大公共服务规范化建设，从民政、劳保等方面收集政策依据制定《公共服务规范化操作手册》，建立申报低保、大病互助办理等服务事项流程清单让群众更明白、办事更快捷，变群众跑为干部跑、数据跑，变多头跑、反复跑为“最多跑一次”；加强街道、社区干部学习，熟悉掌握政策法规，真正把“最多跑一次改革”落实在基层。2018年来，网上处理事件1357起，办理居民服务事件6121件、公共服务事件受理1606件。丰富文明内涵。全年共开展“岳阳楼下话家风”主题活动15场次，开展十九大精神进社区、进街巷、进院落、进楼栋、进校园等系列微宣讲活动39场次，结合端午、中秋等传统节日开展系列文化活动30场次，开展爱心送考、文明旅游等志愿服务活动125次；创建京剧票友社、夕艺春等社区文化团队9支，剪刀池社区的红叶艺术团在全市广场舞大赛中获优秀奖，九华山社区的太极拳协会在全省第四届太极拳比赛获一等奖；大力宣传道德模范先进事迹。郭亮社区市级孝老敬亲道德模范陈星接受湖南经视台专访，九华山社区托举哥童光辉入选“湖南好人榜”，东湖社区见义勇为先进人物刘建岳入围“中国好人榜”，形成积极向上的文明风尚。提升民生福祉。围绕五个“一公里服务圈”，投入80余万元完善下水道、道路、围墙、路灯等基础设施，8200人缴纳城镇居民医疗保险，新增就业600名，实现医保社保全覆盖；大力开展“春节三送”“爱心送考”“助残帮扶”等活动，为1567户、3180名特困对象发放慰问金766900元；民政、卫计等部门通过寻求政策，帮扶稳控73户失独伤残家庭妥善解决养老护老、待遇补贴等问题；加大15名在册社区矫正人员和43名在册的吸毒人员的管控帮扶，切实保障弱势群体的基本生活。

【抓廉洁自律，提升干部公信力】 加强廉政教育。组织干部学习《廉政准则》《纪律处分条例》《中央八项规定》和《刹人情歪风、治婚丧陋习、树文明新风》等廉洁条例，定期观看廉政教育警示片，营造风清气正的政治生态。加强财务管理。组织机关和社区干部开展财务管理制度和“互联网+监督”业务学习，运用网络平台开展监督执纪，财政所加大社区资金监管力度，严格控制社区违规发放或滥用资金，严格执行公务卡消费制度，公务接待严格控制标准，按公务接待程序报账，工作人员加班用餐均安排在职工食堂，不超过40元/人标准。加强执纪问责。街道纪工委根据党风廉政建设责任清单定期开展督查，通过“工作清单制、限时办结制、督查督办制”正风肃纪，纪工委、监察室根据党风廉政建设责任清单不定期检查干部服务、纪律和工作实绩，共通报批评49人次，提醒谈话3人次，按程序诫勉谈话1人，完成上级协办信访件1件，办理案件4件，党纪处分4人。

东茅岭街道

【概况】 东茅岭街道位于岳阳市中心城区，东起南湖大道，西抵京广铁路，南接青年中路，北联巴陵中路。辖区面积约5.31平方千米，人口53863人（常住人口42558人，流动人口11305人），辖炮台山、柴家山、年丰巷、东茅岭、学坡、桥头6个社区居委会。辖区内现有市军分区、市武警支队2个驻军单位，有市一医院、市建设局、人和集团等企事业单位104个。近年来，街道秉承求真务实的工作理念，加强社会事业服务，全心全意改善民生，极破解项目建设中出现的矛盾和问题，引导广大居民积极支持经济建设。先后荣获“湖南省禁毒先进集体”“湖南省六好街道工会”“岳阳市计生模范街道”“岳阳楼区绩效考核先进单位”“十佳学习型党组织”“湖南省扫黄打非先进集体”等荣誉97项。

【全力服务重点项目建设】 截至2018年底，辖区内在建项目4个（南辅道旧城改造项目、原东方红旧城改造项目、国际大厦旧改项目、东风广场改扩建项目），项目征地面积205.1亩。街道多次召开专题会议，带头参与项目征收协调，组建党员突击队、群众工作队、法律政策宣讲队3支队伍，采用“一个项目、一套班子、一个方案、一抓到底”工作法，快速推进棚户（旧城）区改造。2016年，街道服务重点项目工作被《湖南日报》、《岳阳市内参》、《岳阳日报》多次在全省、全市作为典型经验推介。

【大力推进社区网格管理】 东茅岭街道下辖6个社区共划分网格48个，网格员48名，窗口服务岗12名，截至2018年年底，共采集房屋信息3万余条、居民信息5万余条，巡查网格代办事件4000余件，窗口业务受理量2000余件。

【倾力解决社区阵地建设】 2015年12月，东茅岭机关整体搬迁至土桥街39号，现办公楼地段繁华，居民集中，交通便捷，基础设施完善，不仅解决了居民办事进出难、干部办公环境差的问题，还为街道服务水平和服务功能的提升、党组织阵地建设提供了有利条件。2015年、2016年、2017年，相继为学坡社区、柴家山社区、炮台山社区解决了原社区办公用房面积小，居民办事需求得不到满足、党建阵地匮乏等问题。

【助力辖区社会事业发展】组建了街道专职巡逻队及6支社区义务巡逻队，实现了街面巡逻和背街小巷巡逻一体化，治安和刑事案件得到有效控制；整合资源保稳定、解民忧，有效整合信访、司法、安全、环卫等部门资源，依托社区网格化管理、“12345”公众热线平台，实现了“小事不出社区，大事不出街道”，辖区内未发生一起越级上访、群体性事件、重大安全事故、重大刑事案件，特别是信访、“12345”工作，得到了省、市领导的高度赞扬。开展多种形式的文明创建活动，努力转变居民观念，提高居民素质，辖区文明新风日渐浓厚；认真落实惠民政策，关注弱势群体，加大救助力度，筹集各类民政救助资金50余万元，救济近2000人次。

【致力提升党建服务水平】2018年，东茅岭街道党工委把党支部五化建设工作和基层党建工作纳入党建工作的总体规划中，以知识新兴，打造学习型党组织为主题，以创建先进基层党组织、争当优秀共产党员为主要内容，以街道中心工作为重要载体，全面推进学习型党组织的建设工作。2018年12月10日下午，东茅岭商圈综合党委成立暨选举大会在东茅岭街道举行，区委常委、组织部长朱彦翼出席。东茅岭地处岳阳市主城区核心地段，商圈人流集中、商贸繁荣、经济活跃，年营业额超过60亿元，有个体工商门店4000多个，“两新”党组织直管党员102名。据悉，这是岳阳市成立的首个商圈党委。东茅岭商圈综合党委将强化党建引领，发挥服务功能，为商圈内商户、企业营造良好的营商环境，帮助处理矛盾纠纷，协调解决困难问题，促进商圈内行业和企业持续健康发展。

城陵矶街道

【概况】 城陵矶街道位于岳阳楼区西北部，距中心城区7.5千米，东临梅溪乡，南邻洞庭办事处，西濒洞庭湖，与湖北省监利县隔水相望，北靠云溪区永济乡。街道现辖华能、南岳、洪家洲、港口、骆家坡、桂花园6个社区居委会和城陵矶村1个行政村，辖区面积11.09平方千米，常住人口29335人，流动人口3745人。街道机关站所共有工作人员64人（含10名街道班子成员），社区共有工作人员42人，城陵矶村村支两委人员6人。街道工委下设党总支3个，支部8个，直管党员583名。境内有华能岳阳电厂、湖南泰格林纸集团岳阳股份有限公司、城陵矶港务有限公司、中国华粮物流集团城陵矶港口库、中央直属棉麻储备库、益海嘉里、宏岳科技有限公司、海吉星国际物流园等63家中央、省、市及民营企业。

【党建工作】 2018年来，城陵矶街道依托丰富的活动载体，一以贯之以党建年度“体检”为要求，以班子和干部队伍建设为抓手，认真扎实组织开展了各项党建活动。聚焦主业尽主责。坚持以上率下，传导责任和压力。坚持党员教育管理常态化，带头上党课，带队开展党建工作。各支部书记的党建主责主业意识和能力在纷繁复杂的工作中得到进一步增强。突出重点夯基础。以扎实推进支部“五化”建设为重点，优化了社区、村党组织设置，调优配强支部书记、副书记、委员8名。探索党员分类教育管理，有效提高了老病外出党员组织生活覆盖率，精准对接需求，创新党员活动日开展形式，党建工作的基本功和支撑力得到稳步提升。强化引领促业绩。坚持党建龙头引领，提振干事创业精气神。洪家洲社区打造“党员心连心、厂社一家亲”品牌，街道离退休干部党支部争创“全市示范性离退休干部党支部”取得新成效。在党建龙头引领下，全体党工委班子的政治敏锐度、大局视野观和团队战斗力得到更进一步提升，基层党组织切实成为贯彻区委的决定、团结动员群众、推动改革发展的坚强战斗堡垒。

【经济发展】 城陵矶街道进一步明确发展定位：抢抓城陵矶新港区加快发展的机遇，做优新港区升级配套区域的自我发力者；做好新港区与楼区港域融合过渡辐射带的推动者。2018年，城陵矶街道在完成区委区政府交办的中心城区“棚改”任务的同时，积极服务城陵矶新港区，完成新港区下达的“港口建设大会战”项目征地拆迁任务。稳妥推进东风湖新区项目征拆任务。在春节前后快速圆满完成了东风湖新区（望岳路）城陵矶项目部负责的252栋、559户和1家改制企业的摸底任务，已于6月份移交给望岳路街道。6月21日接手郭镇乡移交的洞庭大桥东引桥北侧项目，共有征拆任务82栋212户，正稳步推进。积极配合服从项目后续事宜。青年东路北侧项于2018年4月初房屋全部倒地，实现率先清零。王家河流域综合治理棚改洛王地块项目于2017年6月底进驻，12月底实现签约253户，接近清零时整体移交给洛王本部，2018年3月中旬完成移交后续工作。攻坚市港口建设大会战领导小组下达的新港区2018年征拆任务。涉及北环线、江陵西路、五一还建小区等6个项目，共应腾地401亩，征拆249栋房屋6个企业。目前已完成了6个企业和246栋私人房屋的征拆，清零5个项目。主动服务楼区及港区建设发展，有效维护建设施工环境。为更好地服务项目建设，街道重点加强对征收拆迁红线范围和国有土地违建巡查防控拆除力度。2018年来集中力量拆除新增、存量违法建设15130平方米，预防“三强”行为多起，打击2起，有力确保了芭蕉湖广场、海吉星、截污管网、北环线等重点工程的良好建设施工环境。

【城市管理】 2018年，街道积极开展市容市貌整治，重点加强了城市管理规范化、制度化、精细化建设。开展大型整治行动10次，处理各类游摊散贩40余名，检查各类门店60家次，没收销毁各类三无产品75千克。积极对接区直部门，将上街居民区公厕由旱厕改为水厕，对居民区低洼易渍地段的下水管网进行了全面改造疏通，维修路灯24盏，新增45盏。配合区农林水务局积极启动莲花塘机埠汛期改扩建，并协调港区提供资金支持和电力扩容线路。落实中央环保督查丝毫不放松，采取强力措施，启动全域禁猪工作，有效防止了非洲猪瘟疫情的蔓延。扎实开展河长制工作，认真组织了河湖“清四乱”专项整治行动，持续开展辖区环湖环境卫生整治，清理各类杂物垃圾150余吨。在2017年环保重拳整治的基础上，2018年又按要求在短时间内彻底关停了一家石膏厂，确保在省级环保督查期间和中央环保督查“回头看”期间无任何反弹现象、无任何信访投诉。

【卫生计生】 2018年，街道坚持提供优质计生服务。积极打造“五型”计生模式，建立健全“逐户建卡、以房管人、同住同管、优质服务”的计生服务机制，最大限度地为辖区居民群众提供优质服务。街道共有总人口29335人，期内出生397人，其中男206人，女191人，政策外6人，政策外多孩5人，其中常住人口符合政策生育率98.67%，常住人口性别比108，常住人口多孩率1.3%，辖区内有110家5小门店、11家诊所、6家幼儿园、4家学校、3家食业卫生企业、1家社区服务中心。未发现有“两非”行为。各项数据均在模范街道达标范围内。2018年被评为岳阳市人口和计划生育模范街道。街道还积极组织居民开展健康教育、建立健康档案，做好各项基本公共卫生服务，动员组织孕产妇到正规医疗机构分娩并协助做好重大公共卫生服务项目，组织义务献血活动。协助做好辖区内居民群众血吸虫防治宣传普及工作，辖区未发生一起重大餐饮食品、药品、医疗器械安全事故。及时发现和提供非法诊所信息，协助区卫生局加强对个体诊所医疗市场管理，协助调处医患纠纷，医疗市场秩序稳定。协助卫生服务中心做好了摸排、统计、报告辖区内儿童人数，动员组织常居和流动儿童到辖区内预防接种定点单位接种疫苗，并依法做好传染病防治和卫生应急事件报告和处置。

【综合治理】 2018年，全面加强矛盾纠纷调处与治安防控力度，深入开展以“防激化”为重点的人民调解工作，其中骆家坡社区人民调解委员会被评为“全国模范人民调解委员会”。联合长航派出所、辖区厂矿企业内保单位成立16人专职巡逻队，常态化开展夜间巡逻，二、三季度连续被区综治办评为先进。7个社区、村警务室全部建设完成并通过验收。信访维稳工作科学统筹。全年接访30余次，稳控重点信访对象，有效化解信访积案10余起，及时高效处置纸厂码头关停涉众事件、田里人公司（原肉联厂）涉及安全生产整改内部冲突事件，提前布置防范“福云汇”公司涉嫌非法吸收公众存款涉案102人可能引起的群体事件。积极应对处置办事处和村组重大遗留债务纠纷多起。确保2018年无进京赴省到市上访仅有零星到区上访的记录，保持辖区社会形势稳定。

【社会事业】 2018年，街道各项社会事业蓬勃发展，各类民生实事稳步推进。利用网格员“一日双巡”开展上门服务15000余次，更新基础数据15700余条，上报网格事件423起，为居民办理公共服务事项5063起。春节慰问辖区困难户及优抚救助对象1174户2337人，发放慰问金66.75万元，发放老年人补贴8.73万元。2018年新增就业岗位158多个，新增就业人数313人，骆家坡社区获省级充分就业社区。“灵活就业养老保险”办理、103号文件养老保险断档补缴、2019年医保征缴有序开展。精准扶贫工作扎实推进，投入12万元用于东风组菜地沟渠整治，贫困户小额信贷清收工作提前完成。在常态进行巩固提升的基础上，组织联点帮扶干部开展3次大规模走访，严防返贫和政策落实不到位。根据上级要求完成全国第四次经济普查第一阶段2727户个体户、519户单位及产业地录入，完成率100%，农村集体资产制度改革资产清查也按要求落实到位。为居民开展了送政策、送技能、送岗位、送服务活动。人大、政协为街道发展积极建言献策，分别写出高质量的提案、议案，争取到市委、区委高度重视。精神文明建设蓬勃发展，7个社区（村）文化活动丰富。环保、交建、教育等各项民生服务工作稳步推进。

街道与学校配合开展“学雷锋”、植树活动等5次，将维护学校、幼儿园安全作为一项政治任务来抓，全年未发生一起校园安全事件。2018年，街道联合城陵矶村及桂花园社区、港口社区举办大型群众文化活动3场，组织小型文化体育活动4场。文化站、社区（村）文化活动室配有1名文化专干，社区（村）书屋配有专职管理员，并且实行全天免费开放。图书室藏书达13000多册，年增新书400册，年订阅报刊30多种。

【社区建设】 2018年，按照区委部署安排，街道在全区率先高标准打造特色社区——洪家洲社区。针对社区与驻地厂区高度融合的特点，提出厂地共建共治共享的“厂社家”理念。借助纸厂“三供一业”移交契机，提前布局、统筹规划，打出特色社区建设和打造五个“一公里公共服务圈”的组合拳，市委书记刘和生等市区领导现场视察并给予高度肯定和殷切期望。该社区多次被市区重要活动作为现场点，先后被岳阳电视台2018年5月4日《岳阳楼区新闻》栏目以《洪家洲社区：共建厂社家 共享幸福花》为题，《岳阳日报》2018年5月22日头版《社区治理现代化的“洪家洲”样本》为题，《湖南日报》2018年6月9日第五版（市州新闻版）以《社区“小家”服务大家》为题，在省、市、区媒体多次进行专题大幅宣传报道。先后28次接待国家、省外、省内、市、区领导视察调研，在全省、全市充分展示了岳阳楼区社区建设和治理模式的有益探索和欣喜成果。以特色社区为示范，城陵矶街道其他社区（村）的服务水平与综合实力正稳步提升，“三合一”工程深入推进、五个“一公里公共服务圈”加快构建，居民的幸福感和获得感不断增强。

【安全生产】 2018年，城陵矶街道面对企业众多、市直改制企业移交危房多、水陆通达的复杂形势，全面加强安全生产监管，共深入一线现场进行安全检查、排查160余次，发现安全隐患10处，通过监管全部整改。禁炮保持高压态势，已开展26次专项行动，共排查门店150多家，收缴各类烟花鞭炮价值3万余元，制止炮情20次，取缔烟花爆竹专营门店3家，以大刀阔斧的工作举措实现了街道辖区零炮情、零销售。

【党风廉政】 严格落实党风廉政建设党工委主体责任和纪工委的监督责任，始终将纪律和规矩挺在前面。强化主责意识，层层压实责任。严格落实党风廉政建设党工委主体责任和纪工委的监督责任，始终将纪律和规矩挺在前面，深化“三转”，围绕街道各项工作部署，严格监督执纪问责。将党风廉政建设主体责任的要求由街道推向各社区村，层层传导压力。突出重点领域，加强廉政教育。针对重点领域和关键环节，强化监督。2018年召开党风廉政建设专题会议6次，集中研究部署落实“两个责任”、落实中央八项规定精神、纪律审查、作风建设等相关工作。及时传达上级关于加强廉政教育相关精神及党纪条规内容，组织学习、观看了警示教育片。6月份，组织街道机关、社区村干部80余人到区廉政教育中心进行了集中学习，并邀请市委讲师团教授授课，强化干部职工廉洁自律意识。工委书记与班子成员及各社区、村主要负责人开展谈心谈话10余次，对苗头性、倾向性问题进行了提醒教育。严格队伍管理，筑牢廉政底线。建章立制，对机关、社区考勤制度、作风纪律和绩效考评文件进行了补充和完善。由街道督查室、监察室主抓，对机关、社区、村开展干部作风建设督查20次，印发通报8份，通报批评6人，约谈4人次，开除公职2人。深入开展“纠四风”“治陋习”“文明节俭操办婚丧喜庆”等专项治理，不断加大宣传力度。各社区村相继成立红白理事会，将有关要求纳入村（居）规民约。落实“互联网＋监督”，社区村的账目全部在互联网平台公开。通过全面强化责任意识，加强廉政教育，从严管理队伍，引导正确风向和处理反面典型，干部职工“两个责任”和党纪、法规意识和红线不可逾越的意识有较大提升。

望岳路街道

【概况】 望岳路街道位于岳阳市城区东北部，东临京广铁路，西连东风湖，街域面积8.04平方千米，人口4.9万人，辖栖凤亭、望岳、长虹路、鹰山、七里山、北环路6个社区居委会，是岳阳市传统工业基地、东风湖新区核心区。街道紧紧围绕“全面建成转型发展、创新创业的核心引领区”目标，以“党的建设、社会治理、城市建设、素质提升、平安建设”为抓手，凝心聚力、实干担当，在巩固中提高，在创新中发展，实现了“经济稳定增长、结构逐步完善、服务惠及民生、风险防患未然”，深入践行“一线工作法”，严格落实“最多跑一次”工作举措，全街道发展稳进向好，亮点纷呈。

【党建引领】 2018年望岳路街道强化基层党建“大引领”，激发干事创业活力。“头雁领飞，群雁齐飞”，街道工委注重发挥领导班子的“头雁效应”，全年先后召开50次党委班子成员会议，召开党建工作专题调度会议6次，党代表联系服务3次，走访党员群众112人，先后16次到社区和“两新”组织中调研，开展谈心谈话23次。扎实开展落实全面从严治党主体责任考评，做到党建工作与述学述职述廉同考核，组织党员干部观看《永远在路上》《巡视利剑》等廉政教育专题片，带领干部到区警示教育基地接受廉政教育。严格按照中央“八项规定”及省、市、区关于作风建设的相关要求办事，时刻绷紧作风建设这根弦，真正将纪律内化于心、外化于行。

【棚户改造】 强化重点项目“大攻坚”，推动项目顺利实施。2018年上半年，街道从各个岗位上选拔了23名年富力强、经验丰富的干部负责棚改工作，率先实现了青年东路北侧、汴河园两个项目扫尾清零，甘塘坡模拟拆迁签约率达100%。2018年4月11日，青年东路北侧项目部48栋162户在该区域率先实现清零目标；汴河园路项目部后于7月底率先完成区定目标任务。8月1日，市棚改办、市委督察室督察区棚改工作时，对我街道汴河园项目部工作取得的成绩给予高度肯定。重点项目“宝德·东堤湾1号”和“天正经济适用房”稳步推进。

【平安创建】 落实区委“抓稳定就是抓发展”的理念。2018年街道抓信访维稳工作，在“实”字上下功夫。街道全面排查不稳定因素，对重点人员和信访矛盾做到了早排查、早处置。对“两会”期间欲进京上访的涉军人员，街道班子成员包案负责。5月份，天正经济适用房项目因自来水接水与周边居民矛盾激化，300余名居民情绪激昂，群体性事件一触即发。街道负责人带领班子成员及时赶到事发现场，妥善解决了矛盾纠纷，避免了群体性事件发生。恶劣天气的影响，栖凤亭社区部分居民因前期违法抢建，街道组织拆违导致屋顶被破坏，刮风下雨时存在特别大的安全隐患。街道与社区及时组织人员对危房进行排查摸底，积极对接区直部门，通过拆除一批、维修一批等方式，逐一消除了房屋存在的安全隐患，缓解了居民情绪，维护了社会大局稳定。街道工委书记担任平安创建领导小组组长，坚持每月调度；层层签订责任状，落实了责任；投入30多万元，按照区委综治中心建设标准，打造了规范化综治阵地；深入开展扫黑除恶、校园周边治安综合治理等专项行动，净化了辖区治安环境。街道是全区唯一一个坚持班子成员带队巡逻的单位，在全年综治巡逻考评中获全区第一名。

【安全生产】 街道时刻紧绷防范安全风险之弦，健全完善了安全生产“党政同责、一岗双责、齐抓共管”的责任体系。结合辖区特点和行业领域实际，每月联合区安监局、消防大队、派出所等部门对辖区危险化学品、人员密集场所、危旧房屋、特种设备、建筑施工等重点行业开展拉网式检查，对排查出的每一个隐患和薄弱环节，期限整改，及时跟进，督促“回头看”。通过不懈努力，辖区范围内安全生产形势始终保持平稳，在2018年度安全生产考核中，街道荣获全区安全生产工作先进单位。

【民生服务】 以“真心为居民服务、真正让居民满意”为标准。建强公共服务、网格管理、居民自治“三合一”平台，全面提升了街道服务管理保障水平，严格落实“最多跑一次”改革工作方案，将“一门集中、一窗受理、集成服务”延伸至网络平台，实现社区自助服务一体机、门户网站、手机APP客户端、“12345”公众服务热线等互联互通，达到“网格化+”服务平台全覆盖。办事大厅工作人员热情为居民服务，公开服务事项、流程等内容，尽可能让上门办事的群众“只进一扇门”“最多跑一次”，切实提升了政务服务水平和群众满意度。2018年前三季度，街道“12345”热线办理在考核中始终处于全区前列，多项工作均受到区委督查室、区政府督查室通报加分表扬。网格员为居民提供服务13000多次，办理网格事件近8000余件，群众满意率达98%。按照区委、区政府的安排部署，积极对接区直部门，稳步推进了望岳社区新建组“九户”异地还建，异地还建房屋建设已经完工，彻底解决了辖区最为严重渍水房屋安全居住问题。目前，街道解决渍水问题的模式在全市城区低洼渍水整治方面属于首例。

【环保整治】 “环保提质”，营造了良好环境。积极组建环保志愿者队伍，多形式开展环保知识宣传。扎实开展环保日常巡查，彻底杜绝关停的小作坊复产复工；努力拓宽环保投诉渠道，所有环境污染问题均得到有效处理；积极夯实辖区水环境治理，高家巷明渠黑臭水体得到了彻底整治，顺利接受中央环保工作督察。截至目前，全年街道及时有效处理城市管网堵塞外溢、噪音污染、固废污染、油烟污染、垃圾焚烧等群众投诉33起；配合环保部门关停搬迁再生塑料制品生产企业2家、瓷片切割厂2家、腐竹制品厂1家，并对浩宇食品厂等环保问题进行了有效整治。全面落实河湖长制工作，大力整治东风湖岸线周边环境，附件居民群众人居环境得到有力改善，通过环保整治工作，街道环境得到了特别大的改善，为全区环保整治工作履行了应尽职责。

【禁违拆违】 禁违提效，彰显社会正义。东风湖新区开发建设，周边居民抢建势头有所抬头，为顺利实施项目建设，街道比对航拍图斑，始终保持着禁违拆违治违高压态势。2018年，共拆除违法建设380多处38000余平方米，航拍图斑违法建设处置率达到96%，维护了社会的公平正义，充分彰显了街道的态度和决心。因为我们工作做得扎实深入，没有引发一起上访和群体性事件。在2018年半年度市、区禁违工作考核考评中，街道禁违工作名列全区第二名，各项考核指标均得了高分。

吕仙亭街道

【概况】 吕仙亭街道位于岳阳市城区西南部，东靠京广铁路，南接南津古渡，西临洞庭湖，北抵巴陵西路。辖区面积3.6平方千米，下辖社区为吕仙亭、鄢家冲、芋头田、慈氏塔、梅溪桥、观音阁6个社区，街道总人口33436人。2018年，街道固定资产投资累计完成2.8亿元，其中项目投资完成2.02亿元，房地产投资7780万元。至2016年，街道有企业72个，从业15821人，完成国内生产总值12.59亿元，限上商贸业完成8.28亿元，增长10%。2018年度我单位被评为岳阳楼区区生态环境保护工作先进单位；岳阳楼区"一公里公共服务圈"建设工作先进单位；岳阳楼区大宣传工作先进单位。

【党的建设】 街道以先锋领航，舞动基层党建龙头，突出打造"先锋路上先锋行"党建品牌，以先锋为镜，激发干事创业热情。一是特色党建显独特。芋头田特色社区提炼"党心红""服务橙""温馨绿""廉洁蓝""文化金"特质，凸显"五彩"党建品牌。观音阁社区"庭院党建"、梅溪桥社区"市场党建"、鄢家冲社区"先锋党建"等党建品牌正逐步形成。二是廉政建设见深度。把铁的纪律挺在前面，用严管体现厚爱。开展"两个责任"和纠"四风"工作谈话45人次；召开廉政建设专题会议6次，开展专项督查8次，发出督查通报14次，通报批评12人，纠正2个社区考勤不规范的问题；立案查处违纪党员1人。监督检查公职人员文明节俭操办婚丧喜庆事宜，召开会议2次，签订承诺书145份，监督检查8次，劝导32人。三是学教活动贴实际。工委领学16次，机关、社区支部组织集中学习70余次，开展十九大报告学习5次，组织机关社区干部到区廉政教育基地学习3批次，以学促干部素质提升；开展"千名书记讲党课"活动，通过讲、比、评等方法，用党课引领党建；开展以"心里装着群众的党员最靠谱"为主题，邀请4位抗美援朝老兵讲身边故事，引导党员致敬先锋，争做先锋，老党员罗时楚、胡东祥的先进事迹更是在各媒体上予以推介。

【项目推进】 以项目为钥匙，坚持项目冲关，盘活经济发展棋局，打开老城基础设施更新和经济发展的大门。一是白水二期项目劲头不松。保持片区"日常对接责任落实、项目维稳立即应对"工作态势，接受了市区对项目已签约审计检查，并极力解决已签约被征拆户的款项结清问题，做到矛盾化解在一线。二是岳港搬迁项目扫尾清零。截至2018年底，已收储公产308户，私产18户。化解签约遗留矛盾，通过依公开申请、信访、12345热线等渠道回复处理公租户胡某、胡某波、刘某文信访件50余次。三是鱼巷子三期建设有序推进。截至2018年底，鱼巷子改造工程三期60个固定门面、47个钢棚、37个固定摊位已全部签约搬迁完毕，在下半年鱼市旺季，市场情况错综复杂的情况下，办事处项目部一班人加班加点，提前完成市、区交办的工作任务。

【民生实事】 坚持阳光执笔，算好民生幸福账单，让民生服务在阳光下更有温度，更见透明。一是社会救助更精准。完善、规范临时救助的申报、审批、救助程序，做到应保尽保，应退尽退。全年完成低保户信息比对核实1364户2287

人，动态新增52户70人，核减238户403人。引进专业团队进驻芋头田日间照料中心，让老人们老有所养，老有所乐。二是劳动保障更全面。通过市、区两级劳动局举办的现场人才招聘会及平时劳保站推荐就业、自主创业和自谋职业带动城乡就业共有850人，辖区内其中城镇新增就业657人。三是公共服务更细致。实行“一格小社区，融合大社区”，促五个“一公里公共服务圈”全面加速形成，社区办事能力和效率大幅提升。2018年居民服务共38915件，网格员上报事件1575件，公共服务平台网上受理事件1022件，完成人员数据更新13995条，完成房屋数据更新11099条。实现人口服务均等化，让所有计生家庭及时享受政策红利。

【生态环保】 坚持重笔施彩，绘就人文生态画卷。围绕文化记忆、文明创建、生态建设三大重点，着力形成人人、事事、时时崇尚生态文明良好氛围。老城文化留墨。分别接受市人大常委会、市政协对洞庭南路历史文化街区调研和考察，协助对洞庭南路历史建筑等进行摸底。打造芋头田“老城记忆展览体验厅”优质阵地，按照红色记忆、码头记忆、街巷记忆、铁路记忆、宗教记忆5个篇章，展现老城特色。自“老城记忆展览体验厅”建成以来，吸引6000余居民前来参观，均得到高度评价。文明创建绽红。更新户外大型公益广告236平方米，张贴遵德守礼牌1800余块，公益广告宣传栏150多块，制作并发放宣传单15000份，宣传册3000册，全辖区LED电子屏滚播核心价值观和文明公约等内容，让创建氛围更显火热。文明创建期间，我街道鄢家冲社区和竹荫街分别迎接了检查组入户测评和样板路测评，均顺利完成迎检任务。生态环保添绿。一把尺子量到底，对突出环保问题集中全部力量进行整改。在区委的周密部署下，对洞庭湖水域“月山号”生态餐饮船进行关停拖离，对居民区废塑加工厂予以取缔，对非法加工经营的豆腐作坊予以查封。对重点环保问题做到一天一报告，重点查，时时抓，绝不搞过渡式执法，坚决防止反弹。以最大力度担负起“守护洞庭湖一江碧水”重责。

【平安创建】 以平安为弦，奏响和谐稳定序曲。稳定压倒一切，有序推动平安街道建设。绷紧安全弦。开展安全生产大排查、大整改、大宣传活动，让安全生产深入人心。开展打非治违禁炮行动6次，对违法销售门店业主依法拘留，保持禁炮“零容忍”。班子成员每月带队开展安全生产大排查，进企业检查35次，下达整改函5份，整改安全隐患32处。绷紧综治弦。做实民调宣传，查漏补缺。开展集中整治行动15次，刑事拘留30人，行政处罚59人，行政案件办结36起。绷紧信访弦。多渠道化解信访积案，全年受理、办理群众反应信访问题的信访事项126起，排查信访矛盾纠纷20条，化解积案5件，报送信息288余条。“两节”期间，对苗头性问题超前预判，对重点对象采取“多盯一”管控到位，确保社会稳定，2018年来信访维稳工作做到了北京不去人、辖区不出事、网上不炒作的底线要求。

【城市管理】 精细管理，助力城市提档升级。以“三零”标准常态长效抓实城市管理工作，改善人居环境。城市管理零距离。组织配合开展城管、环保、禁违、交通、食安等相关整治行动40次；处理城市管理纠纷、投诉事项50起；开展禁炮专项整治行动12次；受理热线督办单，市长、区长信箱共290件，办理回复率

100%。环卫保洁零死角。环卫工作不看过程，只看结果，即时保洁，不留死角，保持了检查与不检查一个样，节假日与平时一个样，一年365天一个样。禁违治违零容忍。查违不过日，拆违不过周，发现一起，拆除一起。全年制止违法建筑7处，共310平方米；拆除12处，共1690平方米，保持了街道“零增长”态势。

三眼桥街道

【概况】 街道位于岳阳市政治、经济、文化中心地域。东达王家河，南接三眼桥，西抵南湖大道，北至金鹗路，方圆4.48平方千米。南湖、金鹗、岳阳大道纵横全境，与107国道、京珠高速公路连接。办事处机关驻花板湖路6号，距楼区政府机关4千米。辖区内有朝阳、白杨坡、桃花山、尚书山、鲤鱼嘴、李家冲6个社区居委会，人口58108人，街道现有干部职工59人，其中班子成员11人。驻辖区省、市属行政、事业单位54家，25个党（总）支部，党员5958人，其中直管党员630人、协管党员5328人，建有1个街道机关支部、1个离退休支部、17个社区党（总）支部、6个企业党支部。

【项目建设】 农校旧改（佳汇华庭三期）项目土地已挂牌出让，正在土建施工；向阳水岸项目正积极对接，做好土地出让工作；办事处南侧旧城改造项目已进入拆除阶段；市八中及周边棚户旧城改造项目已完成入户摸底调查，积极补办各种手续；金东门低洼渍水整治项目谈判签约已基本完成，目前正在进行土地收回和项目立项等相关工作。区政府牵头组织相关职能部门在办事处召开了项目调度会议，专题就正在实施的6个项目有关难点问题进行了研究，并提出了解决意见，有关工作正在按会议要求紧锣密鼓落实。

【民生实事】 不断深化五个“一公里公共服务圈”建设。网格服务更高效。街道成立了微信公众平台，居民添加关注后不仅可以及时知晓街道各项工作最新动态，遇到的问题也可通过平台与街道、社区的工作人员进行沟通解决。2018年，居民服务10648条，上门采集信息32289条，办理公共服务业务873件。公共服务更便捷。辖区新建了高标准的白杨坡小学，目前共有两所小学、三所中学；三眼桥卫生服务站积极与辖区居民进行家庭医生签约，目前已签约416户。惠民服务更贴心。低保提标187户，月提标金额16176元，停发15户；“八一”慰问优抚对象70人，慰问金额36900元，帮扶退役军人23人，帮扶金额19700元。

【市容秩序】 开展交通秩序大整治行动，全方位、立体化、多维度开展宣传，发放了15000余份宣传资料，制作摆放了十余块宣传牌。利用硬化菜地建了小型停车场，增加了50余个车位，缓解了停车难的压力。设立路长制，对辖区内道路进行规范管理，确保有序畅通。鲤鱼嘴路创建道路交通综合整治“样板路”，实现“道路干净整洁、市政设施完善、交通秩序井然、车辆停放规范、市民文明守法”的总体目标，建设了智能停车场，打造了300米交通安全文化墙。联合市城管定期在五所学校周边开展联合执法行动22次，主要治理摩托车乱闯乱行、门店出店经营等不良行为。强化与城管、工商、食药等部门联动管理，提高综合执法效能，对“12345”“12319”下发的督办函快速处置，对“大城管”督办的问题迅速整改到位，真正发挥了街道总牵头、总协调、总监督、总兜底的作用。特别是市巡察组交办的市体校院内种菜、环境较差、办丧事扰民等问题，由街道牵头，会同属地单位，联合城管、环卫、环保、民政等职能部门组织开展行动，宣传发动，收到较好效果。

【安全生产】 扎实开展安全生产“大排查、大整治、大管控”，进一步健全安全网络机制，将责任落实到网格、到单位、到小区、到门店，抓好联合整治。对辖区内重点企业、人员密集场所进行检查33次，整改安全生产隐患41起，并与72余家安全生产责任主体签订目标管理责任状，制定安全生产目标管理考核奖惩办法。联合步步高商业广场开展消防安全演练3次。开展安全生产教育“开学第一课”及企、事业单位应急演练活动。春节、元宵节、中元节禁炮行动共出动车辆65台次，检查门店160余家，发放宣传资料3800余份，辖区内未发生一起安全责任事故。

【社会稳定】 认真开展扫黑除恶专项斗争。开展“平安365，幸福你我他”暨“五个平安”创建活动，街道综治巡逻队夜间对辖区全域开展步行巡防，6个社区均设置了警务室，配备了社区民警和辅警，居民安全感得到提升。妥善解决小港粮库甘加望、李家冲社区鲁昌进等重点信访积案4件。做好项目服务保障，提供优良的营商环境、施工环境。对向阳水岸项目、金东门项目、市八中周边棚改项目、王家河流域拆迁安置户群访、渍水整治群访事件，万象瑞城项目阻工事件、意外亡人事件，我们都积极面对，妥善化解。全力化解瓦解进京赴省到市群访事件4件。共接待来访群众300余人次，解决信访问题24件次。切实履行禁毒职责，街道在册吸毒人员共计110人，社戒社康13人，强戒人员11人，社会面共计79人，2017年街道刚摘牌即被评为先进。积极开展“无毒社区”创建，朝阳社区被列为全区第一批“无毒社区”创建单位。

【队伍建设】 街道扎实开展了“四种精神”学习教育、“十九大精神”贯彻落实。制定了街道“一线工作法”分工责任表，建立和完善学习培训、考核奖惩、容错纠错等制度，以制度规范干部行为，着力打造一支想干事、能干事、干成事、不出事的干部队伍。下发了《关于进一步加强日常考勤工作的通知》，对作风建设提出了更高要求。2018年，纪工委共开展17次督查，下发督查通报18起，通报48人次，共计扣发绩效奖金4650元；坚决查处党员违法违纪行为，立案两起，开除一名党员；开展提醒谈话32人次，集体廉政谈话2次，起到了较好的警示作用。各社区党（总）支部对辖区全体党员进行排查，处置了5名不合格党员、8名失联党员。

五里牌街道

【概括】 五里牌街道办事处成立于1984年，地处岳阳市中心城区，东起琵琶王路、西至南湖大道、南抵金鹗中路、北达巴陵中路，办事处驻五里牌社区五里牌路与文昌巷交叉口南100米。辖区面积约6.6平方千米。2018年末，辖区常住人口5.9万人，流动人口约2.6万人。辖区内有杨树塘、五里牌、高山坡、花板桥、古井、四化建、余家垅、运通街、新城9个社区居委会，并有市委、楼区等四大家机关在内的113个辖区单位。五里牌街道辖区交通便利，商贾云集，是物流、人流、信息流汇集之地。2018年街道以党的十九大精神和习总书记系列重要讲话精神为指导，在区委区政府的正确领导和全体党员干部的共同努力下，践行“一线工作法”，以基层党建为抓手，深入推进民生工程建设和社会管理创新，不断强化制度建设、作风建设和考核管理，街道各项工作稳步推进。

【经济建设】 经济工作蓬勃发展。我街道辖区内有效投资额合计21.58亿元，盈利性收入2.67万元，同比增长14.5%，经济发展势头良好。杨树塘片区棚户（旧城）改造项目地块目前已进入挂牌出让阶段；四化建片区建设已全面启动；下王巷低洼积水地段改造项目，已完成签约391户，签约率为85%；机床厂（工业品市场）周边项目、柴家组项目、花板桥项目已进入实施阶段。截至2018年年底，五里牌街道法人、产业单位3340家，个体户11064家，辖区从业人员达35234人。加强预算管理执行，截止到2018年12月30日，五里牌办事处收支基本平衡。加强居财管理，社区所有收入全部汇缴至财政所账户，确保社区资金安全使用，确保居账街代办公室各社区财务工作的正常开展。加大了对征迁资金的监督管理力度，确保资料收集齐全，付款手续完备，有效促进了征迁资金的安全运行。

【党建、宣传工作】 街道党支部32个，共有1582人参加了专题组织生活会和开展民主评议党员。基层党组织书记开展“双述双评”活动。各党组织结合工作实际，部署安排好2018年的党建工作，认真抓好贯彻落实，制定各自2018年党建工作计划报街道备案。开展习近平新时代中国特色社会主义思想和党的十九大精神学习培训工作。街道发展党员按要求严格把关，各项资料逐一检查，从培养、申报、推荐、批准做到严、实、细。培训入党积极分子11人；预审通过发展对象6人。宣传文化有声有色，利用春节、元宵节、清明节、端午节、中秋节、重阳节为主题，组织指导9个社区共开展群众性节日民俗活动100次，观众达到3000余人次，既丰富了广大群众的精神文化生活，又营造了节日氛围。积极开展全民健身“挑战日”活动，经文化站周密安排，各社区积极响应，广泛开展广场舞、篮球赛、健步走等形式多样的群众性体育活动10余次。开展市民学校160次、道德讲堂40余次，志愿服务活动300余次。努力搞好文明创建，积极配合中央对岳阳文明城市验收工作，荣获岳阳市文明创建先进单位。

【纪检监察】 2018年，街道纪工委将以习近平新时代中国特色社会主义思想为指导，认真贯彻落实党的十九大，省、市、区纪委全会精神，全面落实从严治党、严格监督执纪问责。强化责任意识，落实“两个责任”。专题研究，促落实。2018年来，街道工委共组织召开党风廉政建设班子专题会议15次，例会和全体干部大会8次，制定了《五里牌街道2018党风廉政建设责任制任务分解实施意见》《2018年党风廉政建设责任书》明确目标，严格落实“一岗双责”，督促街道领导班子成员在做出每项决策、开展每项工作时，均树立党风廉政的思想。2018年书记、主任对班子成员、班子成员联点社区和部门负责人，人均谈话3次以上，真正把党风廉政建设当成份内之事、必尽之责。强化日常监督，服务街道工作大局。持之以恒抓纠“四风”，严格按照上级要求，以“零容忍”态度对待“四风”。每月至少1次作风督查，2018年共开展作风督查30余次，发通报20期，通报批评26人次。每个时间节点都进行专项督查，在元旦、春节等7个传统节日节点和7—9月毕业升学期间，积极开展专项检查，发现问题并督促整改；在“节俭操办婚丧事宜”监督工作上，严格实行报备制，与工作人员签订承诺书172份。2018年报备的7名工作人员实行了全程监督，没有发现违规的情况，共劝7起婚丧喜庆简办，节约金额2.1万元。强化监督执纪效果，用好“四种形态”。紧盯重点对象，开展廉政谈话。从2018年来，街道纪工委对出现问题的重点社区、重点部门负责人约谈10余次，对存在工作中慵、懒、散问题的同事谈话32余次，最多的1人谈5次。开展任前廉政谈话3次，共25人。紧盯问题，加大纪律审查。街道纪工委共受理市公安局转办件1起，区纪委案管室和信访室交办件8起，已办结8起。2018年，街道纪工委办案件7起，结案7件，问责9人，党纪处分7人，政纪处分1人。对1人进行诫勉谈话。此外，还协助市纪委第三纪检监察室调查案件1起。协助区纪委第五纪检监察室办理案件3起。

【安全生产】 街道工委与班子成员签订了“一岗双责”责任状、与各社区签订安全生产责任状况和消防责任状，城管环卫站对辖区96家经营过烟花爆竹的超市门店实行“周排查、月清缴”行动，至12月份，开展行动17次，出动人员478余人，收缴鞭炮68件，轰天雷273个，都已进行销毁。联合区教育局、区食药局对辖区21家幼儿园进行检查。联合五里牌派出所对52家娱乐场所、洗浴中心、茶楼进行检查。街道制作12000份温馨提示发放张贴到居民小区及各门店，并利用社区网格群在重点时段、重要节日发送安全提示和警示教育。开展应急演练，五里牌街道4月和6月分别联合辖区大润发超市、嘉伯富邦物业公司、景源商务中心、华韵幼儿园开展应急演练活动，大大提升突发事故的应急处置和救援能力。

【平安创建】 街道与辖区内各单位签订责任状。处理了各社区报送的网格综治事件52件。2018年2月27日召开了平安建设工作部署大会，传达了区政法委书记黎建新在全区扫黑除恶专项斗争会议上的讲话精神。全街道开展扫黑除恶宣传：街道成立了扫黑除恶专项斗争领导小组；各社区张贴了扫黑除恶海报500余份，并制作了横幅38条、宣传窗19个、电子显示屏46个。维稳工作：完成两会期间维稳。参加拆迁维稳15余次。开展治安巡逻工作：街道综治办每天从晚上20时至24时在各社区复杂地段、人口密集地段、偷盗现象严重地段步行巡逻，共4名队员参加（由综治办工作人员带队）。开展了大型宣传活动：2018年5月11在新城社区门口开展大型平安创建宣传活动。举行平安创建、扫黑除恶、国家安全、反邪教、禁毒、应急救援、消防安全等宣传活动，共悬挂横幅6条，摆放宣传展板26块，发放各类宣传资料1000余份。完成了社区警务室信息化建设工作(除3个拆迁社区外，其余社区全部完成）。制定了社区警务室工作方案，社区警务室民警管理考核细则。

【控建拆违】 街道禁违拆违治违工作严格按照区委区政府工作目标要求，分工明确，狠抓落实。针对禁违工作制定详细的《禁违拆违治违工作实施方案》和《工作考核细则》，并与禁违站及社区签订了工作责任状，严格实施网格化工作管理，有效规范队伍建设，要求执法队员每天常规巡查不少于2次，其中重点社区、重点部位不少于3次，对出现的违建，实行现场守点轮值，真正做到了无假期、无死角巡控。全年五里牌街道办事处禁违中队共拆除新增违法建筑1040平方米，拆除存量违法建筑890平方米，完成了2017年航拍图斑汇总，共125处。

【民政工作】 继续加大低保救助力度。街道现有低保户1161户共计1976人，每月救助金额603123元。2018年4月联审新增19户共计31人，每月救助金额9090元。停发66户，即105人共计29309元，降标14户，即15人共计1790元，提标12户，即13人共计4375元。为92名有重大疾病患者申报了大病救助。为16名无房低保户申请了公租住房补贴。“八一”建军节慰问辖区167名优抚对象，金额共计85400元。5月全国助残日王里牌街道慰问重度残疾对象18人，金额共计1800元。为特殊对象申请了轮椅10台、拐杖4根、盲杖2根，助听器1个。为50名贫困重度残疾人申报了两项补贴。辖区内65岁以上老年人办理老年优待证500本。为23名80~89岁老人申请高龄补贴，金额13250元；为62名90~99岁老人申请高龄补贴，金额71000元。

【社会保障】 年内办理“就业失业登记证”104个，年审1802个。退休人员年审照相1456人。死亡（退休人员）验证核实20人。国企改制移交退休干部认定318人，其中特困104人。新增城镇就业人员650人，其中“4050”人员362人。协助申办大学生创业贷款5人。开展了未参保人员参加社会养老登记，共登记未参保人员2408人。 协助109个改制企业下岗职工办理两金补贴手续。及时为已援助（区岗）19个退役军人发放工资，缴纳了“三金”。促进辖区下岗失业人员的就业和再就业工作，开展夏季招聘会，邀请55家招聘单位到场，共招409人。

【防汛工作】 2018年共改造、疏通辖区下水道20多条，2500多米，维修改造500多平方米。有效防止了因堵塞而造成的内渍。完善防汛预案、在原有的基础上又投入了5000多元，购置了雨衣、雨鞋、雨伞等防汛物资，并成立了防汛巡查、守点、清淤、抢救、安置等多支队伍100多人。有力保障了防汛工作的落实。加强值班，确保险情快速到位。落实汛期24小时值班制度，并有班子成员带头，值班期间共收发文件40多份，传达汛情30多次，组织带领工作人员处理花板桥下王组、佘家垅保健巷处险情多次，其中有二次通宵达旦战斗在一线，抢救30余人，安置住宿10余人，抢救物资10多万元，圆满完成各项防汛处险任务。

【计生工作】 全街道常住人口数59121人，育龄妇女9729人，出生总数592人，男316人，女279人，性别比为113.2%，全街道上报妊娠信息1203条，避孕信息730条，生养信息1006条。对前来办事的群众接待热情，严格执行网格化证件的办理要求进行证件办理，做到“零投诉”是五里牌街道2018年结合网格化对计生优质服务提升的工作目标。截至2018年年末，共出具各类计生证明241份，各类证件670本。基本都做到了“一站式”服务。

【工会工作】 完成工会组建任务100%，工资集体协商任务100%，厂务公开推行率达100%。安排志愿者服务活动，并发动对辖区单位对困难职工进行慰问、帮扶、交流。春节工会协同民政部门组织职工为贫困群众送慰问金40000元，慰问困难职工80户。每月还组织一次对困难职工的慰问活动，联系辖区非公企业、单位对3名寒门学子进行了“金秋助学”助学金共计13000元。组织志愿者对残疾人家里打扫卫生。准备200袋大米发放辖区内困难家庭。积极发动办事处、社区职工参加社区工作者考试，并协助工会开办学习冲刺班，其中8名通过初级考试，2名通过中级考试，极大地调动了会员们的参与性。

【社会治理与创新“三合一”工作】 完善基础数据。2018年度街道网格共更新居民小区信息13个，居民小区总数达144个；新增楼栋236栋，辖区楼栋总数达2157栋；新增录入房屋934户，总房屋户数达38566户；新增各类人员信息4256人，总人口数达85896人；上报各类网格事件3156件；录入各项居民服务27192条；各类公共服务业务2202件，上报关于烟花爆竹、危化品存储销售、消防安全等各类安全隐患类事件731条；为626名适龄儿童办理了学位申请；共出具房屋锁定政策告知书562份。此外，为居住未满一年家庭出具信息核查单7人。

【环卫工作】 强力督查并组织环卫工人对房前屋后的环境卫生、遗漏的卫生死角与杂物、建筑垃圾全面进行清理，共清理垃圾200余车，核查街道内污染源普查企业4000余家，对农（集）贸市场自行搭建的雨棚、遮阳棚进行拆除，共拆除100余米，并对荷花巷、平安巷内进行划线400余米。为160余环卫站全体工作人员，开展冬季安全作业培训，加强作业安全，减少安全事故的发生，杜绝安全隐患，强调冬季相关作业规定，关爱环卫工人身体状况。

站前路街道

【概况】 站前路街道办事处成立于2006年6月，街道地处城区中心地带，东至建湘北路，西至得胜北路，南至巴陵中路北侧，北至京广铁路线，面积2.02平方千米，辖德胜、新站、铁路、望城岭、连云路5个社区，总人口36968人（其中户籍人口29604人），现有直管党支部6个，直管党员605名。辖区有法人单位214家，其中车站3个（岳阳火车站和联运、巴陵2个汽车站），泰和、商业城等大型集贸市场9个，星级宾馆15家，中小学4家、医院3家，还有大小门店4912家，辖区内商业繁华、人流汇集。2018年，街道在区委、区政府的坚强领导下，紧扣“五个转换”的发展目标，按照“重点工作突出抓、中心工作统筹抓、日常工作反复抓”的工作方法，不折不扣落实区委区政府决策部署，求实求为推进各项工作，着力创建平安街道和文明窗口街道，突出队伍建设、城市管理服务和党建工作，街道被评为区综合绩效考评先进单位（二等奖）、市“军地平安创建”示范单位、区人口和计划生育上作优秀单位、区安全生产工作先进街道、区信访工作优胜单位，望城岭社区被评为省同心社区、省和谐示范社区、区安全生产示范社区。

【经济建设】 认真落实区委提出的“拆建并重、以建为主”“集中力量办大事”工作要求，强力推进2个棚改项目。加快站前西路棚改项目扫尾清零，55户拆迁户已签订协议53户，剩余2户全部进入司法程序。攻坚原经编厂周边棚改项目，现已签约282户，腾房248户。完成规模以上服务业的申报4家，完成固定资产投资5.5亿元，各项指标均达到或超过区定任务。积极帮助长沙银行等企业解决各类问题17个，新长城市场11月顺利搬入巴陵尚街营业。扎实开展第四次经济普查，录入个体户信息10855个，录入法人单位1498家，彻底澄清了街道经济底数。

【城市管理服务】 扎实推进五个“一公里公共服务圈”建设，优化窗口服务与环境治理齐抓并进，人居环境得到不断改善。以德胜社区警务室为示范点，快速推进各社区警务建设，全部配齐社区民警与协警并联合网格员扎实开展工作，形成了警网一体、数据共享、平台共建、人员联动的良好机制。在全区首先开展示范街建设，龙湾巷、幕阜街、连云街、相思街4条街巷的游街摊贩、占道经营、车辆乱停等问题明显改观。加强环保整治，对北大门沿线门店前灶后店、油烟直排、下水道堵塞等问题基本解决，油烟扰民、噪声扰民问题得到遏制。加大禁违拆违工作力度，完成2017年图斑比对拆除任务，共制止新增违建15处，整改2017年违建17处，拆除新增和存量违法建设78处6050平米，起到强烈的震慑作用，违建势头明显得到遏制。

【平安建设】 针对街道特殊的位置、特别的街情，我们始终把维护一方平安稳定作为最大政治任务，严格落实干部坐班接访、重点信访问题班子包案、群众上访主要负责同志第一时间接访等工作机制，共接待上访群众147人次，受理信访案件32件，其中巴陵尚都、金中环等4个物业矛盾纠纷得到及时化解、有效稳控，铁路社区李艮娥、连云路社区罗京兵进京上访事件，新站社区1起、德胜社区1起意外死亡，1起工亡案件得到妥善处置。深化平安街道创建系列工程，不断完善人防、物防、技防标准化体系建设，高标准建成街道综治中心，实现“网格化+综治视联网+公安视频监控网”三网融合。全面开展扫黑除恶及社区禁毒工作，加大巡逻防控力度，构建起以公安专业巡逻为主、片区专职巡逻为辅、义务群防群治组织为补充的巡防网络，清查出租房屋和门店1362间，清查出闲杂人员1000余名，严厉打击火车站周边涉黄、涉赌、涉毒行为，抓获违法犯罪嫌疑人80人，收缴销毁麻将机、赌博游戏机51台，收缴码书码报2000余份，最大限度挤压违法犯罪空间，有效降低犯罪率，2018年街道范围内的接处警率、行政案发率、刑事发案率分别较2017年同期下降26.6%、38.5%和31.1%，居民群众幸福感、安全感显著增强。时刻绷紧安全生产这根弦，全面压实企业安全生产主体责任，组织开展各类专项培训、演练18次，发放安全宣传资料2.7万张，开展安全检查、排查121次，发现并整改安全隐患40处，组织禁炮执法活动17次，收缴烟花鞭炮200余件，集中力量开展泰和及周边市场、商业城等专项整治并取得初步成效，富民街围墙隐患得到彻底整治，全年街道未发生一起安全生产责任事故。

【民生改善】 积极开展“三个一”扶贫行动，全年共帮扶贫困家庭17户，帮助贫困学生12人，提供就业岗位26个，慰问下岗职工70人。开展为期15天的“一公里就近医疗”服务宣传活动，为辖区低保、残疾、特扶、特困等1750户特殊人群签订了免费“基础服务包”，医疗救助、就业失业登记等为民服务3671人次，全年新增就业605人，办结“12345”督办单386张。以网格化为基础，结合“最多跑一次”改革，简化程序和流程，最大程度方便居民办事，2018年共登记居民服务事件22770件，受理公共服务事项495起，办结率和满意率持续上升。完成经编巷和铁路小区通道提质，加速推进富民街、梨树山巷整治改造，小街巷基础设施进一步完善。深入组织开展“助力春运”“扫雪除冰”“爱心助考”等各种志愿服务活动212次。

【党建工作】 工委坚持党建总揽，2018年先后召开18次工委会，开展中心组学习16

次，对项目征拆、“五个一公里”、安全生产等重点中心工作进行调度和推进，确保街道各项工作与区委、区政府保持同频共振。坚持用制度管人管事，制定出台《安全生产考核办法》《平安建设考核办法》《网格员管理考核办法》等6项工作制度，推进工作落地落细。全年街道未发生一起安全生产责任事故，治安形势稳中向好，民调成绩大幅提升，社会大局基本平稳，其他各项工作稳中有进。以支部“五化”建设为抓手，夯实工作基础。一是配齐配强支部班子。选拔调整党性强、有魄力、想干事的干部13人充实到机关支部和社区支部中任职，支部队伍进一步优化，活力进一步激化。二是补齐工作短板。按照支部标准化建设要求，4次列出问题清单下发支部，责令各支部限期整改、补齐短板。三是示范引领整体推进。结合望城岭社区支部“五化”示范点和特色社区建设，把党建引领、志愿互助、同心服务深度融合，打造特色品牌，以点带面推动了其他社区支部建设水平整体上升。坚持对干部严管厚爱，坚持以上率下，坚守纪律底线。严抓作风：全年共下发纪律作风建设通报13期，通报批评和纪律处分39人次，解聘2人，立案查处1人，处置不合格党员4名，干部纪律作风持续向好。兑现奖罚：约谈问责在安全生产、平安建设、环保等工作中不作为、慢作为的党员干部18人次，对41名网格员按季度实行评价考核并严格兑现绩效工资奖罚，确保各项工作在平稳中不断进步。带活队伍：坚持党建和工会工作相结合，2018年共开展各类党性锻炼、党员教育等活动50次，促进党员干部强意识、明身份，提升干事创业热情，激发了工作活力。

王家河街道

【概况】　岳阳楼区王家河街道办事处因河得名、因河而兴，共辖5个社区，总面积3.43平方公里，常住人口5.8万人。街道东起王家河、西至琵琶王路、北连巴陵东路，南抵金鹗大道，三条便捷的城市主干道成为了街道发展的脊梁，一条风景秀美的王家河成为了街道展示的名片。

街道以打造“四美新街道·发展新引擎”为总揽，一是以棚户区改造为面、以完善基础设施为线、以社区阵地建设为点，做好“点线面”的全面提质，建设精美街道。二是严管干部队伍优化服务环境、夯实环卫环保提升人居环境、保持高压禁违维护发展环境，建设环境优美街道。三是围绕“三合一”、五个一公里服务圈、民生保障工作，建设生活甜美街道。四是着力抓好平安楼区创建、矛盾积案化解、文明城市建设，建设社会和美街道。

【项目建设】　2018年，街道牢牢抓住经济发展这个第一要务。一是破棚改难题。5月30日，青年东路北侧棚改项目圆满完成签约及拆除“双清零”，总计签约1764户，腾地256亩；易家路周边棚户区改造接近尾声，将腾地106亩，完成签约1049户；琵琶王立交桥东南角棚改A地块、白杨山二期棚改项目腾地40亩，两宗土地已完成招拍挂，并启动建设，街道四大棚改共计腾地500亩，辖区城中村面积缩减30%。二是美街容街貌。先后完成区间道路白改黑2000米，维修改造下水道1250米，新增路灯67盏，基本做到了路平、水畅、灯亮，街容街貌秩序井然。三是建优质阵地。东升社区、王家河社区特色社区建设已完成，海棠社区新的居民服务中心已进入装修阶段，社区服务阵地全面优化。卫生局、移民局、经建投、区残联以及王家河社区卫生服务中心等部门，相继在街道完成服务用房建设。街道直接或协助完成服务用房建设18501平方米，新增固定资产近2亿元，街道整体实力全面提升。

【民生实事】 街道坚持拿干部的辛苦指数换取居民的幸福指数。一是营造便捷生活。街道社区服务平台进一步提质后，政务办理、生活服务、休闲娱乐、文化学习、医疗康复、老年照料等功能日趋完善，社区公共服务基本做到了一站式受理、协同式办理，最多跑一次、甚至一次不用跑逐步成为现实，居民办事更加方便快捷。二是营造舒心生活。依托王家河风光带等文化休闲设施、王家河社区卫生服务中心及二医院、一医院东院的辐射作用、辖区3所中小学和16家幼教机构、王家河派出所及五个社区警务室，街道“五个一公里”公共服务圈已全面建成。不断增强网格员、平台操作员服务水平，全年开展网格员集中学习6次、专家培训3次、实地教育2次，“两员”工作效率、办事能力有效提升。一年来，共为居民办理各项事务22200人次，上报事件683起，群众满意度不断提升，服务群众的最后一公里全面打通，居民群众归属感不断增强。三是营造温馨生活。重点关注辖区困难人群，抓住各项惠民政策，先后为820名居民申请困难救助，发放各类慰问金共计52万元；举办大型招聘会2场，为辖区就业人员提供岗位120个，解决280名居民的就业问题；积极为辖区育龄妇女等人员提供计生服务，帮助计生困难家庭13户21人，发放计生慰问资金1.7万元。辖区居民获得感、温馨度、幸福感不断攀升。

【社会治理】 街道以平安创建为抓手，持续维护社会稳定，和谐社会环境。一是维护基层稳定。成功化解积案7起，接待群众来访66起，有效调处66起。琵琶王立交桥东南角A地块未安置拆迁户及棚改诉求群体得到有效稳控，未发生到省赴京信访事件。二是提升治安环境。着重加强禁毒、治安巡逻等工作，对吸毒人员实施了严密的监管，对人群密集地、违法案件高发地实行夜间治安巡逻，辖区治安环境得到有效提升，民调水平大幅度攀升。全年，街道民调排名全市37名、全区第2名。三是守卫辖区安全。成功处置“5·20”强对流天气树木倒塌、屋顶损坏等安全隐患5处，给21家单位、企业下发了整改通知书，督促整改安全隐患21处，连续11年实现了安全生产零事故的目标，连续五年获评区级安全生产先进单位。

【环境改善】 街道从人居、人文、工作三大环境整治入手。一是创优人居环境。辖区市容秩序和环境卫生稳步提升，全年排名在第一方阵；对王家河面源污染集中整治了5次，铲除菜地70亩，清理周边小区沉井、化粪池600处，清理河道沿岸垃圾400车。与职能部门联合，开展交通环境整治4次，校园周边食品安全和校外午托整治8次，五小门店无证经营、非法行医整治3次，违规销售燃放烟花爆竹整治16次，街道人居环境不断提升。二是创优人文环境。对照深化建设全国文明城市的各项要求，按照社区牵头、志愿服务、群众参与的方式，先后组织开展各类志愿服务活动144次，居民文明教育活动216次，各类文体活动72场，20000多居民参与其中，街道文明指数不断攀升，王家河精神和王家河文化底蕴不断深华。三是创优工作环境。年初街道接受区委巡察，对巡察反馈的问题我们进行了全面整改，干部职工经历了一次全面的政治和经济体检。全年，街道纪工委对干部作风、工作落实情况、任务完成情况进行专项督查13次，先后下发督查通报8期，通报批评和惩处干部27人，办理党员违纪案件2件，其中开除党籍1人，党内严重警告1人，劝导阻止党员干部违规设宴行为5次，保护了党员干部的形象，提升了队伍服务能力。保持高压禁违态势，棚改区、高发地采取盯死看牢的工作办法，全年拆除存量违建22处2300平方米，拆除新增违建75处5942平方米，有效维护了街道经济发展环境。

【大事记】 在区委、区政府关心和支持下，将国资委国资公司位于富民街原市燃料公司办公旧址升级改造为街道办公用房，并于2018年3月正式投入使用，结束了站前路街道自2006年成立以来，一直租用办公用房的历史。

岳阳楼区服务城陵矶新港区工作组

【概况】 服务城陵矶新港区工作组（原梅溪乡）地处岳阳市冷水铺，属城郊结合部，东邻云溪区，南抵经济技术开发区，西接洛王街道办事处，北连城陵矶新港区。总面积29.75平方千米，辖1个村、1个场、10个社区，总人口50335人，设21个党支部（其中3个非公经济党支部），有党员1863人。2018年，全年地区生产总值达到18.865亿元，增长9.23%；财政总收入达到2485.84万元；固定资产投资预计达到14.514亿元（大部分项目的固投被港区在市统计局认项，没有计入我工作组之内）；人均纯收入达到16547元，增长10%。2018年度我单位被市评为综治（平安建设）先进单位；被区评为“综合绩效考核一等奖”“落实党风廉政建设主体责任优胜单位”“生态环境保护工作先进单位”。

【党的建设】 通过出方案、定标准、明步骤、督落实，全面推进党支部“五化”建设，并确定以“幸福家园党旗红”为主题，打造滨湖社区党建示范点，由点及面，全面推进各村、社区支部“五化”建设。着重抓意识形态工作和理论党课宣讲，采取1人主讲、集体研讨、分组讨论等方式深入传达学习“不忘初心、牢记使命，做新时代的合格党员”党课精神，1300多名党员参与到专题大宣讲、大讨论活动中来。建立“领导联点、部门包村、干部到户”制度，开展项目部现场办公、党员代表接访日、机关干部大走访等活动，集中调派一批优秀干部到项目攻坚、环保整治、平安创建等重点、难点工作中培养、使用。开展“抓推进、比速度，抓服务、比保障，抓跟踪、比实效”项目建设服务竞赛活动，对项目征拆、落地建设、投产达效过程中的干部作风实行跟踪考核、监督问效，并综合考核评定等次，对不作为、慢作为、乱作为的一线工作人员严格问责。2018年，共召开会议6次，专题研究部署党风廉政建设，组织学习中纪委和省、市、区纪委会议精神，组织观看《绝不姑息》等3部警示教育片，组织机关、站所干部职工、村社区班子成员共170多人参观学习廉政警示教育中心。组织开展治理辖区各村、社区、站所办公用房面积超标问题、对公务消费开支进行自查，共排查整改问题5条，退回违规资金7万余元。同时，开展纠“四风”治“陋习”专项整治，为严防“四风”问题反弹回潮，第一时间对6个单位财务检查中发现的超标准接待、违规发放补助问题整改到位。辖区村级财务及民生资金数据录入“互联网+监督”平台完成率达100%，及时发现处置线索2条。开展机关作风督导检查35次，对19名干部进行了通报批评；开展廉政谈话15人次。全年共办理案件5起，协助区纪委办案2起，开除党籍2人，开除公职4人，警告处分1人；全年共受理信访问题15起，办结15起，有力地打击了违规乱纪行为，警示广大党员干部严格自律，廉洁从政。

【项目推进】 2018年辖区内在建续建项目有33个，总拆迁任务1753户，腾地5000多亩，我们对标时限，发动攻势，实现政策落地“一步到位”，项目推进“一路绿灯”，项目阻碍“一破到底”，工作进度不断刷新。执行“时间倒排、任务倒逼、责任倒追”工作机制，认真梳理存在的问题，逐个研究突破，以点带面整体推进，推动存量项目扫尾清零。棚改项目王家河流域综合治理、架子山公园周边棚改已全面清零，延寿加油站、胥家桥蛋禽综合批发市场已全部清零。岳阳市垃圾中转站、锦秀新城、延寿嘉园等一批项目实现当年启动当年清零。坚持重点项目每日调度、重大项目随机调度、后进项目重点调度，做到研究部署高频率、调度推进高密度、暗访督查高强度，形成“水紧鱼跳”的攻坚氛围。2018年，港口项目迎来了清零大丰收，港区项目中新启动的北环线胥家桥段、恒金国际、湘广泰地产、滨湖一砖厂、易家组土地收储、汽车城加油站等9个项目全部清零。2018年来，我们共累计完成项目签约1568户，清零率达98%，腾地4130多亩。以2017年度航拍违建图斑核实销号工作为突破口，扎实开展违法建设“百日整治行动”，全年拆除违法建设60处，面积5698平方米，有效维护了储地环境。坚持专项督查和全面稽查双拳出击，对吃拿卡要、阻挠施工、强包强揽的人和事，依法依纪依规严惩不贷。同时，组建“一对一”协调服务小组，为项目落地开辟“绿色通道”，一大批产业项目投产达效。海吉星物流园、鑫源加油站建成开业。蒙华铁路阻工闹事问题妥善处理，顺利施工建设。花果畈综合市场稳步推进。

【民生实事】 2018年，辖区294户扶贫户没有1户返贫，顺利通过省扶贫考核组的验收。辖区贫困户住院费用都实行“一站式”结算，报销比例达到了90%；130多人获得继续学习、职业教育的资助；争取资金98万元，改善1个蔬菜基地，2个山塘水港，改造村组道路7千米。全年共受理处理居民大病救助、处理灯不亮、水不通等问题600起。新增道路安护栏3968米。完成失地农民养老保险参保申报6162人，完成城乡居民医疗保险征缴扩面17871人。完成城镇新增就业423人，新增农村劳动力转移就业300人。全年清退低保户330户，提标400户，发放低保金557.2万元。大病救助142人，发放救助金50万余元，急难救助10万元，救灾救济27万元，发放困难优抚对象慰问金152.76万元。安排20名残疾人参加就业培训，发放“两项补贴”40万元，兜底保障坚强有力。

【平安创建】 开展专项整治行动3次，打掉赌博窝点1个，刑事拘留32人，行政处罚72人，处理非正常死亡事件16起，管理社区矫正人员25人，安置帮教44人。11个警务室挂牌成立，社区实现天网覆盖。25名机关干部分组进行夜间巡逻防控，社区民警与网格员开展大走访、大宣传，路面见警率、入户宣传率大幅提高，居民群众安全感明显提升。严格落实领导干部坐班接访、处访制度，做好情绪稳定和积案化解工作，全年未发生一起重大信访事件，共受理来信来访93件，办结93件，调处化解矛盾纠纷17起。2018年4月，我们按照禁毒工作重心从打击、巩固转向“三无”（无制毒、无贩毒、无吸毒）创建的工作思路，在全区率先开展“无毒乡街”创建，对辖区2100多名党员干部进行突击排查，对检查呈阳性的给予1人开除党籍、1人给予党内严重警告、3人开除公职处分。同时，通过广泛宣传、设置有奖举报，引导居民参与，扩线摸排共打击处理吸毒人员2人，社区戒毒（康复）46人，强戒27人。同时，班子成员带头以“四不两直”方式对辖区企业、集贸市场、茶酒楼等开展排查检查，全年发现并督促整改安全隐患16处，辖区安全生产实现“零事故”。

【乡村建设】 精心组织“清洁家园”活动，不断优化“大城管”模式，农村背街小巷焕然一新，农村厕改完成214户，花果畈马路市场彻底取缔，临湖公路两侧“梗阻”全面消除，通海北路、花果畈西路等主干道及通村通组干道实现全天候保洁。特别是在联港南路整治中，由于进展顺利、推进快速、成效显著，受到市政府通报表扬。8—9月份，我们对辖区生猪养殖户进行拉网式排查，采取违法建设拆除与环保行政执法无缝衔接的方式，清退生猪养殖户、仔猪交易户、专业及散养户共359户，腾退生猪21851头，拆除栏舍63600平方米，辖区生猪禁养实现全面清零。以“河长制”为抓手，坚持“常态化、全天候、零死角、全方位”巡查排查，对发现的问题高效响应，实现辖区河湖“百分百”监管。2018年，共铲除私自开荒菜地3100平方米，打捞水面漂浮物30吨，取缔约20余亩水面珍珠养殖，拆除水域范围内5000多米拦鱼网，全面整治胥家桥港，芭蕉湖恢复清新风貌。通过预埋1.6千米污水管道，新建20个沉水池，彻底根除了冷水铺、胥家桥黑臭水体；通过对废塑作坊等小微化工企业严密监管，实现环保涉污企业复产“零反弹”。

【重大会议】 5月23日下午，为进一步优化新港区项目建设环境，为岳阳“四大会战”保驾护航，市委常委、政法委书记王小中一行到城陵矶新港区工作组调研并座谈，专题调研扫黑除恶、“三违三强”整治平安创建工作，楼区相关领导陪同。

人物

中国好人

高城，湖南岳阳人，1977年9月出生，中共党员，岳阳楼公安分局干警。为打击犯罪数次与死神擦肩而过。为解救被持刀绑架的小学生，置自己的生命于不顾舍身挡刀，英勇受伤，被中央电视台、新华社等国家主流媒体争相报道。他7次荣立三等功、1次荣立二等功，先后被评为全省公安系统破案能手、打黑除恶先进个人、岳阳市二等功臣、岳阳市优秀青年卫士，2017年被公安部评为“全国优秀人民警察”。2018年5月，高城当选爱岗敬业“中国好人”。

高城从警16年，他一直在当职业风险最大的刑警。从警以来，他已记不清自己到底侦破了多少起重特大案件，也记不清到底把多少罪大恶极的犯罪分子送上了刑场。他是侦察破案的能手，破获了一系列的大案要案；他是逆枪而行的英雄，面对持枪犯罪嫌疑人勇往直前；他是死神面前的“高城”，用自己的身体挡住刺向小学生的尖刀。他说，既然穿了这身警服，就要对得起自己的职责，不畏不怕，才有冲上去的动力，人民警察从入警宣誓的时候起，就要同一切犯罪分子做斗争，不怕牺牲。只要认真履行自己的职责，每个警察都是英雄，都对得起自己的职责，对得起自己身上的警徽。

他是侦察破案的能手。从警以来，他已记不清自己到底侦破了多少起重特大案件，也记不清到底把多少罪大恶极的犯罪分子送上了刑场。在“9·16”系列拐卖儿童案中他发挥了关键作用；他侦破的“6·23”系列银行ATM机储户被抢案，被省公安厅评为年度十大经典案例。他成功侦破“3·26”系列盗车案，为受害人追回被盗车辆18台，群众拍手称赞。在2014年6月13日乾明寺发生的特大杀人案中，他带领刑警们仅用28个小时成功侦破，快速出击跨省抓获凶手。更值得一提的2015年4月10日，市运通街一招待所内1名老板和2名服务员被杀害，他和刑警们在七天时间内侦破该抢劫杀人案。

他是逆枪而行的英雄。2015年11月侦办华容禁毒民警被抢击案时，面对持枪犯罪嫌疑人，他勇往直前，不怕牺牲，成功抓获7名犯罪嫌疑人，收缴3条枪支，被誉为逆枪而行的英雄。

他是死神面前的“高城”。12月9日下午1时30分，当他接到城陵矶某小学年仅9岁的女生方某被人持刀劫持的报警后，立即带领刑警们赶赴现场。当犯罪嫌疑人手握锋利的尖刀，不顾一切地刺向年仅9岁的幼女时，高城不顾一切地扑了上去，一边用自己的身体挡住幼女，一边用左手挡住尖刀，手掌被刺穿，肌腱断裂，鲜血直溅，就在死神降临的一刹那，用自己的身体在死神面前筑起了一座“高城”。

每当一起重特大案件发生后，连续一周不睡觉是常事，连续在外奔波几十天也是家常便饭；每当将一名犯罪嫌疑人送上法律的审判台，他和他的家人就时常受到精神与生命的威胁，但高城从来没有犹豫过，而是义无反顾，用无畏与鲜血续写了一名优秀人民警察的辉煌，展示了血染的党员风采！

湖南好人

刘霞辉，女，36岁，本科学历，岳阳楼区东方红小学高级语文教师，教导主任。全国第五届小学语文教师素养大赛金奖得主，湖湘语文青年名师，湖南省优秀中队辅导员，岳阳市十佳青年，岳阳市优秀教师，岳阳楼区小学语文学科带头人。刘老师是新课程改革矢志不渝的参与者和推动者。近五年的时间，她致力于岳阳楼区小学语文课程改革的发展，在岳阳楼区教育局骨干研训工作室的指导下，以上示范课、讲座交流、听评课等方式深入课改一线，引领全区语文积极参与学习，对持续推进课程改革，促进教师专业成长，产生了积极而深远的影响。她是岳阳市教师发展中心的培训讲师，岳阳市小记者培训中心的特邀指导教师，也是全国首个大型援教事业“春晖”学院的名优教师代表和志愿推动者。每年暑假，义务为来全国农村边远地区的数百青年教师，进行为期一周的专业培训。多平台的历练和学习，使她的教育生命因广博和温度陡生力量，因视野阔达而魅力无穷。她坚持将自己的工作经验交付于论文撰写、课题研究、丛书编册。出版的教学成果专论，均已有效地运用于教学实践。指导学生参与习作、演讲、讲故事、童话剧、科技作品比赛，同样是成绩优异。先后获得“湖南省优秀中队辅导员”“岳阳市十佳青年”“岳阳市教研骨干”“岳阳市优秀教师”称号。

田念胜，湖南岳阳人，1958年5月9日出生，中共党员，岳阳市九中教师。1978年和1979年援巴期间各受到一次中队和团嘉奖，先后被评为湖南省航空局优秀保卫工作者、湖南省国防科工办先进保卫工作者，20世纪80年代多次被评为沅陵县，怀化地区公安系统先进个人。2017年被评为全省优秀志愿者。援助巴基斯坦修筑喀喇昆仑公路一直是国家机密，2010年解密后，开始从事中巴两国友谊传承宣传活动。2010年帮助湖南援巴烈士家属前往巴基斯坦中国烈士陵园举行祭奠活动，让修筑喀喇昆仑公路的感人故事进入中巴两国人民视野，开启了传承中巴友谊新平台。2014年成功策划组织了一次以中巴友谊为主题的美术摄影书法展览，受到巴基斯坦驻华大使马苏德·哈立德高度评价，并邀请中国援巴老兵访问巴基斯坦。次年7月，中国援巴老兵访问团抵达巴基斯坦后，受到巴基斯坦热情接待。候赛因总统在总统府亲自接见并宴请援巴老兵，并给予高度赞扬："这是一段不能忘记的历史，是中巴两国友好的见证。"2017年被评为全省优秀志愿者。

刘建岳，湖南省岳阳楼区人，1958年12月出生。身为保安，他在洞庭湖畔日复一日履行职责；面对危难，虽年事已高仍义无反顾，一年内3次从洞庭湖中勇救落水群众。2013年7月的一天下午，一个6岁的女孩独自在湖边嬉水，不慎坠入湖中，瞬间被浪卷出6、7米远。正在巡逻的刘建岳见状，毫不犹豫地一个猛子潜入水中，将溺水女孩托举头顶营救上岸。同年8月的一天下午，3个年轻人在巴陵广场追打一个小伙子。被追打者情急之中跳入洞庭湖，顷刻被浪卷出10来米，只有头顶在水面忽上忽下晃动，情况万分危急。正要下班的刘建岳听到游客的呼喊声后，边脱衣服边向事发处跑去，随即跃入湖中，奋力向前游去，一把抓住落水者，汛期的洞庭湖风大浪急，顿时两人又被卷出20米开外，刘建岳紧紧拽住落水者的胳膊，使尽全身力气游到岸边，在众人的帮助下营救上岸。此时落水者已经溺水昏迷，筋疲力尽的刘建岳凭着自己的经验立即实施急救，此人才得以脱险。还是那年的11月26日晚上7点多，正在岗亭执勤的刘建岳依稀听到"有人跳水啦"的呼叫声，他本能的脱衣解带奔向湖边。此时，湖水已淹没跳湖者的头顶。说时迟那时快，刘建岳纵身跳入冰冷的水中，一把抓住落水者的头发向岸边游。在岸上的几名保安接应下，将投湖者营救上岸。

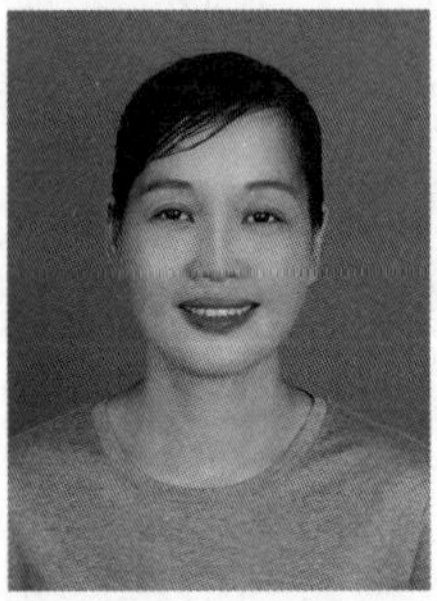

邹伟芳，湖南岳阳人，1972年7月出生，是岳阳楼区枫树小学的一名普通教师。儿子唐铎半岁时，发现运动功能基本丧失，被诊断为重度脑瘫。她用默默无声的爱，搀扶着儿子战胜病魔坚毅前行。她用几年的时间来教孩子咀嚼、吃饭；她用几年的时间来教孩子提示要上厕所；她用几年的时间来教孩子站立。一个又一个的保姆都辞工而去，她告诉自己绝不能放弃，她用几倍、几十倍、几百倍的付出，只为能让自己的孩子有自己的生活。该上学了，幼儿园不具备接收儿子的条件。邹伟芳咬咬牙，在学校领导、同事的鼓励帮助下，把儿子带到枫树小学学前班。于是，坐都坐不稳的儿子在大家的鼓励关心下，牵着邹伟芳的手，摇摇晃晃地走进枫树小学，开启了他的学习生涯。每节下课铃一响，不管多忙多累，她总会第一时间等在孩子教室门口，等他下课，牵他锻炼，或用大围巾围着他的腰，让他自己学走路。操场上、走廊里，到处都有她们的身影，到处留下她们的足迹，这也成了当年枫树小学一道最美的风景线。唐铎是不幸的，可他又是多么幸运！22年过去了，他现在生活基本能自理，2015年顺利参加高考，并进入湖南理工学院深造。邹伟芳不抛弃，不放弃，让重度脑瘫的患儿成长为一名全面发展的大学生。

刘征义，湖南岳阳人，

1946年11月出生，是一位铁路退休的老人，“身退心不退，人老心不老”。从1966年至今，配戴毛主席像章，共产党的章程、党员的50条标准从未离过身，经常对照学习无限热爱祖国，无限忠于中国共产党。13年来，帮助13户老弱病残垫资站队交水电费，凡是学坡社区居民家有停电、停水、有线电视无信息号，刘征义就及时到各部门进行解决。社区内夫妻不和、邻居打架等均由刘爹出面调解，使社会风气保持良好，对吸毒人员及其父母进行耐心劝导，劝其进行戒毒，有4人戒毒成功，使他们回归社会重新做人。铁路边一处危房拆除，修筑十几米长的护坡、下水道疏通等，刘征义自掏腰包花费2500余元。大家都说他是个活雷锋，刘征义总笑着说：“钱乃生外之物，能给社会造福，我何乐而不为。”2017年被楼区政府评为“五好家庭、平安家庭”示范户，多次被评为“先进工作者”。为民众谋福利，自2008年11月起，刘征义带领4名老人书面报告请求黄兰香市长解决“关于50年代所建的无厨房、无厕所、老鼠成灾、蚊子吸血的危房”问题，为解决问题走访各个相关部门，经过7年的辛勤付出，自费3.5万元，2014年由长铁开发公司在八字门为铁路职工建筑了510户“东城名邸”经济适用房，为了表示感谢，东城名邸物业及业主于2018年4月28日为刘征义张贴感谢信。

2018年度忠诚干净担当的优秀领导干部、急难险重岗位敢于担当的优秀干部和年度考核优秀干部考评结果的通报

一、忠诚干净担当的优秀领导干部（以姓氏笔画为序，24人）

兰寒松　任鸿初　向　彪　刘卫华　许春龙　许界殊　李立明　李永红　李亚东　杨大明
何文辉　陈宏伟　陈建明　林　海　周七亿　周剑锐　胡吉安　柴石球　徐演铭　郭韶山
黄黎明　彭宪会　葛静湖　廖岳龙

二、急难险重岗位敢于担当的优秀干部（以姓氏笔画为序，30人）

马兴新　王衡民　邓华丰　卢　猛　史维玲　冯学勇　刘　力　刘宇松　刘明志　匡意云
李　行　李　毅　李高松　吴扩军　余意辉　邹　炎　张庆华　陈百世　欧阳国清　易春平
易望高　罗　盾　罗爱民　胡　珊　洪　亮　胥　旭　夏训红　晏荣广　谭　伟　魏　虎

三、年度考核优秀干部（601人）

1. 记三等功（71人）

刘海龙　蔡　拓　陈　伟　刘平平　吴飞跃　周　勇　王　晶　尹开荣　程解放　李平江
陈　昱　肖冰峰　陈　杜　袁伟杰　李玉霞　陈　坤　曾凡楚　蔡辉平　曾淑梅　方勇波
刘　蒙　李　佳　邓　斌　郑国梅　李　虹　李　平　李芳华　罗　勇　姚四季　唐勤六
李　辉　傅　毅　章　熠　唐　鲁　陈　燕　吴　凡　王年瑞　周　显　杨　志　蔡　敬
鲁　腾　舒小兵　陈晓兰　曹　颖　袁颖群　谢　威　向勇军　郝海玉　周　专　高　西
柳致勇　付成科　杨建强　陈　胜　许朝霞　陈意群　李　薇　刘　鹏　冯密英　徐欣望
冯　勇　吕　慧　杨春辉　梁爱民　赵晓华　刘　锋　李爱国　胡　涛　刘　欣　李　会
张满平

2. 嘉奖（530 人）

吴　珂　杨志华　罗立兵　李崇民　许越波　王安平　李宏英　方文归　李微微　向选成
李世雄　廖　理　李　熊　李和平　徐铭喜　杨晓明　李大汉　鲁兴旺　邱　岗　刘玉平
余伟星　易　星　瞿法林　孙　颖　兰国华　易威奇　任立志　余克梦　黄　伊　漆学庆
蔡利民　李仲彬　金　灿　曾晓玲　钟　莉　钟立新　任小平　严定伟　周　蓉　刘勇兵
徐　方　陶灵敏　李大庆　李旭东　邹　晨　赵　犁　陆敏强　谭馥莲　张会林　冯湘敏
张　露　王传胜　李　嘉　张华生　彭群莉　钟广宇　刘　源　刘素芬　冯美凤　徐　进
邱　晖　方　宇　丁官文　郭　滨　姜彦波　张毅飞　胡　欣　刘　莎　汤全球　刘星宏
胡　旺　罗　晋　余长庆　徐慧芳　杨秀峰　向恩泽　欧小庆　彭芳奇　韩　姝　胡　先
易　安　罗　霞　彭　闰　冯建军　余丽香　刘晓红　段雅丽　李跃辉　唐伟能　刘红梅
周　勇　曾庆康　熊　磊　吴　鹏　周　莉　王益民　胡　阳　严　琼　彭利人　何燕娟
彭　磊　毛艳慧　易　元　卢盛友　蔡　莉　范　雯　龙军华　王　勇　欧阳辉　丁　凤
徐志鑫　胡　烨　袁　香　余　翔　李美奎　龚　伟　邹向阳　易文明　杨　建　周　瑜
史志华　欧阳展坤　朱委波　何邵锋　刘　安　姚三保　费新德　李　晶　易辉华　刘建平
冯习珍　徐　敏　晏　怡　盛文湘　赵　平　李　熠　张正武　任登科　黄　征　陈星糖
谢　琦　赵亚兰　黄婉婷　唐丰旻　彭可军　孙　伟　汤立军　辜　敏　吴　娟　邓　恋
张　云　任　蔚　李　琳　杨　燕　易　迪　刘　强　贺　贻　徐　踊　郑　敏　罗文轩
喻　瑛　周小钢　李平平　赵五星　唐燕平　胡小勇　李克芳　綦德清　吴向荣　杨　彬
陈志明　易　丹　张峥舸　胡　磊　毛慧妃　郑文红　胡志彪　王秀云　李颖妮　李白薇
许飞龙　谢朝蓬　易　婷　张军明　陈　睿　周腾宇　陈小述　胡　义　连光明　罗　坤
方　勇　付春霞　李　星　李丽军　罗　云　罗　勇　郭周丽　彭　娟　谢仙梅　殷建湘
彭志强　陈海鸥　黄　平　张　芳　郑　斌　徐碧辉　刘　操　汪卫平　吴丹凤　郭梅娥
张丹红　刘　佳　肖淑平　李　燕　李继红　田　云　杨　艳　姚朝阳　刘定辉　许立明
刘　平　刘　开　肖建琼　柳光辉　黄慧灵　李钢雄　任雪辉　刘佰元　吴端端　彭青松
徐宙雄　周革新　易金平　蒋　艳　王新建　张剑鹏　汪　海　向练群　刘　杨　潘　渤
陈建伟　周世军　易岳平　吴卫东　周　双　李乐雄　晏建卫　刘廉明　陶晓姣　邓　明
梁向荣　胥岳军　易世殊　袁子尧　杨　莎　叶　静　彭　樱　苏延丁　刘　琪　李会芳
李　杰　严文浩　蒋文华　李鹏辉　王　红　贾卫兵　李红娇　姚晓文　易丹枫　曹　亚
孙建军　邓立志　屈　鹏　刘　漠　岳文武　许冉辉　杨　志　陈　丽　胡乐平　范艳明
高亮亮　杨　剑　刘　洋　丁　健　李太阳　刘　英　胡昌亮　吴娟平　李　翔　李　洁
陈　君　杨子龙　王　德　章柒零　张　艺　苏菊辉　程　卓　黄　君　晏新文　黎　纯
方　腾　周　维　晏旻霞　李觉民　李革辉　毛铭枫　郑　勇　李　勇　李爱兵　王志辉
张　志　王红波　解爱心　杨燕云　余得水　吴红梅　周林松　何秋文　凌红春　周红卫
熊建宏　袁　亮　万　青　童复民　吴慧娟　房玲飞　胡　凯　李　红　谢荣平　刘小亚
付　军　曾　杰　隋　珍　赵　丹　陈瑾瑜　陶小兵　叶青松　徐　杰　付进喜　陈永华

王飞	张憬	余敏	肖玉娟	陈长耀	廖权耀	兰明	尹振瑜	黄磊	陈金彪
许亚生	殷松林	胡楠	叶平	李万星	江立刚	余凤明	余胜利	蔡缔利	徐竟
龙伟	付宇	李义	黎振	李鑫	王尚坤	程治文	刘洋	罗成林	李建国
杨喆	刘勇	刘振林	张怡	刘吉浪	易斌	赖辉玲	彭宁	付刚	凌征
王勇	李文霞	邓锋	李祥	袁正清	刘洁	杨霞霞	周华	任周强	聂立岗
宋涛	李骁	冯婧	徐秋雨	徐兵	杨滔	李盈威	蔡苗	伏伟	杨斌
蒋明	陈亦虎	易伟	刘淼	谢群雄	何清	陈湘生	李锦梅	周伟华	周雪峰
雷路	刘骥	高樱	徐红宇	付敏	周伍阳	周岳华	石金保	李东日	杨正昆
严琛玲	杨建	袁骆阳	胡彭	张彪	杨琴	付慧艳	杨琼	贺丽	曹嘉龙
郭雄	刘习文	黎彬彬	陈罗刚	艾敏	李自飞	徐志高	彭安敏	王勇军	廖清波
徐荣	杨佳轩	徐伟	余万里	蒋文生	许景	余丽敏	谢智勇	冯军	刘超
晏文	李宇轩	王志辉	邓国华	贺君福	周国兴	彭辉	罗伦	邹新春	李佳佳
余刚	徐洋	姚海辉	谢永雄	蔡华坤	廖增洪	安娜	周平	任平	李鹏
叶爱民	廖干明	戴敏	张铁军	方玉玲	杨凤良	任群峰	张文才	罗侃	李泽峰
李明	曾丹健	邓岳军	龙海燕	赵明	易艳辉	方涛	任建民	黄智英	黎毅
孙娜妮	刘岳文	李明	廖才贵	姚国付	徐淼林	刘新光	骆亚平	黄若斌	陈亮
徐新华	任志刚	明慧娟	任翼飞	黄海	方伍生	王熳	胡翠兰	吴勃	付凯峰
黄奎	方庆华	黄海	徐洋	仇雁飞	周欣	周泽	万腾	谢文辉	李为
许治安	苏甜	郭杰	李朗月	许定	李应征	余小琴	欧阳劲锐	包勇	朱丹

统计资料

2018年岳阳楼区住户收支与生活状况调查年报表

指标名称	单位	总计	城镇住户
一、可支配收入	元	35681	35681
（一）工资性收入	元	26172	26172
（二）经营净收入	元	2111	2111
（三）财产净收入	元	2352	2352
（四）转移净收入	元	5047	5047
二、消费支出	元	28678	28678
（一）食品烟酒	元	8754	8754
（二）衣着	元	2051	2051
（三）居住	元	5087	5087
（四）生活用品及服务	元	1470	1470
（五）交通通信	元	3396	3396
（六）教育文化娱乐	元	5127	5127
1. 教育	元	2551	2551
2. 文化娱乐	元	2576	2576
（七）医疗保健	元	1877	1877
（八）其他用品和服务	元	916	916
1. 自有现住房面积	平方米	41	41

附 录 1

2018 年度综合绩效考评情况

一、先进单位（45 个）

（一）街道（乡）

1. 一等奖

岳阳楼街道

服务城陵矶新港区工作组

2. 二等奖

奇家岭街道

五里牌街道

站前路街道

3. 三等奖

城陵矶街道

望岳路街道

王家河街道

东茅岭街道

枫桥湖街道

（二）区直单位

1. 一等奖

区人社局

区教育局

区财政局

区发改局

区安监局

区总工会

区委编办

2. 二等奖

区民政局

环卫局

区人民法院

区人民检察院

区金融办

区商务粮食局

区交通建设局

区委老干局

区残联

3. 三等奖

区司法局

区农林水务局

区审计局

岳阳楼经建投

区食药监局

区贸促会

区东风湖新区建设工作部

区直机关党委

区移民局

区科协

区经管局

区厂地协作办（工业园）

区卫计局

（三）垂直管理单位

1. 一等奖

岳阳楼区公安分局

区国土分局

区税务局

区环保分局

2. 二等奖

区工商分局

区规划分局

二、特殊贡献单位（2个）

区土地出让办

区棚改办

附　录 2

岳阳楼区 2018 年度项目财源建设工作先进单位和先进个人名单

一、争项争资工作

（一）集体荣誉（12 个）

1. 优秀单位

区财政局　区发改局　区教育局
区人社局　区民政局

2. 先进单位

区农林水务局　区卫计局　区商务粮食局
区交通建设局　区扶贫办

3. 突出贡献奖

市保障性住房楼区分中心　区环保分局

（二）个人荣誉（30 人）

1. 优秀个人

杨大明　李华锋　徐铭喜　陈志明　刘玉平　王红波　邱　岗　章柒零　李和平　刘文辉

2. 先进个人

周　泽　易小球　沈为庆　李大汉　廖岳龙　杨晓明　周和平　李　昆　易桥勇　易　斌
鲁兴旺　汤　振　葛静湖　姚　丽　袁潜龙　韩　姝　陈煜明　胡映龙

3. 突出贡献个人

符朝晖　刘　波

二、土地出让和资产处置、资金回笼工作

（一）资产处置、资金回笼工作先进单位（5个）

岳阳楼经建投　　区经管局

区财政局　　服务城陵矶新港区工作组

芭蕉湖保障性住房建设项目部

（二）突出贡献单位（1个）

区土地出让办

（三）先进个人（10人）

1. 资产处置与资金回笼工作

周剑锐　陈宏伟　杨大明　李世雄　魏明辉

2. 土地出让工作

余意辉　赵志龙　赵平波　喻志强　彭宪会

三、债务管理工作

（一）先进单位（3个）

区财政局　　岳阳楼经建投　　区教育局

（二）先进个人（14人）

邱　岗　杨大明　周剑锐　陈　曦　李华锋　费新立　方勇波　刘建平　任登科　袁凤娇

李　屹　李世雄　许　定　李白薇

附　录3

岳阳楼区2018年度棚户（旧城）区改造和土地依法征收工作先进单位和先进个人名单

一、征拆工作先进集体（3个）

区委统战部　　枫桥湖街道　　洛王街道

二、服务工作先进集体（2个）

岳阳楼经建投　　区棚改办

三、征拆工作先进个人（52人）

林　国　段　铸　易　群　陈德辉　刘其明　刘　骥　沈　谦　李海雄　周　冰　杨满荣
方细霞　刘从训　赵　新　童兵权　李　兵　姚　辛　匡亦明　蔡利民　郭丽群　李　兴
付岳武　罗更新　罗爱民　陈海英　余　音　汤小龙　王　芳　何祖荣　刘勇军　胥　旭
任轴夫　刘　雅　胡　科　王志辉　樊　诚　丁　凤　易　霄　谭周胤　吴　华　李爱荣
李振兴　白　涛　艾艳军　李名传　张　浩　李利平　李华锋　陈玉山　陈君明　陈　锐
赵　赛　李海兵

附　录 4

岳阳楼区 2018 年度脱贫攻坚工作先进单位和先进个人名单

一、先进集体（6 个）

郭镇乡　　区教育局　　区政协办
区人社局　　区卫计局　　区民政局

二、优秀支部书记（2 人）

方小红　徐艳红

三、优秀第一支部书记（2 人）

吴　勃　徐　洋

四、先进个人（21 人）

蔡望星　方　剑　方　挺　胡　琼　李世印　李岳飞　李智超　罗红春　任小平　吴三爱
吴　尹　叶湘庆　李　明　易　军　曾红兵　郑　楷　周冬生　周　立　周　莲　郑　旺
赵　伟

附 录 5

岳阳楼区2018年度生态环境保护工作先进单位和先进个人名单

一、先进单位（8个）

区环保分局　区农林水务局　区交通建设局
城陵矶街道　吕仙亭街道　岳阳楼街道
金鹗山街道　服务城陵矶新港区工作组

二、优秀个人（37人）

杨　柳　彭　高　熊少红　邓志良　陈　斌　杨昆仑　苏丛旭　黄　焕　李拥军　曾永谦
易渤东　谭　刚　丰　睿　钟　旦　李　鸣　姚勇正　许　苗　周文涛　刘子榕　蒋朴民
易　献　陈国虎　周岳军　龚　维　沈　亚　李　寅　蒋青希　刘晓辉　刘岳军　苏林祥
何明江　郭东波　张振中　马崇高　宋　园　李永红　李跃军

附　录6

岳阳楼区2018年度五个“一公里公共服务圈”建设工作先进单位和先进个人名单

一、先进单位（14个）

1. 区直单位（8个）

区公网中心　区人社局　区综治办
岳阳楼区公安分局　区教育局　区卫计局
区交通建设局　区民政局

2. 街道（乡）（6个）

奇家岭街道　五里牌街道　吕仙亭街道
王家河街道　枫桥湖街道　城陵矶街道

二、先进个人（26人）

黄黎明　邱　岗　杨晓明　廖岳龙　刘玉平　汪亚平　宋淇轩　龙　舟　尹　萍　韩　宏
刘　洁　张茬凯　汤全球　刘　慧　郑聪思　朱　雅　高玉龙　曹清华　郭　杰　张　志
胥岳新　刘岳霞　王海娟　熊　陵　贾振林　李朝阳

索 引

说明：

一、本索引把年鉴的条目用主题分析的方法，按英文字母顺序排列。

二、类目、地名用黑体字标明。

三、索引名称后的阿拉伯数字表示所在页码，拉丁字母（a、b、c）表示栏别（从左至右分 1、2、3 栏）

2018 年度忠诚干净担当的优秀领导干部、急难险重岗位敢于担当的优秀干部和年度考核优秀干部考评结果的通报 316a

2018 年度综合绩效考评情况 320a

2018 年住户收支与生活状况调查年报表 319a

—A—

爱卫工作 276a

安全管理 207b

安全生产成效明显 282b

安全生产监管工作 221b

安置房分配和资金回笼破难推进 153b

—B—

巴陵戏斩获全省金奖 190a

把好关口 强化稳中求进的经济发展意识 234c

把握关键 突出重点 严防政府性债务风险 106b

把握时间节点 推进项目建设 134b

保繁荣，市场体系逐步完善 237a

保障民生 255c

本职服务 255c

病死畜禽无害化收集贮存转运中心 243c

不断推进建立健全多元解纷机制 199a

不忘初心，真抓实干惠民生 284a

部门协调 155b

—C—

财政 226a

财政管理工作 227a

财政审计 211c

财政收入 226a

财政支出 226b

测绘管理 218a

产权改革 246c

产业推动、量质提升 2a

常态管理长抓不懈 250c

厂地协作工作 155c

陈阁辉调研平江汇龙村脱贫攻坚 107b

陈阁辉一行走访慰问驻军部队 107b

诚信建设工作日趋完善 57b
城管环卫 287c
城建工作开展情况 257c
城陵矶街道 292b
城区功能不断提升 54a
城区管理 250c
城区规划 249c
城市建设投资 257c
城乡绿化建设工作 244b
持续开展残疾人行业扶贫工作 184b
持续开展业务培训 145b
窗口咨询 155a
创新方式方法，打造特色亮点 223b
创新服务建设 266c
创新理论深入人心 113a
锤炼了一支实干担当的中坚队伍 112a
春天的约会 义务植树增绿添彩 105b
促进银企合作，服务实体经济 230c

—D—

打击和处置非法集资工作 230b
打造诚信法治政府形象 137b
打造机构编制云信息化管理平台 121c
打造亮点，不断提升监管水平 221a
大力扶持残疾人就业创业 184c
大力弘扬劳模精神 177c
大力开展病媒生物防制工作 277a
大力推进社区网格管理 291c
大力维护宪法尊严 126b
大事记 309c
“大统计”格局换新颜 217c
档案管理 155c
党的建设不断加强 281b
党管武装 207a
党建、宣传工作 302a
党建工作 275c
党建引领，固本强基激活力 283c
党建引领、风清气正 15a
党校工作 119a
党组织建设全面加强 229a
地理位置 48a
地质地貌 50c
第二次全国农业污染源普查 242a
第二届二次会员代表大会顺利召开 185c
电信通信 263c
顶层设计不断完善 161b
东风湖新区工作 165a
东茅岭街道 291b
洞庭街道 284b
洞庭新城工作 166b
督查工作 118a
督查工作 138c
督促落实抓整治 165b
队伍管理 215a
队伍建设迈上新台阶 192c
队伍建设有“力度” 117a
对台工作 117b

—F—

发挥商会优势积极建言献策 183b
发挥信访联席会议协调作用 145a
发起决胜攻势 198c
发展底板更加牢固 282b
法规宣传 219b
法院工作 197a
法治政府建设 136a
防火工作 204c
防汛工作 304b
防汛抗旱 245c
房地产业 255a
枫桥湖街道 279c
扶贫工作 157a

服务保障 150c
服务改革 155b
服务经济社会发展 195c
服务科技工作者 183a
服务楼区棚改工作 249c
服务水平稳步提升 161c
服务中心工作 114b
服务中心工作，维护社会和谐稳定 148a
妇幼健康服务 274a

—G—

概况 48a
概括 301c
概述 180b
干部队伍严管善待 229a
干部教育培训工作 119a
高城 312a
高效办理民商案件 197c
耕地保护 219a
耕地土壤与农产品重金属污染加密调查 242b
工会工作 304c
工会组织建设 177b
工商行政管理 214a
工业和科技信息化 231a
工业园工作 232b
工艺美术再登高峰 190c
工作成效 273a
工作质量大提升 139b
公安工作 193a
公共服务 141b
公共服务创新有为 282c
公共服务和网格化管理工作 161a
公共卫生 274c
公民道德建设扎实推进 57b
公益广告宣传氛围浓厚 58a
攻坚克难，凝神聚力促发展 283c
共青团岳阳楼区委员会 178c
关爱弱势群体深入开展人道救助工作 187a
关注侨界民生 148b
管理措施 150b
广泛开展红十字志愿服务 187c
规范办理再上台阶 161b
规划编制 249c
规划审批 250a
规划执法 250b
郭镇乡 278a
国防动员 206c
国防教育 207a
国家森林督查 245a
国民经济和社会发展 53a
国土资源法制管理 218b
国土资源管理 217c
国土资源经济管理 218b
国土资源利用管理 218a

—H—

夯实“主阵地”，切实加强基层团组织建设 179c
夯实机构编制实名制管理平台 120b
夯实统计各项数据 215c
行业扶贫 275b
行业监管 275b
行政区划 50c
合作社帮扶 247c
河长“大”巡河 守护碧水清波 133c
河长制 246a
狠抓两项整治改进工作作风 154b
弘扬“主旋律”，引领青少年永远跟党走 178c
宏观经济管理 210a
后勤工作 204c
胡忠雄调度我区社区治理“三合一”改革工作 104c
“湖南好人” 313a
“互联网＋教育”建设 266c

"互联网＋雪亮乡村"建设 266c
户籍管理工作 155a
环保整治 281a
环保整治 297b
环境保护 253b
环境卫生 252b
环境治理 164b
环境改善 308b
环卫工作 305a
换届选举工作 182b
惠民实事扎实有效 283a
惠农减负 247b
婚姻登记 143b

—J—

机构编制工作 119b
机构改革顺利推进 228a
机构建设 273b
机关事务管理工作 150a
机关作风建设常抓不懈 217b
机械作业 252c
积极化解企业矛盾 232a
积极推进中心工作 125b
积极响应脱贫攻坚大会战 263b
积极向上争资争项 231a
积极做好健康教育和促进工作 276c
基层科普行动计划 182c
基层农技推广 241c
基础工作 194c
基础建设 269c
基础设施日臻完善 281a
疾病防控 274c
集打斗争 193c
计生工作 304c
计生惠民服务 274a
纪检监察 302b
纪检监察 110b
继续开展好农村改厕工作 277b
寄递业务改革成效显著 261b
加快"宽带中国"战略落地 264b
加快创建步伐 共享健康红利 135b
加强党建保发展 163c
加强干部队伍建设 188b
加强基层侨务工作建设 148b
加强基础建设 201a
加强纪律建设 111a
加强检察队伍建设 196c
加强经审财务建设 178a
加强理论学习 259b
加强联络联谊 117b
加强廉政教育强化宣传引导 154a
加强调查研究 137c
加强文化建设 200c
加强协调服务 138a
加强协调管理 115c
加强信息报送 138b
加强学习提升队伍能力 185b
加强自身队伍建设 111c
加强自身建设 138b
加强自身建设，树立政协形象 171b
家庭医生 273c
坚持创建为民 引领社区治理新发展 106c
坚持精准服务理念 122a
坚持开展各类创评活动 180c
坚持开展各类法律宣传活动 181a
坚持抓好残疾人信访维权和残疾人家庭无障碍设施改造工作 184c
坚决纠治"四风" 111a
监督执法 275b
监管执法 214c
检察工作 195c
建功"主战场"，紧扣中心工作求作为 179a
建立长效机制 198c

建议意见办理 128c
健康促进 275a
健康服务 273c
健康楼区 275a
交上了一份基层党建的满意答卷 112a
交通运输 261a
教师队伍建设 267b
教育 267a
教育扶贫 268c
教育项目建设 267a
教育宣传工作 269a
教育阳光服务平台建设 268c
教育质量 268a
节能减排 255a
借力企业帮扶服务经济发展 183c
金鹗山街道 286a
金融 229b
金融业务转型效果明显 261a
紧贴中心大局，忠实履行职能 170b
禁毒工作 159a
禁违拆违 297c
禁渔工作 244a
经济发展 210a
经济发展平稳向好 53a
经济研究工作 137c
经济责任审计 211c
精神文明建设 56a
精准打击刑事犯罪 197b
精准扶贫 279b
精准实施残疾人康复救助和托养服务 184b
九三学社岳阳楼区支社 175b
就业创业 140c
聚焦服务水平提升 264a
决策督查 118a
军事工作 203c

—K—

开放型经济 236b
开展“5·8”世界红十字日纪念活动 186b
开展扶贫走访慰问活动 182c
开展金秋助学活动 181c
开展困难帮扶工作 178b
开展系列关爱活动 181c
开展系列文艺活动 188c
开展主题活动，强化党员意识 124b
考评考核 118c
科普工作 182c
科协系统深化改革 182b
控建拆违 303c
控建拆违工作 151a
矿产资源 51c

—L—

老干部工作 121c
李爱武到岳阳楼区开展“七一”走访慰问 106c
李爱武就王家河水环境治理现场办公 106a
李爱武调研胥家桥综合物流园项目 106b
理论武装工作扎实有效 56a
历史沿革 48b
立足为民服务 深化平安创建 105c
联通通信 265a
廉洁从政 257a
林地林政管理 245a
林业 244b
领导重视科学谋划 109c
刘和生参加岳阳楼区代表团讨论 104b
刘和生调研工人文化宫改扩建项目 105a
刘建岳 314a
刘霞辉 313a
刘征义 314c
楼区形象不断提升 113a

洛王街道 283b
落实“一单四制”，推进隐患治理 221c
落实意识形态工作 124b
落实员工关爱 263c
落实责任强化廉政建设 125c
落实综合整治 倡导绿色出行 135a
吕仙亭街道 298a

—M—

麻布山省级森林公园 245b
贸促带动，努力助推经济发展 239c
贸易促进工作 238c
民生保障 288c
民生保障全面提质 54c
民生服务 297a
民生改善 306c
民生实事 308c
民生价格 210c
民生建房 250a
民生建设 281a
民生疏导 152b
民生资金审计 212a
民政工作 142a
民族工作 147a
民族宗教 52c
民族宗教工作 147a
明确服务导向积极化解矛盾 154c
明确工作职责便民服务快捷 155a
明确纪律规矩强化内部管理 154b
谋划产业与项目发展 232c

—N—

年度表彰 205c
年度业绩 151a
年度业绩 257b
年鉴编修，成果初显 146b
凝聚委员力量，倾心服务发展 171a
农产品质量安全监管 242c
农村经营管理 246b
农机工作 242b
农业 241c
农业面源污染防治 242a
农资市场净化 242c
努力做实其他扶贫 159b

—P—

配合“最多跑一次”改革实施落地 162a
棚改工作 149c
棚改招商统筹推进 53c
棚户（旧城）区改造 160c
棚户（旧城）区改造工作 160c
棚户改造 296b
片区清零 152a
平安创建取得新成效 191a
平安建设 306a

—Q—

其他工作 119b
奇家岭街道 281b
企业信息化建设 265b
气候 51b
千名党员下基层 打造和谐温馨年 133b
牵头承办五个“一公里公共服务圈”建设 161c
牵头组织推棚改 165a
强化“平安邮政”建设 262a
强化惩戒措施 198b
强化干部培训 提升转型本领 134a
强化规范性文件和政府合同合法性审查 136b
强化机关作风建设 232b
强化领导责任 108b

强化人力资源管理 262c
强化特殊人群管理手段 203c
强化信访问题源头治理 145a
强化宣教结合，营造社会氛围 223a
强化政治引领，提升思想站位 170a
强化执法监管力度 219a
强化执法检查，提升监管质量 222b
强化自身建设、不断夯实基础 166c
强力推进环保整治工作 231b
侨务工作 147c
切实服务中心工作 146a
切实加强驻村扶贫 157c
切实履行国企职能 262b
切实抓好各项工作任务 209a
切实做好督促党建检查和迎考工作 124a
倾力解决社区阵地建设 291c
区委常委专题民主生活会 91c
区委第五届第 32 次常委会议 91a
区委第五届第 34 次常委会议召开 92b
区委第五届第 35 次常委会议 93c
区委第五届第 36 次常委会议 94b
区委第五届第 37 次常委会 95a
区委第五届第 38 次常委会议 96a
区委第五届第 39 次常委会议 96c
区委第五届第 40 次常委会议 97a
区委第五届第 41 次常委会议 97c
区委第五届第 43 次常委会议 98a
区委第五届第 44 次常委会议 98b
区委第五届第 45 次常委会议 99a
区委第五届第 46 次常委会议 99b
区委第五届第 48 次常委会议 100b
区委第五届第 50 次常委会议 101a
区委第五届第 51 次常委会议 101b
区委理论中心组（扩大）集中学习会议召开 107b
区委全会暨经济工作会议 101c
区五届人大常委会第 9~14 次会议 127a
区五届人民代表大会第三次会议 128b
区新联会举行 2017 年迎新会 133c
区政府党组会议和常务会议 129c
区政府第 10 次常务会议 129b
区政府第 12 次政府常务会 130b
区政府第 13 次政府常务会议 130c
区政府第 9 次常务会议 129a
区政府召开第 14 次政府常务会 131a
区政协五届八次常委（扩大）会 172c
区政协五届六次常委（扩大）会 171c
区政协五届七次常委（扩大）会 172a
区政协五届五次常委（扩大）会 171c
区直机关党建工作 123b
全程抓好审计队伍建设 213a
全力服务深化机构改革工作 121b
全力服务重点项目建设 291c
全力开展积案清零活动 144b
全力推动机关作风建设 213a
全力推进“最多跑一次”改革 119c
全力推进党支部“五化”建设 123c
全力推进综合服务平台建设 185a
全面从严治党 助推“五个转换” 105a
全面从严治党持续发力 261c
全面规范内部管理 199b
全面规范司法行为 199c
全面加强诉讼监督 196b
全面落实意识形态工作 212b
全面普及应急救护培训 187b
全面深化改革 109b
全面深化全国文明城市建设工作 108c
全面提升人防应急能力 208a
全面提升人防知识宣传 208b
全面推进妇联组织改革工作 180c
全面完成企业改制任务 232a
全面完善结对扶贫 158a
全面协调金融扶贫小额信贷发放及清收工作 230a
全民健身 272b
全身投入中心工作 213b

全心推进基层党建工作 212c
全员抓好党风廉政建设 212c
确保特护期间和谐稳定 144b
群众文化 269c
群众文化活动精彩纷呈 57c

—R—

人居环境不断改善 283a
人口状况 52c
人力资源和社会保障工作 140c
人民防空 207b
人民武装 206a
人事人才 141b
认真办好民生实事 232a
认真组织第 30 个爱国卫生月活动 277c
日常工作，按时保质 146b
日常作业 252b
荣誉档案 217c

—S—

三级负责干部会议 93a
三眼桥街道 300a
“三资”管理 246c
扫黑除恶 193c
扫黑除恶专项斗争取得新战果 192b
森林防火 245b
森林生态效益补偿基金 244c
商务粮食 235a
设施管理 252c
社保体系 141a
社会保障 279b
社会保障 304a
社会大局平安稳定 282a
社会福利 143b
社会救助 142c
社会事务 143c
社会事业 294b
社会稳定 278c
社会稳定 301a
社会治理水平取得新提升 192a
社会治理与创新“三合一”工作 305a
社零统计 236a
社区建设 142a
社区建设 295a
社区教育服务逐步优化 58b
社区治理 281b
深化工会改革 177a
深化认识 推动城市管理再升级 106b
深化思想认识 全面落实责任 107c
深化体制改革 111c
深化文明建设 提升创建实效 107a
深化正能量活动 122b
深入加强党建工作 232a
深入开展劳动竞赛 177c
深入实施行业扶贫 157b
深入推进司法责任制改革 199a
深入推进重点项目建设 231b
深入学习党的十九大和全国教育大会精神 267c
审查调查成效显著 111b
审计管理 211b
生态环保 299a
生猪禁养 244b
省级以上会员入选增多 190c
实施素质提升工程 178a
食品药品监督管理 219c
史志档案工作 145b
市场管理 271a
市场监管 236c
市容秩序 300c
收入任务圆满完成 228b
书画作品展喜获丰收 190b
双拥共建 207b

双拥优抚 143a
水利建设 245b
水务工作 245b
水资源 52b
水资源保护 246a
税收征管亮点纷呈 228b
税收政策落地有声 228b
税务 228a
税务形象不断提升 228c
司法行政工作 201b
私屠滥宰打击 243c
思想政治建设 206a

—T—

特困救助 149b
提标扩面、民生先行 5a
提高公共法律服务质量 201b
提升登记管理不见面式服务平台 121a
提升队伍建设水平 123a
提升行业竞争优势 262a
提升基层科协组织力“3+1”试点工作 182c
提升了人防工程维护管理 207c
提升全面依法治区水平 202a
提升小康指标 108b
提振发展信心 超额完成任务 107c
体育 272b
体制改革工作 119b
田念胜 313c
调查研究挖“深度” 116c
调度信访工作 确保高效落实 108a
调优机制 151b
调整产业结构 实现创新发展 234b
统筹协调促项目 165c
统计管理 215b
统一战线工作 114a
投资环境持续优化 282a
突出党建领航作用 121c
突出公益诉讼 196b
突出精细精致，城市管理更优化 285a
突出实事实办，服务群众更满意 285b
突出严抓严管，底线工作更稳定 285c
突出重点重抓，项目推动更强力 285c
突出主业主责，党建引领更全面 284c
突显创建特色 打造田园小镇 107c
图斑处置 151c
土地地籍管理 218a
土地管理 247a
土地依法征收 161a
土地资源 51b
推陈革新 263c
推进“大宣传” 弘扬“楼区精神” 105a
推进“三合一”工作 做群众贴心人 106a
推进社会矛盾化解 137a
推进社会综合治理工作 202b
推进网络精品建设 264a
推进文联深化改革 188b
退伍安置 143b
脱贫攻坚 272a
脱贫攻坚 275b
脱贫攻坚精准务实 54c
拓展商会活动激活会员活力 184a

—W—

完善金融市场体制，大力引进金融机构 229c
王家河街道 307b
网络生态风清气朗 113c
望岳路街道 296a
为民服务 253b
围绕规范提升抓实非公党建 183b
维稳保安 193b
卫生计生 293c
未成年人思想道德建设水平不断提升 58a

文化 269c
文化事业再上台阶 114a
文化遗产保护 271b
文明城市复查全力以赴 56b
文明程度切实增强 113b
文明单位创建稳步推进 58c
文学创作硕果累累 189c
文艺创作水平不断提高 189a
稳步推进“四上”工作 231c
稳步推进旅游扶贫 157a
稳定大局、宜居首善 10a
岳阳楼区学习贯彻“一三五”基本思路 105b
岳阳楼区召开党政负责干部会议 104c
岳阳楼区召开东风湖新区棚改调度会 105b
岳阳楼区召开一季度工作讲评会 106a
污染源普查 254c
吴桂英到岳阳楼区调研大班额工作 107a
五里牌街道 301c

—X—

戏剧音乐淬炼精品 189c
限价商品房政策有序推进 153c
乡村建设 311b
湘北地区最大云数据中心建设 265b
项目建设有效推进 281c
项目建设与服务 233a
消除大班额 268a
消防工作 203b
消费维权 214c
小康社会建设 271c
小康社会建设 108c
校园安全 269b
校园文化建设 268b
协会工作 274b
新风大力培育 58c
新港区岳阳楼区工作 164a
新增防控 151c
信访工作 143c
信访维权 141b
信息服务谋“广度” 117a
宣传工作 205b
宣传教育 215a
宣传思想工作 112c
学前教育 269a
学习传达全国第十次侨代会精神 147c
学习贯彻十九大精神集中轮训开班 105c

—Y—

严格党组织生活制度 185b
严格落实信访工作责任 144c
严控风险，全力抓好专项整治 220b
严明政治纪律 110b
野生动物资源 52c
野生动植物保护 245a
业务工作 155c
业务素质大提升 140a
业务提升 263b
“一公里就近入学” 269a
“一公里就近诊疗” 273c
医政医管 275c
依法处理行政争议 198a
依法打击刑事犯罪 196a
依法进行人事任免 126a
依法治统严标准 217a
依托基层组织开展光彩事业 183c
移动通信 264a
移民工作 148c
以务实行动巩固提升脱贫成果 134c
艺体教育 268b
意识形态责任全面落实 112c
引导党外人士 115a
迎接省妇联婚姻家庭纠纷调解机制调研 181b

迎难而上保增长 162b
营造了一个齐头并进的工作局面 112b
营造宣传氛围 109b
影视微电影再创佳绩 190a
用地规划 219c
用心搭建平台 用情开展禁毒 135c
优质服务保环境 166a
邮政 261c
有序开展妇女创新创业活动 181b
渔业船舶年度检验 244a
渔业生产发展生态健康养殖 244a
渔业资源增殖放流 244a
舆论宣传 151b
舆论宣传 257b
岳阳楼街道 288a
岳阳楼区 2018 年度棚户（旧城）区改造和土地依法征收工作先进单位和先进个人名单 324a
岳阳楼区 2018 年度生态环境保护工作先进单位和先进个人名单 323a
岳阳楼区 2018 年度脱贫攻坚工作先进单位和先进个人名单 325a
岳阳楼区 2018 年度五个“一公里公共服务圈”建设工作先进单位和先进个人名单 327a
岳阳楼区 2018 年度项目财源建设工作先进单位和先进个人名单 323a
岳阳楼区 2018 年无偿献血献髓活动 186a
岳阳楼区残疾人联合会 184a
岳阳楼区服务城陵矶新港区工作组 309b
岳阳楼区妇女联合会 180b
岳阳楼区工商联 183b
岳阳楼区红十字会 185c
岳阳楼区科学技术协会 182a
岳阳楼区人民政府工作报告 11a
岳阳楼区文学艺术界联合会 188a
岳阳楼区总工会 177a
岳阳市岳阳楼区人民代表大会常务委员会工作报告 20a
运用成果，发挥效益 147c

—Z—

在区委经济工作会议上的讲话 1a
扎实开展对口扶贫 158a
扎实开展科技扶贫 231c
扎实推进改革落地 110a
扎实推进新一轮城乡环境整治工作 276a
债务管理 226c
战备训练 206b
战略合作协同持续深入 262c
站前路街道 305b
招商引资 235a
招商引资，努力推动项目入区 239a
找准“主攻点”，大力推进共青团改革 180a
着力打造特色亮点 110a
着力服务地方发展 265c
真抓实干，全面加强食药监管 219c
争取党委重视 114a
争资化债 267b
征地拆迁 164a
征收安置工作 152b
整改工作 150a
政策研究工作 116b
政策执行跟踪审计 212a
政府投资审计 212a
政治工作 204a
执法检查，依法行政 146a
执法水平 194b
执行力度大提升 139a
志愿服务活动丰富多彩 57a
质量技术监管 223c
治安管控 194a
致力“智慧岳阳”战略执行 265c
致力提升党建服务水平 292a
“智慧 + 医疗”建设 266a
中国国民党革命委员会岳阳楼区总支 173a
“中国好人” 312a

中国民主促进会岳阳楼区总支 174b
中国民主建国会岳阳楼区支部 173c
中国民主同盟岳阳楼区政府机关支部 173b
中国农工党岳阳楼区总支 174c
中国人民政治协商会议岳阳市岳阳楼区常务委员会工作报告 28a
中国致公党岳阳楼区工委 175a
中心工作 249a
中心工作 261a
中央政法委调研组来我区调研 134b
中医药服务 274b
忠诚履职惠民生 162c
重大动物疫病防控 243b
重大会议 311c
重点服务中心工作 251c
重点工作 150c
重点领域重大项目审计 212b
重点项目 278c
重点项目进展顺利 53c
重要活动 104b
重要文件 103a
主动作为，助推洞庭新城项目建设 167b
助力辖区社会事业发展 292a
住房公积金工作 162b
注重营造宣传氛围 145c
铸造联动格局 198b
筑牢基础，多措并举保稳定 284a
抓标准引领，强质量基础 224a
抓党建工作，强化队伍建设 225b
抓党建总揽，提升班子凝聚力 288b
抓根本强龙头，党的建设大提高 152c
抓好法治政府基础工作 136a
抓好宣传教育 117c
抓机遇强优势，全力推进棚改工作 153b
抓计量惠民，促贸易诚信 224b
抓廉洁自律，提升干部公信力 291a
抓实区委区政府部署的重点工作 168c
抓实学习培训 123c
抓特种设备，保运转安全 224a
抓项目推进，提升发展能动力 289b
抓优化服务，提高群众满意率 290b
抓载体创新，主题活动更加丰富 160a
抓责任落实，工作运行更加规范 159b
抓阵地建设，基层基础更加坚实 159c
抓质量提升，促品牌创建 224c
抓专项行动，打击处理更加有力 160b
抓综合治理，提升管理执行力 289c
抓组织领导，工作运行更加高效 159a
专项查办 118a
专业融合联动格局形成 261b
专业蔬菜基地认定 242b
资产处置 247c
资金管理 149a
资质审验 155b
自觉接受各方监督 199b
自觉接受监督 197a
宗教工作 147b
综合文稿求“高度” 116b
综合执法持续出击 251b
综合治理 294b
综治维稳 287b
邹伟芳 314b
组织工作 111c
组织管理不放松 216b
组织机构及负责人名单 60a
组织企业参与资本市场运作学习，引导培育特色企业上市 230a
作风建设 148c
作风建设，努力提升服务水平 240a
做好残疾预防综合试验区试点工作及残疾人信息数据动态更新工作 185a
做好代表履职服务保障 126b
做好服务工作 118a
做好学法用法平安创建工作 125a